光明城

LUMINOCITY

看见我们的未来

从衣集

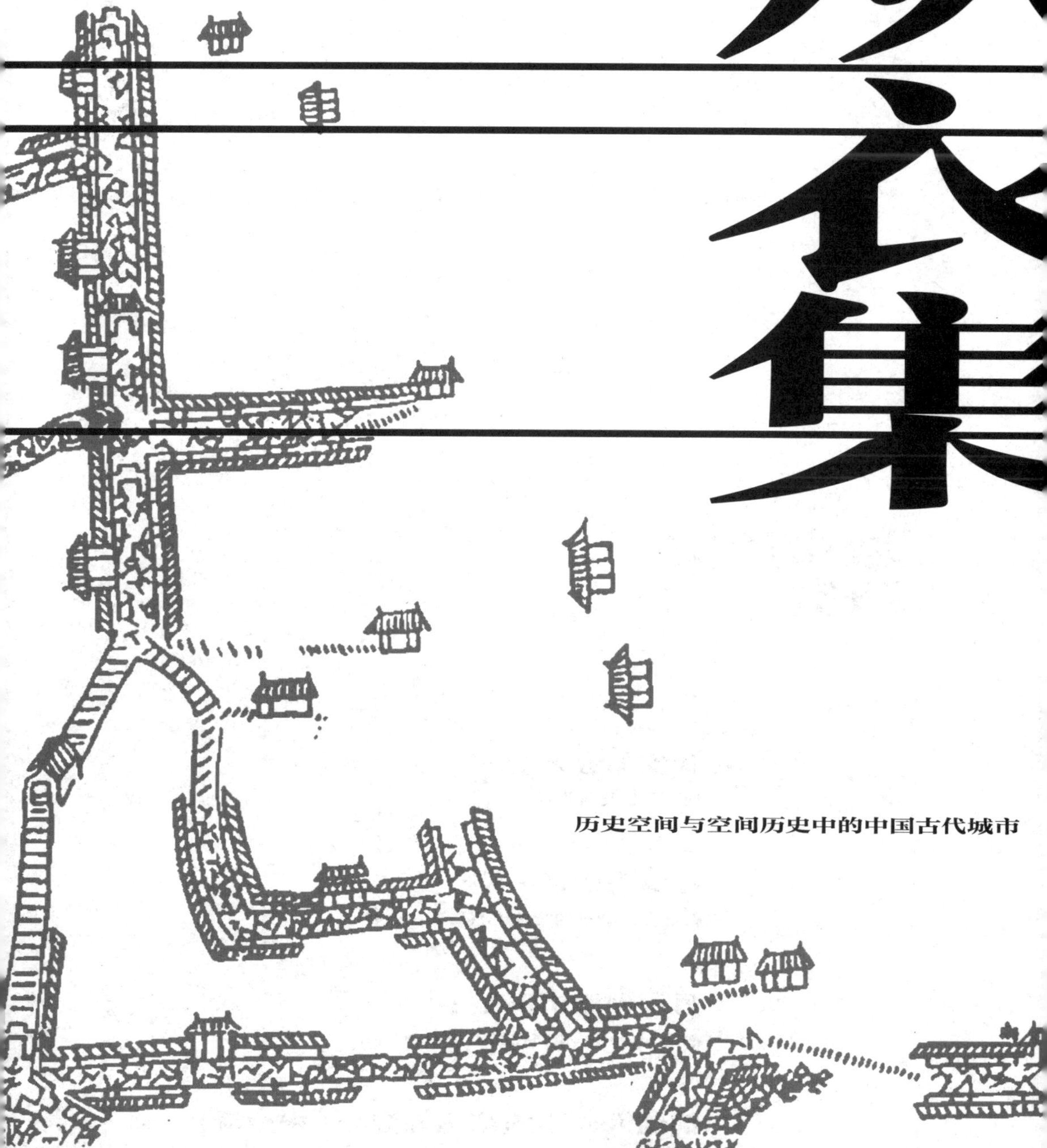

历史空间与空间历史中的中国古代城市

沈旸 等著

上海·同济大学出版社
TONGJI UNIVERSITY PRESS

目录

城市历史研究

历史城市设计

城市历史研究

长安的春天：唐国子监与长安城*

*基金资助：高等学校博士学科点专项科研基金资助课题（20120092120004），主持：沈旸。原文刊载：沈旸《唐长安国子监与长安城》，《建筑师》2010年6月（总第145期）。

唐官学教育在类别上分属两级：一为中央直属馆监系统，二乃隶属于地方的府、州、县学。前者包括门下省所属弘文馆，东宫所属崇文馆，国子监统领的国子、太学、四门、律、书、算六学，玄宗天宝九年（750）又增置广文馆，统称为"国子七学"（又称四馆三学）。1 [1-3] 此为教育系统概念中的国子监；同时，国子监亦代表一个建筑群体空间，为施行国家高等教育和孔庙行礼的物质场所，且贵为天下之表率。古有"五学之制"，"中为天子之学，所谓太学是也。小学亦只在王宫之南，不惟天子视学行礼为便，而元子、庶子，与夫公卿大夫之适子，入学亦近而易习。东西南北，各设学以待四方之士。……未必咸在天子之学，则亦随其方而处之"。而唐之多学并立，"恐亦其遗意也"。2 [4]574-583

隋、唐皆以长安为西京、洛阳为东都，称"两京"，两京皆置国子监。玄宗开元二十七年（739）"命尚书右丞相裴耀卿摄太尉，持节就国子庙册，册毕，所司奠祭亦如释奠之礼。又遣太子少保崔琳往东都就庙行册礼"。3 [5] 表明洛阳国子监内亦设有孔庙，且两监礼仪同制，其他信息不明；此外，长安太极宫城内尚有一处孔庙 1，位

1　据《新唐书》卷四十四《志第三十四·选举志上》；《唐语林校证》卷五第458-459页；《唐代官学中的学规和学礼》。国子监国子学生300人（三品官以上子弟），太学生500人（五品官以上子弟），四门学生1300人（七品官以上子弟及平民子弟中之优秀者），律学生50人，书学生、算学生各30人（后三者为八品官以下及平民子弟中能胜任此职者），计2210人。太宗（627—649）时，曾增建长安国子监学舍1200间，生员再增360人。周边邻国，如高丽、百济、新罗、高昌、吐蕃等，均遣子弟请入大唐国学，最盛时国子监诸生达8000余人。

2　熊禾《三山郡泮五贤祀记》。

3　《通典》卷五十三《礼十三·孔子祠》。

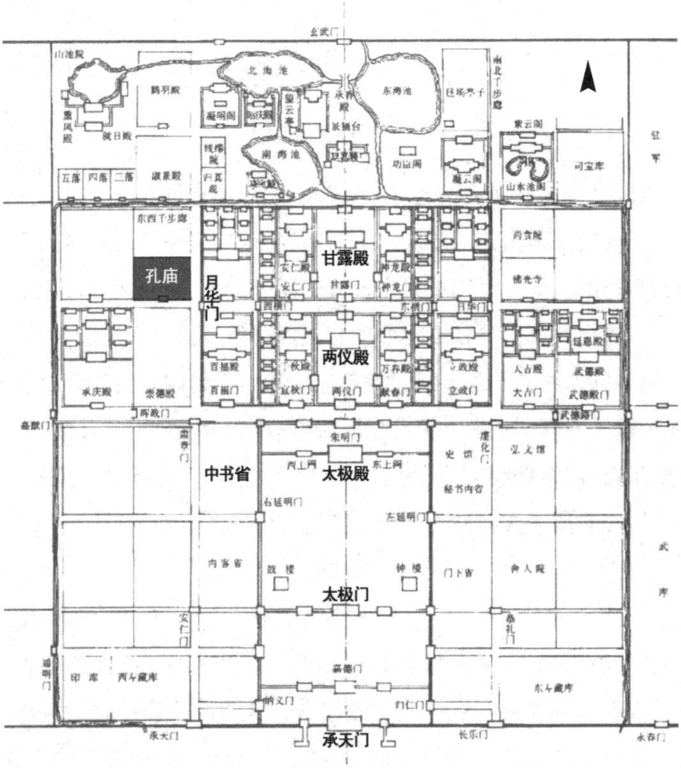

1　唐长安太极宫孔庙位置
引自：傅熹年《中国古代建筑史：第二卷 两晋、南北朝、隋唐、五代建筑》第 363 页图 3-2-2《唐长安太极宫平面复原示意图》

在月华门西，东临皇帝日常听政之两仪殿，南临中书省，1 [6] 此庙恐为宫城内门下省弘文馆与东宫崇文馆两馆师生四时致祭而设，2 [7] 规模及影响甚微。故，本文专论唐长安的国子监孔庙。

对论述结构需作事先说明：①建筑营造，选址规划为先，且古代都城的官方建筑更受礼制规矩的约束和定位，从国子监所在入手，即出于都城规划的全局之虑。②再大而化小，视角由城市转至国子监孔庙，因文献记载的建筑信息极为稀少，借由解读行礼过程中的行进路线和空间使用，可钩稽些许对建筑本体和城市空间的认知，二者相辅相成，实不可分离。③科举制度肇于隋，成于唐；观于唐长安，每年进京赶考者与国子监孔庙之间的最直接联系或仅限于考前的“谒先师”，引发了对试子们行止空间描摹的兴趣，以及对帝都功能空间的再思考。

1　参阅《雍录》图七《阁本大明宫图》。
2　据曲英杰《孔庙史话》第 76 页：门下省设弘文馆，学生 30 人；东宫设崇文馆，学生 20 人；专收皇亲、宰相及一品功臣等子弟入学。

西京东都的文武崇祀

唐时除建立了比较完善的文举与孔庙系统之外，武举与武庙亦皆创置于是时。武庙即太公（武成王）庙，“为姜太公庙也”，玄宗开元十九年（731）令“两京诸州各置太公庙”，“祠武成王庙自此始”。[1] [8]11,[9]1047《立齐太公庙制》云：“宜令两京及天下诸州各置太公尚父庙一所，以张良配享。春秋二时取仲月上戊日祭。诸州宾贡武举人，准明经进士行乡饮酒礼，每出师命将，辞讫发日，便就庙引辞。仍简取自古为将功业显著康济生人者十人，准十哲例配享。”[2] [10]卷二十三可知，武庙建置地点在两京及诸州，不达于县，普及程度不及孔庙；“祭典与文宣王比”，[1]卷十五·志第五·礼乐有配享、从祀，亦施行释奠、乡饮酒等礼，祭祀时间（春秋仲月上戊日）则在祭孔（春秋仲月上丁日）翌日，虽与孔庙释奠同属官方祭典的“吉礼·中祀”范畴，[11]卷一，卷五十三，卷五十五但明显位居其下。

有关武举、武庙建置及相关制度演变，陶希圣、高明士、黄进兴等已作入微之考察，[9,12,13] 本文关注的重点在于：文举与孔（文）庙结合，武举与武庙结合，且皆具庙祀系统，又均在玄宗开元（713—741）至天宝初（742— ）形成，官方设置的文、武系统在都城中（至于诸州之武庙实例，一时无考）的空间表述方式如何？对都城空间布局的影响又如何？……

西京长安：唐长安相循隋大兴，两朝国子监及孔庙自始即在务本坊。务本坊位于皇城东南，为朱雀门大街（长安城南北向中轴线所在）东第二街北起第一坊，西北临近皇城安上门。[3] 太公庙则在外郭城的太平坊。[14]卷四·西京太平坊96-97 “京都（长安）置太公庙于孔子庙之西”，[15]50 由皇城南望，正是“东文西武”的空间格局。

东都洛阳：隋以洛阳为东都[2]，规制相仿于长安城，宏伟壮丽。城址跨洛水南北两岸，水南大于水北，且东西延伸，南北有限。这些地形特征，使洛阳城市布局灵活而不对称。宫城中轴由隋炀帝指定，[16]51 往南延伸即主干大街，从端门至定鼎门（隋称建国门）“南北七里，四望成行，人由其下，中为御道，通泉流渠，映带其间”。[17]3 隋时“种植樱桃、

---

1 （清）程穆衡《水浒传注略》，引自：伊永文《东京梦华录笺注》上第 111 页。另，据高明士《唐代的武举与武庙》，太宗贞观间已为太公立庙，在磻溪（今陕西宝鸡东南），其入渭水，溪中有泉，曰兹泉，相传是太公垂钓处。中宗神龙二年（706）已在两京设置齐太公庙署，后废，原因不明。玄宗开元十八年（730）复置。可见，正式立武庙之前已有诸多准备工作。

2 （唐）李隆基《立齐太公庙制》。

3 安上门为唐长安皇城南垣东门，后为明清西安城南门，在明清西安城南门外东侧。

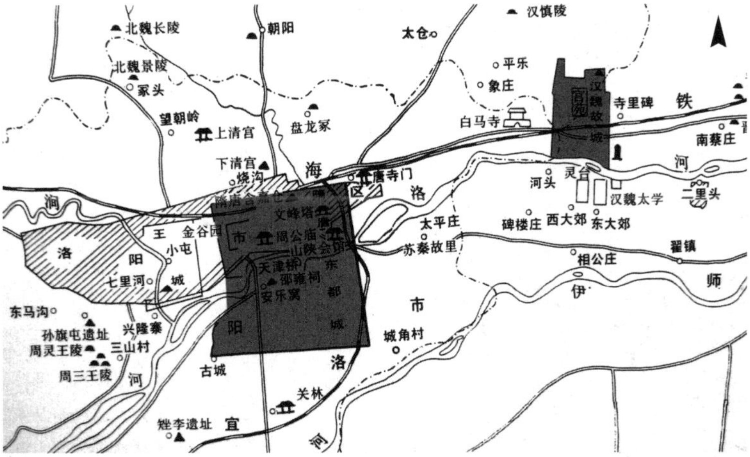

2 汉、唐洛阳城址变迁
引自：黎承贤等《洛阳》第 59 页《洛阳文物古迹分布图》

石榴、榆、柳，……今（唐）杂植槐、柳等树两行，……临大街并为重楼，饰以丹粉”。隋国子监即位于此大街北端东侧的修文坊，“隋立国子学于此，因曰修文”，[18]卷一 8340 临近入宫必经之路天津桥。唐初洛阳曾降为洛州，后又恢复都城地位，东都国子监设于高宗龙朔二年（662），位在正平坊，1 [18,19] 监前立纪念尹知章碑。2 [14] 太公庙则在外郭城的道德坊，3 [14] 位在国子监所在正平坊的东北角。

长安以朱雀门大街、洛阳以定鼎门大街为城市主轴线，皆以城北宫城为空间递进的高潮，城市布局由此展开。不过，洛阳没有长安那种整齐、宽坦、对称的格局，而是比较顺任自然、灵活、不对称，[16]49 因此，除了宫城范围内各功能空间对皇权的拱卫与长安类似外，其他则更多地体现在意识形态的空间意向上，而不似长安在地理空间上的明确对置。长安的“文”“武”空间在皇城南呈东、西鼎立之势，并分别强调了皇城内“左祖右社”（长安“右社”为社、稷二坛并列，社东稷西，俱北向）礼仪制度在空间上的延续 3。

据《礼记》及（唐）孔颖达疏：殷制“小学在公宫南之左，大学在郊”，周制“大

---

1 《河南志》卷一第 8340 页：今洛阳城南赵村一带。另，（唐）王泾《大唐郊祀录》卷十曰“长乐坊”。
2 《唐两京城坊考》卷五《东京·外郭城》第 149 页。
3 《唐两京城坊考》卷五《东京·道德坊》第 155 页。

洛阳

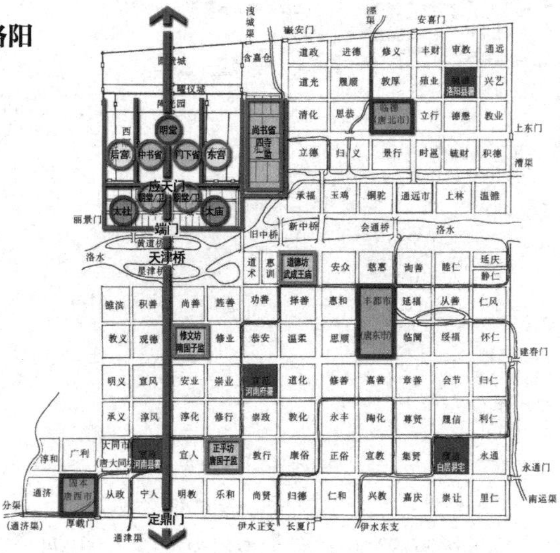

注：

①底图引自：傅熹年《中国古代建筑史·两晋、南北朝、隋唐、五代建筑》P318 图 3-1-1《隋大兴—唐长安平面图》，P332 图 3-1-11《河南洛阳隋唐东都平面复原图》。隋唐长安、洛阳城图为同比例缩放；洛阳城市方位为南偏东，为表述空间便，本图视洛阳为南北向。

②两京主要功能分区及标志性建筑参照：妹尾達彦《隋唐长安与东亚史的转型》"长安的礼仪空间"；郭湖生《中华古都》P42 图 3《水系及城市分析图》；傅熹年《中国古代建筑史·两晋、南北朝、隋唐、五代建筑》P363 图 3-2-2《唐长安太极宫平面复原示意图》，P370 图 3-2-5《唐洛阳宫城平面复原图》。

3 隋、唐两京的“文武”空间与城市结构关系

学在国，小学在四郊”可知，学之设在东南或郊；倘若执意于古制“郊”的定义，殷制为“假令百里之国，国城居中，面有五十里，二十里置郊，郊外仍有三十里；七十里之国，国城居中，面有三十五里，九里置郊，郊外仍有二十六里；五十里之国，国城居中，面有二十五里，三里置郊，郊外仍有二十二里”，周制则“近郊各半之”，[20] 卷十二·王制第五“郊”与皇权中心的空间距离并不遥远。由是观之，隋唐两京以国子监及孔庙为代表的“文”空间与以皇城、宫城为代表的皇权中心之间的空间关系和距离，仍是符合传统礼制的诉求。再据《周易》：“万物出乎震，震，东方也。齐乎巽，巽，东南也。齐也者，言万物之絜齐也。离也者，明也。万物皆相见，南方之卦也。圣人南面而听天下，向明而治，盖取诸此也。”[21] 卷九·说卦也可视为祀先圣孔子的庙宇，空间定位在太庙之南、皇城外东南方的理论注脚。至隋唐时，国子监实已成为国家诸学之统领，并无古时大、小学在地理分布上的限定和隔离，与其陷入古制的窠臼，毋宁解释为“文”空间在新的历史时段及都城空间结构上的新发展。

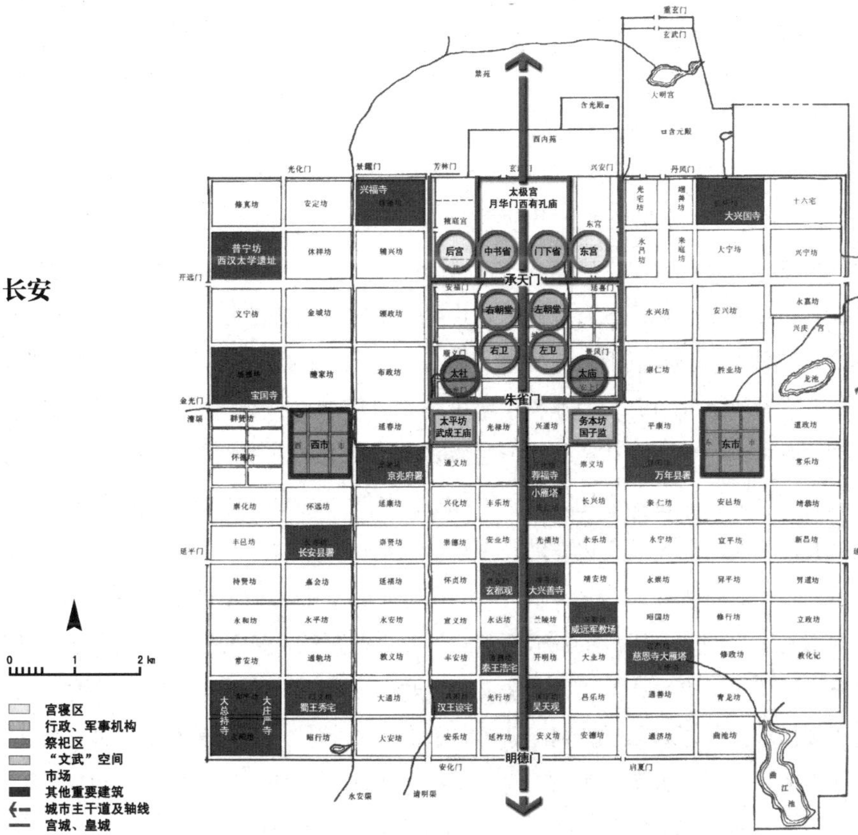

其实早在南北朝，关于武学设立就多有其议，且有立学施政之例。[22] 卷一百一十二·庆历兴学 南朝齐高帝即位之初（479— ）崔祖思启陈政事即议立武校，“宜大（太）庙之南，弘修文序；司农以北，广开武校。”[1][24] 对本文而言，该文献的意义在于基于礼制和城市双方面的“文”“武”布局的考量，体现了不同功能空间的地位高低。“文”空间在皇城、太庙南，隋唐两京皆然，只是唐洛阳国子监孔庙相较隋时更偏离宫城和城市主轴线；“武”空间的位置则与崔氏说法相异，长安以朱雀门大街为界，文、武庙东西对峙于皇城之南，洛阳的武庙则在皇城外东南角，在地理上反较文庙距离皇城为近，“文”“武”之间并无太多空间上的呼应。推想：一来可佐证洛阳城市建设的灵活布局，二来毕竟武庙的出现并无太多旧制可循，且统治者重文抑武的现象时有发生，“武”始终无法与“文”等而视之，体现在城市空间上，亦然。

1 《南齐书》卷二十八《列传第九·崔祖思》。

《四库全书总目提要》赞《大唐开元礼》："讨论古今，斟酌损益，首末完备，粲然勒一代典制，诚考礼者之圭臬也。"唐以后历朝历代，虽有踵事增华之作，[1] 均为承袭《开元礼》而来，且规模难与之比肩。并且远播东亚、东南亚，对整个汉文化圈的礼乐律令影响深远。诚如（日）池田温所言："渤海、新罗、日本、高丽，均曾请求唐传写《开元礼》，日本礼乐更是全面借鉴唐礼。"[11] 出版前言有鉴于此，对《开元礼》有关孔庙和学校诸礼仪（尤其释奠礼）的解读，不仅可以明了唐时行礼的步骤及细节，并可借助礼仪陈设、站位及进程等方面的研究，豁然于城市尺度下的空间运作，并为后世诸朝孔庙行礼的延传或变化提供最为基本的参照坐标。

唐五礼依次为：吉、宾、嘉、军、凶，孔庙和学校礼仪分属吉礼、嘉礼两类。独不见"乡射礼"之记载，[2] [11] 射礼体现的是"以射观德""立德正己"的观念，最初施行于射宫。汉代儒学复兴，尤其是东汉天子大射礼仪得以恢复和实行，成为中央官学学礼的重要组成部分。魏晋之后，则逐渐转向军事礼仪，[25]125 至隋唐最终定格，《开元礼》"皇帝射于射宫""皇帝观射于射宫"均属军礼之列，从中央官学学礼体系中脱离出去。后至宋，复于乡饮之后行乡射之礼，"亦古者习射于序之意也"，[26] 卷一百十四·志第六十七·礼十七 此为后话。

为明晰行礼过程的空间转换，先须弄清务本坊及国子监的基本布局。观之（宋）吕大防《长安城图》残片[4]，务本坊内有两条主要道路，呈十字交叉，"务本坊半以西国子监，监东开街若两坊，街北直抵皇城南，尽一坊之地。"[27] 卷七 111 经考古勘测知，坊址东西约 700 米，南北约 500 米，面积约 35 万平方米。坊东北为官员宅第、旅舍等，东南为景云观（先天观）。二者之间隔有南北向通道，宛如两坊。国子监自成一独立系统，居坊西街北，占地约为全坊五分之一，南北约 250 米、东西约 250 米，约 6.25 万平方米。[7]71 又据《大唐郊祀录》"其太学讲论之堂，在庙垣之西"，[19] 卷十·释奠文宣王 国子监为左庙右学的排布方式。

1　如：中晚唐《开元后礼》《曲台新礼》，北宋《太常因革礼》《政和五礼新仪》，金《大金集礼》，清《清集礼》等。

2　（唐）中敕《大唐开元礼》卷八十六。据《礼记正义》卷六十二《射义第四十六》，早在先秦时期，射礼主要分四种：①大射，天子、诸侯祭祀前为选择参祭人员而举行。②宾射，诸侯朝见天子或诸侯相会时举行。③燕射，行于燕息之日。④乡射，常与乡饮酒礼同时举行。"古者诸侯之射也，必先行燕礼。卿、大夫、士之射也，必先行乡饮酒之礼。故燕礼者，所以明君臣之义也。乡饮酒之礼者，所以明长幼之序也。故射者，进退周还必中礼。内志正，外体直，然后持弓矢审固。持弓矢审固，然后可以言'中'。此可以观德行矣。"

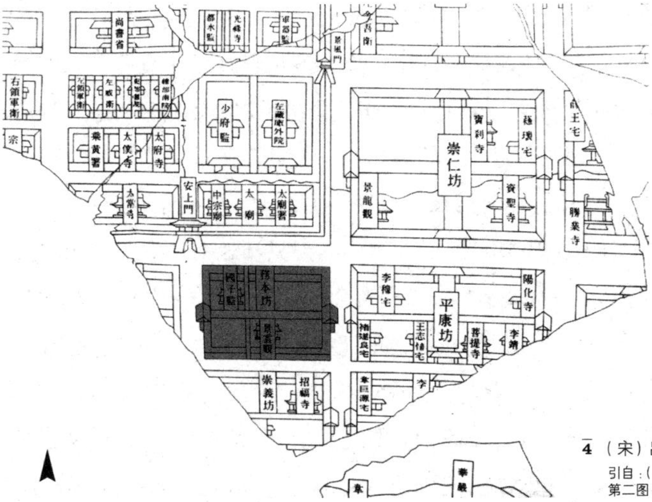

4 （宋）吕大防《长安城图》中的务本坊国子监
引自：（日）平冈武夫《唐代的长安与洛阳（地图篇）》第二图《长安城图（二）》

名称	行礼过程概述
皇帝皇太子视学	计陈设、出宫、视学、车驾还宫 4 个环节。 前三日，本司宣摄内外各供其职，作相关职属安排，并无实质性的工作；前日，方于学之内外陈设视学所需各类设施，根据陈设内容的不同性质，执行官员亦分属于不同部门[5]。 视学当日，待从驾文武官员依时刻俱集朝堂后，帝乘马出行；仪驾将至，祭酒率监官、学官、学生等，奉迎于路东。帝先驾至讲堂北面的大次，再自北阶升堂就御座，视学最重要的讲论部分开始，事后帝折返大次，再回宫。
皇太子释奠于孔宣父	计斋戒、陈设、出宫、馈享、讲学、还宫 6 个环节。 行礼前须斋戒五日，祭祀人员因身份等级不同，斋戒地点和内容均有差别。 前三日，陈设开始，于皇太子所居东宫和国子监两处同时进行，因陈设内容庞杂，参与的职能部门更多[6]。 行礼当日，皇太子自东宫嘉德殿西阁出，重明门、延喜门是重要的空间节点，有礼节施行的环节；达国子监后，先于孔庙正门外回车南向，再降车乘舆至东门外便次居停；半刻顷，始释奠，行奠币、馔享、初献、亚献、终献、饮福、撤笾豆、望瘗等；祭毕，折返东门外便次，改常服，待讲学环节的各官学及学生站位停当，皇太子乘舆出便次，至讲堂自北阶升座，讲学开始；礼毕，皇太子降自北阶，入学堂后便次，改公服；稍后，乘舆出便次，至学门外降舆，车驾回宫，至嘉德殿东阁止。
皇帝养老于太学	计陈设、銮驾出宫、养老、銮驾还宫 4 个环节。 陈设需三日，在皇城和国子监内同时进行[7]。 行进过程中，宫城部分的重要节点在起点西上阁、太极门、承天门及终点东上阁；国子监部分在太学，与视学一样不及于庙，相异处在于帝至讲堂北大次后，不由北阶升堂，而是至太学门内东侧，迎三老、五更，并揖进至讲堂，且堂上御座不在视学时当中位置，而偏在东侧，行礼后又立于讲堂阶上送老。

表 1　重要行礼过程概述

以下关于行礼的空间解读集中在视学、释奠、养老三者，着重于程序行进的空间转换及使用[表1]。至于行礼时间、参加人员、具体步骤、各步骤施行礼节等，及束修、乡饮酒、正齿位的行礼程序，可据《大唐开元礼》作条分缕析之文字解读，兹不赘述。

概括而言，"视学"过程围绕国子监太学讲堂进行，与孔庙无甚关联。"释奠"在《开元礼》中虽位列视学之后，却是耗时最长、程序最为繁琐，体现了释奠礼地位之崇高。因皇太子身份特殊，计 6 个环节，国子、州、县则只计 3 个环节，除无出宫、讲学、还宫外，其他行礼过程和内容基本与皇太子释奠同。[1] [1,11]《开元礼》成于玄宗开元二十年（732），该时孔庙祭殿内孔像仍坐西朝东，改南向是七年后（739）的事情，故记载的行礼人员朝向仍为旧制。"养老"由皇帝、太子、百官、使节、藩客、学生等人员参加，人数庞大，礼节严整，对于准备、仪仗、位次乃至养老礼中的迎、宴、谈、送等环节都讲究有加，整个过程处处彰显了崇儒重教、敬老尊贤的真切意图，与东汉、曹魏、北魏、北齐、北周有明显的制度继承关系，体现了先秦古礼的基本意蕴。

"视学"来去皆有国子祭酒以下、学生以上并出，就监外道东奉迎或奉辞；"释奠"来时不作鼓吹，行事低调，去时已在讲学之后，可作鼓吹及接受欢送，人群仍在道东。坊内有两条主道，南北向路不符合坊"在宫城直南，不欲开北街，泄气以冲城阙"[28] 卷三十五·志第十五·天文上的顾虑，东西向路则以高大坊门限定，其地位不言而喻，迎送皇家的人群不至于屈居在南北向路东。若在东西向路东，则在路当中，似乎更不大可能。若从东坊门进入，则要穿越坊东的繁华地带，较为扰民。故，推测在坊外南北向大街东侧行迎送之礼。国子监东西约 250 米，以正常人步距 60 ~ 75 厘米、速度约为 1 米 / 秒计算，就算走到尽头，也只是几分钟的事情，况且在行礼前后，皇帝、皇太子均会居停，人群自坊外大街至监内站位之间折返，时间是足够的。

皇太子释奠后返宫，"车至城隅，鼓吹止。过庙，鼓吹作。"该庙当指太庙，与国子监仅一街之隔，皇太子过不作鼓乐，对祖先以示敬意，在情理之中。若皇太子直接自务本坊南北向路北出，至皇城墙所需时间无几（国子监南北约 250 米，且太庙即在其正北的皇城墙内），鼓吹的作、止恐怕就极为仓促了。倘上述推测成立，则皇帝或

1　据《新唐书》卷十五《志第五·礼乐五》，《大唐开元礼》卷五十四、卷六十九、卷七十二，主要区别在于：①祭祀祝文稍异，依次为："维某年岁次月朔日子开元神武皇帝谨遣祭酒某封姓名敢昭告于……"，"维某年岁次月朔日子刺史具位姓名敢昭告于……"，"维某年岁次月朔日子县令具官姓名敢昭告于……"。②释奠主持人，"国学释奠以祭酒、司业、博士为三献（皇太子不主持时），州学以刺史、上佐、博士三献，县学以令、丞、主薄若尉三献。如社祭，给明衣。"州学释奠，若"刺史、上佐有故，并以次差摄；博士有故，次取参军事以上摄。"县学释奠，若"县令以下有故，并以次差摄；县官不足，以州官判佐以下及比县官充。"③祭器、祭品，国学规格略高，州、县则包括："尊二、笾八、豆八、簋二、簠二、俎三（羊豕及腊各一俎）。牲体羊豕皆载，簋实稷、黍，簠实稻、粱，笾实石盐、乾鱼、刺栗、榛、菱、芡、鹿脯，豆实韭菹、醓醢、菁菹、鹿醢、芹菹、兔醢、笋菹、鱼醢，其土无者各以类充。"

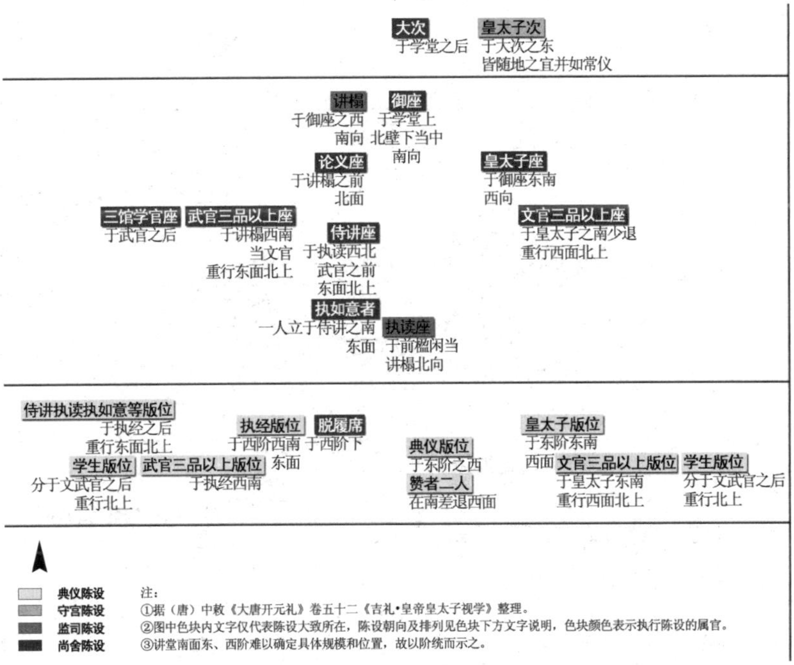

5 唐“皇帝皇太子视学”长安国子监陈设示意

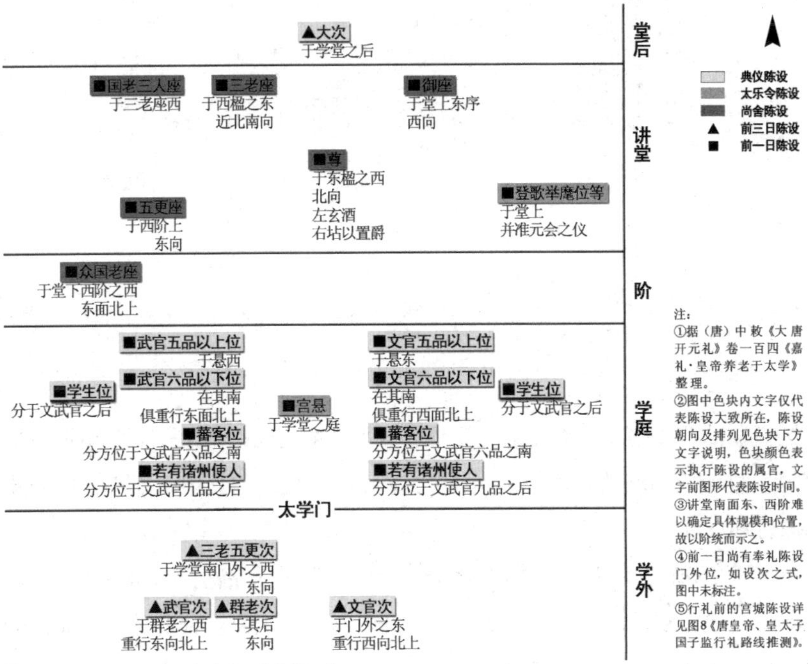

7 唐“皇帝养老于太学”长安国子监陈设示意

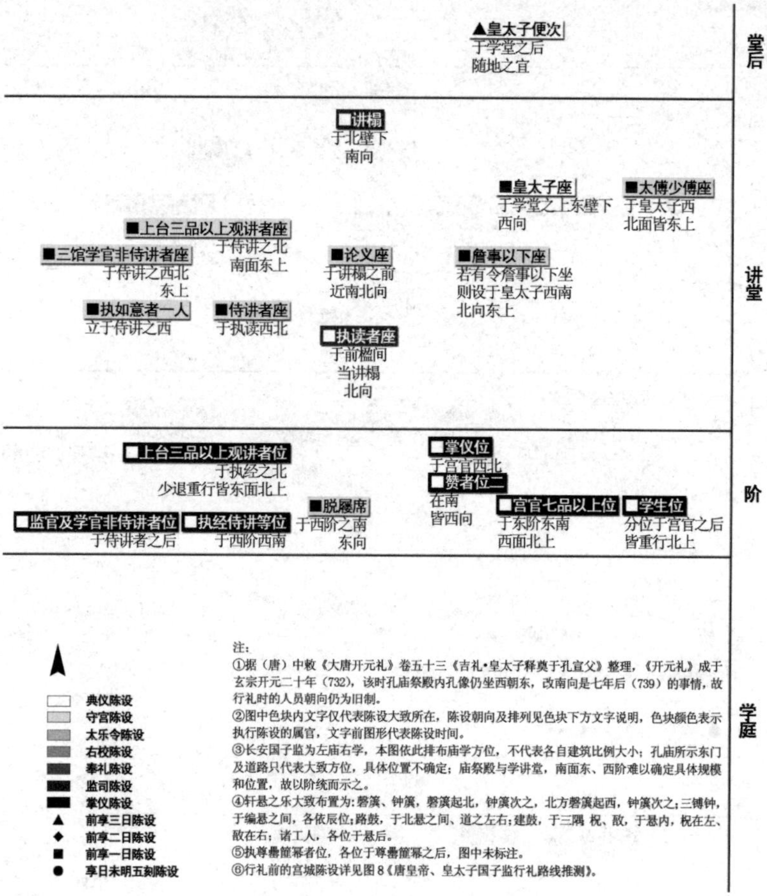

6 唐“皇太子释奠于孔宣父”长安国子监陈设示意

皇太子往返国子监的行进路线，除务本坊与其西侧兴通坊之间的街道外，其余皆在皇城根下（宫城、皇城及皇城墙东南线），笼罩于皇权的直接范围之内，亦符合国子监行礼中的皇家性格 8。

视学非常祀，“天子有时而行之者。”[1] 卷十四·志第四·礼乐四 唐初高祖（618—626）、太宗（627—649）时代，视学时均亲临释奠，而《开元礼》不见皇帝释奠礼，可能是准皇太子行之，皇帝在释奠礼中的主持角色已完全退居幕后，为汉晋以来一大变化，始

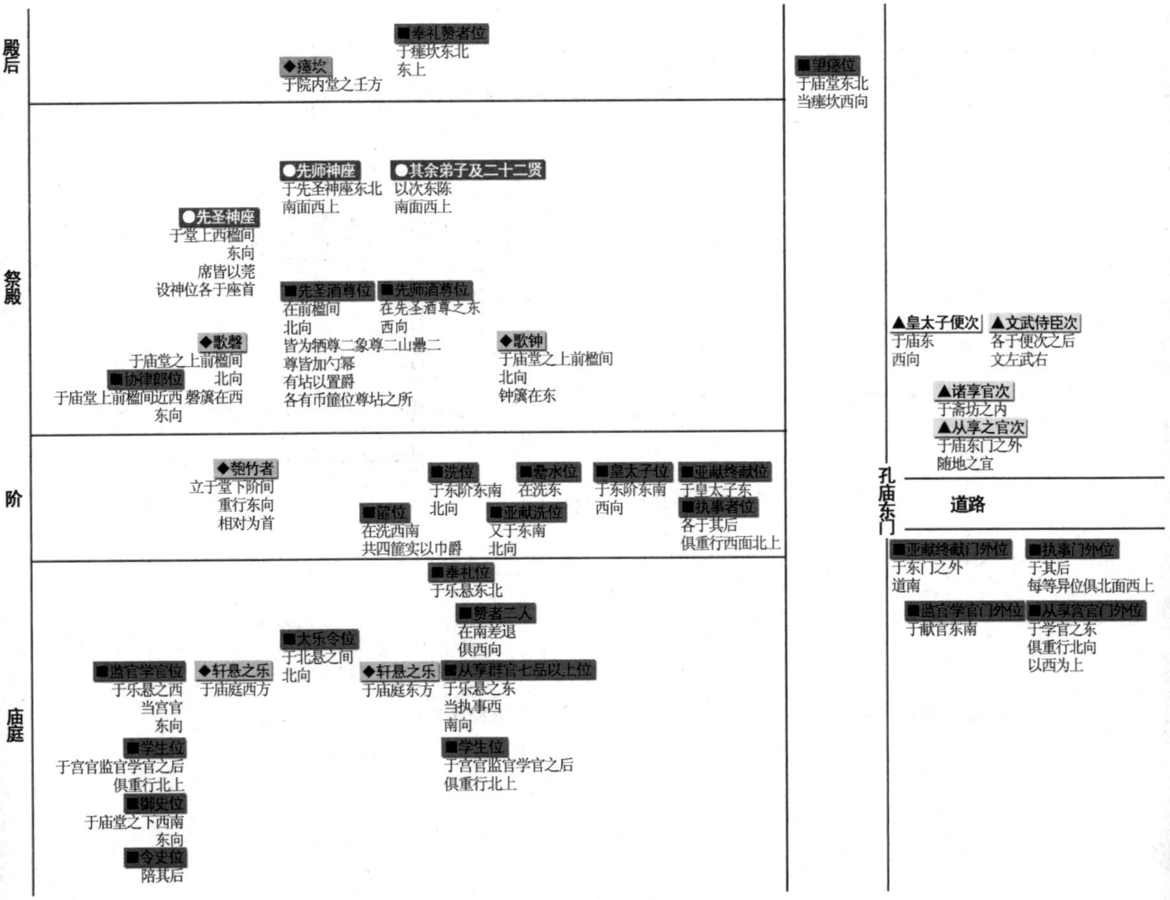

作俑者为太宗李世民，皇太子主持成为定制。而养老虽有仪注之厘定，但观之有唐一代，实施状况恐怕有名无实表2。[29]103 这样一来，皇太子释奠时的城市行进路线，理所当然地成为皇家国子监行礼中的最主要代表，经由的城市空间仅局限于紧贴皇城东南隅的线性街道中，限制在皇城的延喜门至安上门之间。玄宗开元以后（741— ）释奠礼更退而由国子祭酒主持，[29]99 国子监原本借由皇家行礼可以将空间的触角伸至皇城内外的唯一机会，也被无情地剥夺了。

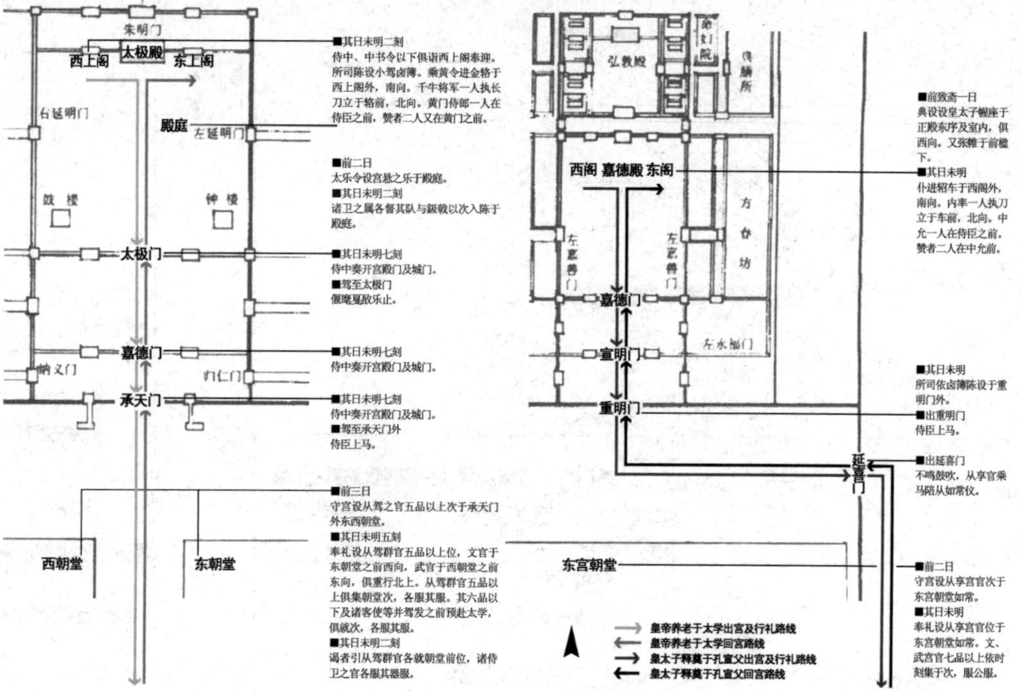

皇帝养老于太学——宫城 / 太极宫

皇太子释奠于孔宣父——宫城 / 东宫

皇帝养老于太学 / 皇太子释奠于孔宣父——城市

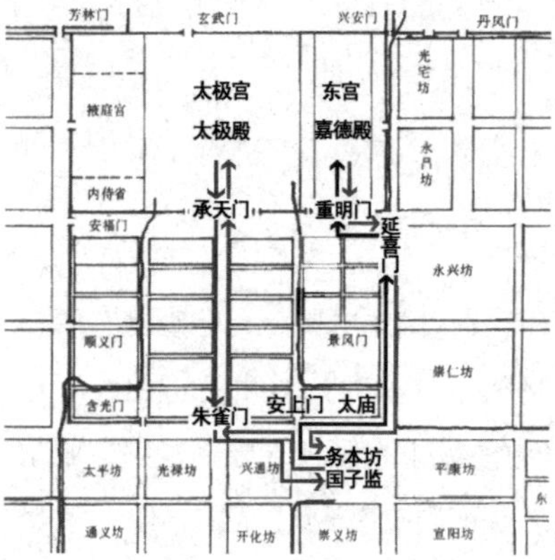

皇帝养老于太学 / 皇太子释奠于孔宣父——国子监

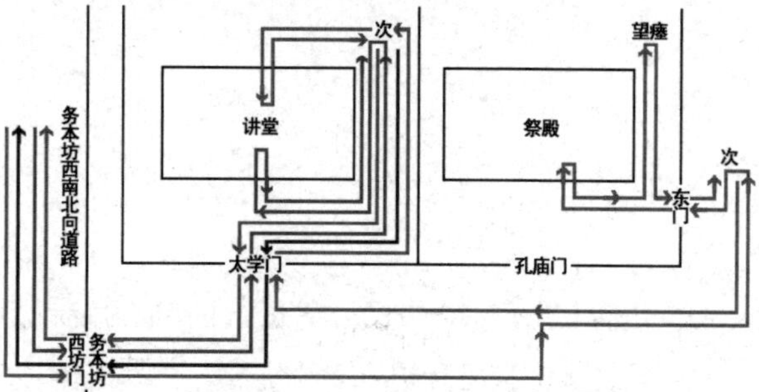

注：
①太极宫与东宫为等比例缩放。底图引自：傅熹年《中国古代建筑史·西晋、南北朝、隋唐、五代建筑》P318 图 3-1-1“隋大兴—唐长安平面图”，P321 图 3-1-7“陕西西安唐长安皇城平面图”，P363 图 3-2-2“唐长安太极宫平面复原示意图”。
②《开元礼 · 皇帝养老于太学》以太极宫为准描述行礼过程，大明宫情况不详；本图只表示主要的行礼路线，具体环节详见附表 1“《大唐开元礼》孔庙行礼仪注”；行礼路线阅读顺序为宫城—城市—国子监—城市—宫城。
③皇帝养老于太学、皇太子释奠于孔宣父，行礼前的宫城陈设，一并表示。

8 唐皇帝、皇太子长安国子监行礼路线推测

具体时间		主持者	地点	行礼内容
高祖	武德六年(623)	高祖	国子学	释奠、视学
	武德七年(624)	高祖	国子学	释奠、视学
太宗	贞观十四年(640)	太宗	国子学	释奠、视学
	贞观二十一年(647)	皇太子	国子监	释菜、视学
高宗	总章元年(668)	皇太子	国子监	释奠、册礼
	永隆二年(681)	皇太子	国子监	释奠
睿宗	景云二年(711)	皇太子	国子监	释奠
	太极元年(712)	皇太子	国子监	释奠、册礼
玄宗	开元十一年(719)	皇太子	国子监	释奠、齿胄
	开元二十六年(738)	祭酒	国子监	释奠、乡贡拜谒
	开元二十七年(739)	祭酒	国子监	国子监、册礼
肃宗	上元元年(760)	祭酒	国子监	释奠
代宗	永泰二年(766)	祭酒	国子监	释奠(2次)
德宗	贞元二年(786)	德宗?	国子监	释奠、视学
僖宗	乾符三年(876)	僖宗?	国子监	释奠、视学

注：据高明士《东亚教育圈形成史论》[29]95-98
附表四"隋唐中央官学的学礼"整理；制表格式有变，典据未录。

表2 唐长安国子监行礼

国子监庙学建筑布局

涉及长安国子监孔庙建筑布局及规制的文献只鳞片爪，且常无确定名词表示，因此，对文献记载情况切不可武断论之，应结合唐人论述习惯、其他类型的庙制规格等综合考量。经逐一解读[表3]，大致可勾勒出代宗（762—779）至宪宗（806—820）间的国子监与孔庙轮廓。

之所以有时段之限定，原因有二：①检出的文献史料中，大多记载代宗至宪宗之间的情形，且撰者亦大多生活于该时段；②据路远研究，国子监有过五次较大整修，

■（唐）虞世南《孔子庙堂碑》[34]（3）1573-1574

文献	万雉斯建，百堵皆兴，揆日占星，式规大壮。凤甍骞其特起，龙桷俨以临空。霞入绮寮，日晖丹槛。窅窅崇邃，悠悠虚白。图真写状，妙绝人功。象设已陈，肃焉如在。握文履度，复见仪形。凤跱龙蹲，犹临咫尺。…… 至于仲春令序，时和景淑，皎洁璧池，圆流若镜，青葱槐市，总翠成帷。清涤元酒，致敬于兹日；合舞释菜，无绝于终古。
解读	孔庙建于何时，不见明确记载。据路远《西安孔庙历史溯源》（《中国孔庙保护协会论文集》）考证：房玄龄提出建议是在贞观二年（628）年底，此时孔庙应尚未完竣，只是设像置祭之事已提上日程，其完竣起码在贞观三年之后（629— ）。《孔子庙堂碑》作为“始立孔子庙堂”的记事碑，应刻于新庙建成之际或稍晚，可惜原碑早已不存，又无可靠的唐拓传世，西安碑林藏宋初王彦超重刻本《西庙堂碑》和山东城武之重刻本《东庙堂碑》，均无原碑刻立年月。相传此碑刻成后虞世南把墨本进呈，太宗赐其王羲之黄银印一颗，虞世南有谢表，署贞观七年（633）十月。前人或以此为碑成之日，并进而以此为新庙建成之时。在没有进一步的证据之前，不妨将唐长安国子监孔庙建成时间大致定在贞观三年（629）至七年（633）之间。 至于建筑信息，则极少，只知孔庙规模较大，装饰华美，“璧池”“槐市”等名词，疑为概指，不确定该建筑或场所的存在。

■（宋）王溥《唐会要》[32] 卷三十五《褒崇先圣》

文献	开元八年（720）三月十八日，国子司业李元瓘奏改祭殿内设（所奏内容略），玄宗准，诏曰：“颜回等十哲，宜为坐像，悉令从祀。曾参大孝德冠同列，特为塑像，坐于十哲之次。因图画七十弟子及二十二贤于庙壁上。” 开元二十七年（739）八月二十四日，诏曰：“两京国子监及天下诸州，夫子南面坐，十哲等东西行列。”
解读	孔像居中、面南、坐像；十哲东西列侍、坐像；七十弟子及二十二贤，图画于庙壁。 后世孔庙中的两庑未出现，祭祀人物集于一殿。

■（唐）中敕《大唐开元礼》[11]

文献	详见上文表1《重要行礼过程概述》，关注于行礼过程中居停和行进的场所。
解读	孔庙祭殿坐落于“陛”上，类似后世大成殿月台，可能面积不广，且有东、西二阶。庙有二门，南门、东门，且东门外有道路。有神厨、斋所，位置不详。 太学正南有大门。讲堂有东、西阶，北墙开门，有北阶可直入。入堂须脱履，为坐席制。

■日本《养老令》注释书《令集解》卷十五：神护景云二年（768）七月三十日官符[29]79

文献	大学寮助教膳大丘于天平胜宝四年（752）随遣唐使入唐，返国后，奏称：“国子监两门，题曰文宣王庙。”
解读	“国子监两门”指国子监建筑群大门两座，或太学、孔庙各两门，或单指孔庙两门？不详。孔庙名称确定，为“文宣王庙”。

■（唐）周存《观太学射堂赋》[34]（9）5983

文献	曩者天下无虞，羯胡生变。动摇我区域，辛螫我方面。救弊者权，必反常以合道；靖难者武，故训人以知战。于是大阅礼行，大射义息。……方今寰海谧如以无事，射堂岿然而独存。彩侯不张而远国来属，贡士不习而盛德必敦。故夫五帝殊仪，三王异礼。咸登太和与至理，莫不雍雍而济济。是知崇乐非钟鼓之器，立德为正鹄之体也。鄗生乎尧日，选乎璧池。达弓矢之妙旨，伟栋宇之宏规。
解读	周氏乃德宗（780—805）时人，行文之中表达了安史之乱后重振国家的愿望。 《开元礼》载皇帝行射礼于射宫，其地不详。周文指出太学确有射堂，且幸免于安史之乱，那么射堂至迟在玄宗时已存在。只是射堂是否行礼和如何使用、方位、规模等，一概无证。

■（唐）王泾《大唐郊祀录》[19] 卷十《释奠文宣王》	
文献	其庙屋四柱七间，前面两阶，堂高三尺五寸，宫垣周之。南面一屋三间，外有十戟焉。东面一屋一门。其太学讲论之堂，在庙垣之西。
解读	王氏为德宗贞元（785—805）、宪宗元和（806—820）时的礼官，记载应较为真实。 庙学排布为左庙右学。 “宫垣周之”“南面一屋三间”“东面一屋一门”等均符合唐时士庶家庙“庙垣周之，为南门、东门，门屋”的规格，且有规定三品以上官之家庙东门外可建神厨及斋院，“神厨于庙东之少南，斋院于东门之外少北，制勿逾于庙。”虽孔庙门列“十戟”的规格并不高，相当于三品官左右的规格（唐时士庶家庙规格详见傅熹年《中国建筑史·两晋、南北朝、隋唐、五代建筑》），但以孔子的地位目之，建筑的实际规格当不在其下，且唐时关于孔庙祭祀的记载中均提及享官斋所及厨房杀牲等，推知孔庙东门外神厨及斋院方位亦同之。 有关唐时家庙祭殿规制的文献论述顺序通常为先进深、后屋顶、再开间，及于室内陈设和隔断，“其庙屋四柱七间”符合该原则，“四柱”当指进深方向为四根立柱，唐时最大私庙进深不得超过八椽（九架），孔庙祭殿恐为六椽（七架）或八椽（九架），柱网布置近似宋代的双槽，分三跨，前后跨各深一间（外槽），中跨深二间（内槽）。“七间”指开间，士庶家庙“祀五世者庙七间，祀三世者庙五间”，孔子庙七间，亦在情理之中。 “前面两阶”，可能指堂前东、西阶；亦或指两层台，底层曰陛，上层曰阶。 “堂高三尺五寸”，以唐一尺合 28~31 厘米计算，约 1 米。此“堂”若为祭殿，则矮不容人，可能指祭殿基座高度，即堂的地面标高。另，士庶家庙内每室西壁偏南距地四尺之高处有石砌的壁龛，供平日藏木主之用，此“堂”是否指此，未为可知。
■（唐）舒元舆《问国学记》[34]（12）8416-8417	
文献	行及门下，脱盖下车，循墙而趋。请于谒者曰：“吾欲观礼于太学，将每事问之于子可乎？”谒者许诺，遂前导之。 初过于朱门，门阖沉沉。问，曰：“此鲁圣人之宫也。”遂拜之。 次至于西，有高门，门中有厦屋。问之，曰：“此论堂也。”予愧非鸿学方论，不敢入。导者曰：“此无人，乃虚堂尔。”予惑之，遂入。见庭广数亩，尽垦为圃矣。心益惑，复问导者曰：“此老圃所宅，子安得欺我耶？”导者曰：“此积年无儒论，故庭化为废地，久为官于此者圃之，非圃所宅也。”循廊升堂，堂中无机榻，有苔草没地。予立其上，凄惨满眼，大不称向之意。 复为导者引，又至一门。问之，曰：“此国子馆也。”入其门，其庭其堂，如入论堂。 俄又历至三馆门，问之，曰：“广文也，大学也，四门也。”入其门，其庭其堂如国子，其生徒去圣人之奥，如堂馆之芜。
解读	舒氏为宪宗元和八年（813）进士，该文记述了其人造访国子监之所见所想，去时极为恭敬，“以自为下士小儒，未尝睹天子庠序，欲往时，先三日斋沐而后行。”其时已经安史之乱，国势一撅不振，国子监未能幸免，代宗永泰二年（766）的诏书中反映出中央官学的窘境：“太学空设，诸生盖寡；弦诵之地，寂寥无声；函丈之间，殆将不扫。”（《旧唐书》卷十一《本纪第十一·代宗》）舒氏所见国子监满目疮痍，叹曰：“而太学且犹衰凉之若此，岂非有司之不供职耶？群公卿士之不留意耶？不然，何使巍巍国庠，寂寞不闻回也赐也说绎道义之声？虽馆宇云合，鞠为荒圃，可谓大国设虚以自欺也。” 舒氏先往孔庙，庙门为朱色，门阖沉沉。 后往西至太学，证学在庙东，太学门高大。“循廊升堂”，说明大门、讲堂之间有廊相连。 后至国子馆，有门，庭院布局类似太学讲堂庭院。 再至三馆门，内为广文、大学，四门共处。以行文流畅度推测，国子馆、三馆等当在太学讲堂之后，为纵向排列。广文馆为玄宗天宝九年（750）增置于坊内西北隅（《唐摭言》卷一《广文》），以聚文学之士，可证三馆在国子监西北，即太学北侧；安史之乱后，庙堂毁坏，代宗永泰二年（766）“敕修国子学、祠堂、论堂、六馆院及官吏所居厅宇。”（[清]顾炎武《历代宅京记》卷六《关中四》）据此又知，国子监内六学馆、斋舍俱有。

注：以文献记载内容的已知至迟时间先后排序；
为对照便，文献与解读以分行的方式对应。

表 3　有关唐长安国子监概况的文献及解读

除武则天时期存疑外，其余四次分别为代宗永泰二年（766）、宪宗元和十四年（819）、文宗太和初年（827— ）、昭宗大顺元年（890）。[30]19-23 玄宗天宝十四年（755）的安史之乱使国子监遭受了巨大破坏，“太学空设，诸生盖寡；弦诵之地，寂寥无声；函丈之间，殆将不扫。”[28] 卷十一·本纪第十一·代宗 代宗时的整修无疑是百废待举，“敕修国子学、祠堂、论堂、六馆院及官吏所居厅宇，用钱四万贯，拆曲江亭瓦木助之”，[31] 卷六·关中四 102 其规模当有所变动。

整个国子监总占地约 6.25 万平方米（边长约为 250 米的方形地块，约合 93.75 亩），孔庙大致建于贞观三年（629）至七年（633）之间，庙学排布方式为左庙右学，目前尚未寻得有关布局明确规定的文献记载，有学者推测可能是源自周制“左祖（宗庙）右社（社稷）”，[29]81 权作一说。又，代宗永泰二年（766）京兆尹黎干“以薪炭不给，自西市引渠”，漕渠自务本坊国子监东过 [9]。[14] 卷四·西京漕渠 129

孔庙周以宫垣，有二门：正门在南，为门屋，三间，饰朱色，悬“文宣王庙”额，列十戟，规格并不高；[1] [32] 东门亦为门屋，一间，门外有道路，神厨于道北，斋院又在其后，均较为朴素。孔门圣贤集于一殿祭祀，庭院之中尚无后世孔庙为孔子从祀者专设的两庑建筑。祭殿装饰华美，基座高三尺五寸，有东、西两阶。屋顶形式不详，殿身面阔七间，进深七架（六椽）或九架（八椽），柱网布置近似宋代的双槽，分三跨，前后跨各深一间（外槽），中跨深二间（内槽），中间空间较大，便于安放十哲坐像，七十子及二十二贤图绘于壁。坐像安置方式不明，后世多有臆断，如：（宋）朱熹认为孔庙中像置于椅上或台座均不合于古礼，当为席地而坐，其在白鹿洞讲学处所设礼殿即用坐式；（宋）罗大经根据“郑国列子庙，见其塑像，以石为席，而坐于地”，认为“先圣像设亦重仿此”；[33] 卷四·甲编 71（宋）岳珂《愧郯录》亦记载：成都府学所藏汉时礼殿石像及蜀地先圣先师木刻像，均为席地坐式。[7]85 又据《开元礼》载释奠时设先圣、先师神座“席皆以莞”，[2][11] 祭殿内坐像席地而坐或以石为席，似有可能。

太学为一组纵深庭院，以太学南正门起始。先为讲堂，有廊连接，连接方式难以确定。讲堂前有玄宗天宝四年（745）所建石台，刻御注并手书《孝经》，雕刻精美，碑座四周蔓草卷曲起伏，雄狮迎风吼啸；碑额祥云缭绕，长龙盘旋腾飞，一派生机。

---

1 据《唐会要》卷三十二《戟》：玄宗天宝六年（747）四月八日，敕改仪制令。庙社门、宫殿门，每门各二十戟；东宫，每门各十八戟；一品，门十六戟；嗣王、郡王、若上柱国、柱国带职事二品，散官光禄大夫已上、镇军大将军已上、各同职事品，及京兆、河南、太原府大都督、大都护，门十四戟；上柱国、柱国带职事三品、上护军带职事二品，若中都督、上州、上都护，门十二戟；国公及上护军带职事三品，若下都督、中下州，门各十戟。

2 《大唐开元礼》卷五十三《吉礼·皇太子释奠于孔宣父》。

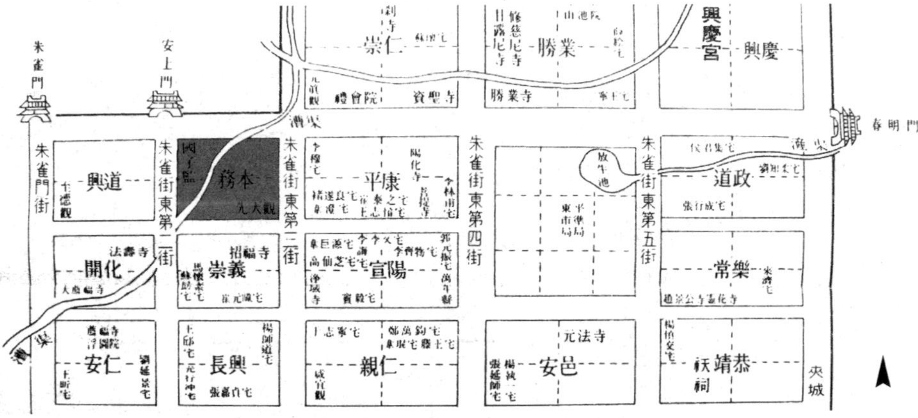

9　唐永泰二年（766）漕渠自长安务本坊国子监东过

引自：（日）平冈武夫《唐代的长安与洛阳（地图篇）》第一三图《长安坊里图（四）》

文宗大和元年（827）又议立《开成石经》，[1] 九年（835）开始雕刻，开成二年（837）始成，[28] 卷十七其目的也是鉴于“经籍讹谬，博士相沿”，故“召宿儒奥学，校定元籍，准后汉故事，勒石于太学，永代作则，以玉其阙”。[2] [28] 讲堂有东、西阶，且北墙设门，可由北阶入，堂内布陈为坐席制。代宗大历十年（775）修《大历壁经》，据儒官勘校过的经本书于太学论堂东西厢之壁，“辨齐鲁之音取其宜，考古今之文取其正。由是诸生之师心曲学、偏听臆说，咸束之而归于大同。”如是度过了约六十年，即文宗大和八年（834）左右，壁经文字崩剥污秽，于是重修，“惩前土涂不克以寿，乃析坚木负墉而比之。其制如版牍而高广，其平如粉泽而洁滑。”[3] [34](10)6890 讲堂后为国子馆门，门内为二进院，类于讲堂庭院，为国子馆所在。再后为三馆门，门内为三进院，广文、大学、四门共处一院。其中，广文馆本在“国学西北隅，与安上门相对”，为玄宗天宝（742—756）中增置，但“廊宇粗建，会十三年，秋霖一百余日，多有倒塌，主司稍稍毁撤，将充他用。而广文寄在国子馆中，寻属边戈内扰，馆宇至今不立”。[2] 卷五 458-459 另，太学射堂、斋舍等皆备，惜所在不明 10。

安史之乱后，国势一撅不振，中晚唐的几代帝王虽均力图恢复贞观、开元盛世，无奈地方割据势力日趋强大，中央权威日趋式微，终难再振雄姿。尤其德宗以后（805— ）财政日绌，统治者不得不抽取一定数量的官俸来修缮学校。宪宗元和十四

1　或称《大唐石经》《唐石经》等。

2　《旧唐书》卷一百七十三《列传第一百二十三·郑覃》。

3　（唐）刘禹锡《国学新修五经壁本记》。

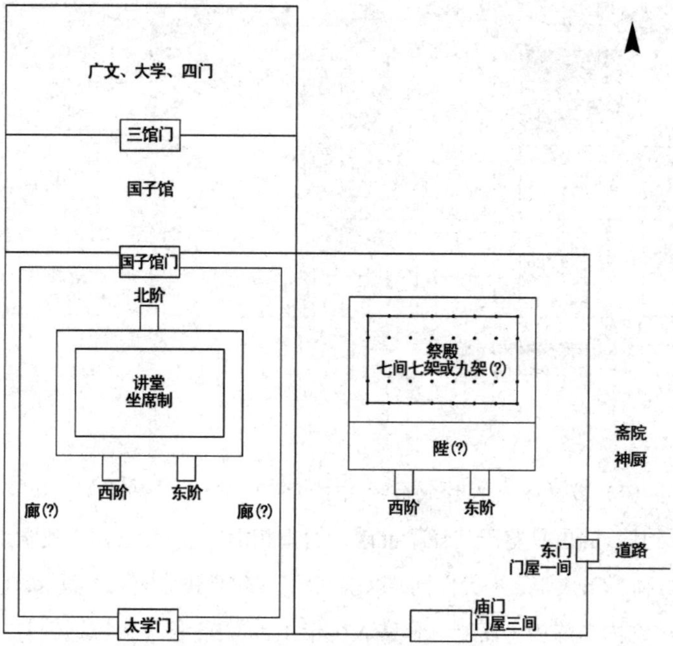

10 唐长安国子监布局推测

年（819）国子祭酒郑余庆奏“请率文官俸禄，修广两京国子监”，乃为“国学毁坏荒芜，盖以兵戎日久，而修葺未暇也”；[35] 卷六百四·学校部·奏议三懿宗咸通间（860—873）又令群臣“输光学钱，治庠序，宰相五万，节度使四万，刺史万”；[36] 卷四十·学校考昭宗大顺元年（890）再令“内外文臣各于本官料钱上每一缗抽十文助修国学”，[35] 卷六百四·学校部·奏议三并诏“有国之规，无先学校，理官之要，莫尚儒宗。故前王设塾庠，陈齿胄，所以敷扬至道，宏阐大猷者也。国学自朝廷丧乱已来，栋宇摧残之后，岁月斯久，榛芜可知。宜令诸道观察使、刺史与宾幕州县文吏等，同于俸料内量力分抽，以助修葺”。1[10] 卷九十一此举演进为所谓的“光学制”，中央官学尚且如此捉襟见肘，推想地方学校更是难逃衰竭的厄运。

---

1 （唐）李晔《修葺国学诏》。

科考、宴集与曲江池

隋文帝开皇七年（587）废除九品中正制，改为“诸州岁贡三人”，[37] 卷一·帝纪第一·高祖上开始施行科举制，炀帝继之又置进士科，唐建国伊始继续之，并逐步完善。唐时科举（唐人习称“贡举”）分制举和常科：前者以皇帝名义临时下诏开科取士；后者则为每年定期举行的遵循既成规范章程的考试，常科举子来源包括“生徒”（中央国学和地方学校选拔举送）和“乡贡”（自行报名参加州县一级考试且成绩合格者）。

每年“孟冬之月”，乡贡举人与来自各级学校的生徒举人“集于京师，麻衣如雪，纷然满于九衢”，准备来年春天的科举考试，此间尚有许多例行的手续。[1] [38]

十一月，试子们进宫朝见帝王，“朝集使及贡士见于（大明宫）宣政殿”；之后赴国子监孔庙谒先师，“其诸州乡贡、明经、进士，见讫宜令引就国子监谒先师，学官为之开讲，质问其义。宜令所司优厚设食，两馆及监内得举人亦准。其日，清资官五品已上及朝集使往观礼。”[2] [39] 只不过此两项时行时废。

科举考试虽也有早在冬季、迟至三月的，但通常在正月、二月行之，尤以正月居多；唐前期地点在尚书省，发榜可能在皇城的端门，后期则改在位于尚书省南的礼部贡院，发榜亦改在贡院的东墙。

放榜后便是一系列的庆祝活动：新进士先就大明宫光范门内东廊设宴，候宰相上堂后参谒；再拜座主，地点移往主司府上；谢恩后，齐赴期集院再贺。自是，宴集的帷幕正式拉开，主要包括：闻喜宴（为官方敕令，官宴性质）、曲江游赏、杏园探花、雁塔题名等，活动范围集中在曲江及附近；其他如相识宴、樱桃宴、月灯打球、看佛牙等，则穿插于其间，只是地点、时间皆不一，非为例行节目。待进士通过吏部关试、领取春关（吏部发放的证明文书）之后，方获出身（入仕做官的资格），再以关宴作为结尾，学子们从进京科考到入仕做官的主要历程，至是告罄（以上表述，皆为通常情况，未虑及改朝、政令或战乱等因素带来的程序改变）表4。杨波详尽地描摹了唐时科举制度下长安士风的风情画卷，[38] 从中可真切体会到在某个特定时段中，文人心态和文士作派对长安政治生活和社会关系的影响和作用。文人雅集虽不可避免地增长

---

1 （唐）牛希济《荐士论》，据《长安的春天——唐代科举与进士生活》第 2 页。科举之前的例行手续包括：向尚书省报道、缴纳文解（州府所给的荐送证书）和家状（涉及家庭情况的文件）、寻找保人、接受有关部门审核等。

2 （五代）王定保《唐摭言》卷一《朝见》《谒先师》。

<table>
<tr><th>步骤</th><th colspan="2">活动内容</th><th>地点</th></tr>
<tr><td>1</td><td colspan="2">朝见</td><td>大明宫宣政殿</td></tr>
<tr><td>2</td><td colspan="2">谒先师</td><td>国子监孔庙</td></tr>
<tr><td>3</td><td colspan="2">科举考试</td><td>尚书省（唐前期）/ 礼部贡院（唐后期）</td></tr>
<tr><td>4</td><td colspan="2">发榜</td><td>皇城端门（唐前期）/ 礼部贡院东墙（唐后期）</td></tr>
<tr><td>5</td><td colspan="2">拜宰相</td><td>大明宫光范门内东廊</td></tr>
<tr><td>6</td><td colspan="2">拜座主</td><td>主司宅</td></tr>
<tr><td>7</td><td colspan="2">期集院</td><td>期集院（主司宅附近租赁的供进士期集的场所）</td></tr>
<tr><td>8</td><td colspan="2">闻喜宴</td><td>曲江池（为官方敕令，官宴性质）</td></tr>
<tr><td rowspan="7">9</td><td rowspan="7">宴集活动</td><td>曲江游赏</td><td>曲江池一带</td></tr>
<tr><td>杏园探花</td><td>通善坊杏园</td></tr>
<tr><td>雁塔题名</td><td>进昌坊慈恩寺大雁塔</td></tr>
<tr><td>相识宴</td><td>座主宅，为家宴性质</td></tr>
<tr><td>樱桃宴</td><td>地点不定</td></tr>
<tr><td>月灯打球</td><td>曲池坊西禅寺月灯阁</td></tr>
<tr><td>看佛牙</td><td>最著名的在永阳坊大庄严寺，其他诸如来庭、
翊善二坊的宝寿寺，太平坊定水寺，崇德坊崇圣寺等</td></tr>
<tr><td>10</td><td colspan="2">关试</td><td>尚书省</td></tr>
<tr><td>11</td><td colspan="2">关宴</td><td>曲江池</td></tr>
</table>

注：据杨波《长安的春天——唐代科举与进士生活》[38]75-150 整理。

表 4　唐长安试子从科考至入仕的主要过程及活动地点

了奢华风气，但在丰富城市文化生活的同时，亦在一定程度上再定义了长安部分城市空间。

相较隋大兴，唐长安的最大变化是高宗（650—683）时营建大明宫和玄宗（712—756）时的兴庆宫，前者代替太极宫成为主要正式朝廷，后者为离宫。另一变化则是增加了两处夹城：一由东苑沿长安城东垣抵曲江池芙蓉园（曲江在秦时已有，隋时开发为风景园林区，唐时又建芙蓉园）；又一由西苑沿北垣至芳林苑。二者均为帝王游幸的专用复道，来往不为平民所知。[16]43 东夹城的营建直接沟通了大明宫、东苑、兴庆宫三处皇家空间与曲江池芙蓉园的城市关系，建造行为实现了皇家的实质性介入，长安城东南的名胜佳处促进了皇家、平民共享城市空间的形成。很显然，在前述描摹长安科考士子的风情画卷中，宴集的最主要几个程序均在以曲江池为中心的城市空间展开，可见该处在城市、文化、景观等众多方面地位的举足轻重，且具备强大的空间辐射作用。而宴集之前的朝见、谒先师、拜宰相及之后的关试，恰是在皇家游幸之外建立的另一个皇权与城市东南部之间的空间联系。

从城市地理空间上看，与科举及试子们相关的城市活动行为主要发生在“太极宫—朱雀门大街”和“大明宫—曲江池”之间。天子与民同乐的主要场所则集中在城市东部，除了高悬于天的皇权空间借由东夹城的导引和保护，安然降落于以曲江池芙蓉园为代表的世俗世界，尚有长安城规模最具的皇帝会见平民百姓的广场，位在兴庆宫西南角的勤政务本楼—花萼相辉楼所面临的十字街口（胜业坊、东市、道政坊道口），玄宗常于此举行官民同欢的盛大集会，且紧邻东市。长安城南北均分，虽东城（万年县辖区）住户数量远不如西城（长安县辖区），却多高官显贵、皇亲国戚居处，也导致了东市相较西市多售卖奢侈品。[16]44 如此种种，皆体现了因皇权所在带来的空间集聚效应[11]。

贵为城市中轴的朱雀门大街宽近 150 米，有“天街”之美誉，却非交通频繁所需，乃因皇帝郊天仪仗所经，一年之中不过一次而已，常日只是壮阔空旷。[16]40 大明宫位移了唐政权的实际统治中心，与代表城市休闲文化生活的曲江池南北呼应，二者之间的空间联系发挥着一道隐性的城市轴线功用，在相当程度上置替了原有物化轴线（朱雀门大街）的城市组织角色，担负了唐中后期长安城（尤其是东城）的城市统领重任。上述发生在“大明宫—曲江池”之间的诸般空间行为，有力地促成了“圣”“俗”交融，并极大地推动了城市文化活动和官宦生活举止的重心向帝都的东部转移。

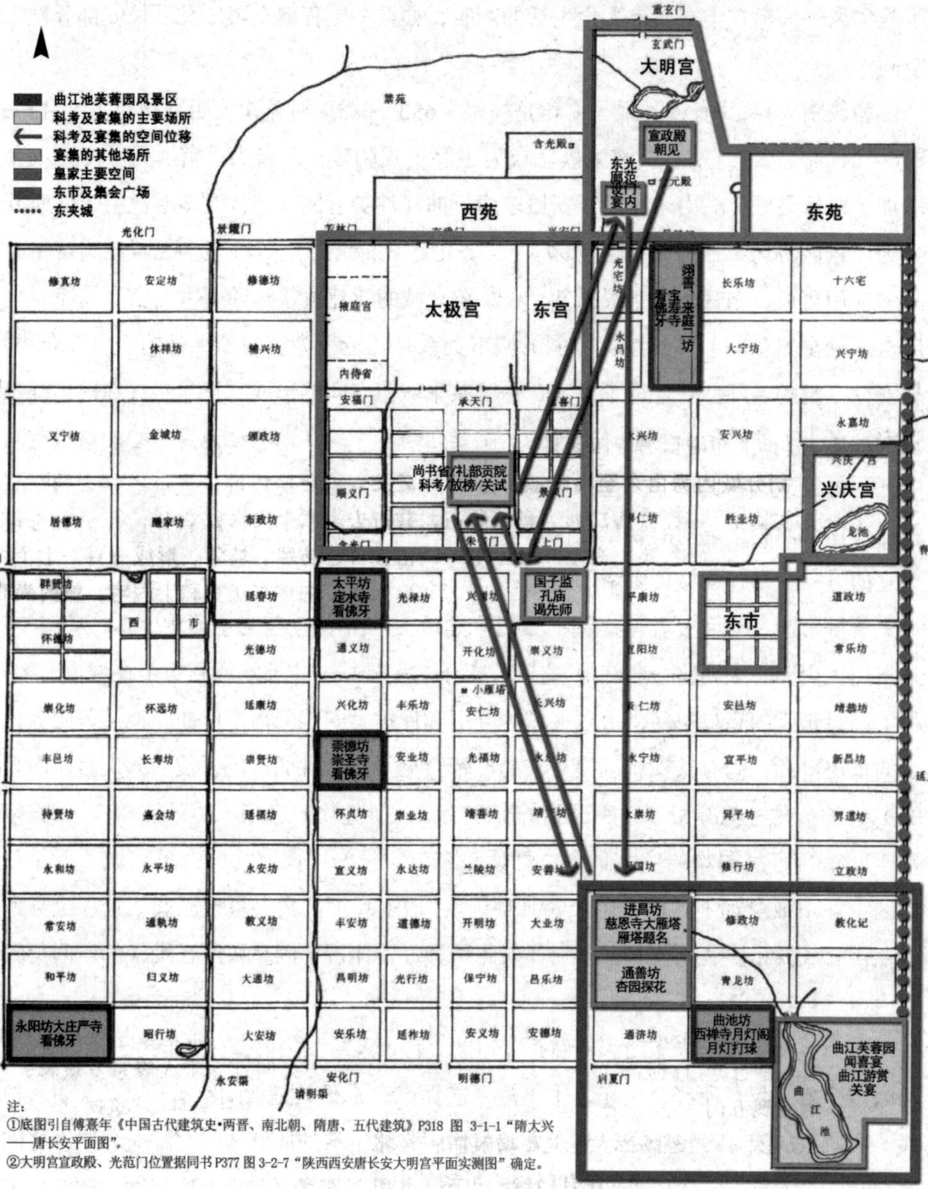

注：
①底图引自傅熹年《中国古代建筑史·两晋、南北朝、隋唐、五代建筑》P318 图 3-1-1“隋大兴——唐长安平面图”。
②大明宫宣政殿、光范门位置据同书P377 图 3-2-7“陕西西安唐长安大明宫平面实测图”确定。

11 唐长安皇帝及科举试子的活动空间分析

参考文献

[1] 欧阳修，宋祁，撰. 新唐书 [M]. 北京：中华书局，1975.

[2] 王谠，撰；周勋初，校证. 唐语林校证 [M]. 北京：中华书局，1997.

[3] 侯力. 唐代官学中的学规和学礼 [J]. 益阳师专学报，1998（02）：48-51.

[4] 李修生. 全元文（18）[M]. 南京：江苏古籍出版社，1999.

[5] 杜佑，撰. 通典 [M]. 北京：中华书局，1984.

[6] 程大昌，撰；黄永年，点校. 雍录 [M]. 北京：中华书局，2005.

[7] 曲英杰. 孔庙史话 [M]. 北京：中国大百科全书出版社，1998.

[8] 孟元老，撰；伊永文，笺注. 东京梦华录笺注下 [M]. 北京：中华书局，2007.

[9] 高明士. 唐代的武举与武庙 [C]// 第一届国际唐代学术会议论文集. 台北：台湾学生书局，1989：1017-1069.

[10] 董诰，等编. 全唐文 [M]. 北京：中华书局，1982.

[11] 中敕，撰. 大唐开元礼 [M]. 北京：民族出版社，2000.

[12] 陶希圣. 武庙之政治社会的演变 [J]. 食货复刊，1972（8）:2-5.

[13] 黄进兴. 圣贤与圣徒 [M]. 北京：北京大学出版社，2005:205-236.

[14] 徐松，撰；张穆，校补. 唐两京城坊考 [M]. 北京：中华书局，1985.

[15] 刘餗，撰；程毅中，点校. 隋唐嘉话（下）[M]. 北京：中华书局，1997.

[16] 郭湖生. 中华古都 [M]. 台北：空间出版社，1997.

[17] 杜宝，撰；辛德勇，辑校. 大业杂记辑校 [M]. 西安：三秦出版社，2006.

[18] 佚名，纂修；徐松，辑. 河南志 [M]. 北京：中华书局，1990.

[19] 王泾，撰. 大唐郊祀录 [M]. 北京：民族出版社，2000.

[20] 郑玄，注；孔颖达，疏；阮元，校刻. 礼记正义 [M]. 北京：中华书局，1980.

[21] 王弼，等注；孔颖达，疏；阮元，校刻. 周易正义 [M]. 北京：中华书局，1980.

[22] 王应麟，撰. 玉海 [M]. 扬州：广陵书社，2007.

[24] 萧子显，撰. 南齐书 [M]. 北京：中华书局，2003

[25] 盖金伟. 汉唐官学学礼研究 [D]. 上海：华东师范大学，2007.

[26] 脱脱，等撰. 宋史 [M]. 北京：中华书局，1985.

[27] 宋敏求，纂修. 长安志 [M]. 北京：中华书局，1990.

[28] 刘昫，等撰. 旧唐书 [M]. 北京：中华书局，1988.

[29] 高明士. 东亚教育圈形成史论 [M]. 上海：上海古籍出版社，2003.

[30] 路远. 西安孔庙历史溯源 [J]. 碑林集刊，2004（00）:97-109.

[31] 顾炎武，著；于杰，点校. 历代宅京记 [M]. 北京：中华书局，2005.

[32] 王溥，撰. 唐会要 [M]. 上海：上海古籍出版社，1985.

[33] 罗大经，撰；王瑞来，点校. 鹤林玉露 [M]. 北京：中华书局，1997.

[34] 周绍良. 全唐文新编 [M]. 长春：吉林文史出版社，2000.

[35] 王钦若，编纂. 册府元龟 [M]. 北京：中华书局，1989.

[36] 马端临，编纂. 文献通考 [M]. 杭州：浙江古籍出版社，2000.

[37] 魏征，等撰. 隋书 [M]. 北京：中华书局，1973.

[38] 杨波. 长安的春天：唐代科举与进士生活 [M]. 北京：中华书局，2007.

[39] 王定保. 唐摭言 [M]. 上海：上海古籍出版社，1978.

圣域与俗世：孔庙介入城市的特征考察二则*

*基金资助：城市与建筑遗产保护教育部重点实验室开放研究课题（KLUAHC1002），高等学校博士学科点专项科研基金资助课题（20120092120004）；主持：沈旸。原文刊载：沈旸《清代曲阜庙城：以孔庙为核心的城市空间构成》，《建筑与文化》2013年1月（总第106期）；沈旸《秦淮河畔夫子庙学与庙市合一》，《建筑与文化》2008年9月（总第55期）。录入本书有增删。

中国古代自唐以后的都城和地方城市，不论规模大小或建置等级，孔庙都不可或缺，其现象本身独具意义。孔庙的祀典活动及建筑配置等，与城市的管理运作、空间组织及日常生活等复杂系统有密切关联。对于“孔庙扮演的城市角色”这个命题，除了其自身逐步形成的象征意义之外，与城市的互动方面，则当结合具体的社会和文化背景，在广泛的城市或区域个案中去寻求答案，如此才能进一步明确孔庙作为古代城市重要建筑类型发挥的作用，并完善其认知途径。

孔庙作为古代城市中必备的职能建筑，是城市运作体系中不可或缺的一环。尽管孔庙具有圣域的场所精神，但与城市的世俗生活从未隔绝，如商业依附、儒生对世俗生活的介入和一定程度的推动等，皆需作细致深入的探讨。本文选取曲阜与南京两例，考察孔庙介入特定城市的状态。需要说明的是，这只是选取了不同的观察角度，截取了不同的城市断面，作了极为有限的探索，对于中国古代为数众多的城市而言，目前的工作还远远不够。

曲阜庙城：以孔庙为核心的生长

在历史的曲折发展过程中，曲阜城市几经迁移而孔庙独存，最终形成了以孔庙为核心的城市形态。

移城卫庙

概括而言，曲阜孔庙及城市的发展脉络主要有五个阶段：

（1）因孔子讲学之所为庙，在东汉中期以前，庙在鲁城之北。

（2）因旧宅立庙，约在东汉顺帝间（126—144），庙已移往鲁城之内；此后一直相沿，时有修复，皆维持汉制。

（3）孔庙扩建，始于唐高宗乾封元年（666），宋、金亦不断扩建之。宋初曲阜县城仍沿于唐及五代时期旧址（今曲阜东北周公庙高地一带），真宗大中祥符五年（1012）以传说轩辕黄帝诞于寿丘之故，诏改曲阜为仙源县，并移县址于仙源县（在今曲阜城东旧县村）。金熙宗皇统二年（1142）复曲阜旧名，而县址不迁，直至明中叶。如是，庙城相分达五百余年。

（4）庙宅相分，元世祖至元四年（1267）由孔子五十三世孙、曲阜县令孔治主持完成，由此形成了明清以后孔庙的基本格局。[1][1]

（5）环庙筑城，直接起因乃明正德六年（1512）山东刘六、刘七起事，一度攻入曲阜县城，并对孔庙大加破坏；次年（1513）按察司分巡东兖道佥事潘珍奏请："将曲阜县治徙庙傍，量筑城池，以备防守。"得以诏许，于是在今址以孔庙为中心重修曲阜城。历时十年，至嘉靖元年（1522）竣工，此时孔庙及孔府已扩建，约等同于今日所见规模，县城即以之为中心规划营建。城周八里三十六步，初开四门，即东垣秉礼门、南垣崇信门、西垣宗鲁门、北垣延恩门。《城阙里记》云："视其外则高墉深沟，与泰山、洙泗映带而萦回；视其内，则庙貌公府伉然中居，而县治、儒校、行台、分司，以及市廛、门巷罗布环列，足以增宫墙之重。前此千百年之缺典，乃今始克举之；后此千百年，而或有外侮焉，于是乎庶几无患矣。"[2][1]

---

1 详见《曲阜庙城与中国儒学》第三章《秦代鲁城》、第四章《魏至唐城》、第五章《宋金元城》（曲英杰撰）。

2 详见《曲阜庙城与中国儒学》第六章《明代清代的曲阜庙城》（傅崇兰撰）。

明时的“移城卫庙”至少在空间形态上使孔庙、孔府与城市发展结合起来，使曲阜成为因庙成城、庙城相依的独特城市案例；但庙城的大发展乃至形成真正意义上的城镇，实际在清，孔子本庙拥有了城市构成中的绝对控制权，其作为天下孔庙之祖的身份在曲阜得到了最有分量的城市空间体现。关于明清时期曲阜城市的形体结构与社会发展，前人已有深入之研究，本文的关注则在于明清时期的曲阜游观和祭孔礼仪前期准备的过程描述，并及孔庙与城市之间的空间与功能转换。

庙城之间

研究的基础资料及原因有三：

（1）由徐振贵、孔祥林编注的《孔尚任新阙里志校注》。（清）孔尚任的著名在于《桃花扇》作者的身份，而作为孔子后裔，其饱蘸深情地记录了曲阜游观的指南。行程前后有别，既有尊卑之分，又充分考虑了交通路线的合理性。孔庙、孔府当为首要，其后则出城两日，将曲阜周边胜迹囊括概尽；又返城观颜庙、孔林等，后再出城，观余景。依之“日有余暇，景无剩美”，共需“跋涉五日，悉酬平生之愿矣”。并对来往曲阜作了引导：如北上者，可“度汶水，登泰山”；若南行，或东西行者，则“仍回阙里，西之滋阳县，东之泗水县，南之邹县”。[2]157 向导的意义在于简明扼要地为来者介绍城市的著名胜迹，借由其文，可观时人心目中的曲阜城市与建筑。

（2）仍据该书纪录的康熙二十三年（1684）南巡至曲阜之亲祭孔庙。其时孔尚任提任引驾官，除讲经外，又深得康熙帝赏识，破格授国子监博士，提调入京。康熙帝的游观路线记载详尽，可据之作不同人等的曲阜游观比照。

（3）赵荣光《〈衍圣公府档案〉食事研究》中对于孔庙“丁祭”[1] 程序的整理。本文的兴趣不在具体的祭祀程序，而是“丁祭”前长达二十天的准备工作中，孔庙内事件发生的地点或空间[表1]。

当循着（清）孔尚任的笔端，在图纸空间中描画出孔庙的游观路线时，由衷地叹服于这个规模巨大的建筑群空间布局的合理，仿佛在观摩类似《清明上河图》或是《盛世滋生图》的景观长卷，再综合其他建筑群的游观路线，对古代建筑群中平行空间的组织有了更为真切的认知：

1 曲阜孔庙祭祀是例行的圣诞，以“四大丁”最为隆重，即每年阴历的二月、五月、八月、十一月的第一个丁日。

时间	准备工作	地点
前二十日	票行	
前十五日	出示	仰高门
	涤牲	牺牲所
	择菜	粢盛所
前十日	修器	各库庖厨
	演礼	诗礼堂
	演乐	金丝堂
	洒扫	庙庭
	发票	
前五日	挂牌	同文门
	传单	
	造册	
	祝版	
	填榜	
	进香	
	进帛	
前三日	张榜	奎文阁
	迎祝	奎文阁
	戒誓	同文门 璧水桥
	淋浴	
	斋宿	诗礼堂 斋宿所
前二日	观礼	诗礼堂 斋宿所
	听乐	金丝堂 斋宿所
前一日	迎牺牲	仰高门 神厨 神庖
	迎粢盛	快睹门 神厨 斋宿所
	习仪	奎文阁 同文门 阁西门 阁东门 斋宿所
	省牲	神厨 斋宿所
	视膳	神厨 斋宿所
	给烛	
	陈设	大成殿
	验祭	各殿
	点榜	
当日	更衣	斋宿所 诗礼堂 杏坛
	序爵	诗礼堂
	签名	诗礼堂
	序昭穆	诗礼堂 金声门 杏坛
	践位	大成门 大成殿 杏坛 金声门 玉振门 后寝 崇圣殿 中兴殿 家庙

注："地点"一栏指孔庙内发生地。
据参考文献 [33] 整理。

表 1　清曲阜孔庙"丁祭"的准备工作

（1）拜祭为先，游观次之

客至曲阜，需“访礼生，问仪注，备祭品”。尊崇的心情和祭奠的必须，使得时人在孔庙内的初始路线与今日大门敞开的情状自有大不同：直接深入至殿庭的心脏部位——杏坛，“依礼生仪注陈设祭品，行释菜礼”，毕后始作游观。且中路的三大殿（大成殿、寝殿、圣迹殿）是为首要，即紧密围绕孔圣，随之方依据空间布局展开有效路径。整个游观涉及孔庙的任何角落，重复路线仅有两段，且距离皆不悬远，由是可观平行空间连接的递进性和布陈的匀致性[1]。

（2）尊卑有别，体现在不同人等的空间路线

颜庙、尼山孔庙等处的游观方式与孔庙相仿[2][3]，显而易见，其并不依循绝对的中轴布局，表之于对正中“门”的避让；而皇帝的脚步则是踏在中轴线上，尊卑的体现无以复加。因时人祭拜为先，又受制于等级，游观路线与皇帝及今日游客皆相反，对孔庙前导空间一步三叹的感受至少有两次，叠加的效果意味着不断增强的空间敬畏感。

（3）城市分区对不同人等前往孔庙的限定

皇帝与常人，前者由孔庙南门直入，后者以西门为起始，除了身份的不同，曲阜的城市功能布局亦为控制因素之一。清时曲阜城市格局以孔庙、孔府为核心分野：东部是以其他孔氏府第为主的阔气富余区，商业集市也比较发达，与中心的文化纪念和祭拜区有明显分工的差别，不仅形成了一个紧随康乾盛世发展趋势的城镇功能区，也使城市中心的礼仪性更加鲜明；西部则是以县衙办公、学校教育及一般城市居民消费为主的公共建筑和管理机构综合区。[1]139-140 皇帝行宫在东城，接待外来人士的公馆在西城，不同人等前往孔庙的空间位移，亦体现了城市的功能分区[4]。

（4）毓粹门与鼓楼作为多重空间转换的枢纽

不同人等孔庙游观路线的终点皆为毓粹门，亦为随后拜访孔府及全城游走的基点，此门不仅是庙、府之间最直接的联系媒介，亦为孔庙内向空间外化于城市的世俗出口。行走于城市中，孔庙威仪的体现除了在万仞宫墙至庙南牌坊、下马碑等之间的三角地带，还在之庙两侧的半壁街与阙里[1][3]街[5]，狭长的线性感和纵深感借由高垣、牌坊、角楼、钟楼等得到渲染，最终仍是交汇于庙东的毓粹门。而孔族“丁祭”前准备工作

1　据（清）金埴《不下带编·巾箱说》第 129 页：“古之称阙里者，其说各异。所言二石阙曰阙里，其谬远矣。汉称孔子阙里，无故荆棘自除，从讲堂至里门，此说近是。自昔孔子作春秋，号称素王阙里者，素王之庭除也。历代之庭，曰帝阙，曰金阙，曰玉阙，曰凤阙，曰魏阙，曰阙下，皆帝庭之称也。圣人之庭曰阙里，诸弟子所以尊圣人，乃别群祀之称也。按刘熙《释名》：‘阙，阙也。在门两旁，中央阙然为道也。’崔豹《古今注》：‘人臣至此，则思其所阙，故谓之阙。’金埴曰：凡读孔子之书者，一至阙里，则亦思其所阙也。”

0 10 20 30 40m

1 万仞宫墙
2 金声玉振坊
3 桥
4 下马碑
5 棂星门
6 太和元气坊
7 至圣庙坊
8 圣时门
9 道冠古今坊
10 德侔天地坊
11 阙里坊
12 仰高门
13 快睹门
14 新建汉石人亭
15 璧水桥
16 弘道门
17 大中门
18 同文门
19 弘治图碑
20 角 楼
21 明斋宿院旧址
22 斋宿所
23 驻跸厅
24 钟 楼
25 奎文阁
26 执事房
27 观德门
28 毓粹门
29 大成门
30 启圣门
31 承圣门
32 玉振门
33 金声门
34 孔子故宅门
35 故宅门碑亭
36 礼器库
37 诗礼堂
38 乐器库
39 金丝堂
40 杏 坛
41 大成殿
42 启圣殿
43 寝 殿
44 右掖门
45 左掖门
46 崇圣祠
47 家 庙
48 土地庙
49 燎所、瘗所
50 圣迹殿
51 神 厨
52 神 庖

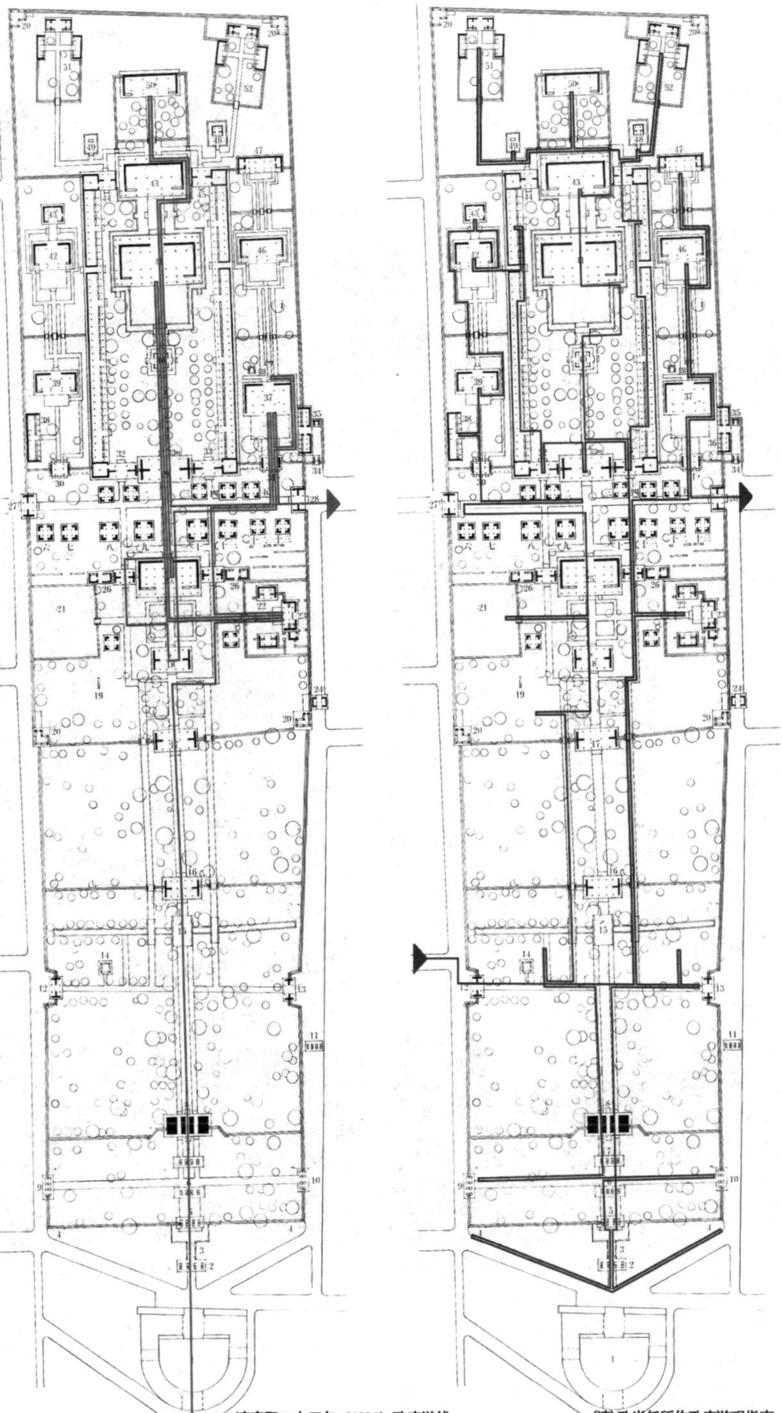

清康熙二十三年（1684）孔庙游线

(清)孔尚任所作孔庙游观指南

1 清不同人等的曲阜孔庙游观路线

底图引自：参考文献 [34] 第 315 页图版二六九《孔庙总平面》

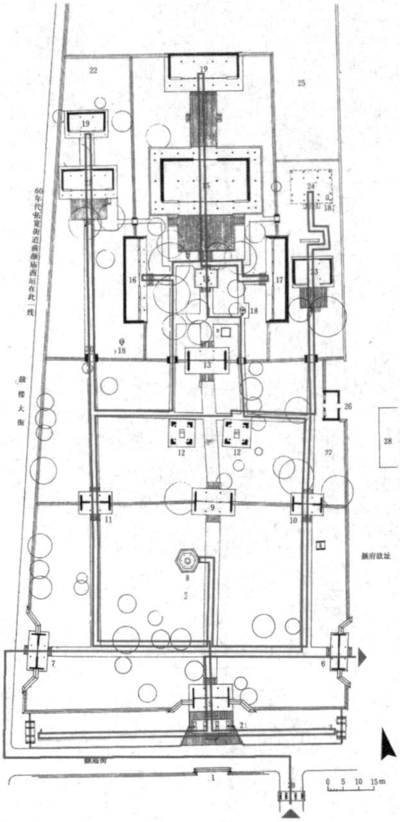

1 照 壁
2 复圣庙坊
3 卓冠贤科坊
4 优入圣域坊
5 复圣门
6 博文门
7 约礼门
8 陋巷井(颜井
9 归仁门
10 克己门
11 复礼门
12 明碑亭
13 仰圣门
14 乐 亭
15 复圣殿
16 西 庑
17 东 庑
18 元 碑
19 寝 殿
20 杞国公门
21 杞国公殿
22 焚帛所址
23 退省堂
24 家庙残基
25 神厨址
26 祭器库
27 斋宿房址
28 颜府西厢
29 陋巷坊

陋巷坊

卓冠贤科坊

碑亭院落

乐亭

复圣殿

复圣殿柱

寝殿柱

陋巷井亭

2 (清)孔尚任所作曲阜颜庙游观路线

①底图引自：参考文献 [34] 第 366 页图版三六四《颜庙总平面》。
②自摄，2003 年 12 月

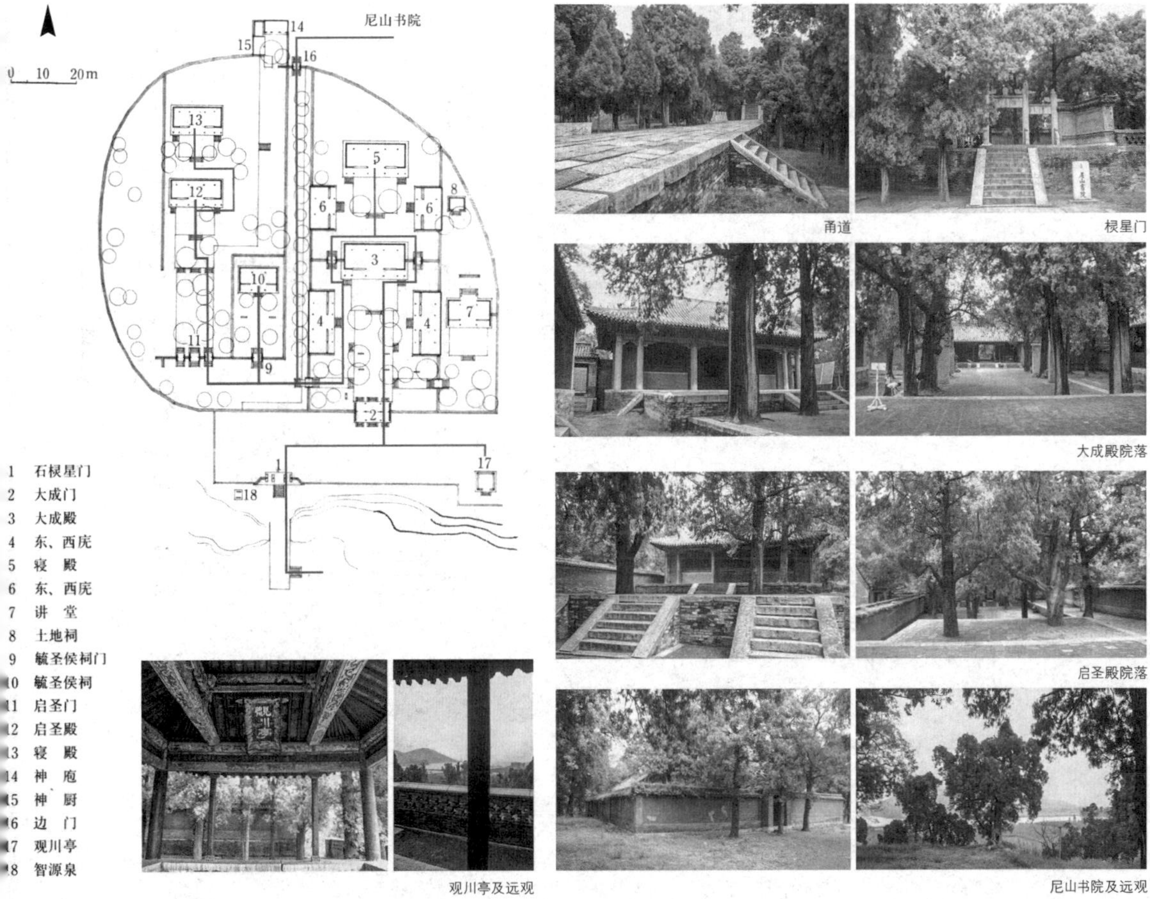

3 （清）孔尚任所作曲阜尼山孔庙及书院游观路线
①底图引自：参考文献 [34] 第 385 页图版四〇三《尼山孔庙总平面》。②自摄，2007 年 9 月

在孔庙内的发生地点，随着祭祀时间的临近，亦明显地呈现出由四周往中、东部趋近的态势，虽毓粹门仅为进出的通道，并无重要事件发生，但隐含的空间组织作用不容小觑[6]。鼓楼则是曲阜三个主要功能区（中：祭祀区，东：居住商业区，西：办公文教区）的城市尺度转换节点，不仅城市的主要街道于此会聚，游观庙城的路线亦多据之发散。清曲阜已形成区域发展的格局，代表者即为孔林与少昊陵，[1]141 其虽在城外，却是曲阜城区域人文社会和生态环境不可或缺的组成部分，其影响可与庙城相提并论[7]。如清乾隆帝巡曲阜即达八次之多，除孔庙外，孔林[8]、少昊陵、周公庙、颜庙等亦是必往祭拜或参谒的，皇帝的活动范围恰是这种区域格局形成的反映，并推动了其发展。

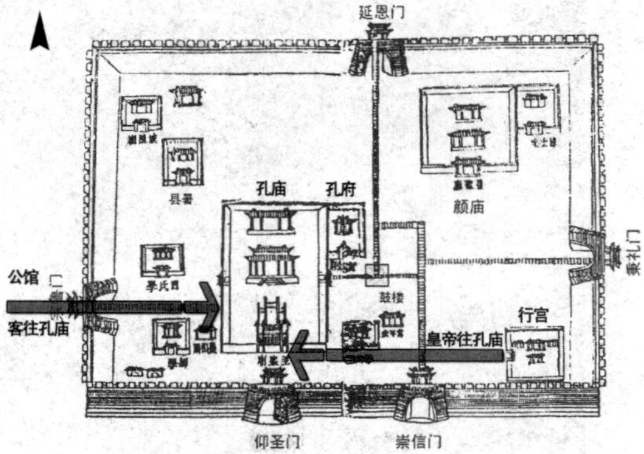

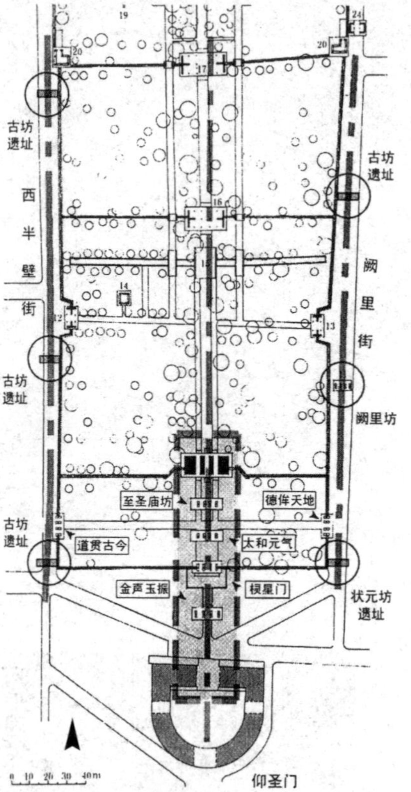

（上）4 清曲阜城市分区与不同人等往孔庙路线

底图引自：何易《明清城市牌坊初探》第 41 页图 2-54《曲阜古城》（出自《乾隆曲阜县志》）

（右）5 曲阜孔庙周边的牌坊

引自：何易《明清城市牌坊初探》第 42 页图 2-56《孔庙前牌坊平面布置分析》（底图据《曲阜孔庙建筑》）

（下）6 清曲阜孔庙“丁祭”准备工作的孔庙发生地

①底图引自：参考文献 [34] 第 30 页图 2-11《清代曲阜孔庙平面》。②牺牲所、粢盛所现无存，其大致所在据参考文献 [2] 第 155 页“过璧水右桥至仰高门内，入牺牲所，历太牢、少牢群牲房，……东至快睹门内，入粢盛所，历织房、酿房、蔬果黍稷房。”

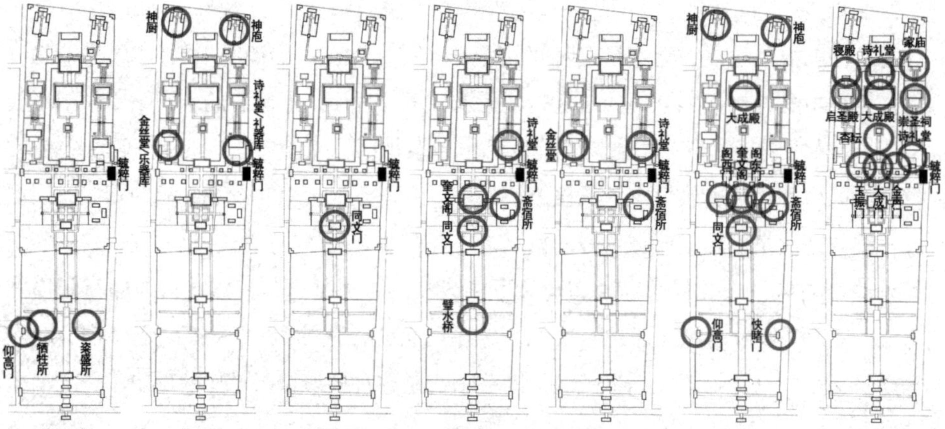

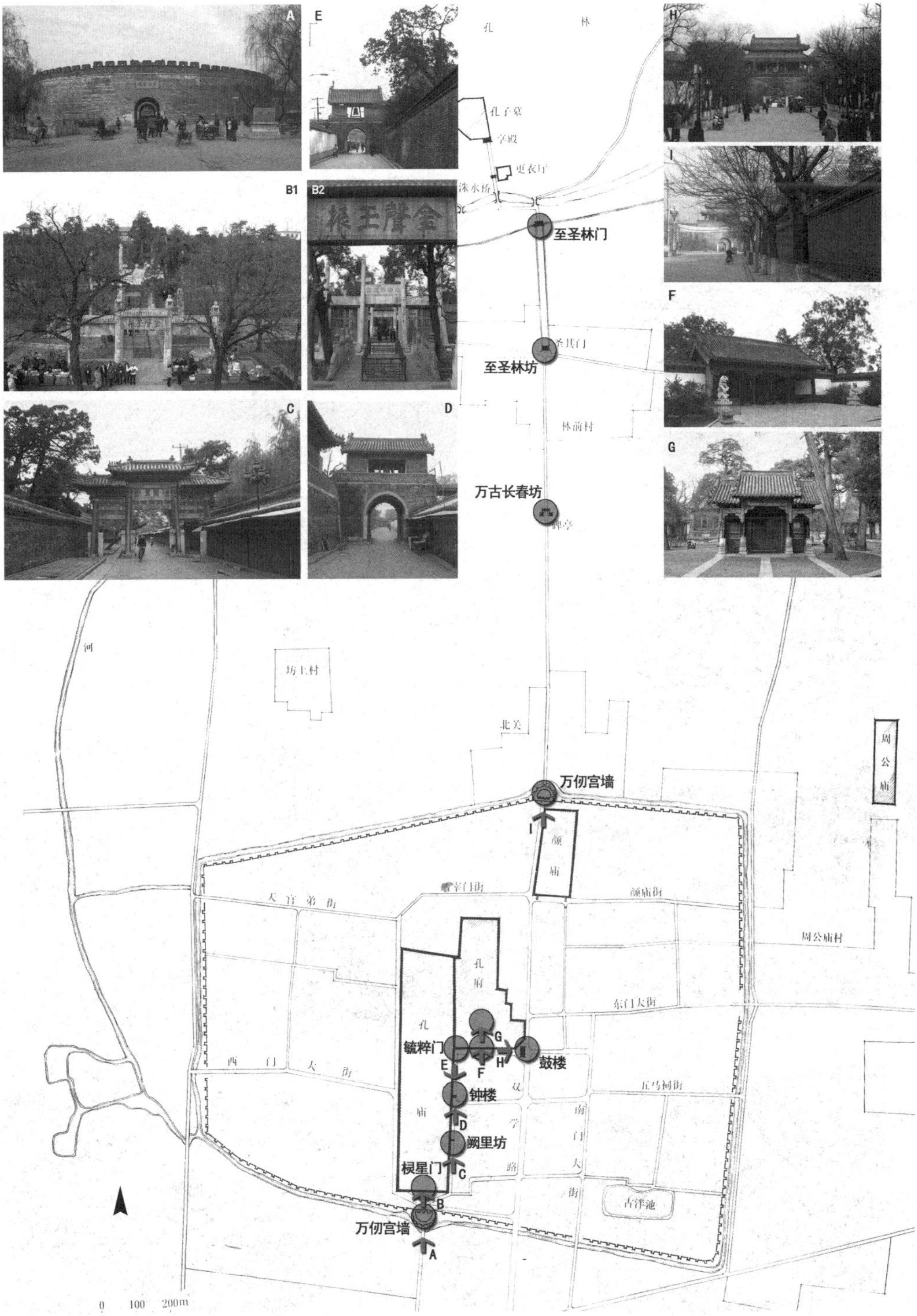

7 曲阜自孔庙起始的主要空间转换

①底图引自：参考文献 [34] 第 314 页图版二六八《曲阜县城主要古建筑分布图》。
②自摄，2003 年 12 月

洙水桥坊

观楼

万古长春坊及碑亭

石像生及享殿

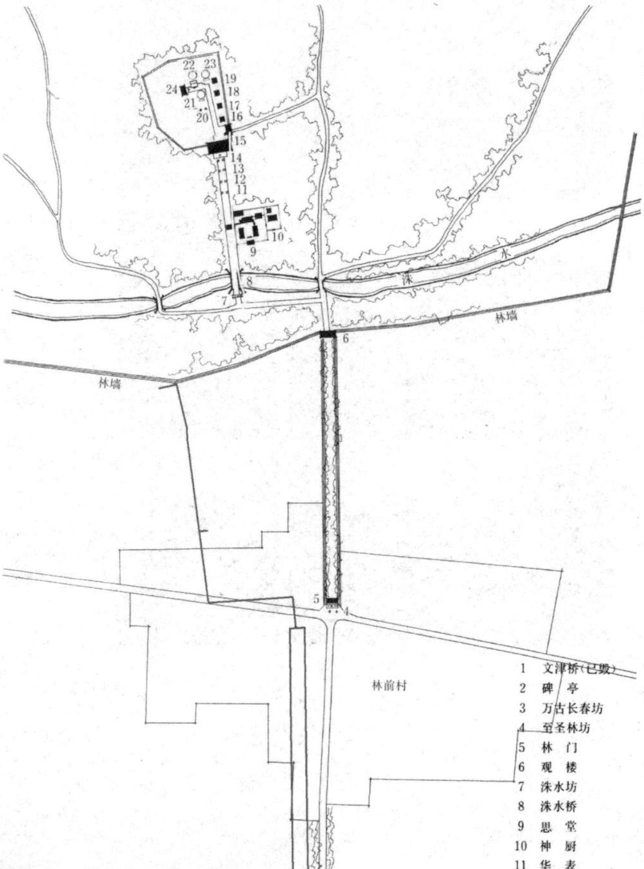

碑亭及墓道

圣林坊

8 （清）孔尚任所作曲阜孔林游观路线

①底图引自：参考文献 [34] 第 385 页图版四〇四《孔林总平面》。
②自摄，2003 年 12 月

桨声灯影里的秦淮河：庙市合一

说起南京夫子庙，世人印象多为秦淮河水的桨声灯影，文人妓家的风流绝唱。此地以夫子庙为发源形成的“庙市合一”，规模之大、时间之长，并由此带来的商业、娱乐、聚居等多重城市构成元素的演变和互融，在中国古代城市及孔庙发展史上是甚为罕见的。夫子庙市发展如斯，恐为先学所未料。不过，若称秦淮河畔的夫子庙市乃为庙、市相依的孤例，[4]25 则尚有商榷之处。下文推论了商业依附孔庙的几种可能，并对南京秦淮河畔夫子庙“庙市合一”的现象作个案探讨。

商业依附孔庙的可能

早在西汉，位在长安南郊的太学即有“槐市”一说。“太学中列槐数百行，诸生朔望会市，各持其土物及经书买卖、议论。”[5]卷三十二·陕西布政司古迹槐市的出现有其特定的城市和时代背景：①长安自身的居民聚居和相应的生活市场在城市北部，太学则在南部的礼制区，氛围迥异，自不会常设市场；但限于南北距离，生活不便，且游于太学者甚众，遂逢每月初一、十五，自发集市交易本郡土特产、书籍、乐器等，既可补度日之资，又增学术及情感交流。槐市无围墙、房屋，即为临时集市之明证。②时间跨度上，西汉距离春秋战国并不遥远，太学尚存百家争鸣之“稷下”[1]遗风，又未有孔庙之立，与后世孔庙的肃静特质还是存在差异的，偶尔的集市亦无伤大雅。

随着后世庙学制的建立与完善，“槐市”已演变成为一种代称，历史的回响恐仅限于槐树成了孔庙之中的常见树种。亦即前文述及的，喧嚣混淆的城市环境乃为孔庙

---

1 “稷”是齐都临淄一处城门名，“稷下”即齐都临淄城稷门附近，齐国君主在此设立学宫。学宫因处稷下而称“稷下学宫”，与东汉“鸿都门学”得名相同。稷下学宫实行“不任职而论国事”“不治而议论”“无官守，无言责”的方针，学术氛围浓厚，思想自由，各个学派并存。人们称稷下学宫的学者为稷下先生，随其门徒被誉为稷下学士。齐威王即位，为革新政治，选贤任能，广开言路，进一步扩建了稷下学宫。齐宣王时期，采取了更加开明的政策，“趋士”“贵士”“好士”，稷下学宫的规模和成就达到顶峰（“滥竽充数”这个典故就和齐宣王有关）。齐宣王对稷下学宫的发展作出了巨大贡献。当时，四方游士、各国学者纷至沓来，“邹衍、淳于髡、田骈、接子、慎到、环渊之徒七十六人，皆赐列第为上大夫，不治而议论”。儒、道、名、法、墨、阴阳、小说、纵横、兵家、农家等各家学派林立，学者们聚集一堂，围绕着天人之际、古今之变、礼法、王霸、义利等话题，展开辩论，相互吸收，共同发展，稷下学宫达到鼎盛。世称“百家争鸣”。对此，司马光在《稷下赋》中说：“致千里之奇士，总百家之伟说。”至齐闵王后期，不听谏言，邹衍很快离开齐国去了燕国，随后，齐几乎为燕将乐毅攻灭。齐襄王时期，齐国重建，虽然努力发展稷下学宫，但是稷下学宫仍然没有能够恢复到鼎盛时期的面貌。稷下学宫最著者即为孟子和荀子。两人都曾在稷下学宫任职，荀子在齐襄王时期曾三为“祭酒”。至齐襄王之子齐王建即位，稷下学宫未能得到进一步发展，而是随着齐的灭亡而消失。

选址所避讳。然而，某些城市的孔庙附近仍是逐渐出现了商业活动，“学前街”亦成其市场之代名词。或有如下几种可能：

（1）孔庙为大量学生聚集和生活的场所，出于日常所需存在着一定的购买力，以就近原则考量，相关的社会服务出现是符合商业经济运作规律的，今日大学校园周边密集的“学生经济”即为典型表现。但明地方孔庙附近市场仅得3例，并不足以构成立论的基础，就古代地方城市（尤其县级及以下）而言，囿于城市规模，出现城市副中心或多重城市干道的可能性皆不大；而孔庙以其在城市构成中的地位和影响，大多选址于主要街道；如此，市场和孔庙发生交集的几率还是颇大的，前3例皆为县城，或为一证。亦即，小型城市的用地限制或为市场出现在孔庙周边的重要动因。

（2）孔庙的日常经费来源除学田外，有的地方政府亦会酌情拨部分房廊屋产归其所有，以坐收租房之利。如北宋靖康间（1126—1127），建康府学岁入1824贯，其中一成即为学田之外的房廊71间及酒坊3处的创收，[6]卷二十八·儒学志一类似情况在不少地方都不同程度地存在着。神宗即位初（1068—）右正言孙觉即有关于州县学经济状况的概论：“朝廷自庆历以来（1041—），诏天下立学，郡县往往有学舍、官田、房廊之利。”已将房廊与学田并称为两大经济来源。又据徽宗御制《辟雍记》，大观二年（1108）诸路统计上报的州县学房廊总数已达9.1万余楹，足以说明房租收入所占比重之大。[1][7]当然，房产可以位于城市中的任何地方，但若政府所拨或孔庙自建的房产选址在附近，孔庙周边的商业活动则应运而生了。如南宋嘉定三年（1210）庆元府学自建房屋23间用于出租，市场效应迅速蔓延，以致孔庙边界模糊不清，唯恐“地久浸失疆界”，不得不在宝庆二年（1226）“计其丈石，埋石以识之”，[8]卷十三·学校6308前后不过二十年。

（3）早在五代，雕版印刷技术就已盛行，[9]65“时（后唐长兴三年[932]）宰相冯道以诸经舛谬，与同列李愚委学官等，取西京郑覃所刊石经，雕为印板，流布天下，后进赖之”。[10]六百八学校部刊校宋时更加普及，并得到大发展，刻书几成高盈利行业，如国子监刻书除“以备朝廷宣索赐予之用”，还“出鬻而收其直以上于官”。[2][11]地方官学亦广开刻书之门，尤其在北宋中期以后，印刷业的官方垄断松动，私刻、坊刻及各地官刻业迅速发展，部分发达地区凭借雄厚知识和人才储备，更成为重要的印刷生产销售部门。[7]25-26此后，地方刻书现象几为常态，只是各朝或各地情状强弱不一罢了。

1　出自：（明）黄淮、杨士奇《历代名臣奏议》卷一百六十六《上神宗论取士之弊宜有更改》；（宋）章如愚《群书考索》后集卷二十八。皆转引自郑雪《宋朝建康府学研究》第25页。

2　详见《宋史》卷一百六十五《志第一百一十八·官职五》。

依此推论，至少“书市”业态的出现及依附于孔庙也是可能的，今日某些城市据孔庙建筑遗存开办书市及其他相关文化产业，或可视作传统的延续和发扬 [9]。

毕竟，孔庙的肃静特质为首要，与市场共处并未在古代城市发展史中形成主流；若对商业依附于孔庙的现象作城市理论层面的注解，或以陈薇先生一语拨尽迷雾：“有什么比经济更能主宰人的生活状态及城市运转和兴衰状况呢？政治制度固然重要，但相对于经济活动而言，通常它对于地方城市的生存和发展的作用则降为次要。” [12]47

科举与“考市”的形成

早在六朝时代，南京秦淮河畔就已繁华初具，当时的秦淮河充当了对外贸易的主要航道，河中舟船穿梭，一派繁荣，乌衣巷、朱雀街、桃叶渡等均为当时名门望族聚居处。

上溯至东吴，在充分利用建邺城内诸多天然湖泊河流的同时，分别在城南、城东、城北开辟了运渎、青溪、潮沟等一些新的水道，并使之相互连接，北通玄武湖，南注秦淮河，疏通与完善了建邺城内的水网系统，形成秦淮贯于南、青溪流于东、玄武湖

棂星门前

学宫街书市入口

学门前

魁星阁前

9 上海文庙外围市场
自摄，2007 年 5 月

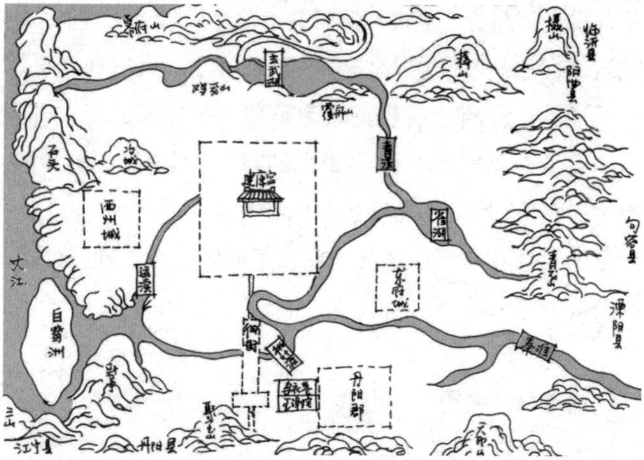

10 青溪、秦淮、运渎示意
引自：参考文献 [13] 第 25 页图 3-3

卫于北的格局[10]。东晋建康由于移民的大量迁入，城市人口激增。建康城由于地形原因，整个城市呈不规则平面，仅有宫城部分方正规划，而城南的坊市则带有明显的自发情形，这也造就了昔时秦淮河两岸居民密集、街陌相连、行市热闹的景象，南朝时“淮水之北，有大市百余，小市十余”，设有谷市、盐市、牛马市等大小市，居民生活十分便利。秦淮河畔以商业、生活性混合的街巷为主要构成的自然肌理，与规划严整的宫城形成鲜明的对比。[13]24-26

南京夫子庙一地为学始于东晋，此时尚无科举制度，官吏多从世家大族中推荐而来。至北宋，因东晋旧学宫建夫子庙与学宫。宋时科举制度已较为完备，南京乃重镇，当设考场，然只为一应试小院。有元一代，虽大力推行儒化，惜不足百年，即为朱明取代。故，明以前的仕子不成规模，除日常的居民生活所需的商业活动外，尚未形成所谓的“考市”。[14]60

朱元璋定鼎南京，深感儒化和选拔人才之重要，建朝之始即着手科举一事。洪武三年（1370）“特设科举，……非科举毋得与官”。[1][15] 科举分乡试、会试、殿试三阶段，明初三试集于南京一地。永乐迁都北京后，南京为留都，仍负乡试和会试之责。清科举沿袭明制，南京江南贡院则为苏、皖二省[2] 乡试之地，东起姚家巷，北至奇望街，西隔贡院西街，与夫子庙相邻，仅考生号社就两万四百多。因应考人数众多，府、县学又另设考棚（即预试场）。下江考棚乃江苏考场，位镇淮桥东北，东起信府河，西

1 《明史》卷七十《志第四十六·选举二》。
2 清初，江苏、安徽统为江南省，康熙时分苏、皖二省。

至中华路；上江考棚乃安徽考场，清前期在朝天宫黄埔巷，同治四年（1865）迁往三条营，南起新民坊，北至剪子巷，十二年（1873）移往中正街。江宁县学考场在今门东边营，上元县学考场在鸡鸣山麓，明中叶及清均有扩建。每至大比之年，“应试者辄两万人，文物蔚然，为廿三行省冠”。1 亦有“江南合两省为一，与试者多至万六、七”2 [16]1157 一说。

应试仕子多会待发榜后方散去，时间之长，人数之多，带动了相关行业的迅猛发展，如旅店、会馆等满足衣食住行的行业和文玩器物行业。“东牌楼沿秦淮东岸，北抵学宫贡院，南达下江考棚，大比之年，商贾云集”，出售书籍和各地文玩物产，如“歙之笔墨，宣之纸，歙之砚，宜兴之竹刻陶器，金陵之刻磁，乃至常之梳篦，苏之糖食，扬之香粉，可以归贻细君者，鲜弗备”。[17] 卷八·坊市志考市贡院前的贡院街和西侧状元境是这些商品买卖最为集中的地方，私营书坊“比屋而居，有二十余家，大半皆江右人，虽通行坊本，然琳琅满架，亦殊可观”。[18] 卷二明时有圣谕“凡举子赴京应试，沿途关卡免验放行”，应试举子便利用此机会贩卖，以赚度日之资，南北货物交换场所即在泮宫前（今夫子庙前广场），此风一直延续至清末。清同治间（1862—1874）举人汪士铎曾立碑申请禁止在孔庙前设摊经营，[14]61 可见货物交换及贩卖之风颇具规模。交换之繁盛也吸引了民间商贩及卖艺杂耍者，嘉庆间（1796—1820）“有卖戏法者为北省人，设场于泮宫前”，贡院前“有卖雀戏者，蓄鸠数头，设高桌，旁列五色纸棋”。[18] 卷六日久形成的商业态势愈演愈烈，即使非大比之年，在淮清桥以西的贡院西街、状元境等地，仍然商业兴隆。大量外来人口的涌入，也促进旅店客栈的发达，仅夫子庙状元境百米长的巷内，鼎盛时就有旅店 25 家之多。[14]64

文士风流与秦淮妓家

众多考生流连秦淮、情系金陵，还有一重要原因：秦淮妓家。自古文士多风流，夫子庙一带墨客骈聚、考生云集，乃为南京娱乐业之重要参与及带动者。“乡试之年，人士云集，妓家酒宴亦忙，厨中光火，竟夜不息。”明代的教坊就在贡院附近的长板桥，与因夫子庙而起的文人荟萃相结合，而文人豪客之放荡形骸，亦骇人听闻。金陵四十八景中有“长桥选妓”11，说的就是逗留于此的文士风流。

1 （清）汪士铎《金陵贡院遗迹碑》，现存南京贡院明远楼外墙。
2 （清）黄钧宰《金壶七墨·乡闱章程》。

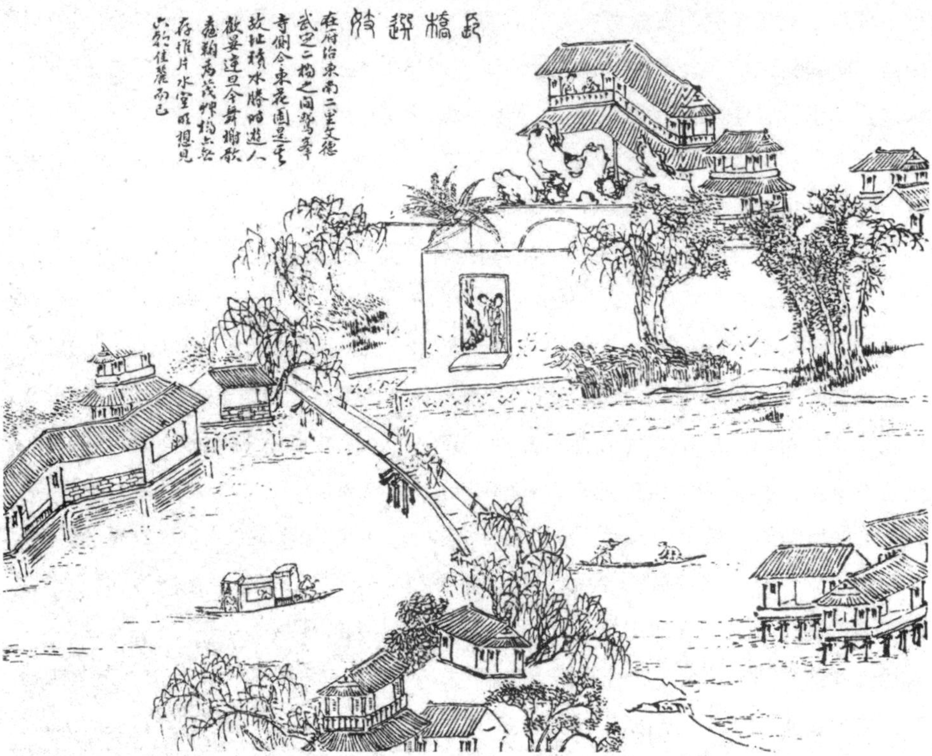

11 金陵二十四景之长桥选妓

引自：参考文献 [35] 第 884 页，清宣统二年（1910）版

秦淮女闾，实导源于明之教坊与官妓。[17] 卷十·女闾志明初设教坊司，“立富乐院于乾道桥，复移于武定桥等处。……又有十四楼以处官妓”。[18] 卷六，卷七富乐院在武定桥东南，对岸即夫子庙与儒学所在，“旧院在钞库街南，与贡院隔河相对”。1 [19] 明成祖永乐间（1403—1424）妓家逐渐增多，前抵武定门，后达库钞街。至明中期，位于长板桥的教坊司旧院则日益兴盛。武宗正德十四年（1519）南巡，“以乐工臧贤辈自随，遍选声妓，金陵有徐髯仙者……上最爱幸”。正德南巡引发奢靡享乐之风的盛行，使商贸与游乐成为明后期南京的主要特点，妓院亦随之更趋繁荣。至神宗万历十年（1582）“房屋盛丽，连街接弄，几无隙地”。[20] 卷七

秦淮灯船之盛，亦天下所无，“两岸河房，雕栏画槛，绮窗丝障，十里珠帘。……

1 （清）珠泉居士．续板桥杂记：卷上·雅游。

薄暮须臾，灯船毕集，火龙蜿蜒，光耀天地，扬槌击鼓，蹋顿波心”。自聚宝门水关至通济门水关，喧阗达旦；桃叶渡口，争渡者喧声不绝。相伴之市肆，亦精洁殊常，非寻常百姓妄敢消费，“香囊云舄，名酒佳茶，饧糖小菜，箫管瑟琴，并皆上品。外间人买者，不惜贵价，女郎赠遗，都无俗物”。1 [19]

入清，明旧院皆废，代之而起的是那桥附近的“珠市”，后东迁至姚家巷、东官头、金陵闸、丁官营、武定桥、东钓鱼巷等处，都在长坂桥旧址左右。[14]65 光绪（1875—1908）中叶以后，“秦淮妓家，大抵聚处，且皆羼集于淮清桥下之钓鱼巷，至御河房而止”。秦淮妓家有两大特点：一为“尤有明代教坊遗风，微嫌官气重耳”；[17] 卷十 · 女闾志 二是与贡院文人、科考仕子相互依存，士大夫宴集，皆在秦淮画舫或妓家河房中。正所谓“户户皆花，家家是玉，冶游遂无虚日”。2 [19]

按常理推论，孔庙、贡院乃宣扬文教之重镇，而妓院则是民间风月、寻春冶游之所，两者情调迥异，实应势同水火。但表面的分庭抗礼和暗地里的幽香相通，渊源久远，似乎古代城市建设中，缺少了这样一道人文风景，就显示不出亮丽的繁华。[21] 南京旧院的发展不是单纯的女肆，而是与流连夫子庙的仕子游客、居住在秦淮河的世胄宦族联系在一起的。旧院兴盛和仕子社集、豪客千金交融一体，构成十里秦淮的独特风貌。

徽商重儒与聚落择地

清时南京置江宁府，经济在一度衰落后，迅速走向复苏，并达到封建晚期的鼎盛阶段，徽商在南京也数此时最为活跃，“或托业于荆越，或贸迁乎吴越，或散处于蜀山易水之间，而荟萃于金陵者，尤为夥焉”。[22] 会馆等组织设施的创建则是其经营活跃的明显标志，徽商在江宁所建会馆之多，其他任何商帮不敢望其项背，计 20 余处，占会馆总数的 40% 弱，[23]75 其中又有半数以上位于城市东南部，即明清时期的科考之地 12。

徽商历有“儒贾”之名，以经商为名，行儒化之事，对本乡仕子考取功名，不遗余力，如仅作为仕子乡试住宿之所的歙县试馆就耗银 12 300 余两。一方面是由于中国传统的地域观念，更重要的是仕子一旦金榜题名，得以入仕，家族、乡党便是其思恩惠报的首要对象。商业与科举达到互补共进的和谐，商人投资会馆与本乡子弟的入仕都会

1　（明）余怀．板桥杂记：卷上·雅游。

2　（清）珠泉居士．续板桥杂记：卷下·轶事。

把商业精神带入会馆的创办发展过程中。徽商会馆选择在城市南部科考之地或附近建立会馆，可以更好地服务于前来考试的本乡子弟。同时，徽商于此地的聚居，亦造就了秦淮河东段民居建筑多呈徽派建筑的风景，马头墙比比皆是，与西段民居的江南固有民居特色迥然有异[13]。

科举废止而庙市依旧

夫子庙一带的商业发展以满足考生需要起始，不断扩大规模，丰富种类，发展壮大。至清末，就已经完全脱离了对科举仕子的依赖。光绪三十一年（1905）“科举罢，贡院废，物盛而衰……别存号舍若干间，以明前代市场之遗迹，余则辟市肆，利群商”。[1]以“考市”发展起来的贡院一带正式成为商业聚集地。

民国以后废科举，兴学堂，学宫遂衰落，祠、署分别改为学校、教育局、图书馆等，学宫甬道也成为摊贩市场，东、西市场的名称便自斯时始，并延续至今，殊为不易。夫子庙前广场及泮池水面宽广，担当了清末以后南京众多民俗活动的场所，其著名者有二：端午赛龙船、灯市。兹记之，聊为轶趣：

赛龙船者大致有三帮，“曰河帮，秦淮船户敛资为之；曰江帮，外江船户之入城者；曰木牌帮，上新河之木商所集者。午日，各帮咸集于夫子庙前之泮池，以其地河身最广，足资水嬉也。……是日，倾城往观，桥岸均满”。[24]66

南京“俗以正月八日、十三日、十五日为灯节”，太平天国乱前，“凡庵庙皆上灯”。同治（1862—1874）、光绪（1875—1908）间，“惟天青街之白衣庵最盛。评事街之江西会馆、门东之天喜长生祠、堂子巷之财帛司亦然”。[24]18 灯节之中以龙灯最为耀目，“上新河徽州木商灯会最盛，称徽州灯。四月初旬，赛都天会亦出斯灯。迨光绪中年，湘军灯会翘然特出。及丁未年（1907 年）仅有水西门木商灯会一枝矣”。[24]18 灯节之盛，灯市的形成顺理成章，夫子庙前广场其地甚大，逐渐成为南京灯市规模最大者。“新年灯市，旧聚于评事街，迤北至笪桥，近年则夫子庙为多。”[24]18

1　（清）汪士铎《金陵贡院遗迹碑》。

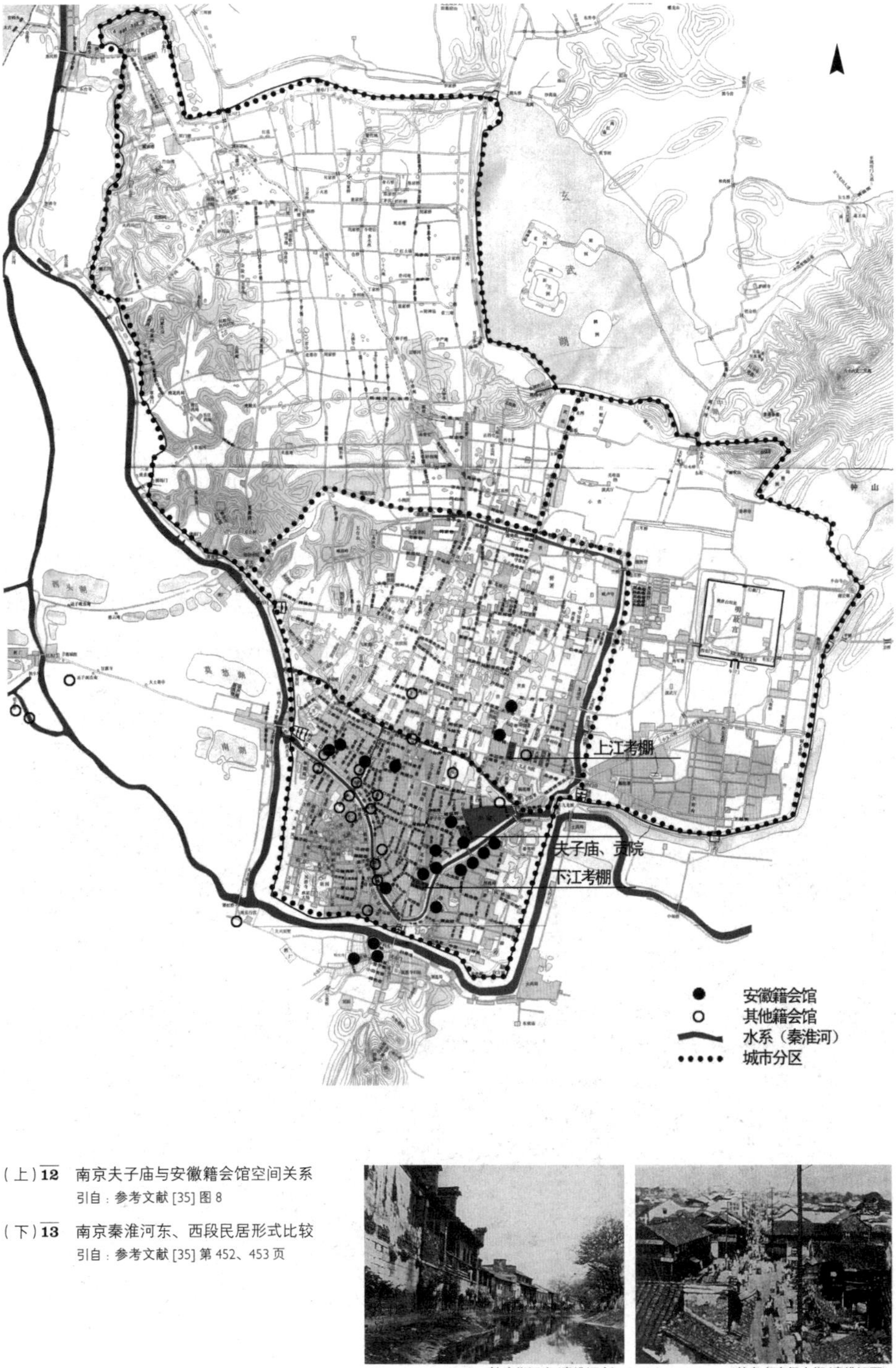

（上）**12** 南京夫子庙与安徽籍会馆空间关系
引自：参考文献 [35] 图 8

（下）**13** 南京秦淮河东、西段民居形式比较
引自：参考文献 [35] 第 452、453 页

钞库街河房（秦淮河东）

钓鱼台南门大街（秦淮河西）

余论：孔庙介入城市的普遍意义

（美）斯蒂芬·福伊希特旺在调查江浙及台湾地区的县级城市时，发现“学宫和城隍庙是其最古老、最常见的特点，它们成为官方信仰的两个最基本特点。城隍是以自然力和鬼为基础的信仰中心，因而可以说是用来控制农民的神；学宫是崇拜贤人和官方道德榜样的中心，是官僚等级的英灵的中心，学宫还是崇拜文化的中心”。[25]725 福氏所言学宫即孔庙，对孔庙在古代城市中的地位评价可谓一语中的。

在城市的具体建设过程中，孔庙的重要性亦得以体现。如山西繁峙县城，始建于唐圣历二年（699），“旧在滹沱河南”，明万历十四年（1586）知县涂云路“嫌其南近山麓，北临河岸，且城市高下崎岖，申上迁建于河北岸龙须之地，……学校庙宇公廨民廛条理井然，新建东关店宇整齐”。[26] 卷二·城池 县城新址重建的机遇得以一观较为典型的封建社会晚期地方的筑城理念和城市规划 14：首先相地，地理状况及所谓风水列为头一等；其次为占主要地位的城市构成要素，时人记录的先后顺序为：①关乎城市安全的城墙与城楼；②城市最高行政机构公署；③文庙；④城隍庙；⑤玄帝庙、三官

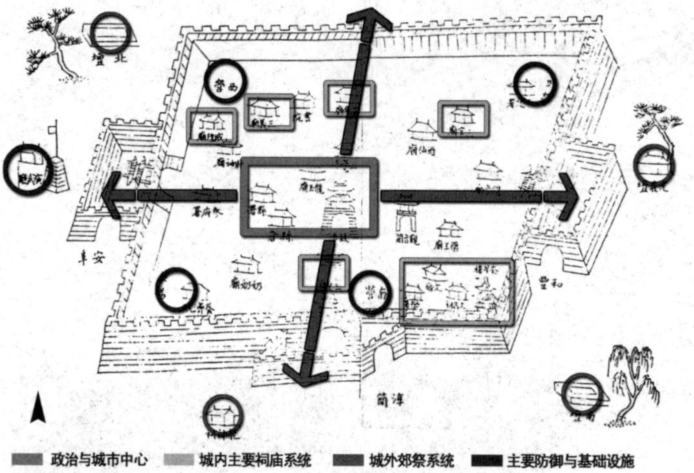

14 明繁峙县城空间结构

引自：（清）吴其均纂修. 道光繁峙县志 [M]. 1836 年版：《城池全图》

庙、三义庙；⑥街道。[1][26] 特别是在明清的地方城市建设中，此类筑城程序殊为常见。再如古代方志涉录建筑，孔庙与衙署的排序前后皆有，且孔庙的建筑等级又往往超过衙署。如此诸般，皆证无论是城市管理系统，抑或对于城市空间构成而言，孔庙都具有举足轻重的地位。

衙署乃一地之行政中心，为威严之所，但民众诉求于父母官的渠道是敞开的，权力到世俗的空间转换是顺畅的。虽然无论在城市方位抑或吏治系统层面，孔庙皆似处于鼎力衙署的位置，却显示出更为肃静的高贵地位。孔庙除春秋二仲日的释奠及每月朔望的释菜外，平日高门深锁；且祭祀之时，普通民众不得参与，[2][15,27] 呈现出强烈的封闭性。作为官方信仰，孔庙祭典是方便全国一体奉行的春秋释奠，与孔圣诞辰或个别圣贤殊无关联。[28]185 亦证无论是物质层面抑或意识形态，孔庙都表现为高度的同一性。

再比照于城市其他公共祭祀建筑的官给经费，清时“祀典颁于礼部，自文武庙以至雩神、狱神之小祀，皆岁有常资”，如“安徽府学文庙，40 两，又朔望香烛 2 两 4 钱。附郭的怀宁县学文庙，24 两，又朔望香烛 2 两 4 钱。文昌庙，30 两。武庙，31 两 8 钱 8 分 8 厘。风云、雷雨、乡贤、名宦、忠孝、节义，共 9 两。以上银两均在地丁项下支销。社稷坛，12 两。神祇坛，18 两。龙神祠，10 两。龙王庙，10 两。田祖庙，7 两 5 钱 2 分。昭忠祠，4 两。余公祠，6 两。韩公祠，6 两。府学散给乐舞生添胙十两。以上银两均系藩库请领”。安徽省内其他府州县的经费安排皆如是，[29] 卷四十九 · 祀典二 即孔庙的祭祀费用独占鳌头。

高额配给如此，可见孔庙祭祀的重要性和关注度；但相较于城市其他祭祀建筑，孔庙在日常的民众生活中，却不是随意参拜的对象。如祀文昌、魁星，梁启超先生在晚清所上《变法通议》中感叹道：“入学之始，（文昌、魁星）奉为神明，而反于垂世立教至圣之孔子，薪火绝续，俎豆萧条，生卒月日几无知者。”复指出当时学塾：“吾粤则文昌、魁星专席夺食，而祀孔子者殆绝矣！”文昌、魁星向来认为是司命、司禄之神，关系百姓切身，而孔子神格则显得模糊而遥远。所谓“若以施之于乡愚，则孔庙不能投杯筊，而乡愚不顾也；若以施之于妇人女子，则孔庙不能求子息，而妇女不

1　（清）王坦《修县城记》，引自《光绪繁峙县志》卷六《艺文》。

2　据《明史》卷五十《志第二十六·礼四·至圣先师孔子庙祀》：洪武十七年（1384）敕每月朔望，祭酒以下行释菜礼，郡县长以下诣学行香。又，据（明）余继登《典故纪闻》卷五：洪武间（1368—1398）令郡县官朔望诣学谒先圣，然后升堂，师生序揖，学官侍坐，诸生东西立，比次讲说经史，考课既已，学官率诸生送出学门退。再，据（日）中川忠英《清俗纪闻》卷一《年中行事·释菜祭》第 17 页：二月上旬丁日，各州府县官在各地之圣庙中行释菜祭礼，但不许庶人参拜。

顾也”,可见孔庙与普通民众的距离。1 [28] 再如武庙(指关帝庙、岳飞庙,而非武成王庙):宋以降,关羽、岳飞声势鹊起;明初废武成王庙后,二人或分祀或合祀,香火鼎盛,继又崇为武庙与孔庙并峙,已与原初主祀太公武庙的本旨渐行渐远。下抵明清,关帝庙更为人所膜拜,上位者取其“护国”,下焉者求其“保民”,各有所属,与民生利用融成一片。除官方立庙,关庙更深入民间各个角落,成为市井商肆及升斗小民私祭的对象,终年香烟缭绕,熙来攘往,官方祭祀之外,四方信众不时参拜。2 [28]

如此看来,对于城市而言,孔庙首先是自上而下强势介入的,乃作为古代城市运作体系中不可或缺的一环;且直至清末民初,孔庙的受重视程度和高高在上的精神膜拜地位一直未变,明末清初江南士人倘遭官方屈辱或是民族存亡之际,辄往“哭庙”,3 [30,31,32] 即为一证。孔庙作为官方信仰权威的纯粹性始终保持,并统领着其他如文峰塔、魁星阁等之类祈祝文运的建筑或景观,共同编织了覆盖于城市肌体的教化之网。

但各具地方特色的城市文化的包容力或感染力是不容小觑的,孔庙的城市意义若放在各异的城市文化背景中观察,又会有莫大的发现。如同孔庙周边的商业形成并非普遍现象,妇女“走百病”入文庙亦非每座城市都大开其门,而是取决于各地文化特质或地方官员的态度,皆反证了基于特定城市平台上的孔庙观察,并无一成不变的先验结果,孔庙所发挥的城市作用呈现出丰富的多样性和地域性。亦即,因其官方正统文化信仰的身份,普遍意义的孔庙在横向的历史断面中是静止的,但在介入城市后,其城市角色的扮演则基于不同的城市文化背景而多姿多彩。

1 详见黄进兴《圣贤与圣徒》第 144-187 页:“儒教从祀制与基督教封圣制的比较”。

2 详见黄进兴《圣贤与圣徒》第 205-233 页:“武庙的崛起与衰微(7—14 世纪):一个政治文化的考察”。

3 如苏州府、莱州府哭庙案,参阅陈国栋《哭庙与焚儒服——明末清初生员层的社会性动作》第 69-94 页;周志斌《论清初苏州的“哭庙案”》第 124-127 页;张稚庐《莱州府之哭庙》第 32-33 页。

参考文献

[1] 傅崇兰,孟祥才,曲英杰,等. 曲阜庙城与中国儒学 [M]. 北京:中国社会科学出版社,2002.

[2] 徐振贵,孔祥林. 孔尚任新阙里志校注 [M]. 长春:吉林人民出版社,2004.

[3] 金埴. 不下带编·巾箱说 [M]. 北京:中华书局,1982.

[4] 张晓旭. 中国孔庙研究专辑 [J]. 南方文物,2002 (1).

[5] 李贤,等撰. 明一统志 [M]. 上海:上海古籍出版社,1987.

[6] 周应合,撰. 景定建康志 [M]. 上海:上海古籍出版社,1987.

[7] 郑雪. 宋朝建康府学研究 [D]. 上海:华东师范大学,2006.

[8] 马泽,修;袁桷,纂. 宋元方志丛刊第六册·延佑四明志二十卷 [M]. 北京:中华书局. 1990

[9] 盛险峰. 五代官学考论 [J]. 东北师大学报,2004 (1):65.

[10] 王钦若,杨亿,等撰. 册府元龟 [M]. 上海:上海古籍出版社,1987.

[11] 脱脱,等撰. 宋史 [M]. 北京:中华书局,1977.

[12] 陈薇. 解读地方城市 [J]. 建筑师,2001 (6):47.

[13] 刘溪. 城市商业中心公共空间结构形态演变特征研究——以南京老城区商业中心公共空间为例 [D]. 南京:东南大学,2009.

[14] 汤晔峥. 明清南京城南建设史 [D]. 南京:东南大学,2003.

[15] 张廷玉,等撰. 明史 [M]. 北京:中华书局,1974.

[16] 江畬经. 历代小说笔记选:清 (4) [M]. 广州:广东人民出版社,1984.

[17] 夏仁虎,撰;杨献文,点校. 秦淮志 [M]. 南京:南京出版社,2006.

[18] 甘熙,撰. 白下琐言 [M]. 光绪十六年 (1890 年) 筑野堂刻本.

[19] 余怀,著;珠泉居士,撰;金嗣芬,编;薛冰,点校. 板桥杂记·续板桥杂记·板桥杂记补 [M]. 南京:南京出版社,2006.

[20] 陆粲,顾起元,撰;谭棣华,陈稼禾,点校. 庚巳编 客座赘语 [M]. 北京:中华书局,1987.

[21] 楚人. 贡院学宫对河房 [J]. 书屋,2002 (10):22-23.

[22] 任治沅,辑. 金陵旌德会馆志 1[M]. 民国 17 年(1928 年)铅印本.

[23] 沈旸. 明清南京的会馆与南京城 [J]. 建筑师,2007 (4):75.

[24] 潘宗鼎,夏仁虎,撰;卢海鸣,点校. 金陵岁时记·岁华忆语 [M]. 南京:南京出版社,2006.

[25] 斯蒂芬·福伊希特旺. 学宫与城隍 [M]// 施坚雅. 中华帝国晚期的城市. 叶光庭,徐自立,王嗣均,等译. 陈桥驿,校. 中华书局,2000:725.

[26] 何才价,修;杨笃,纂. 光绪繁峙县志 [M]. 光绪七年(1881 年) 刻本.

[27] 中川忠英. 清俗纪闻 [M]. 方克,孙玄龄译. 北京:中华书局,2006.

[28] 黄进兴. 圣贤与圣徒 [M]. 北京:北京大学出版社,2005.

[29] 冯煦,主修;陈师礼,总纂. 皖政辑要 [M]. 合肥:黄山书社,2005.

[30] 陈国栋. 哭庙与焚儒服——明末清初生员层的社会性动作 [J]. 新史学,1992 (3):69-94.

[31] 周志斌. 论清初苏州的"哭庙案" [J]. 学海,2001 (6):124-127.

[32] 张稚庐. 莱州府之哭庙 [J]. 春秋,1996 (3):32-33.

[33] 赵荣光.《衍圣公府档案》食事研究 [M]. 济南:山东画报出版社,2007:83-87.

[34] 潘谷西. 曲阜孔庙建筑 [M]. 北京:中国建筑工业出版社,1987.

[35] 杨新华,卢海鸣. 南京明清建筑 [M]. 南京:南京大学出版社,2001.

另一种城市形态：徽商与扬州城市文化教育图景*

*基金资助：江苏省社会科学基金资助面上项目（14YSB004）；主持：李海清。原文刊载：沈旸《另一种城市形态：徽商与扬州城市文化教育图景》，《新建筑》2016年第3期（总第166期）。录入本书有增删。

城市地理学中“城市形态”的定义分为狭义和广义，前者指的是城市实体所表现出来的具体的空间物质形态，后者“不仅仅是城市各组成部分有形的表现，也不只是指城市用地在空间上呈现的几何形状，而是一种复杂的经济、文化现象和社会过程，是在特定的地理环境和一定的社会经济发展阶段中，人类各种活动与自然因素相互作用的综合结果”。[1] 大量以中国古代地方城市为对象的研究，其实都涉及“城市形态”的内容；然而，研究如此众数，中国古代地方城市形态对于今人而言，仍是如此“陌生”。[2] 究其原因，既往研究大多还是局限在狭义的城市形态理解中，较少关注城市物质形态形成及变化背后的社会、政治、礼法等人文动因，即广义的研究视角和方法，本文即为选取扬州进行广义城市形态研究的尝试。

明清扬州城市空间结构与这一时期的中国其他城市的双核模式大体一致，即包括城市固有发生、发展区域与因交通、经济发展而形成的新兴区域，这也是不同城市社会分工的特定模式的直接产物，城市空间的地方细节可以透露关于城市特定的社会、经济、文化特征的诸多信息。[3]157 城市内部具有各种文化活动集中的空间，而这些活动具有向最有利的区位聚集的趋势。因此，在一个较大的地域范围内，存在着特殊文化模式下的最优区位，这也是文化模式最精致的中心，在这里，占主导地位的模式被吸收、重塑和向外辐射。[4]19 观之扬州城，文化教育建筑的地理空间分布与城市功能分区紧密相关，脱不开城市固有文化模式的辐射。

扬州地区因其大运河南北交通枢纽的地位，拥有了繁荣的盐业贸易。而徽州文化的强势注入，为城市经济和文化带来了活力。着墨于该地区的城市文化教育建筑与景观，正是为了提供另一种解读城市发展轨迹的视角，而这些与城市紧密关联的构成元素，能够为型构关于城市的观念提供部分且不可或缺的基础，也正是涉及符号学意义的徽商与扬州城市文化教育图景描绘的意义所在。

明清两代的大运河和食盐专卖为扬州在帝制晚期的繁荣提供了基础，1 [5,6] 从某种意义上说，扬州是一个人为结构的获益者，这个结构的存在取决于国家的政策。[3]23 扬州作为盐鹾总汇，殷实富商鳞集骈至，对该地区的地域分异、社会变迁，产生了极其深刻的影响。由于鹾商雄踞闭关时代三大商（盐、典、木）之首，举手投足具有很强的示范性，2 [7] 其中，执明清商界之牛耳的徽商则扮演了极为重要的角色。

徽商在扬州社会构成中占有很高的比重，他们在这里留下的最为持久的遗产，就是城市文化。“社会、经济和文化特征，在很大程度上不能通过这一地点和空间固有的地方性联系来界定，而应通过与其他地方的关系来加以界定。”[3]8 从这个角度来说，平行地看待城市与社会，还不如从有机联系的视角来看待它们，而徽商本身就是影响这种联系的重要媒介。

明清时期商人出现侨寓、定居化的趋势，徽商更是大规模定居扬州，并形成了颇具影响的河下盐商社区。3 [8] 其手中大量资金流出的渠道不少，而消耗在侨寓地的主要有两大项：建设性开支、奢侈性消费。其中，建设性开支包括盐业生产的发展、城市建设、繁荣文化等。[9]189 徽商们积极地参与到城市的营建中，他们的慷慨带来了慈善机构、学校、道路、桥梁、救生船和救火工具等的建造，有效地创建了城市基础结构，就如同建造了盛名沿流至今的园林一样。文化的主题是教育，徽商对教育建筑的资金投入不遗余力，这种持续的财力支持，正体现了徽商精英家族成员与地方行政和

---

1 据雍正《扬州府志》序：扬州“为南北襟喉，漕运盐司，关国家重计，皆莅斯土”。又据嘉庆《重修扬州府志》序：“东南三大政，曰漕，曰盐，曰河。广陵本盐策要区，北距河、淮，乃转输之咽吭，实兼三者之难。”

2 据民国《歙县志》卷一《舆地志·风土》：“奢靡风习创于盐商，而操他业以致富者群慕效之。”

3 据（明）汪道昆《太函集》卷二《汪长君论最序》：“新安多大贾，其居盐策者最豪。”

盐政部门官员之间的对话和协商，并显示了个人积极性在城市机构的创建和维护方面的持续意义。

徽商在城市社会管理方面的主动性，以及他们在城市土地拥有和科举成就等方面的显赫，说明商人和士大夫这两个社会类别在帝制晚期的扬州变得模糊，徽商在社会中的塔尖位置与中国社会的正常等级体系相矛盾（后者以士与农、工、商等其他社会群体的基础区分为前提），并且随着地域流动性导致了地区间的社会和经济整合，同乡特殊主义正在衰退。[3]223

王振忠指出："淮扬徽商通过模仿、消融苏州文化的特质，逐渐掺以徽州的乡土色彩，最终蕴育出独具特色的淮扬城市文化。任何一种文化都是多层次的，高层次的精英文化总是植根于较低层次的大众文化之上，从而成为整个文化的表征。东南地区的文化中心城市汇集了本地区较大范围内的文化菁华，因此成为主流文化模式的象征。"[4]127 如果说苏州文化代表了东南传统文化的主流，那么，扬州的城市文化则是自明中叶以来东南地区新兴的徽州文化之表征，它以集大成的形式成为中华帝国闭关时代东南城市文化的顶峰。此地历来文化昌盛、海内共仰，加之徽商麇集，其城市文化及教育的建设也必然打上徽州的地方风俗烙印，相映成辉。此后，随着运河沿岸城镇的衰落，原有文化特质迅速式微，原先作为全国文化中心之一的扬州地区，也就蜕变为一个地区性的文化中心，并与其城市地位的变化恰相吻合。

大运河与徽商社区

明成祖朱棣迁都北京后，皇朝的政治中心远离富庶的东南地区，但官俸军饷和日用百货仍仰给于江南，永乐初（1403— ）即对江南漕运采用海陆兼运的办法，及至永乐十三年（1415）罢海运粮，平江伯陈瑄造船、疏浚漕路。明代的运河治理使南北运河运输江南物资至京城较为通畅，政府规定漕船可携带附载土宜，在沿途自由贩卖，免征钞税。1 [10] 这样既促进了南北物资的交流，又能繁荣沿岸城镇经济，为沿岸城市

1　据《明会典》卷二十九《户部十四·廪禄二·俸给一》。

经济的发展奠定了基础。1 [10,11]

元至正十七年（1357）朱元璋军队攻克扬州，兵燹劫余，佥院张德林在宋代大城西南隅改筑城垣，此为明扬州旧城。宣德四年（1429）于扬州旧城东南濒临运河处设广陵钞关，清袭明制。钞关既是关务所在，又为城中去外埠的交通孔道，所以游民骈集。由于扬州旧城东面远离运河，不仅难以发挥运河沿岸城市转输贸易之功能，城市本身生活必需品的供应也成了问题。加上其后人口繁庶，以致城小不能容众，更成为突出矛盾。因此，扬州城区由东、南两方向趋向运河延伸，实乃必然之趋势。嘉靖三十四年（1555），倭寇侵掠扬州，为防倭寇而于次年（1556）建新城，位于宋大城东南角，西挨旧城，东南以运河为护城河，运河从新城南面、东面流过，城墙比前代更加靠近运河。2[12]

明清扬州新、旧二城功能分区明确："新城盐商居住，旧城读书人居住。"[13] 卷一 41 旧城的基本功能是官署区（扬州府署、扬州卫署、江都县署、盐政署院及军署、军储仓）及相关的文化建筑（府学、文昌阁）、寺院区（城隍庙、禹王庙、石塔寺等）。新城则主要是商业区与居住区，靠近运河的地区是城市的边缘地带，集中了与运河转运作用密切相关的城市功能，运河的繁忙造就了沿线的繁荣。[14]45 "钞关东沿内城脚至东关，为河下街。自钞关至徐宁门，为南河下；徐宁门至缺口门，为中河下；缺口门到东关，为北河下。计四里。"[15] 卷九·小秦淮录 191 南河下往北的引市街则是商人们交易"盐引"的地点。因河下一带行盐方便，徽商主要居住在新城沿运河一线，形成了徽族聚落。3 [4] "巨室如云，舆马辐辏"[15] 卷六·城北录 105，居扬城豪华住宅之首。"造屋之工，当以扬州为第一。如作文之有变换，无雷同。虽数间小筑，必使门窗轩豁，曲折得宜，此苏、杭工匠断断不能也。"[16] 卷十二·园林

1 据《明会典》卷三十五《库藏四·盐法一》：漕运管理上"设关处所于河西务、临清、九江、浒墅俱户部差；淮安、扬州、杭州俱南京户部差"。又据《明史》卷八十一《志第三十七·食货五·商税》："舟船受雇装载者，计所载料多寡、路近远纳钞。"

2 据（清）何城《扬州府新筑外城记》，引自乾隆《江都县志》卷三《疆域·城池》：新城建成后发展迅速，筑城前被倭寇"为灰烬者，悉焕然为栋宇，民居鳞然，商贾犹复具于市，少者扶老羸，壮者任戴负……"以致商民"无复移家之虑"。又据（清）高士钥《重修天宝观碑记》，引自乾隆《江都县志》卷十七《寺观》：新城的建设保护了居民的利益，"四方之托业者辐辏焉"。

3 据王振忠《明清徽商与淮扬社会变迁》第 80 页：据统计，新城建成后至清康熙年间，除个别盐商还宅居旧城外，绝大多数都集中于扬州新城，其中一半以上位于北河下到南河下长达四里的狭长地带。

出自“东南邹鲁”“朱子阙里”的徽商历来尚文。[1][17]324 表之于行动，不外乎以下几点：于寓居家中延名师以课子侄；于侨寓地广设义塾、义学，倡建书院，资助府学、县学；收藏、刊印儒家典籍，频繁举办诗文之会等。[18]73-74[19]80-82 尤其在两淮改纲为票以前，徽州大姓著于淮扬者众多，故“徽扬学派，亦因以大通”。[20]309 扬州科举之盛，与盐商的介入息息相关。富裕的盐商通过将财富转化为科举及第以及仕宦上的成功，可以大大获得社会的声望，还可以自立为官商，以保护其专卖权益。如果不是着眼于徽商们的挥霍行为，而是将视角确定在他们对于文化教育建设和社会结构的稳定的关注上，似乎可以得出如下结论：其文化行为，与其说是对以土地士绅之优势为基础的旧有准则和传统说法的偏离，还不如说是在因时而变的基础上对旧有准则和传统做法的复制；与其说他们成功地逾越了社会屏障，远不如说其被纳入到某个特定的社会阶层中。[3]231

子弟教育问题

“扬州之盛，实徽商开之，扬盖徽商殖民地也。故徽郡大姓，诸如汪、程、江、洪、潘、郑、黄、许诸氏，扬州莫不有之，大略皆因流寓而著籍也。”[20]309 伴随之，徽商子弟的教育问题则成了亟待解决的问题，解决途径主要有二：一为官学体制，一为宗族教育。

“商籍”[2][17]324 乃是关系到侨寓商人子弟科举考试的关键问题，即“商人子弟，准附于行商省份”[3]。因此，客商为其子弟就学和科举入仕之便利，而争“商籍”或入籍当地之举不胜枚举。

明时扬州地区“商籍”只有山、陕商人子弟，徽商子弟不在其中。[4][21] 此情况下，

---

1 据（清）许承尧《歙事闲谭》第二十九册：“商居四民之末，徽俗殊不然。歙之业鹾于淮南、北者，多缙绅巨族，其以急公议叙入仕者固多，而读书登第，入词垣，跻朊仕者，更未易仆数。且名贤才士，往往出于其间，则固商而兼士矣。”

2 据（清）许承尧《歙事闲谭》第二十九册，“明制设科之法，士自起家应童子试，必有籍，籍有儒、官、民、军、医、匠之属，分别流品，以试于郡，即不得他郡试。而边镇则设旗籍、校籍；都会则设富户籍、盐籍，或曰商籍；山海则设灶籍。士或从其父、兄远役，岁岁归都郡试不便，则令各以家所业闻，著于籍，而试于是郡。”

3 清嘉庆《大清会典》卷十一《商籍》。

4 据嘉庆《两淮盐法制》卷四十七《科第表上》：“至贡生一途，其目有五，大抵出于学校。明万历中定商、灶籍，两淮不立运学，附入扬州府学，故盐务无册籍可稽。且有西商，无徽商，亦偏而不全。”

徽商子弟往往附入侨寓地官学求学，求学于扬州府学、江都县学、甘泉县学、仪征县学、兴化县学等。西商则紧紧把持这一优势，康熙十六年（1677）扬州为盐商和灶户后代建立了一所学校，他们强烈反对把徽商子女包含其中。1 [3]111 入清后，山、陕商逐渐势衰，但徽商仍未得占“商籍”，2 [4] 以致“两淮商籍，现在额多人少”。3 [4]60 乾隆四十四年（1779），“商、灶裁归民籍，更无区别”。[21] 卷四十七·科第表上

“商籍”仅是“附籍”，是临时性的户籍，由于科举考试注重本籍，4 [22] “贾而好儒”的徽商所到之处，求田问舍、争取尽快土著化，即所谓“占籍”“入籍”。5 [23] 入籍条件并不苛刻，在侨寓地有田产、坟墓二十年以上者即可。6 [24-26] 于安东（今涟水）业鹾的徽人程朝宣，因其善举“邑人德之，许其子弟占籍入学”。[27] 卷十三·流寓 377 更有甚者，侨寓灌南的徽商竟购地建镇，名曰“新安镇”。7 [4]66

除官学体制之外，建立完善的宗族教育体系亦是重要一环，包括家学、族学、义学等。徽州的每一个宗族都把设学堂、培育宗族子弟作为族规、家训，书于宗谱之中，张于祠堂之上。8 [28]53 徽商之家多延师课子，也是最为直接简便的方式。“夫养者非贾不饶，学者非饶不给。”9 [8] 徽商重视科举教育程度可从两淮客商子弟的科第、仕宦人数比较中窥豹一斑。10 [9]

1 康熙《两淮盐法制》卷七。

2 就两淮徽商“商籍”问题，史界多有争论，未成定议，笔者持王振忠先生“行政区划”说。简述如下：明代徽州府与两淮运司所在的南直隶同属一省，并不存在“商籍”一别，因此两淮“商籍”有山、陕商，而独无徽商，乃明时行政区划所定。至清顺治二年（1645）南直隶改为江南省，康熙六年（1667）江南省分置江苏、安徽二省，淮扬徽商的“商籍”问题才应运而生，并以康熙五十七年（1718）五月十七日苏州织造李煦上折《徽商子侄请准在扬考试并乡试另编商籍字号折》为发端。后康、乾间就徽商在淮扬的“商籍”问题多有讨论，然始终未有结果。有关该问题之诸多学术文献详见王振忠《明清徽商与淮扬社会变迁》，58-62。

3 （清）素尔纳《钦定学政全书》卷六十七《商学条例》。

4 据《五杂俎》卷十四《事部二》：“国家取士，从郡县至乡试，具有冒籍之禁。”

5 据《盐法通志》卷九十九《杂记三·两淮商灶籍学额》：清时政策“其实有田户、坟墓在江南，与入籍之例相符者，准其呈明于居住之州、县之籍”。

6 如嘉庆《如皋县志》卷四《赋役一·户口》：“其客户、外户有田地、坟墓，二十年听于所在隶名，即编为户。”道光《重修仪征县志》卷二《食货志一·户口》：“其客户、外户有田地、坟墓二十年者准其入籍，俱为民户，无田地者曰白水丁。”又据康熙《徽州府志》卷四《风俗》：“徽之富民尽家于仪、扬、苏、松、淮安、芜湖、杭、湖诸郡，以及江西之南昌，湖广之汉口，远如北京，亦挈其家属而去。甚且舆其祖、父骸骨葬于他乡，不稍顾惜。”

7 乾隆《新安镇志·户口》。

8 如：歙县《谭渡孝里黄氏族谱·家训》“子姓十五以上，资质颖敏，苦志读书者，应加奖劝，量佐其笔札膏火之费。另设义学，以教宗党贫乏子弟”。休宁《茗州吴氏家典》“族内子弟，以器宇不凡，资禀聪慧而无力从师者，当收而教之，或附之家塾，或助以膏火，培植得一个两个好人作将来楷模，此是族党之望，实祖宗之光，其关系匪小”。

9 《太函集》卷五十四《明故处士溪阳吴长公墓志铭》。

10 参阅《徽商研究》第 212-213 页：顺治二年（1645）—嘉庆十年（1805）两淮徽、陕、山籍商人子弟科第、仕宦人数比较。

支持文化教育

明清两代扬州教育发达，与“两淮商士萃处于斯”[6]卷十九·学校是分不开的，因之盐务空前兴盛，盐商鼎力支持，[1] [29]卷二十三 428 盐商中又以徽商为翘楚。[2] [7] 随着财富的积聚和分化，明代徽商就已经产生“上、中、下”贾的区别。其中大富之家则疏金兴学，投资教育，打破了一家一族的限制，联合几个宗族办学，或者参与族外的官学、私学、书院的建设。除在家乡热衷建书院、设考棚，在侨寓之地，也同样如此。[3] [17,29]

扬州书院以安定、梅花、乐仪三者最有成就，三者“皆隶于盐官，藉其财赋之余以为养育人才之地，故饩廪之给视他郡为优”。[6]卷十九·学校书院经费充裕，薪俸从优，还是凭借商人。雍正十一年（1733）巡盐御史高斌、运使尹会一“以广陵名郡，人文渊薮，亟宜振兴”，[21]卷五十三·书院倡复书院，谕商公捐。十二年（1734）祁门人马曰琯更以一己之力，独资重建梅花书院，[4] [30] 众商的捐助行为为地方官称道。[5] [21] 乾隆三十三年（1768）仪征乐仪书院初创，盐商首领张东冈等以子弟在书院就学为由捐建。书院设立之初，收正课生、附课生，以后陆续扩大范围，至道光中，收生员正、附、随课生及童生正、附、随课生，计达 240 名，规模甚巨。书院除向学生发放膏火银、给院长束脩、设月课奖励银外，尚需扩充校舍，所费极大。自乾隆五十九年（1794）至嘉庆五年（1800）书院每年开支在 1800 至 1900 两之间，盐商原定额捐不足支用，但据实给予新的资助，每年约计共捐 2200 两。如此巨资，自始即为盐衙和盐商捐助。书院亦因经费来源于盐务，生徒名额扩大及膏火银额数悉由盐院决定。[6] [31]

充足的经费来源，使得书院得以延请大量一流名师。扬州梅花、安定两书院在“康、雍、乾三朝，主讲席者多海内大师，……故得士称盛”。[7] [32] 学习有名师教诲、生活无经济之忧，以致“安定、梅花两书院，四方来肄业者甚多，故能文通艺之士萃于两

1 据（清）王鸣盛《西庄始存稿》卷二十七《仪征县许氏五世建学记》：“建学，有司职也。好义者或率私钱以助役，亦间有之。”

2 据民国《歙县志》卷一《舆地志·风土》：“两淮八总商，歙商恒居其四。”

3 事迹参阅歙县《汪氏谱乘·光禄寺少卿汪公事实》，引自张海鹏、王廷元《明清徽商资料选编》第 321 页；（清）许承尧《歙事闲谭》第十三册，引自张海鹏、王廷元《明清徽商资料选编》第 322 页；（清）戴震《戴氏遗书文集》卷九《汪氏捐立学田碑》，引自（清）焦循《扬州足征录》卷二十三第 427 页；（清）王鸣盛《西庄始存稿》卷二十七《仪征县许氏五世建学记》，引自（清）焦循《扬州足征录》卷二十三第 428 页。

4 据光绪《增修甘泉县志》卷十六《学校》：“独任其事，减衣节食，鸠材命工，……不期月而落成。”

5 据嘉庆《两淮盐法志》卷五十五《杂记四》：“扬州故属郡治，两淮商士萃处于斯，资富能训，英才蔚起，咸踊跃欢迎，原光盛典。”

6 具体数额及使用情况详见冯尔康《生活在清朝的人们：清代社会生活图记》第 192 页。

7 据（民国）王振世《扬州览胜录》卷六：“风规雅俊，奖诱后学，四方肄业之士赖以成名者甚众。”

院者极盛”。且“自立书院以来，盐院互用府、县学，学师皆知名有道之士”。[15] 卷三·新城北录上 65-66 官学、书院互用学师，人才得以交流，影响得以扩大。

在书院建设的同时，义学也是靠盐课供给。1 [27] 济急周乏的乡党之谊，反映了徽商的群体意识。并且这种乐善好施的义行，不仅仅囿于宗族内部。2 [33]238 嘉庆五年(1800)商人洪箴远等因郡城广大，义学太少，愿捐资于扬州城 12 座城门处各设 1 所，得到盐衙允准。后歙县棠樾人鲍志道建 12 门义学，供贫家子弟就读。3 [7,21]

徽商捐资官学、书院等学校，方便了本族子弟的入学教育，并以其善举得到当地官、民赞誉，利于更好地、尽快地融入到侨寓地社会中，也对自身经商行盐、就官入仕提供了莫大裨益。4 [7] 而这种所谓的善行恰恰体现了地方行政部门在组织权力和财政资源方面根本无法与盐政部门相提并论的资源不平衡状态，如一些学校的开设占用非教学用地。同时，也适时地呼应了雍正帝关于在全国大兴书院的号召，并可将之视为盐商借以确认自己与皇帝之间关系的众多举动之一。[34]132

园林诗文之会

“贾为厚利，儒为名高。”5 [8] 徽商“贾而好儒”是不争的事实，但大多为附庸风雅、标榜文化之徒。明时大儒湛若水（甘泉先生）“在南太学时讲学，其门生甚多，后为南宗伯。扬州、仪征大盐商亦皆从学，甘泉呼为‘行窝中门生’。此辈到处请托，至今南都人语及之，即以为笑柄。甘泉且然，而况下此者乎”。6 [35] 徽商向学，出于崇文，未免不是钓誉。清代学者汪中本为徽人，却看不起本乡商人。7 [20] 更有甚者，康熙间歙人吴从殷在扬州创建存园，“仿闱中号舍数十楹，每乡举之年，联同人遴日课题，以闲习之”。[36] 卷五·古迹类于掩耳盗铃。当然，事物不可一概而论，徽商中“儒贾”

1　如（民国）王光伯《淮安河下志》卷十三《流寓》第 378-379 页：歙人程朝聘，迁淮北安东，其子程增“移家山阳，使二弟学儒，……设义田、义学以养疏族人而聚教之”。

2　据（清）刘声木《苌楚斋三笔》卷三：“扬州城内义学极多，向由盐运使署领给官款，脩脯所入甚丰。寒士每费尽心力，以营求此席，得后可终身坐食其馆谷。”

3　嘉庆《两淮盐法志》卷五十三《书院》。又如据民国《歙县志》卷九《人物·义行》：盐商鲍志道次子鲍勋茂念及“江南会城地广人稠，特立崇义堂以资诸生课读，集英堂以教贫家子弟”。

4　如据民国《歙县志》卷九《人物·义行》：如徽商汪应庚“守仁好施与，岁辄以数万，力修扬州文庙诸巨工，亲旧无不被其惠者，赐光禄寺卿”。

5　（明）汪道昆《太函集》卷五十二《海阳处士金仲翁配戴氏合葬墓志铭》。

6　（明）何良俊《四友斋丛说》卷四。

7　据（清）陈去病《五石脂》第 311 页：其人“起家甚微，故平生最恶富人。观于（扬州）梅花书院，踞坐石狻猊，手批盐商之项而斥之，俾其人谢过不遑而去，则其鄙薄徽商之心，类可睹矣”。

1 清乾隆八年（1743）马氏行庵中的重阳诗酒会

①图中文人士绅包括：陈章、程梦星、方世庶、洪振珂、胡期恒、厉鹗、陆钟辉、马曰琯、马曰璐、闵华、全祖望、唐建中、汪玉枢、王藻、张士科等。
②《九日行庵文宴》，（清）方世庶、叶芳林绘。引自：参考文献 [3] 第 224 页图 22

亦不在少数，“其上焉者，在扬则盛馆舍，招宾客，修饰文采”，1 [7] 囊中资财大量用于文化建设和举办各种活动。

徽商大族家中除刊刻、贮藏图书，供有学之士观览和流传之外，还常举行诗酒之会，延致名士、结社吟诗，以活跃文艺气氛和推动艺术创作 1。“扬州诗文之会，以马氏小玲珑山馆、程氏篠园及郑氏休园为最胜。至会期，于园中各设一案，上置笔二，墨一，端一，端砚一，水注一，笺纸四，诗韵一，茶壶一，碗一，果盒、茶食盒各一。诗成即发刻，三日内尚可改易重刻，出日遍送城中矣。每会酒肴俱极珍美。一日共诗成矣，请听曲……”[15] 卷八·城西录 180-181 但程氏篠园及郑氏休园无一延续到乾隆。如果说这三座以举行文会而出名的园林就是扬州园林代表的话，那么扬州园林的黄金时代早在乾、嘉交替时（18 世纪末、19 世纪初）就已经终结。[3]170 此外，个人举行的诗文会也不在少数，2 [15] 至于馆客落魄文人、扶植戏曲等，方家多有考证，此不赘述。

值得注意的是，如此种种大多是以商人寓居园林为物质载体的，园林提供了一种特殊的社会空间。正如清人全祖望的描述：出园门数步，多尘的小路和肮脏的溪流令人避之尤恐不及，而园内的宁静氛围则令人感到如临仙境。[3]177 而这些园主同时具有大贾和康、雍、乾时期文人圈子中核心人物的双重身份，这种身份的认同也通过园林

---

1 民国《歙县志》卷一《舆地志·风土》。

2 如据（清）李斗《扬州画舫录》卷十《虹桥录上》第 250 页：“江兰，……居扬州，购黄氏容园以为觞咏之地。”

实体得到了实现。时至如今，扬州著名的“三通人”1 [37] 汪、马、江三家的园林基本都已不存。汪氏百尺梧桐阁的遗址，湮没已久，据说近来找到一些蛛丝马迹。位于东关街南侧的马氏小玲珑山馆，只剩下两堵破壁残垣。至于江氏康山草堂，则只是留下了一个街名。2 [38]

然而，纵观扬州河下园林发展史实，屡有兴废、不断易手，事实证明只有新的家族和新的财富持续出现，才能确保其发展，其间的文化活动才可延续。因此，园林中的文化活动多呈现跳跃化和偶然性，不具有长期延续性，其文化影响力在很大程度上得益于整个徽商社区的综合实力，并不专美于特别个体。

文化教育建筑类辑

明清江苏苏中地区的童生按律须赴扬州府参加府试，可见扬州在国家教育体系和大运河城市中举足轻重的地位。加之以徽商为代表的客商在侨寓地对文化教育不遗余力的投入，此地教育体系甚为完备，如学校类建筑就包括了府学、县学、试院、书院、义学、社学等所有中国古代教育建筑类型。祈祝文运的各类建筑更是比比皆是，且塔、阁、楼、宫等多种建筑形式并存，再加上收藏、刊印图书等与普及文化相关的建筑，共同构成了丰富齐全的城市文化教育体系和建筑景观。儒学关乎国家体制和尊儒政策，体制最为完备，由专祀孔子的文庙和学校两部分组成，官方背景使其理所当然地成为教育的龙头，其建筑群内泮池、棂星门、大成殿、魁星楼、文昌阁等祈祉类建筑和明伦堂、尊经阁、藏书楼等教学类建筑一应俱全，随等级不同，形制作相应变化。扬州一城，因行政设置，清时有扬州府学、江都县学、甘泉县学三所儒学（后二者实为一体）。

1 据（清）梁章钜《浪迹丛谈》卷二《小玲珑山馆》："扬城鹾商中有三通人，皆有名园。其一在南河下，即康山，为江鹤亭方伯（江春）所居。……一时觞筵之盛，与汪蛟门（汪懋麟）之百尺梧桐阁，马半槎（马曰琯）之小玲珑山馆，后先媲美，鼎峙而三。"

2 韦明铧《风雨豪门：扬州盐商大宅院》第 149 页。此外，在这些著名园林中，篠园比较特殊，位于保障湖北段，独立于河下徽商园林聚集区，与城市保持着一定的距离，且康熙五十五年（1716）创建时保障湖已淤积，直至雍正十年（1732）方疏浚可达。

学校类

京杭大运河将中国东部的北京、南京、杭州等几大文化中心联为一体，极大地促进了运河区域的文化发展，成为人才荟萃之地，运河沿线书院林立即为其重要表征。扬州自古即为文化盛地，海内共仰，及至明清，更为运河沿岸城市之表率。近人柳诒征赞曰："江宁布政使所属之文化，以扬州为首。两淮鹾利甲天下，书院之膏火资焉。故扬州之书院，与江宁省会相颉颃。"[39]49 可见，盐务繁盛、盐商捐资是扬州书院璀璨的一大要因[表1]，观之书院学生额数，规模可见一斑[表2]。

扬州书院最著者为府城的安定、梅花和仪征的乐仪书院。此外，还有专为童生肄业的课士堂、邗江学舍、角里及广陵书院等。书院是一个多样性、多功能的建筑组群，讲学、藏书、供奉先贤为书院"三大事业"，与之对应，讲堂、祠堂、藏书楼（尊经阁）即为书院的主要建筑。同时兼有老师与士子生活、休闲、学术交流等用，因有斋舍、庖厨、浴湢、射圃等设[2]。而祈祉类建筑（如文昌阁、魁星楼等）因关乎文运科举，亦为常设之举。如始建于康熙元年（1662）的扬州安定书院，历七十余年"堂庑旋毁，廨宇亦倾，惟寝堂以安定祠故，特存。……其东西偏，则土著侵居，甚且盗鬻"。雍正十三年（1735）"仿省会辟书院，檄使者卜居于兹，乃集商士清故址，正方位"，规模甚巨。中轴为讲院，东为学舍，中伫立文昌阁，西为庖厨，其西安定祠，"故西向，撤而新之更南向"。祠西北藏书，"将积书备师儒讲习，择学行完洁之士司焉"。西南为书院掌教住宿。书院庭院深深，"四周复道，缭以重垣，高壮悉称"。[3] 1 [40]1028-1029 讲堂、祠堂和藏书楼的空间排列决定了书院的整体格局，其他各部分功能的空间秩序和层次的建立均以此种空间为中心展开。

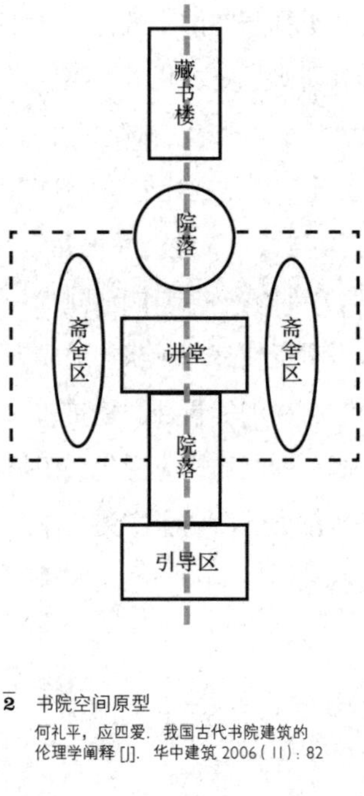

2 书院空间原型

何礼平，应四爱. 我国古代书院建筑的伦理学阐释 [J]. 华中建筑 2006（11）: 82

书院入口空间的水池形制则在扬州不见。梅花书院创建之初，"先门外有池，池水与沟水襟带行窝，而池上有桥，当行窝之旁"。[15] 卷三·新城

1 （清）尹会一《重建安定书院纪略》雍正十三年（1735）。

（右）3　安定书院形制
参考文献 [30] 图五、图六

（下）4　梅花书院形制
左 / 参考文献 [47] 第二集下册《梅花校士》；
右 / 参考文献 [30] 图六、图七

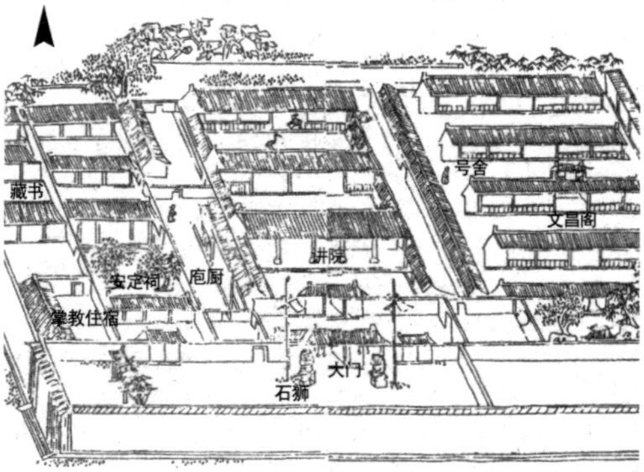

东北望入口空间

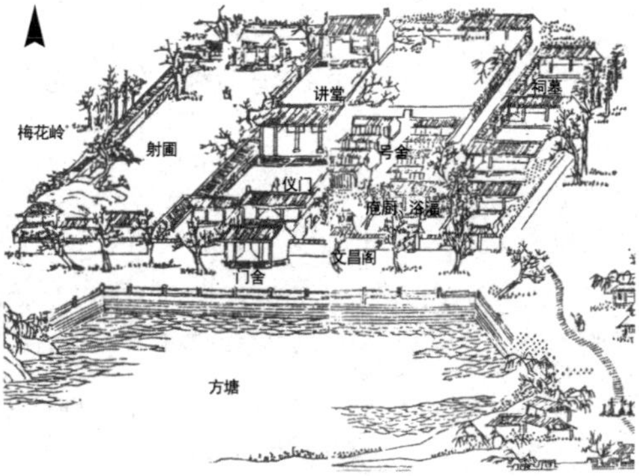

西北望全景

北录 60 雍正间（1723—1735）重建，再浚方塘 4。此塘与桥其实也可以算作泮池与泮桥的变体，（宋）朱熹《观书有感》云："半亩方塘一鉴开，天光云影共徘徊。问渠哪得清如许，为有源头活水来。"其父朱松《蝶恋花·醉宿郑氏别墅》亦有"清晓方塘开一镜"之句，或许可作为方塘成为与泮池相似的学校建筑符号的注脚。囿于文献史料，除梅花书院外，尚未发现他处方塘。

以上为建筑群较为完备情况下的规模，任何建设均非一蹴而就，书院规模扩大或损毁，或不同功能建筑单体的创建都有逐步发展的过程，或囿于财力，或遭天灾人祸等。

"书院之支流，为义学、为社学，或曰书堂，其风亦起于宋。"明洪武八年（1375）诏"置社学、延师儒，以教民间子弟之俊秀者"。明制"每县坊、厢必建社学，一区或曰每五十家立一社学，或曰每里立社学二所"，"大抵社学及小学，皆官立，义塾间有官立者，其经费率恃田租及廛布。此明代郡县学及书院外，施教之所也"。清沿明制，

书院名称	创建时间	建置概况
资政书院	景泰六年（1455）	位府治东。明知府王恕建，以教郡邑学弟子。内有群英馆，知府邓义质建。厥后知府冯忠重修，后圮。
正谊书院	正德前（—1506）	位新城北柳巷。正德间改正谊祠，祀汉儒董仲舒，入清，康熙赐“正谊明道”额，遂名董子祠。
维扬书院	嘉靖五年（1526）	位府西门内仰止坊。明巡盐御史雷应龙建，徐九皋改新，陈蕙、洪垣相继修饰。内有六经阁祠堂，祀周、程、张、朱。
甘泉书院	嘉靖六年（1527）	位广储门外。明国子监祭酒湛若水扬州考绩讲学，贡生葛涧为其师在广储门外建“甘泉行窝”作讲道之所。后巡盐御史朱廷立改建为甘泉山书馆。万历三十三年（1605）改名崇雅书院，嘉靖三十七年（1558）废圮。
资贤堂	明	位资贤门。（明）湛若水有记，厥后御史彭端吾、杨仁愿复葺，后圮，位置恐有误。
志道堂	明	位丽泽门。
安定书院	康熙元年（1662）	位府治东北三元坊。清巡盐御史胡文学建，祀宋儒胡瑗（安定先生）。康熙二十年（1681）废，惟安定祠存。康熙南巡，赐“经术造士”额悬其上，后再废。雍正十一年（1733）巡盐御史高斌、运使尹会一，议即旧址重建，谕商公捐。乾隆八年（1739年）定诸生膏火在运库支给。咸丰三年（1853）粤匪陷城遭毁。同治七年（1868）建于东关街疏理道巷口官房，用梅花书院址。
敬亭书院	康熙二十二年（1683）	位北桥。清两淮商人捐建，因御史裘充美论湖口税商疏，感其德建此，令士子诵读其中，后仅只纪念，而未尝校课。
虹桥书院	康熙（1662—1722）	位北门外。清总督于成龙创始，集郡士肄业，后废。
梅花书院	雍正十二年（1734）	位广储门外梅花岭、甘泉山书院旧址。知府刘重选倡建，盐商马曰琯捐建。乾隆四年（1739）定诸生膏火在运库支给。四十二年（1777）曰琯子振伯呈请归公，运使朱孝纯谕商捐修，创立号舍，更新其制。咸丰三年（1853）粤匪窜扬，夷为平地。同治五年（1866）盐运史丁日昌建于东关街疏理道巷口官房，书画名家吴让之书写“梅花书院”额。七年（1868年）移建于左卫街，原地改为安定书院开课。原委生童额数，并与安定书院同。从前孝廉堂[1]会课，本附梅花书院，今仍附入。
乐仪书院	乾隆三十三年（1768）	位仪征县天宁寺坊。清知县卫晞骏建，生童膏火由纲埠捐输，乾隆五十三年（1788）归并盐务，六十年（1795）运使曾燠添设正、副课额数；嘉庆十年（1805）重葺，十四年（1809）鹾政阿克当阿增设生童额数，并加给膏火，咸丰三年（1753）毁。同治六年（1867）开课暂借太平庵，十二年（1873）增定正、副课额数，考课之法与安、梅书院同。光绪元年（1875）即旧址重建。
广陵书院	乾隆四十六年（1781）	位东关街。清知府恒豫、马慧裕先后建，专课童生。原为康熙五十一年（1712）知府赵宏煜创建于府治西侧的义学。乾隆二十五年（1760）知府劳宗发曾改名竹西书院。
艾湖书院	乾隆五十七年（1792）	位甘泉县绍伯镇。
邗阳书院	道光四年（1824）	位江都县翠屏洲。邑人捐建。咸丰毁于兵，光绪间（1875—1908）重建。
安石书院	不详	位甘泉县绍伯镇。
谢公书院	不详	位甘泉县绍伯镇。

注：据《康熙江南通志》[54]卷九十《学校志·书院·扬州府》；（清）李斗《扬州画舫录》[15]卷三《新城北录》第62-63页；
（民国）柳诒征《江苏书院志初稿》[39]第49-54页；冯尔康《生活在清朝的人们：清代社会生活图记》[31]第196页；
王瑜、朱正海《盐商与扬州》[33]第236页等整理。

表1　扬州部分书院建置概况

1　孝廉堂为举人肄业的书院，太平天国乱后附入梅花书院，之前情况不详。

学生额数	生员		童生		定额时间	备注
书院名称	正课生	附课生	正课生	附课生		
安定书院	正、附课生计 40				乾隆二年（1737）	1、生员、童生俱有随课生，额数不定。2、同治初（1862— ）举人肄业之孝廉堂附入梅花书院，正课生 15，附课生 15。
	正、附课生计 60				乾隆六年（1741）	
	72	72	72	72	乾隆五十九年（1794）	
	40	40	15	20	同治十二年（1873）	
梅花书院	正、附课生计 60				乾隆六年（1741）	
	50	50	50	50	乾隆六十年（1795）	
	40	40	15	20	同治十二年（1873）	
	20	30	10	20	嘉庆十八年（1811）	
仪征乐仪书院	正、附、随课生计 240				道光（1821—1850）中	
	25	20	无定额	无定额	同治十二年（1873）	
扬州广陵书院	30	无定额	20	无定额	同治十二年（1873）	

注：据（民国）柳诒征《江苏书院志初稿》[39] 第 49-54、78、88 页；（清）杜琳等《续纂淮关统志》[43] 卷九《公署》第 299-301 页等整理。

表 2　扬州部分书院学生额数比较

康熙元年（1662）诏置社学。明以前各类学校讲授规制无太多限制，“乡镇学校，弦诵相闻，无间官私，盛倡文教。名义虽殊，性质实一”。而“明清之社学、义塾，专以课童蒙”，1 [41]106-107 异于前代。不过，社学、义学创建及出资方来源纷杂，官方、乡绅不一而同，学校称谓亦常常混用。

扬州社学始于南宋嘉泰二年（1202），“教授乔行简建堂，曰养正，设两序，东曰上达，西曰幼仪”。[39]92 为一进三合院，规制较小，自是不能与官学、书院比肩。明万历（1573—1620）、崇祯（1628—1644）先后修设。清康熙初（1662— ）即“复议修学延儒”，分立南门内、西门内、小东门内、大东门内等 4 处。扬州所辖仪征县见诸记载者 2 所，一在小市口大街，一在东门内大街。[39]102 扬州原有义学 3 所，后增为 5 所。嘉庆间（1796—1820）徽商鲍志道建 12 门义学，供贫家子弟就读。时人赞

1　胡达修．苏州义塾 [M]// 苏州市地方志编纂委员会办公室编．苏州往昔．

曰："自古繁华今返朴，满城风雨读书声。"[42] 卷二·大小义举义学管 24 其次子鲍勋茂再建崇义堂、集英堂。另有扬州营义学在马神庙，监捕营义学在马市口。城外西北计有陈家集、刘家集、公道桥、黄珏桥、槐子桥等 5 处设学，东南则邵伯镇（甘棠义学）、朴树湾、施家桥、永安镇、全陈陵、仙女镇等 6 处。太平天国乱，义学皆难逃厄运。至同治五年（1866）城内先设 4 所，分设于城之四向：西北设于武庙，西南设于文昌宫东，东北设于古道院，东南设于三元宫；八年（1869）又增建 2 所，一在新城财神庙，一在旧城城隍庙。[39]111

"人才所以资世用。天下人才之养，未有不始于乡社小学者。……郡序之外，所司必多立社学，以广养蒙之地，是何也？社学所养者，将以备庠序之选。而庠序所养者，将以充大学之用。是社学乃储养人才之始地。"1 [43] 卷十四·艺文 408 因此，"义学、社学之课程，止于读书习字、粗通文艺，不能如书院之极深研几"。[39]92 开蒙导学的初级教育宗旨，使得义学、社学入学门槛较低，创建较易，且数量众多，遍布乡镇，对普及文化教育功不可没。设自乾隆三十七年（1772）的扬州营义学，乃因"城南子弟多无力攻书，为之建立义塾，捐俸延师，弦诵之声溢于比户"。2 [44] 卷十六·艺文 基础教育得以如此全面和纵深地覆盖，"子弟众中岂无一二人脱颖而出，由庠序登科甲以致显要者乎？"3 [43] 卷十四·艺文 409

有清一代，民间学校的创建和管理在相当程度上应归功于雍正帝，其在争议中继位（1723），开启了一个新的时代，即官僚机构卷入了一些原先相对自治、私营和地方化的活动领域。其次，便是清末同治（1862—1874）、光绪（1875—1908）时的教育复兴及新式学堂的创建。考之扬州书院及社学、义学等民间学校的创建轨迹，与国家政策变动及社会风气转变基本同步。

祈祉类

唐以后随着科举制度的规模化和制度化，对于魁星、文昌的奉祀也逐渐普遍。明清地方城市中多有祈祝文运的各类建筑存在，扬州亦不例外，且数量众多，建筑表现形式多样。明弘治九年（1496）扬州知府叶同元为沟通市河两岸，以便直达府学，并于河上建文津桥。因该河流经县学、府学、文庙，故更称文河、汶河。万历十三年

1 （清）王莹《建移风社学记》。
2 （清）许镗拜《扬州营游府白公去思碑》。
3 （清）王莹《建移风社学记》。

（1585）两淮巡盐御史蔡时鼎倡建文昌阁（又称文昌楼）于桥上，祀奉文昌帝君，以资宏开文运，昌明圣学，阁后毁于火。二十四年（1596）江都知县张宁就原址重建。其后迭经修葺，倍加壮丽。文昌阁为三层八角形砖木结构，每层檐口均呈圆形，盖以筒瓦，类于天坛祈年殿。底层四面设门，东、西门可入。阁上四周有窗格，可登楼远眺。此外，汶河南端新桥西有文昌庙一座（创建情况不详），汶河北端有奎桥一座，其名明显与魁星崇拜有关。

按照风水理论，教育建筑或城市选址背靠主山，面对案山，必然科甲发达。案山之形，如几案、笔架、三台、三峰、天马、文笔、文峰等都是绝妙形状，即使选址地无上述地理形状，亦可采用人工方法增加类似笔峰形状的突出点，以补缺憾。[45]178 扬州城外大运河上文峰塔创自明万历十年（1582），“盖邗水迅驶直下，东南风气偏枯，故造塔以镇之。……文笔矗起，厥利科名，自是捷南宫者倍昔，盖其应云”。1 [29] 卷二十二 413 系砖木结构，七层八面，塔基为石彻须弥庭，塔身砖建，每层有木构塔檐和平座栏杆，塔平面内方外八角，开四门，内壁上下交错，重叠成八角形，至第七层，内外壁统一为八角形，底层塔檐伸展尤宽，塔底层柱上有精美的雕刻与典丽的彩绘，塔刹又短又细，塔内尚存长形石碑“文峰禅寺”。康熙七年（1668）“地震，塔尖坠。明年（1669）天都闵象南捐资重葺，得良材，较旧尖高一丈五尺。合尖后大放光明，如万缕千丝盘旋而上，水陆之人皆仰瞻惊叹”。[32] 卷五 关乎文运，塔之存亡自是牵动扬州上下，懈怠不得。不过，较之文昌帝君或魁星之奉，文峰塔之类的地貌改造工程耗资较大，并非易事，且前者“掌人间禄秩，司科甲权衡，其居歆之神宫较培地脉文笔为更急”。2 [46]512

学校建筑群内部的祈祉之设则表现形式多样。资财雄厚者造楼建屋，专祀文昌或魁星，如雍正十三年（1735）扬州安定书院立文昌阁于讲堂东南之斋舍中心部位，“礼魁宿，兆文明也”。3 [40]1028-1029 嘉庆十三年（1808）梅花书院于院后“创构文昌楼五楹，每月集多士校艺于此，就其左为使者临莅时所暂息，其右即名状元厅，使与试者皆观感而兴起焉”。4 [40]1038-1039 书院层次较高，政府出力及社会捐助不断，非普通开蒙导学之社学、义学所能企及，后者多以神像供奉，非专于一室。如扬州营义学“旧在关帝庙文昌殿，延师课读兵家子弟”，后移至火神殿。关帝庙众神济济，有观音大士、药

1 （清）魏禧《善德纪闻录》。
2 《光绪善化县志》卷十一。
3 （清）尹会一《重建安定书院纪略》雍正十三年（1735）。
4 （清）阿克当阿《文昌楼孝廉会文堂碑记》嘉庆十三年（1808）。

王、马神、火神、痘神、文昌、城隍等，[44]卷九·署舍场地虽陋、条件虽简，美好愿望的表达却不因之减褪分毫，民间淫祀集聚一堂，也体现了下层民众懂得变通之理的中庸之道。

藏书类

清代扬州最大的学术收获——《四库全书》馆（文汇阁，又称御书楼）要归功于其作为全国盐业中心的地位。乾隆四十五年（1780）阁成，四十七年（1782）《四库全书》成，分贮于北京紫禁城文渊阁、京郊圆明园文源阁、沈阳故宫文溯阁、承德避暑山庄文津阁、镇江金山寺文宗阁、扬州大观堂文汇阁、杭州圣因寺文澜阁等七处。这种分布证实了长江下游三角洲作为清代文化生产力核心所在的非凡意义，“高宗垂念江浙为人文渊薮，特命多缮三分，颁贮浙江文澜、金山文宗与此阁为三，江南实得其二，典司出入，掌自盐臣，寻又恐徒供插架，无裨观摩，诏许愿读中秘书者，就阁传钞。嘉惠艺林，旷古未有。”1[47]与北方分馆不同，南方分馆很容易为众所公认的学者大儒们所用。[48]264文汇阁“以恭贮《图书集成》,赐今名,并‘东壁流辉’额”。2[47]“凡三层……最下一层中供《图书集成》，书面用黄色绢。两畔橱皆经部，书面用绿色绢。中一层尽史部，书面用红色绢。上一层左子右集，子书面用玉色绢，集用藕合色绢。其书帙多者用楠木作函贮之。其一本、二本者用楠木版一片夹之，束之以带，带上有环。”[15]卷四·新城北录中104

文汇阁的存在确认了扬州在全国的突出地位，食盐专卖、徽州商绅与支持了该城繁荣的高层官场之间的联系在扬州文汇阁典书官的任命上得到了具体化：本籍仪征、在扬生活、为歙商子弟的谢溶生，此外扬州盐运使和江南各督抚均担负为文汇阁征集藏书的责任，扬州盐商也曾经请求为扬州文汇阁和镇江文宗阁提供资助，却遭到了拒绝。[48]41,144

不过，商贾之中不乏家富藏书者。“扬州藏书向推马氏小玲珑山馆，藏书八万余卷。”马曰琯“家多藏书，筑丛书楼贮之。”[13]40“百年以来，海内聚书之有名者，昆山徐氏、新城王氏、秀水朱氏其尤也，今以马氏昆弟所有，几几过之。”3[38]93修《四库全书》时，曾诏征江浙藏书家秘本，马氏呈送书籍被采用者多达776种，受赐《古今图书集成》一部，艺林深以为荣。小玲珑山馆除具藏书美名外，“马版”刻书也为

1　（清）麟庆《鸿雪因缘图记》第二集下册《文汇读书》。
2　（清）麟庆《鸿雪因缘图记》第二集下册《文汇读书》。
3　（清）全祖望《丛书楼记》。

5 个园中的丛书楼
自摄 2007 年 11 月

6 瓠园石额
①石额今存扬州皮市街耿家巷28号后院井栏，瓠园后为何氏壶园。
②参考文献 [38] 第 115 页，周泽华摄

后世仰羡，谢国桢在《明清史谈丛》中感慨道 :“我曾得到过清雍正己酉（1729）扬州马氏小玲珑山馆仿宋雕刻的《韩柳年谱》，是一部雕刻精美的书籍。”[38]92 此种溢美定评实不为过。

令人称奇的倒是关于小玲珑山馆的历史健忘，长期以来其位置都无法确认，直到 1980 年代，（清）张庚有关该馆的画作被发现，才为这个谜团提供了惊人的答案，即终于首商黄至筠之手，乃黄氏个园。[3]181 今扬州个园中尚存丛书楼[5]，虽位置和规模都非复当年，然文化精神得以传承。此外，“其有与马氏匹者，惟陈氏（陈征君）‘瓠室’最知名于时”[6]。[13]卷一 40 再如程晋芳，聚书五万余卷，筑藏书楼名“桂宧”（因楼前有桂树）。淮安富商类同于扬州，儒贾共备，家中书塾多有藏书，只不过所居宅院，园亭之名更胜，以藏书闻名者寡闻。

扬州文化教育建筑大多位于旧城之内，或环旧城外护城河，尤其以城市内文昌阁、文昌庙等建筑周边集中。一般而言，此祈祉类建筑多位于城市或学校类建筑群的东南方位，其文运泽被处乃在其西，[1][46]511 直至清末同治间（太平军乱后），扬州才将建设重点移于新城之内，使得城市文化教育资源略微平衡[7][8]。

观之唐代扬州地图，长江与扬近在咫尺。为减少长江的直接冲激，宋真宗天禧间（1017—1021）江淮发运使贾宗由仪扬运河和瓜洲运河之交汇处扬子桥引江入运，开凿扬州新河，经新河湾，绕扬城南，连接古运河，通向黄金坝、湾头镇东行，史称“近堰漕路”。此举减少坝堰三座，以免漕船驳卸之烦。为减慢水速，新河在扬州城南故意曲折迂回，俗称“三湾”。[49]203 “明万历十年（1582）僧镇存募建浮图七级，因并建寺,俱以‘文峰’名。”[32]卷五三湾遂称“宝塔湾”。扬州旧有民谣“宝塔有湾湾有塔，琼花无观观无花”，宝塔即为文峰塔[9]。

旧时，宝塔湾一带河阔地广，林木扶疏，宝塔巍峨，古刹庄严，为乘舟进入扬州城之第一胜景。文峰塔为楼阁式塔，八面七层，如孤峰耸峙，矗入云宵，足可镇江淮之水，收吴楚之胜，“登塔之最上层，南眺隔江京口三山，北顾蜀冈三峰诸胜，临风放歌，慨然有遗世之志”。[32]卷五俯观塔下殿宇静谧安祥，运河流淌，形成动静对比。北眺为扬城通衢大街，向南极目则长江静如练。塔外有“古运河”碑，当年鉴真东渡曾从此扬帆远航，康熙、乾隆南巡均由此过。

不远处即是荷花池，池在“九峰园，旧称南园，世为汪氏别业”，[50]24 塔影倒悬运河之中，荷池居于绿荫之内。扬州人将塔喻笔，池喻砚，一笔一砚，互为借景，有“砚池染翰”一景。清人郝璧《文峰塔》诗云：“拔地浮图蘸水涯，借来天笔焕文葩。瓣珠不必三王子，已见云升五斗霞。”[10]

历史渊源，虽劫难不断，然古塔尚存。弯弯运河流水，悠悠行舟竞发，巍巍宝塔倒影，幽幽静谧寺宇。古往今来，宝塔湾一地成为扬州塔、寺、园合一之景观佳处。

自大运河逶迤入南门（安江门）为汶河，原为明旧城中纵贯南北之市河，南起南水关，北至北水关，可通保障河。唐代称官河，宋、元时称市河。唐人韦庄《过扬州》诗云：“二十四桥空寂寂，绿杨摧折旧官河。”诗中之官河，即后之汶河。过义济桥、

---

1 据（清）严安儒《重修睢宁书院碑记》：“形家言异方卑下，非以振文明也。”

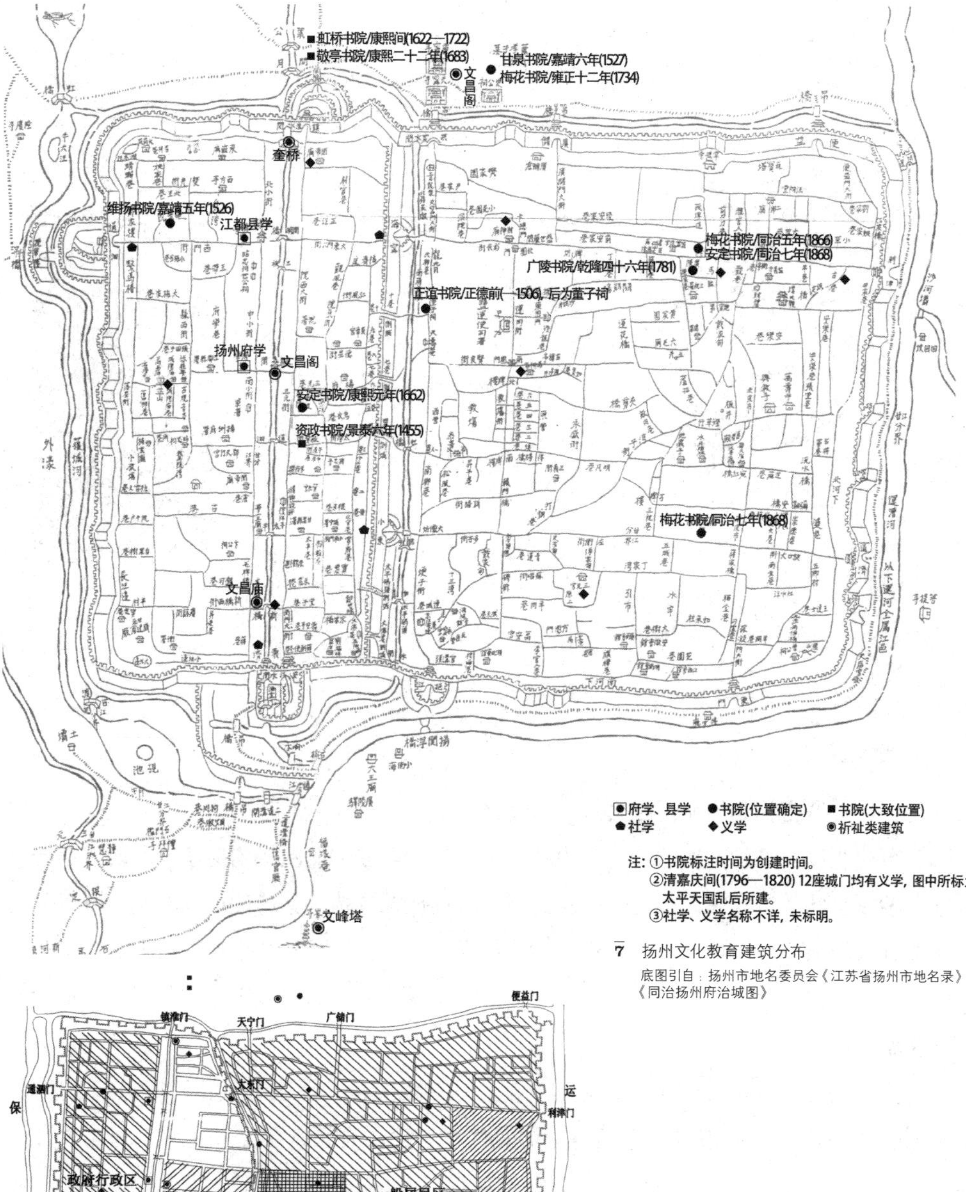

▣府学、县学 ●书院(位置确定) ■书院(大致位置)
⬟社学 ◆义学 ◉祈祉类建筑

注：①书院标注时间为创建时间。
②清嘉庆间(1796—1820) 12座城门均有义学，图中所标为太平天国乱后所建。
③社学、义学名称不详，未标明。

7　扬州文化教育建筑分布

底图引自：扬州市地名委员会《江苏省扬州市地名录》《同治扬州府治城图》

▣府学、县学 ●书院(位置确定) ■书院(大致位置)
⬟社学 ◆义学 ◉祈祉类建筑

8　扬州文化教育建筑分布与城市功能分区

底图引自：参考文献 [14] 图 41《扬州清代城市分区》

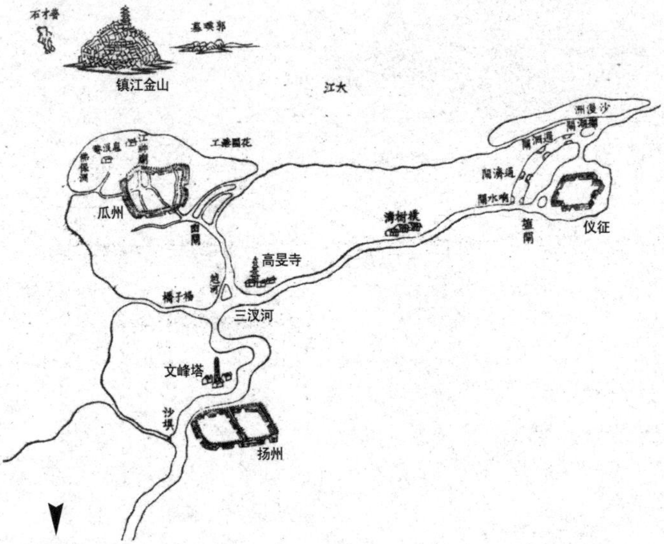

1940年代

2000年代

9. 扬州大运河上文峰塔

（清）高晋《南巡盛典》卷五十三《河防图》"瓜州图"；
下左 / 参考文献 [49] 第 202 页，（美）威廉 · H · 斯科特
（William Henry Scott）绘；下右 / 自摄，2007 年 11 月

新桥，达文昌庙，此为城内祀文昌、主文运之第一所在。

再往北过太平桥、通泗桥，即为壮丽之文昌阁。登阁西瞰扬州府学，北眺江都县学，学校有此文昌庇佑，心之所往自是祈求科场捷报频传。文昌阁四周开阔，每逢喜庆之日，阁上华灯齐放，光耀数里，蔚为壮观。1 [13] 清末河道多处淤塞，1952 年平河筑路，名曰汶河路。[49]81 填河筑路后，文津桥湮埋地下，阁仍矗立于汶河路上，成为扬州城重要标志。

汶河过北门（镇淮门）与护城河交汇，城内以奎桥为北至端点，桥取魁星之意。一条普通的市河因城市对于文运亨通的美好愿望而具有了现实之外更多的城市文化意义。

护城河北岸、小秦淮北端为天宁寺，即清帝南巡行宫，《四库全书》馆藏之地——文汇阁即坐落于此，2 [15,47] 天宁寺后为重宁寺，"本平冈秋望故址，为郡城八景之一"。"迤

---

1 据（清）董玉书《芜城怀旧录》卷一第 10 页：清时楼西有草堂，为萧畏之所居。其人乃"江都布衣。喜为诗，放荡不羁。小筑数椽，闲莳花树。庭有西府海棠一株，高出檐，花时烂如锦"。

2 据（清）李斗《扬州画舫录》卷四《新城北录中》第 104 页：在"御花园中。园之正殿名大观堂。楼在大观

10 砚池染翰全景
为数图拼合，底图引自：(清) 高晋《南巡盛典》卷九十七《名胜图·江南名胜》“九峰园”；参考文献 [15] 卷七《城南录》第 167 页

东有门。门内由廊入文昌阁。凡三层。登者可望江南诸山。”此为又一处文昌阁，夹重宁寺、东园之间，与城中文昌阁遥相呼应。梅花书院位天宁寺东侧，万历二十年（1592）扬州城开浚城濠，积土为岭，树以梅，因名梅花岭，书院得名于此。至乾隆四十三年（1778），“浚方塘，种柳栽苇。……更以浚塘之土，累积于右，树以梅，以复梅花岭旧观……岭上构数楹，虚窗当檐。檐以外凭墉而立，四望烟户，如列屏障。下岭则虚亭翼然，树以杂木。”[15] 卷三·新城北录 61 扬州书院景观佳处无出其右者。

沿河北岸河房林立，“仿京师长连短连、廊下房及前门荷包棚、帽子棚做法，谓之‘买卖街’。令各方商贾辇运买珍异，随营为市，题其景曰‘丰市层楼’。”[11] 刻意模仿北京建筑风格的举动，明显暗示了扬州当地迎合圣意的心理。沿河南岸为新城西北区，乃是城外园林景观和城内世俗生活的交汇和转折点，许多文人墨客（如郑板桥、黄慎等）曾于此逗留小住。因之小秦淮，再是画舫码头集中地，可便捷通达各道城门，

堂之旁”。又据（清）麟庆《鸿雪因缘图记》第二集下册《文汇读书》：“阁下碧水环之，为字。河前建御碑亭，沿池叠石为山，玲珑窈窕，名花嘉树，掩映修廊。”

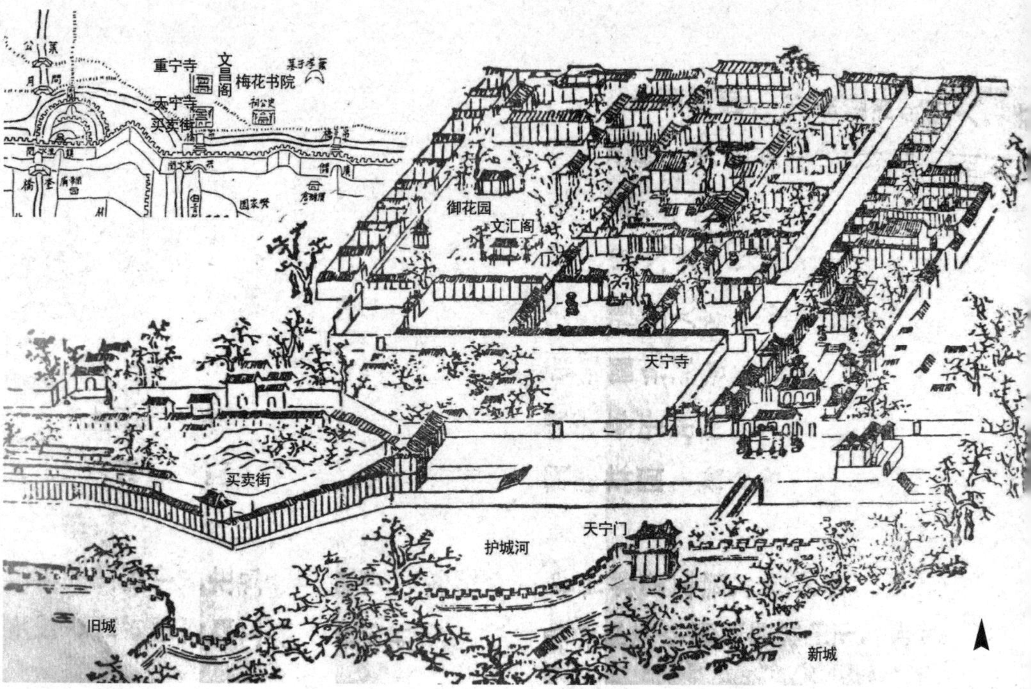

11 天宁寺行宫全景

为数图拼合。底图引自参考文献 [15] 卷四《新城北录中》第 85 页；
扬州市地名委员会《江苏省扬州市地名录》《同治扬州府治城图》

向西入旧城，向北出至天宁寺。[15] 卷九 · 小秦淮录 196-198

护城河西折，不远即虹桥，此为扬州西北保障河（瘦西湖）风景绝佳处之起点，“虹桥修禊”与冶春诗社之所在 12。

“修禊”本为古人消除不祥之祭，[1] [51] 后演变为游春宴饮，而清代扬州的修禊活动，则成了官吏、工商业者、文人吟诗作对、宾朋酬唱的文化活动。

“虹桥即红桥，在保障河中……朱栏跨岸，绿杨盈堤，酒帘掩映，为郡城胜游地。”[2] [15] 时人《梦香词》云：“扬州好，第一是虹桥。杨柳绿齐三尺雨，樱桃红破一声箫，处处系兰桡。”[15] 卷十一 · 虹桥录下 251 今之虹桥由一孔变三孔，桥面拓宽，桥身拉长，桥面则以城内宋代花岗岩街道条石凿铺而成，其形古朴。

---

1 据傅崇兰《中国运河城市发展史》第 402 页：也称“拔禊”，多在每年阴历三月上旬巳日于水滨以香薰草药淋浴，借此拔除不祥。王羲之《兰亭集序》有云：“暮春之初，会于会稽山阴之兰亭，修禊事也。”

2 据（清）李斗《扬州画舫录》卷十《虹桥录上》第 240-241 页：“红桥原系板桥，桥桩四层，层各四桩；桥板六层，层各四桥。南北跨保障河水口，围以红栏，故名红桥。”乾隆元年（1736）易为石桥，乾隆十六年（1751）“上建过桥亭，红改作虹”。

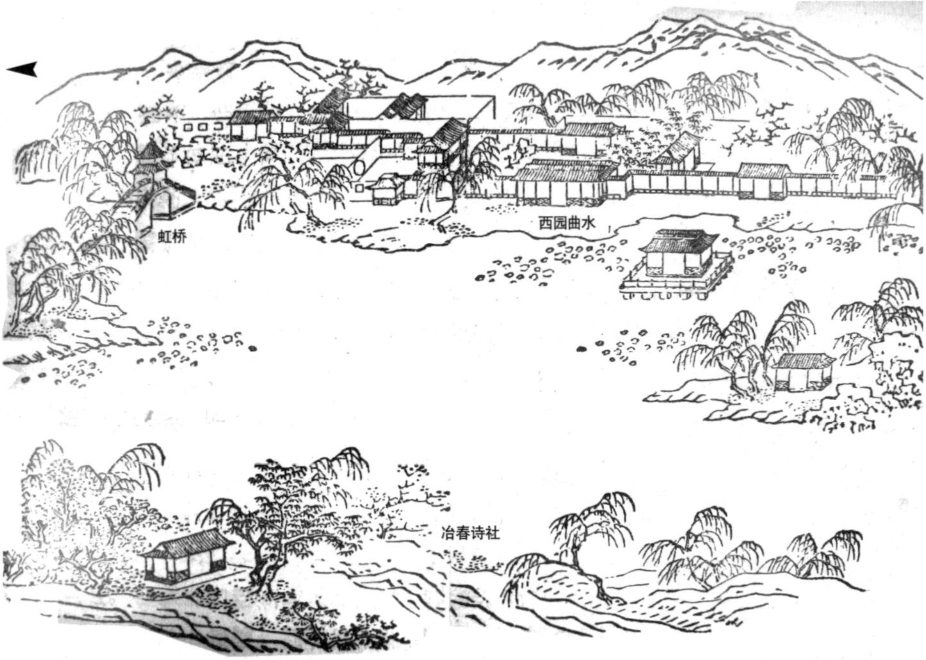

自冶春诗社东南望

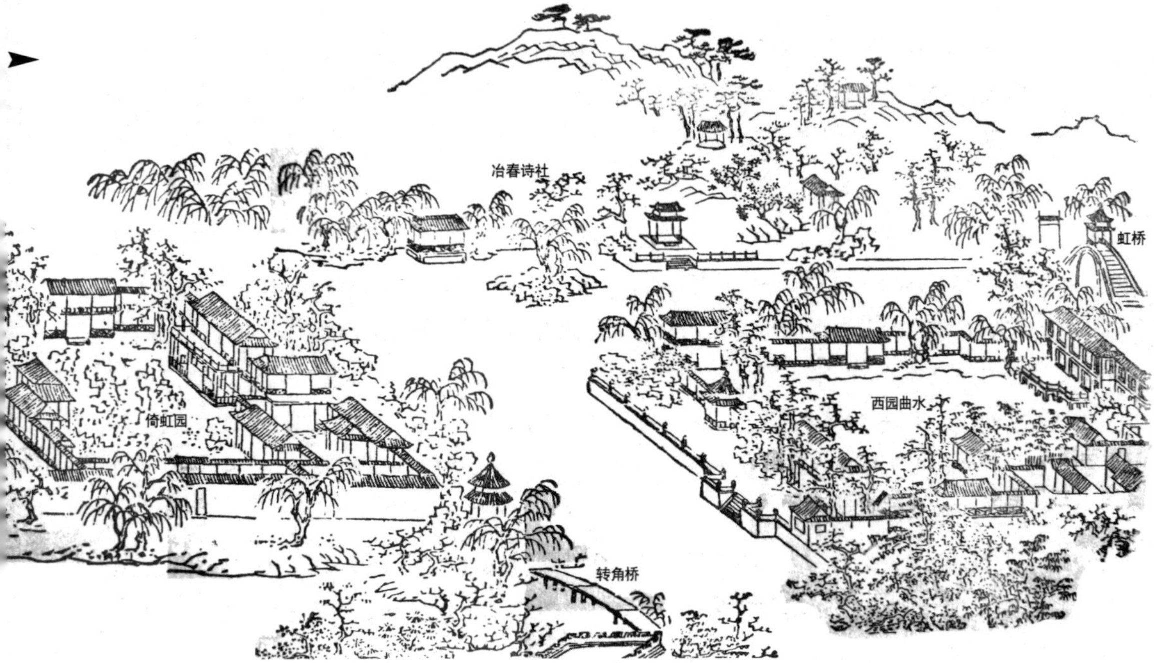

自转角桥西南望

12 虹桥修禊全景

①上 / 自冶春诗社东南望，下 / 自转角桥西南望。
②为数图拼合。底图引自：参考文献 [15] 卷十《虹桥录上》第 218、237 页；卷六《城北录》第 147、149 页

清代“虹桥修禊”位虹桥南岸倚虹园。“倚虹园之胜在于水，水之胜在于水厅。”保障河上水景佳处甚多，“水廊以四桥烟雨之春水廊为最，水阁以九峰园之风漪阁、四桥烟雨之锦镜阁为最，水馆以锦泉花屿之微波馆为最，水堂以荷蒲薰风之来薰堂为最，水楼则以是园之修禊楼为最。”修禊楼“在园东南隅，湾如曲尺。……门前即水马头。园门右厅事三楹。中楹屏间鼓儿上刻‘虹桥修禊’四字。大径尺余，旁筑短垣，开便门通转角桥”。

文人诗酒之会本为风雅之事，风景绝佳处自是首选。其著名者主要有三。康熙元年（1662）王士禛“与杜濬、张养重、邱象随、陈允衡、陈维崧修禊虹桥。公作浣溪纱三阕为虹桥唱和集”。三年（1664）“复同林古度、杜濬、张纲孙、孙枝蔚、程邃、孙默、许承宣、承家赋冶春诗。此皆公修禊事也”。[15]卷十·虹桥录上 220-221

清初虹桥修禊，尚局限于“诸名士”之间，至乾隆二十二年（1757）两淮都转运使卢见曾于“丁丑修禊虹桥”，则“其时和者七千余人，编次得三百余卷，并绘《虹桥览胜图》，以纪其胜。自是，‘虹桥’之名大著于海内。故当时四方贤士大夫来扬者，每以虹桥为文酒聚会之地”。[32]卷一

虹桥西岸之冶春诗社与之相对，“康熙间，虹桥茶肆名冶春社”。当时王士禛等人在这里游宴，“香清茶熟”，“击钵赋诗”。[15]卷十·虹桥录上 221 此后，虹桥随王士禛“冶春诗独步一代”而名气大振，于是“过广陵者多问虹桥”，而到虹桥者必饮冶春茶肆之茶，此处实际成了文人雅集之所。在冶春社茶肆旁，原为“王山蔼别墅”，“后归田氏，并以冶春社围入园中，题其景曰冶春诗社”。其园“高树或仰或偃，怪石忽出忽没”。[15]卷十·虹桥录上 238

由是观之，虹桥一地的文人诗酒，在内容上已大大超出了诗文的范围，而成了扬州城市文化交流和发展的一种特有形式。值得注意的是，康熙平定三藩之乱（1670年代），剥夺了汉族藩王对南方各省的准自治控制，将满人的统治扩展到了整个中国大陆。而这场叛乱在扬州的最直接见证就是蜀岗平山堂在实体上和作为一个文学活动场所的重建。[3]101 平山堂始建于宋庆历十七年（1057），[1048] 与虹桥不同，在清以前它就是一个著名的历史景点，因之欧阳修与苏轼两位文豪，早在宋时诗文之名就已闻名海内。入清后徽商汪懋麟的解囊重建，使之再次崛起，只不过胜在风景，文名与虹桥一地则不可同日而语。

以虹桥为原点，挟文人诗酒余韵北上可揽保障河上好风光，南下折而东又见巍巍文峰、砚池染翰。不禁惹人遐思：乘扁舟一叶，即可环扬州城市文化教育胜景，不亦快哉。[13]

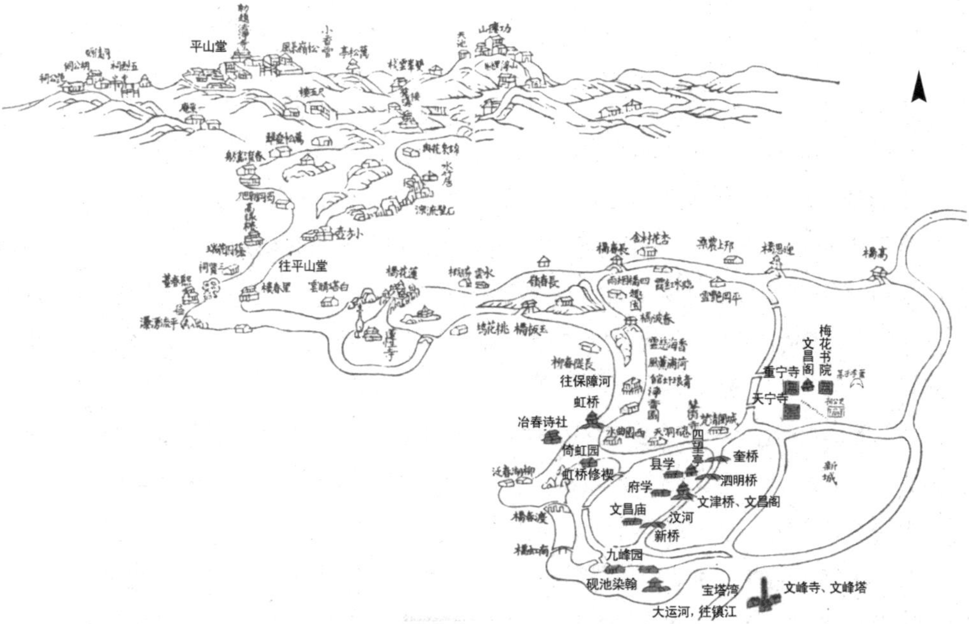

13 扬州城市文化教育图景

①为数图拼合。
②底图引自：(清) 赵之璧《平山堂图志 · 名胜全图》《蜀冈保障河全景》，扬州市地名委员会《江苏省扬州市地名录》《同治扬州府治城图》。
③自摄，2007 年 11 月

铅华褪尽悉待从头

早在清乾隆晚期两淮食盐专卖就开始遇到问题，并降低了对客商的吸引力，食盐定额越来越难以完成，走私愈发猖獗。乾隆六十年（1795）淮北盐区与淮南一样，开始出现商人消失的现象。[3]272 大运河和食盐专卖是带给淮扬地区巨大财富的两项历史支撑，人去财逝，在整个城市逐渐衰落的命运下，城市的文化教育亦难逃此运，如同嘉庆二十二年（1817）钱泳所道："《画舫录》中人半死，倚虹园外柳如烟。抚今追昔，恍如一梦。"[16] 卷二十

及至 19 世纪上半期，江北的盐业贸易和水利系统都步入了一个危机阶段。水利管理的低谷与盐业贸易的问题前后出现，尤其后者是导致江北水利系统中关键设施崩溃的主因。而此时的清廷正努力从各种民间起义的负面影响中恢复过来，同时又要对付外来海盗和越来越严重的鸦片贸易压力。两起看似无关的历史事件：鸦片战争（1840—1842）和太平天国运动（1850—1864），则加速动摇了扬州的财富基础和行政地位，这完全归根于该地区对行政结构和皇家庇护的非同寻常的高度依赖。

咸丰三年（1853）太平天国运动波及扬州，给这个恢复能力极弱的地区带来了粉碎性的打击，城市文化教育建筑基本覆没。光绪二十年（1894）曾于扬州任天主教牧师的康治泰事实上已经以寓言的方式诠释了这段历史，破落的文昌阁即为此象征："原先它是这座城市的荣耀，鼓舞了当地诗人的兴致，激发了所有路过者的好奇心。现在，它是一个屈辱和悲伤之物，仅剩下一具骷髅。长毛（太平军）砸碎了它的所有装饰品，三十年来没有一分钱用于它的维修。"[3]278

清末，清廷曾一度振作，企望力挽帝国颓势，曾经由盐务与徽商鼎力打造的文化教育建筑得到了部分复兴。1 [13,29,30] 但复兴的过程并不顺畅，时感捉襟见肘。其时盐务鼎盛已过，淮扬经济大不如昔。当局虽竭力再造文化盛况，惜力有不逮，没有了强大的经济后盾，没有了商人的倾力支持，难复旧观。不过，这段关于衰落和灭亡的历史告诉世人的只是一些关于缺席的故事：曾经有过什么，它们现已不复存在。[3]270

去时不远，另一种历史粉墨登场，在民族主义和现代化的双重支持下，淮扬城市

---

1 参阅光绪《增修甘泉县志》卷十六《学校》；（清）董玉书《芜城怀旧录》卷一第 20 页；（清）魏禧《善德纪闻录》，引自（清）焦循《扬州足征录》卷二十二第 413 页。

逐渐被重构，文化教育建筑也被以不同的眼光看待。1 [27] 光绪末（ —1908），“自科举废后，学堂起而代之，其制遂不为人所道”。[52]45 “旧有书院一切废罢。初以省立书院为省城高等书院，府治、州治之书院为中学堂，县治之书院为小学堂……故有书院之田地、房产，或为绅民隐占，亦不尽归学堂也。抚今思昔，能无慨然！”[39]91 如扬州梅花书院改为省立实验小学校。社学、义学等也顺应时势，纷纷改制。大量外地客商的同乡组织——会馆，亦融入兴办学校的滚滚洪流，大多占据徽商衰落后遗留下的宅邸及园林，因此多聚集于河下。

从某种意义上说，原本河下徽商社区宾朋酬唱、诗文相和的文化精神在新式教育的建筑载体上得到了部分延续，而见证了徽商富可敌国，并且依赖其资财得以容颜常驻的文昌阁、文峰塔之类的建筑，还静静地伫立在淮扬大地上，历沧海桑田，阅风云流变。

1 据（民国）王光伯《淮安河下志》卷三《学堂》第 70 页：“学必有基。小学，大学之基也。西人以小学之多寡，觇国之盛衰。富强之国，无不以教育普及，多立小学为先务。”

参考文献

[1] 郑莘，林琳．1990 年以来国内城市形态研究述评 [J]．城市规划，2002 (7)．

[2] 成一农．中国古代地方城市形态研究现状评述 [J]．中国史研究，2010 (1)：146-173．

[3] 安东篱．说扬州：1550-1850 的一座中国城市 [M]．李霞译，李恭忠校．北京：中华书局，2007．

[4] 王振忠．明清徽商与淮扬社会变迁 [M]．北京：生活·新知·三联书店，1996．

[5] 尹会一，修；程梦星，等纂．雍正扬州府志 [M]．台北：成文出版社有限公司，1975．

[6] 阿克当阿，修；姚文田，江藩，等纂．嘉庆重修扬州府志 [M]．南京：凤凰出版传媒集团、凤凰出版社，2007．

[7] 石国柱，楼文钊，修；许承尧，纂．民国歙县志 [M]．南京：凤凰出版传媒集团、凤凰出版社，2007．

[8] 汪道昆，撰．太函集 [M]．万历十九年金陵刻本．1591．

[9] 张海鹏，王廷元．徽商研究 [M]．合肥：安徽人民出版社，1995．

[10] 徐溥，等撰；李东阳，重修．明会典 [M/OL]// 文渊阁四库全书：史部十三·政书类一·通志之属（电子版）．上海：上海人民出版社，迪志文化出版有限公司，1999．

[11] 张廷玉，等撰．明史 [M]．北京：中华书局，1974．

[12] 五格，黄湘，纂修．乾隆江都县志 [M]．南京：凤凰出版传媒集团、凤凰出版社，2007．

[13] 董玉书，著；蒋孝达，陈文和，点校．芜城怀旧录 [M]．南京：江苏古籍出版社，2002．

[14] 刘捷．扬州城市建设史略 [D]．南京：东南大学，2002．

[15] 李斗，撰；汪北平，涂雨公，点校．扬州画舫录 [M]．北京：中华书局，2001．

[16] 钱泳，撰；张伟，点校．履园丛话 [M]．北京：中华书局，1997．

[17] 张海鹏，王廷元．明清徽商资料选编 [M]．合肥：黄山书社，1985．

[18] 梁仁志，俞传芳．明清侨寓子弟的教育科举问题 [J]．安徽师范大学学报（人文社会科学版），2005，33（1）：73-76.
[19] 李琳琦，王世华．明清徽商与儒学教育 [J]．华东师范大学学报(教育科学版)，1997（3）：80-88.
[20] 陈去病．五石脂 [M]．南京：江苏古籍出版社，1985.
[21] 铁保，撰．嘉庆两淮盐法制 [M]．同治九年扬州书局重刊本．1870.
[22] 谢肇淛，撰．五杂组 [M]．台北：台湾伟文图书出版社有限公司，1977.
[23] 周庆云，纂．盐法通志 [M]．民国三年文明书局铅印本．1914.
[24] 杨受廷，等修；马汝州，等纂．嘉庆如皋县志 [M]．台北：成文出版社有限公司，1975.
[25] 王检心，修；刘文淇，张安保，纂．道光重修仪征县志 [M]．南京：凤凰出版传媒集团、凤凰出版社，2007.
[26] 丁廷楗，修；赵吉士，纂．康熙徽州府志 [M]．台北：成文出版社有限公司，1975.
[27] 王光伯，原辑；程景韩，增订；荀德麟，刘功昭，朱崇佐，刘怀玉，点校．淮安河下志 [M]．北京：方志出版社，2006.
[28] 阎广芬．试论明清时期商人与教育的关系 [J]．河北大学学报(哲学社会科学版)，2001，26（3）：49-55.
[29] 焦循，辑；许卫平，点校；祁龙威，审订．扬州足征录 [M]．扬州：广陵书社，2004.
[30] 徐成敟，等修；陈浩恩，等纂．光绪增修甘泉县志 [M]．南京：凤凰出版传媒集团、凤凰出版社，2007.
[31] 冯尔康．生活在清朝的人们：清代社会生活图记 [M]．北京：中华书局，2005.
[32] 王振世，著；蒋孝达，点校．扬州览胜录 [M]．南京：江苏古籍出版社，2002.
[33] 王瑜，朱正海．盐商与扬州 [M]．南京：江苏古籍出版社，2001.
[34] 盛郎西．中国书院制度 [M]．台北：华世出版社，1977.
[35] 何良俊，撰．四友斋丛说 [M]．北京：中华书局，1997.
[36] 王逢源，修；李保泰，纂．嘉庆江都县续志 [M]．嘉庆十六年修，二十四年刊，光绪六年重刊本．台北：成文出版社有限公司，1983.
[37] 梁章钜，撰；陈铁民，点校．浪迹丛谈 [M]．北京：中华书局，1981.
[38] 韦明铧．风雨豪门：扬州盐商大宅院 [M]．扬州：广陵书社，2003.
[39] 柳诒征．江苏书院志初稿 [M]．南京：江苏教育出版社，1995.
[40] 陈谷嘉，邓洪波．中国书院史资料 中 [M]．杭州：浙江教育出版社，1998.
[41] 苏州市地方志编纂委员会办公室．苏州往昔 [M]．苏州：古吴轩出版社，2015.
[42] 林苏门．邗江三百吟 [M]．扬州：广陵书社，2005.
[43] 马麟，修；冒广生，著；杜琳，等重修；(清) 李如枚，等续修；刘怀玉，荀德麟，点校．续纂淮关统志 [M]．北京：方志出版社，2006.
[44] 陈述祖．扬州营志 [M]．道光十一年 [1831 年] 刻本．
[45] 杨布生，彭定国．中国书院与传统文化 [M]．长沙：湖南教育出版社，1992.
[46] 邓洪波．中国书院史 [M]．上海：中国出版集团东方出版中心，2006.
[47] 麟庆，撰．鸿雪因缘图记 [M]．道光二十七年刊本．1847.
[48] 吴哲夫．四库全书纂修之研究 [M]．台北：国立故宫博物馆．1990.
[49] 韦明铧．画笔春秋：扬州名图 [M]．扬州：广陵书社，2006.
[50] 赵之壁，著；高小健，点校．平山堂图志 [M]．扬州：广陵书社，2004.
[51] 傅崇兰．中国运河城市发展史 [M]．重庆：四川人民出版社，1985.
[52] 徐谦芳，著；蒋孝达，陈文和，点校．扬州风土纪略 [M]．南京：江苏古籍出版社，2002.
[53] 王振忠．两淮盐业与明清扬州城市文化 [J]．盐业史研究，1995（3）：18-23.
[54] 王新命，总裁．康熙江南通志 [M]．南京：凤凰出版社，2011.

锦绣太原城的结构性演变（宋至清）*

*基金资助：城市与建筑遗产保护教育部重点实验室开放研究课题（KLUAHC1001），主持：周小棣；原文刊载：沈旸、周小棣《太原城的城市结构演变》，载董卫主编《城市规划历史与理论01》，东南大学出版社，2014，录入本书有增删。

“太原”最早出现于《尚书·禹贡》：“既载壶口，治梁及岐。既修太原，至于岳阳。”《诗经·小雅·六月》亦有：“薄伐严狁，至于太原。”显然，两者所指均非今日之太原地区，而是泛指汾河下游的广袤平川。所谓“太原”，强调的是地形状况，是作为区域名称出现的，并非建制名。作为建制名则始于战国末期，秦占领赵之晋阳，在晋阳首置太原郡。此后，几经易变，或太原，或并州，地理范围与今日太原所辖大致相当。“山光凝翠，川容如画，名都自古并州。”这是（宋）沈唐《望海湖·上太原知府王君贶尚书》对并州（即太原）的描述，（唐）李白也曾盛赞其为“雄藩巨镇，非贤莫居”。[1]

公元前497年，晋国大卿赵鞅出于战略上的需要，令家臣董安于精心选址，在今太原市晋源区古城营村一带建晋阳城，是为太原建城之始。公元前453年，“三家分晋”，赵国领土包括今晋中及晋北一带，立国都于晋阳城。此后的秦、汉、三国、两晋至十六国时期，晋阳城一直都是地方行政建置级别最高的首府级城市，春秋和汉晋时的晋阳城均为双重城格局[1][2]，内城乃衙署机构所在，外城为百姓居处。

隋朝末年，李渊父子以晋阳为根据地起兵夺取天下后，该处作为王业兴起之地受到极大的重视，经多次扩建，规模达至历代之顶峰。唐中期其被封为北都，与长安、洛阳并称“三京”；玄宗天宝元年（742）易北都为北京，与首都（长安）及南京（成都）、西京（凤翔）、东京（洛阳）合称“五京”。唐之晋阳城，周42里，由西城、中城、东城三部分组成，以西城为核心：西城即春秋时董安于营建之古城，在西晋时就已经有周27里的规模；东城始筑于北齐河清四年（565）；中城始筑于唐嗣圣（684）至神龙（705—707）间，跨汾水接东西二城，汾河贯城而过[3]。

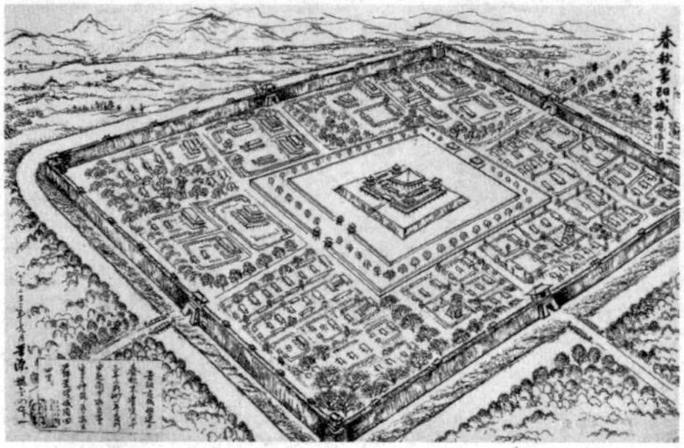

1 乡人绘春秋晋阳城复原
自摄于太原晋源文庙大成殿墙壁，2009 年 7 月

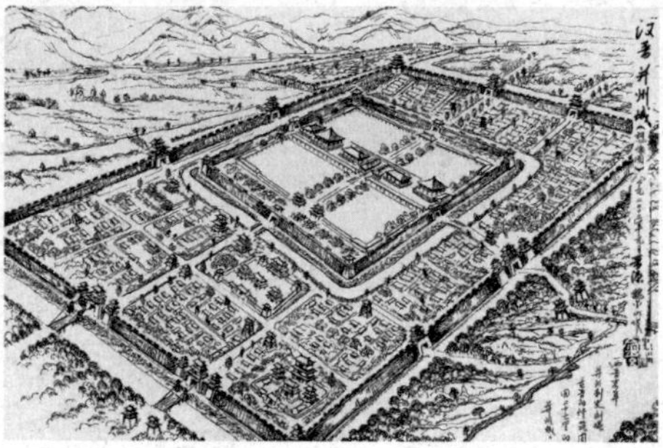

2 乡人绘汉晋并州城复原
自摄于太原晋源文庙大成殿墙壁，2009 年 7 月

五代十国动乱时期，先后有晋、后唐、后晋、后汉、北汉等政权以晋阳为国都或陪都。至宋太平兴国四年（979）太宗赵光义平灭北汉，下令火焚晋阳，次年又引汾水倒贯废墟，有着近 1500 年历史的晋阳古城毁于一旦。素有“九朝古都”之称的晋阳城虽已湮灭，但太原地区作为区域中心的地位仍在。鉴于太原地区是向北抵御外族入侵的边防要地，七年（982）重将州治迁回，并在原晋阳城东北唐明镇的基础上新建太原城；嘉祐四年（1059）又升为河东北路首府。明洪武三年（1370）朱元璋封三子朱棡为晋王，太原政治地位随之更显重要，并得到大规模的扩建，城市形制与规模堪称鼎盛，与北京、西安同为大明王朝疆域北部的三大区域中心城市。其后的清代和民国，太原仍为山西省会，城市的结构变化皆不出明太原城已有基础[4][表1]，即宋太原城的新建和明太原城的扩建是整个太原城发展过程中最重要的两个节点。[2]46-47

太原之所在“三山环抱，汾水中流”：东部山地（“东山”）是太行山的延续，西部山地（“西山”）为吕梁山东翼，北部则是太行山、吕梁山延伸的交接地带，周边山脉不仅自然环境优美，也极富历史人文色彩；汾河是黄河水系的第二大支流，发源于山西北部宁武的管涔山南麓，在太原盆地中部自北向西南流过。随着太原地区人居聚落的发展，人们也逐渐将自己的情感托附于周边的环境：当地相传太原城的中轴线上有一条从东南到西北的 45° 风水线[5]，其上的两个制高点分别是城东南的永祚寺双塔和西北崛围山上的多福寺舍利塔[6]，其间则是众多重要的历史遗存，如钟鼓楼、抚院、文庙、纯阳宫等；加之太原西侧的汾河和大量湖泊，城市建设与山水环境融为有机一体。

本文即以宋至清的太原城为考察对象，探讨各个时期太原城市空间结构的演变特征，着重于探究太原城市结构发生巨大变化的内在动因是什么，城市空间构成元素在这一结构框架内又是如何分配的，以及这些分配随着城市结构的改变又发生了怎样的变化。

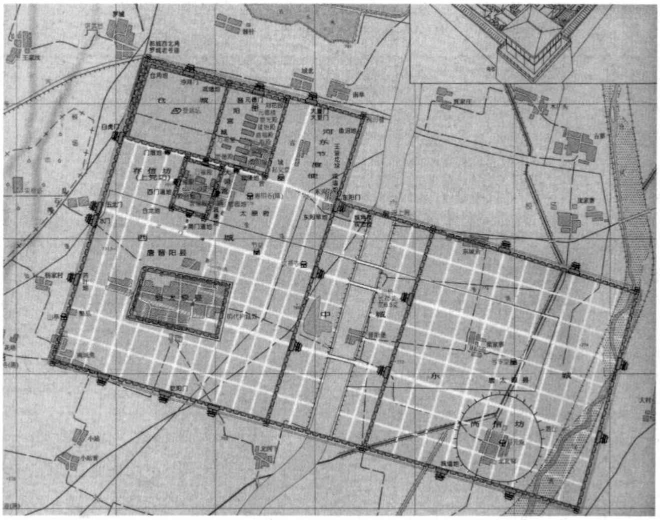

3 唐晋阳城址范围示意

引自：山西省地图集编撰委员会.
山西省历史地图集. 42-43

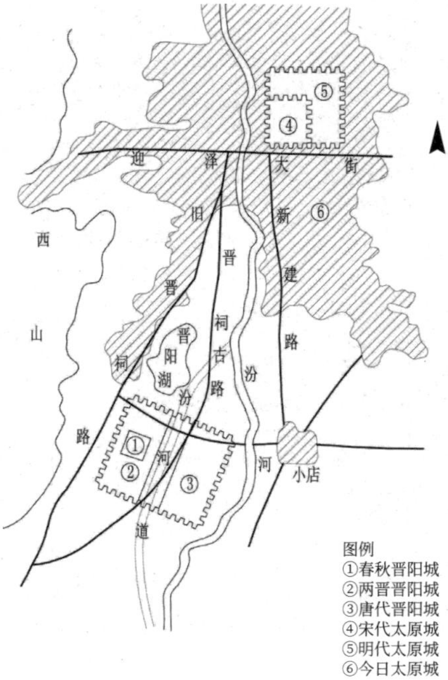

4 太原城址变迁示意

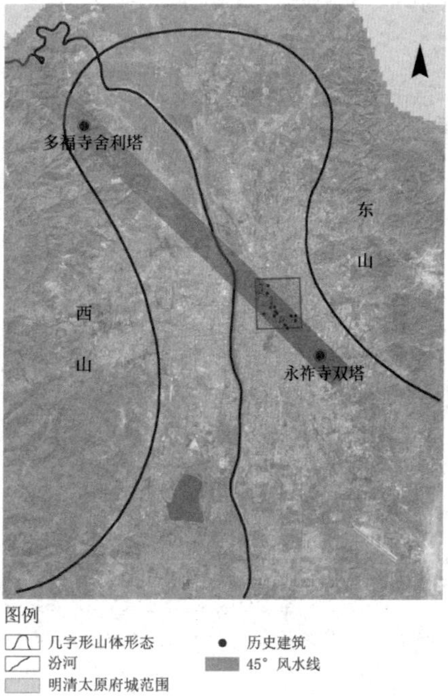

5 太原的山水格局

底图引自 google earth

时代	城市	行政设置（最高级别）	所属区划	地方行政体制
春秋	晋阳	始建城邑	晋国	晋国。
战国	晋阳	国都	赵国	韩、赵、魏。
秦	晋阳	郡级治所	太原郡	以郡治天下，全国分 36 郡。山西有雁门郡、代郡、太原郡、河东郡、上党郡。
西汉	晋阳	郡级治所（时未设部级治所）	并州刺史部太原郡	沿袭秦朝的郡、县制，并将全国划分为 13 个监察（称为部），设立部、郡、县的三级体系。
东汉	晋阳	州级治所	并州刺史太原郡	因西汉旧治。设并州刺史部级治所，统一管理所辖郡县。
三国魏	晋阳	州级治所	并州刺史太原国	行政体制因汉之旧治，设州、郡、县三级。太原地区属魏辖区。
西晋	晋阳	州级治所	并州刺史太原国	沿汉魏旧制，设州、郡、县三级，另设有相当于郡级的王国，相当于县级的公国和侯国。
十六国	晋阳	州级治所（历经政权更替、行政级别未变）	并州太原郡	州、郡、县三级。 注：该时段统治太原地区的少数民族政权依次为汉（匈奴）、后赵（羯族）、前燕（鲜卑）、前秦（羌族）、西燕（鲜卑）、后燕（鲜卑）、北魏（鲜卑）。
南北朝	晋阳	州级治所	并州太原郡	州、郡、县三级。 注：该时段统治太原地区的少数民族政权依次为东魏（鲜卑）、北齐（鲜卑）、北周（鲜卑）。
隋	晋阳	州级治所	并州	州、县两级制。
唐	晋阳	北都	河东道并州	唐初因隋制，设州、县两级制；贞观初（627—）全国分 10 道；开元二十一年（733）增至 15 道，并分为道、州、县三级制；中唐后又设置节度使。
		北京兼为河东节度使治	河东道太原府	
五代	晋阳	依次为后唐（沙陀族）北都（陪都）、后晋（沙陀族）北京（陪都）、后汉（沙陀族）北京（陪都）、北汉（汉族）国都		
北宋	太原	路级治所	河东路太原府	路、州（府、军、监）、县三级。
金	太原	路级治所	河东北路太原府	路、州（府）、县三级。
元	太原	路级治所	山西道宣慰司冀宁路	省、路、府（州）、县。
明	太原	省级治所	山西布政使司太原府	布政使司（省）、府（直隶州）、州、县。
清	太原	省级治所	山西省太原府	省、府（直隶州）、州县。

表 1：太原地区的建置沿革

6 多福寺舍利塔
自摄，2010 年 11 月

7 永祚寺双塔
自摄，2009 年 7 月

在探讨了太原城市建设的过程之后，了解到太原的地理环境所造就的其区域位置上的重要性，是宋代太原城市新建和明代太原城市扩建的根本动因。可以看到宋代新建和明代扩建这两次城市发生重大变革的过程中，政治因素主导着城市空间结构的建设，宋代的两重城，明代的三重城都是构成城市空间结构框架的主要因素。但是太原城市还存在着另外一面，就是城市内部的道路格局呈现出一种曲折相通、丁字相交的状态。不规整的道路格局与规整的城垣组成的城市结构，是太原城市在发展过程中的最大特点。

明代晋王分封这一历史事件，直接造成了太原城市的大规模扩建，并对扩建后太原的城市结构形态与功能布局都产生了极大的影响。规模庞大的晋王府占据了城市东部近三分之一的空间，并通过王府礼制轴线的塑造，辐射控制了几乎整个城市东隅的范围，这一时期城市出现了王府据城东发展，地方在城西，主要是城西南隅宋旧城的范围内发展，城内东西部并列发展的格局。晋王府内外两重城墙对城市空间的划分，在清代和民国并没有因为晋王府的毁灭和萧墙的拆除而减弱，而是随着墙垣外道路的存在继续延续。

清代政权的变动引起晋王府宫城的毁灭和满城的建设，城内曾一度出现三处小城同时存在的情况，除此之外城市的空间结构基本没有发生改变，城内除了废晋王府内空地变为精骑营驻地和教场，部分民宅被圈入满城外，其他的城市功能基本上是明代的延续。

民国初满城和晋王府萧墙均被拆毁，城市变为只有一重城墙的大城，城内部分区域功能进行了调整，但城市的道路格局仍然是前代的延续，城市整体未发生大的变化。

宋：内外两重城

宋太祖赵光义毁晋阳城后，将之降为军级治所，将并州州治迁往榆次。太平兴国七年（982）出于军事考虑，重将州治迁回，并选址于晋阳古城以北四十里汾河东岸的唐明镇建城。1 [3]82 嘉祐四年（1059）又将之升为河东北路首府，太原复为山西地区的政治军事中心。

宋太原城由子城和大城（也称罗城）组成内外两重城的格局。

子城位于大城西隅中部，周五里一百五十七步，四面开门。南门（亦名鼓角门）上置鼓角楼，内置更漏鼓角以为城市报时之用；[4]83-84 其余三门以子西、子北、子东称之。

大城周一十里二百七十步，南北长、东西窄，外有护城河环绕。城筑四门，东曰朝曦，南曰开远，西曰金肃，北曰怀德，但未相互对应布置，致使穿越城门的四条主要道路均呈丁字相交：南门正街向北一直通达城北隅，在子城北墙外向西折，与北门正街丁字相交，东门正街和西门正街又均与南门正街呈丁字相交，当地人传说是宋太宗特意为之，新城道路全部修建成“丁”字形，寓意着“钉”死龙脉。[5]37 至淳化三年（992）又加筑了南、北、东三处关城：南关城用以屯兵；北关城和东关城未见史籍的明确说明，可能是因为随着城市的发展，城外聚集了大量的居民，筑城以保之 8。

宋太原城位置大约在明太原城的西南隅 9，明城在宋城基础上扩建时西面城墙位置未动，其他三面城墙及城门的位置尚无考古资料，参照《永乐大典方志辑佚》之《太原府志》的相关记载和今人研究，大致可对宋城的今日城市投影作如下推断：

宋城南墙约在今迎泽大街以北，西墙约在今新建路以东。北门约在今三桥街与东后小河街交口以南，西门约在今水西门街与新建路交叉口处稍东，南门约在今迎泽大街和解放路交叉口以北，东门约在今桥头街与柳巷路的交叉口以西 10。南门正街相当于今解放路上迎泽大街以北、府西街以南一线，北门正街当是今三桥街北段，西门正街当在今水西门街，东门正街当在今桥头街与柳巷路口的位置。不过，关于东门的位置，目前存在两种观点，一说在钟楼街西桥头街，一说在鼓楼街与柳巷交叉口。根据大钟寺的位置，本书采用前者观点：大钟寺始建于宋，虽建筑无存，但位置至今未变，

1　据孟繁仁《宋元时期的锦绣太原城》。唐明镇原是太原府阳曲县治下的一个大村镇，初无城垣，自宋移并州治于此始有城，其范围约在以今日太原的西米市街、庙前街、西羊市街为中心，东至今柳巷南路、北至今府西街的地区。

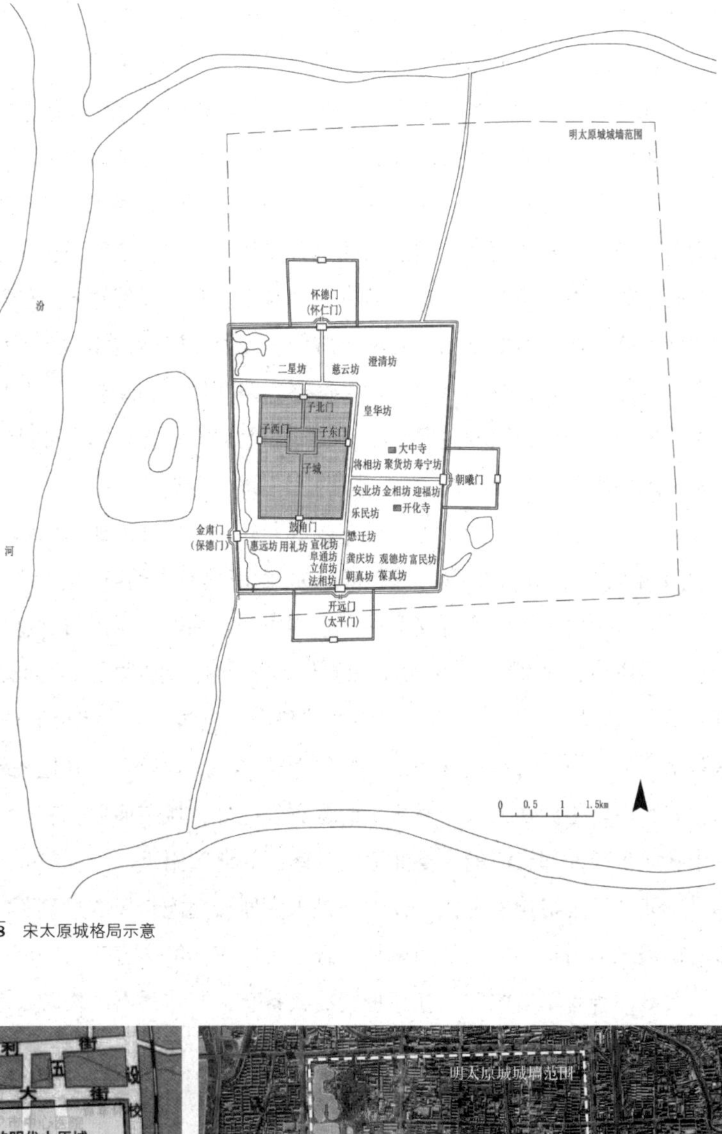

8 宋太原城格局示意

9 宋、明太原城与今太原城位置关系

10 宋太原城与今太原城的叠合

即今钟楼街大中市，而宋时大钟寺在东门正街北，即今钟楼街北，故今钟楼街即宋时东门正街，东门位置亦可定。[3]83-84

宋代地方城市采用路、州（府、军、监）、县三级的行政建置方式，太原城作为当时河东路、太原府的治所所在，并存有路、府两个行政级别的官署机构。

路级衙署主要有三，皆布置在大城内的官道两旁：河东路转运司在南门正街北端东侧澄清坊内，安抚司在北门正街西侧，提举常平司在南门正街北端东侧皇华坊内。

府级衙署主要集中布置在子城内，并有军队和仓库等：中部是宣诏厅，四面开门，四门前道路直通子城四城门，并将子城分为四隅；府衙位于西北隅中部，两侧是军器库和军资库；府衙正对一南北向主要道路，路两侧分列作院、物料库和通判、诸曹等机构，形成了子城西隅的主要轴线；子城东南隅有大备仓，东北隅有府狱、草场、都作院和球场厅等。

大城被通过城门的四条主干道形成的“互”字形分割成西南隅、西北隅、东南隅、东北隅四大区域，共有 23 坊，分布情况为：西南隅有惠远坊、用礼坊、宣化坊、阜通坊、立信坊、法相坊；东南隅有安业坊、金相坊、迎福坊、乐民坊、懋迁坊、广化坊（其中包括龚庆坊、观德坊、富民坊、葆真坊四小坊）、朝真坊；东北隅有将相坊、聚货坊、寿宁坊、皇华坊、澄清坊、慈云坊；西北隅有二星坊。坊大都沿着城市主要街道分布，除东南隅的东南角落有包含四个小坊的大坊——广化坊外，其他三隅内部未见有里坊的记载，应该是居住人口相对稀少的缘故。此外，城市商业也有了一定的发展，主要集中在城市与外部交流的主要通道——南门和北门附近。

军队及后勤机构所占比重较大，是宋太原城功能布局的最显著特点，与该时因军事防御需求而新建太原城的初衷相吻合：东门正街第一寿宁坊和南门正街第八澄清坊及南关城内皆有军队屯驻；存储物资的大备仓，制造兵器的作院、存储军资器械的军器库、军资库等则占据了子城的大部分空间。

靖康二年（1127）北宋亡，转而为南宋和金的对峙，太原又成为金对抗南宋的边防城市。金太原城沿用了旧有格局，官署集中布置在子城内，大城内原有北宋驻兵的营地继续被用来屯军，城市性质和格局都没有发生太大的变化[11]。而关于元太原城的史料较少，根据《永乐大典辑佚》之《太原府志》中元代坊名的记载，城市格局基本为宋、金旧制，但子城用途不明。元代在太原设中书行省，其衙署设于城东北隅，这一位置也是之后明、清官署机构的集中区域[12]。

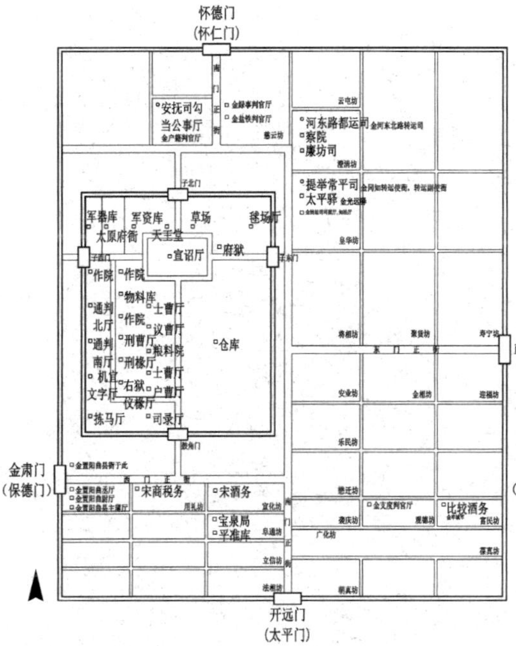

11 宋、金太原城官署布局示意

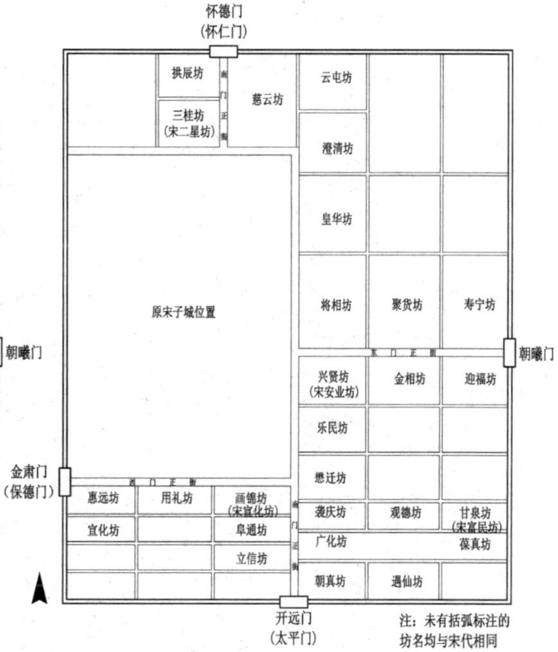

12 元太原城里坊格局示意

明：王府与大城

明天下初定之时，元朝残余势力在北方仍然存在，开国功臣手握重兵，也对朱姓王朝的统治威胁重重。为稳江山，太祖朱元璋坐镇南京，构筑了以藩王镇守四方的战略布局，即将自己的子嗣分封为王，分布在全国各重要城市，并赋予各藩王极高的政治军事权利，以防御外侵、节制功臣。洪武三年（1370）和十一年（1378）分封的秦王（西安）、晋王（太原）、燕王（北平）、周王（开封）、楚王（武昌）、齐王（青州）、潭王（长沙）、鲁王（兖州）、蜀王（成都）、湘王（荆州），是政治地位最高、王府建筑最为隆崇的十位藩王 13；其中，太原与西安、北平乃是大明王朝北部防线上最重要的城市。[6]

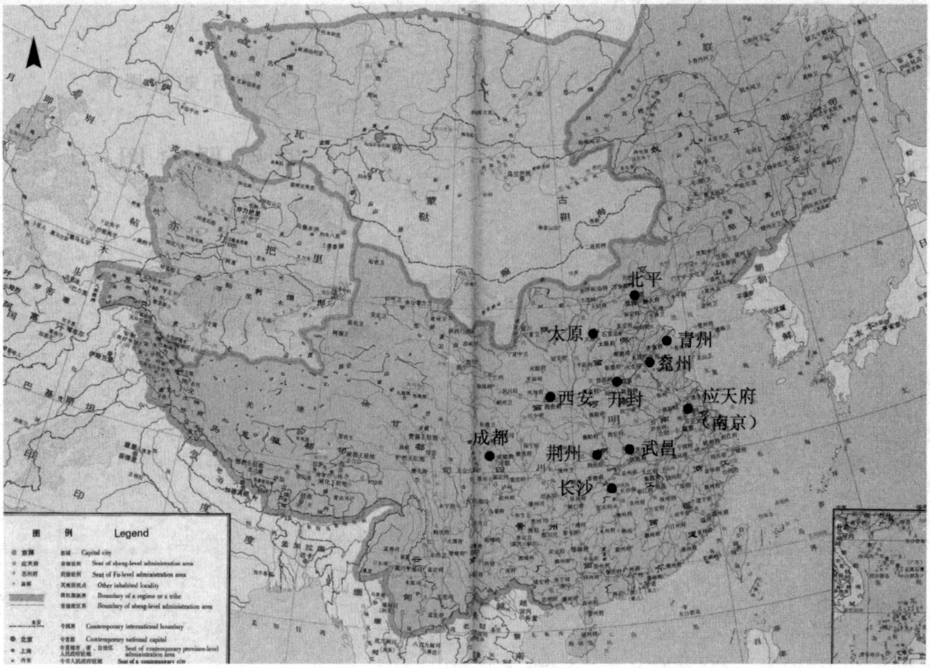

13 明初分封的十位藩王城市

据白颖《明代王府建筑制度研究》第25-27页制；
底图为谭其骧《中国历史地图集（第七册）》明时期全图一

晋王府立

驻守太原的晋王乃朱元璋第三子朱棡，受封于洪武三年（1370）。九年（1376）由其岳父永平侯谢成负责晋王府的兴建，择址于宋太原城外东北空地。建成后的晋王府皇城周围八里余，内为宫城，城垣包砖，“周围三里三百九十步五寸，东西一百五十丈二寸五分，南北一百九十七丈二寸五分”。[7]卷一百十九内外城垣均辟有四门，内垣南北分别为端礼门、广智门，东西偏南的位置分别为体仁门、遵义门，外垣四门与之对应。

王府布局仿京城宫殿，前朝后寝，南北向中轴线穿过端礼门向南直抵太原城的南大门——承恩门。轴线两侧分列其他重要建筑，并有萧墙内外之分：外，为郡王府第、王府祭祀专用的庙宇等建筑；内，则是专为晋王府服务的各类机构，诸如日常生活、文化教育、医药保健、建筑修补等，包括长史司、审理所、纪善所、典宝所、典膳所、良医所、工正所、典仪所、广盈仓、广盈库、教授厅、仪卫司、口牧所等。国初设有保卫王府安全的护卫官军，后革去，原因不详。

14 太原城门旧影——迎泽门
（法）沙畹摄，引自百度贴吧 / 太原吧“100 年前太原老照片”

大城扩建

与晋王府建设同时，太原城亦开始进行扩建，往东、南、北三个方向扩展，并将新建的晋王府包入新城。扩建后的大城周围约二十四华里，城墙高三丈五尺，外侧用砖包筑，护城壕深约三丈，宽约十丈。大城共辟八门：东曰迎晖、宜春，西曰振武、阜成，南曰迎泽、承恩，北曰镇远、拱极 14。城墙上建有城门楼八座与角楼四座，共大楼十二座；余有敌楼九十座，东面二十三座，南面二十二座，西面二十四座，北面二十一座，并“按木、火、金、水之生”。整个城池蔚为壮观，昔人称之“崇墉雉堞，壮丽甲天下”。[8] 卷三·城池

据《康熙山西通志》《乾隆太原府志》和《道光阳曲县志》的太原城池图，大城的城门外均建瓮城，东、西四瓮城门均与主城门呈 90° 转折，而南、北四瓮城门方位则不尽相同。就南瓮城而言，《康熙山西通志》和《乾隆太原府志》中的瓮城门皆与主城门相直，《道光阳曲县志》中的承恩门处的瓮城门却是与主城门呈 90° 转折；再观北瓮城，《康熙山西通志》记载模糊，《乾隆太原府志》中两瓮城门均与主城门相直，而《道光阳曲县志》中镇远门处的瓮城则出现了两道城垣，内门与主城门呈 90° 转折。明、清两代瓮城门前后变化的原因史无明载，推测如下：

明时的迎泽门（南西门）和镇远门（北西门）是太原城对外交通的最主要孔道，瓮城门与主城门相直可方便大量人流通行；承恩门（南东门）是晋王府主轴线的南端节点，瓮城门与主城门相直恐是出于礼制之虑。入清，晋王府被毁，承恩门的礼制地位不再，且这一带人流量不大，故在后期维修时，

承恩门
宜春门
拱极门
阜成门
镇武门

瓮城门方位由正中改为一侧。而镇远门瓮城的内城垣可能是后期加建，所开城门与主城门呈 90° 转折，外城垣因旧，未予改动。

关城三座

大城的扩建未及关城，直至景泰初（1450— ）方在迎泽门外开筑第一座南关城：城垣周围五里七十二步，高二丈五尺，女墙高五尺，有垛口一千七百三十六个；护城河深一丈五尺，宽二尺，河上架木桥连大城；城辟五门，东有二门，其余三面各一，城门上各建城楼一座，加角楼四座，共有楼九座，又有敌台三十八座；嘉靖四十四年（1565）原土城得以包砖。明末，南关城被李自成农民起义军总兵陈永福拆毁，清顺治十七年（1660）得太原巡抚白如梅重修，东西两墙并与大城相接，规模扩大，迎泽门亦成城内之门。

城北镇远门外有关城二座：上关堡（又名北关土城）首先筑就，周围二里，高二丈四尺，有南北二门，角楼四座，主要用于军队驻扎；嘉靖四十四年（1565）建新堡于其西，屯驻新营士卒。二城皆为清所沿用，亦得巡抚白如梅的大规模补葺[15]。

道取转折

大城扩建后城市道路格局的形成受两种因素的影响：晋王府的出现和宋太原城的已有道路。

就晋王府而言，最重要的乃是府南门前直通大城承恩门（南东门）的道路，是关乎藩王礼制轴线的城市空间表征，并通过两侧郡王府第、皇家寺庙、贡院等重要建筑的列置得到了加强；另有两条主要道路分列王府东西两侧，且皆与王府皇城的东西两门错位，当是以防外来侵略者突破城门后直冲王府；王府北萧墙稍

15 明太原城格局示意

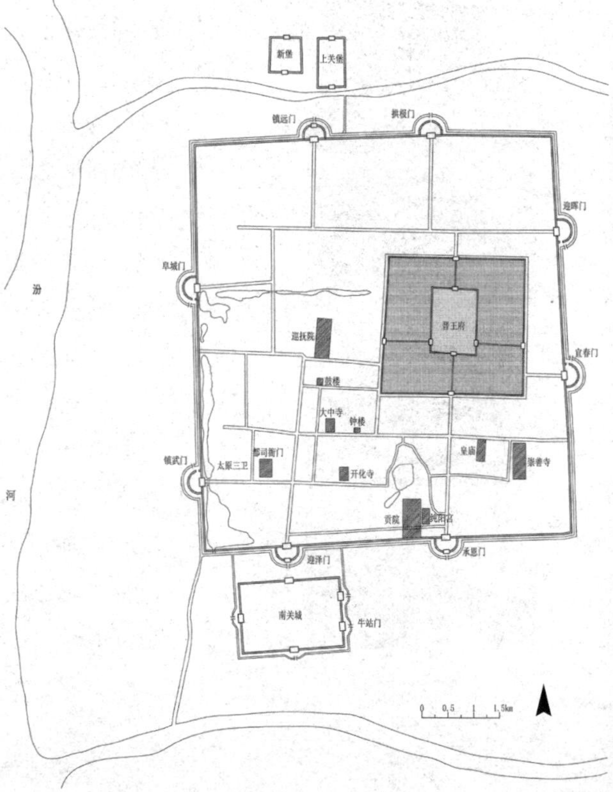

北亦新建一条东西向贯通全城的道路，东接大城迎晖门（东北门），西与大城阜成门（西北门）曲折相连。

基于宋旧城已有格局并有所拓展的道路主要有四条：一是宋城南北向的主要道路，向北曲折延伸，与大城镇远门（北西门）连通，肩负着扩建后的新城西半部分南北向主要交通；二是东门正街（即明钟楼街）向东延伸与晋王府南门前道路相交后直抵大城东城墙，虽然贯通整个城市，但未与任何城门相连；余两条分别是西门正街向西延伸至文瀛湖和宋子城北部道路（即明府前街），但由于文瀛湖和晋王府的阻挡皆未贯通全城。

上述道路构成了明太原城的主要交通格局[16]，其特点在于所有可以贯穿两个城门的道路都是曲折到达的，惟一一条平直贯通城市的道路——钟楼街—桥头街一线，却未与城门相通，当是城市已有道路网络与新城的三重城垣，及城内地形等多重因素相互影响的结果。

受晋王府阻挡，拱极门（北东门）、承恩门（南东门）和宜春门（东南门）前的道路均止于萧墙；城市西北隅有大片低洼湿地，致使本应与迎晖门（东北门）东西相对的阜城门（西北门）择址偏南，二门之间的连通道路也须曲折而成了；迎泽门（南西门）与镇远门（北西门）同样受制于这片低洼湿地而致未南北相对，之间的联系道路更需经两次曲折。

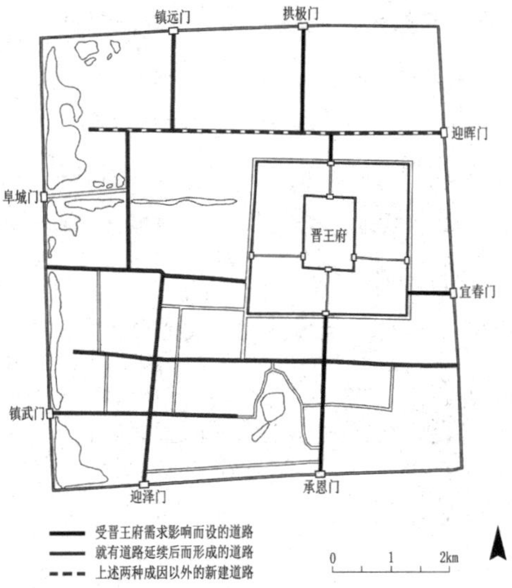

16　明太原城主要道路示意

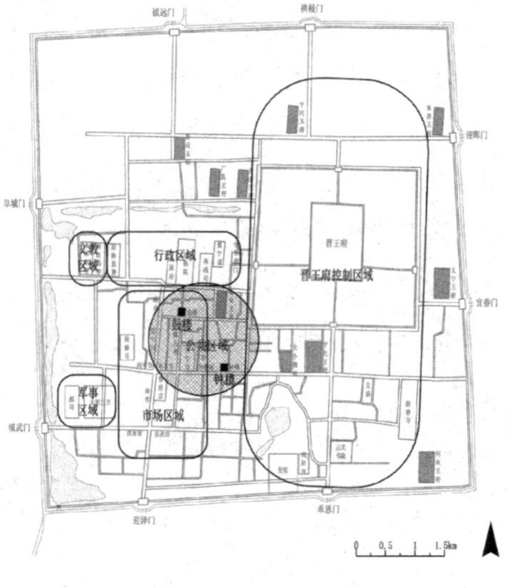

17　明太原功能分区

城南隅贯通东西的道路不与任何城门相通的原因则有二：一是其西端在宋时就未与西门相连；二是新城扩建时，为了方便晋王府东门与大城外部的联系，宜春门（东南门）就近设置，又未与镇武门（西南门）东西相对。

左钟右鼓

除晋王府外，对整个明太原城市格局有重要影响乃至掌控作用的，非位于大城几何中心稍偏西南的钟楼、鼓楼区域莫属。[1][3]84 以之为中心，各城市功能区拱宸环绕：以北是巡抚衙门、太原府、冀宁道、阳曲县署及太原府学、阳曲县学等构成的行政文教区，以西是太原三卫兵营、都司衙门形成的军事区，以南为商业集中地，以东的东半城则皆属晋王府及其礼制轴线的辐射范围[17][18]。

鼓楼[19][20]正对太原的最高地方行政衙署——巡抚都察院，“定漏刻，警昏夜，居高而远闻”，钟楼在其东南，是为“左钟右鼓”。“太原为全晋都会，……建（鼓）楼其上，以序聚柝者……城之门凡八，各有楼，而兹楼中峙特高，以为之镇我……四达之衢，廛聊市合，行旅远近所共观瞻也”，[2][8] 鼓楼地位之崇可知。同时，具地标性的鼓楼亦是城市空间转换的重要节点，一楼两面：北眺，衙署森严；南望，阛阓喧腾[21]。

古今对照

很显然，明初太原城的大城扩建和晋王分封，其实是一次政治意义重大的事件，其影响仅仅辐射到城东的新城部分，除此而外的自下而上生长起来的城市结构并未发生根本的变化，而是处于平缓渐进的状态，太原城的地方政府机构、宗教祭祀建筑及市场等仍然集中于宋太原城的范围之内，钟、鼓楼的建造亦不例外。即：明太原城呈现出东西两部分截然不同的特征，西部依托宋太原城的基础，完备了地方府城几乎所有的政治和经济功能，而东部则主要受控于新建的晋王府。

明太原城的城市格局较为稳定地延续至1950年左右的城墙拆除，其在今太原城的位置如下：

城墙：南墙位于今迎泽大街北侧，北墙位于今北大街（修建于明太原城北墙根外

---

1 据孟繁仁《宋元时期的锦绣太原城》，宋太原城已有钟、鼓楼。钟楼在朝曦门内东门街（今桥头街西口、钟楼街东段）；鼓楼在城西北的太原府衙门前不远（今食品街北端）。

2 嘉庆二年（1797年）重修鼓楼记，引自《道光阳曲县志》卷十五。

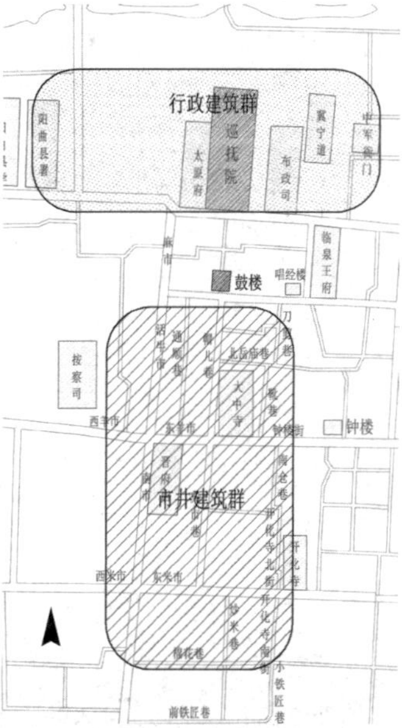

18 鼓楼是行政区与市井区的空间转换节点

19 鼓楼旧影

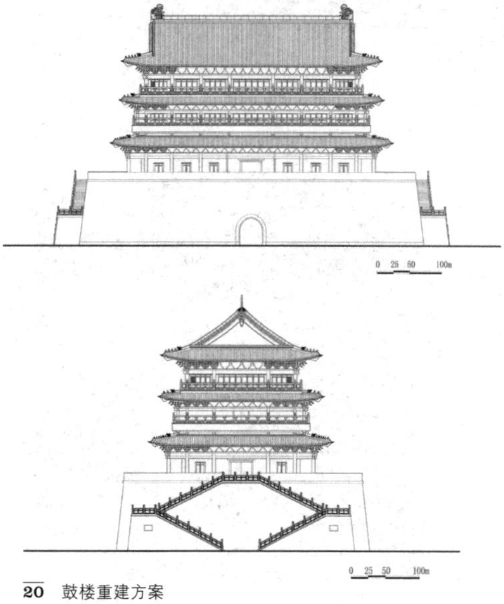

20 鼓楼重建方案

引自东南大学建筑设计研究院·城市保护与发展工作室"太原钟楼鼓楼地区修建性详细规划及建筑设计初步方案，2009"。

21 钟鼓楼街区现状

太原市规划局提供。

的荒地上）南侧，西墙位于今新建路（修建于明太原城西墙外城壕之上）东侧[22]，东墙位于今建设北路（1953年修建于明太原东墙外城壕之上）西侧。

城门：镇远门（清时也称大北门）在今解放路与北大街交叉口以南的位置，拱极门（清时也称小北门）在今小北门街[23]与北大街交叉口以南的位置，阜成门（清时也称旱西门）在今西辑虎营街与新建路交叉口以东，镇武门（清时也称水西门）在今水西门街与新建路交叉口以东，迎泽门（清时也称大南门）在今解放路与迎泽大街以北，承恩门（清时也称小南门，民国时改称首义门）在今五一广场南部，迎晖门（清时也称小东门）在今小东门街与建设北路交叉口以西，宜春门（清时也称大东门）在今府东街与建设北路交叉口以西[24]。

道路：明太原城西南部沿用了宋太原城的丁字路网格局，处于城东的晋王府又阻碍了连接阜成门、拱极门、宜春门、承恩门的主要道路，形成了一个通而不畅的城市交通体系。这些道路在今日的情况为：镇远门前大街在今解放路北大街以南、北仓巷以北一线，拱极门前大街在今小北门街，迎晖门前大街在今小东门街，宜春门前大街在今府东街，承恩门前大街在今五一路迎泽大街与杏花岭之间的部分。

王府：皇城四界分别位于今新民北路（北墙），西华门街（西墙），南肖墙[1]和杏花岭街（南墙），东华门北街（东墙）[25][26]。

22　明太原城墙西北角遗存段
自摄，2011年2月

23　复建后的拱极门及所在之小北门街现状
自摄，2010年4月

1　民国《太原指南》关于街巷的记载中"萧"已改作"肖"。

25 明太原城与今太原城的叠合

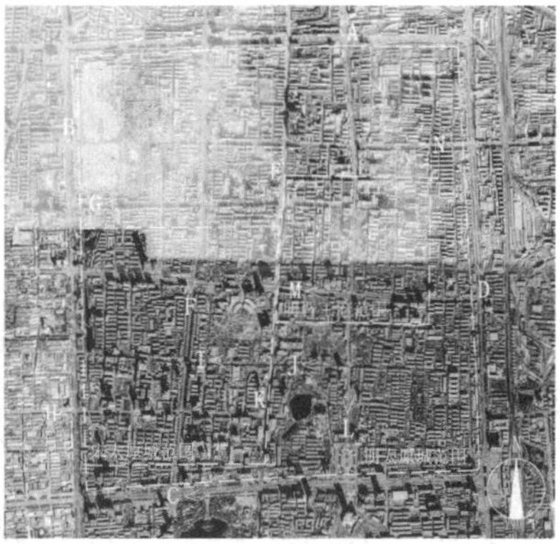

26-1 明太原城主要街道现状索引

24 明城门所在现状
自摄，2011 年 2 月

26-2 明太原城主要街道现状
自摄，2011 年 2 月

清：大城套三城

明以后的太原城市格局较为稳定，只是由于政权的更替，在城垣的构成方面发生了两次较大的变化。

清顺治三年（1647）明晋王府在一场大火中化为灰烬，但周围八里的皇城城垣却幸运地保留下来。六年（1649）在太原城西南隅开建满城，南至城根，北至西米市，东至大街，西至城根，南北二百六十丈，东西一百六十一丈七尺，周围共八百四十三丈四尺，东门二，北门一，北正蓝旗，南镶蓝旗。

选址是处，地近汾水、取水便利是重要原因。但汾水亦使洪患频繁，如光绪十二年（1886）水决东堤，城西一带积水丈余，满城内屋多倒塌，满族居民和旗兵只好迁居暂住府城贡院，后由巡抚刚毅奏请于府城东南隅别建新城，于次年（1887）春，在城内东、南、西起文庙、崇善寺，东至府城墙根、北起山右巷南口的东岳庙，南至全府城墙根的范围内重建满城，唤作“新满城”。与之对应，清初所建满城就被称为“旧满城”。[9]61

至此，太原城形成了大城套三城的多重城垣并存的格局 27。民国初（1912— ）三城均毁，仅余大城城垣一重。但两座满城的建设和毁灭，均未对城市主要道路格局产生影响；而在明晋王府皇城被拆除后，其对城市东部空间的划分，仍然由于城垣周边道路的存在得到了延续 28。

明晋王府的覆灭和清新旧满城的建设，使得城市的功能分布产生了部分变化：

（1）新旧满城的出现使城内西南隅和东南隅先后成为满人的聚居地。

（2）雍正间（1723—1735）利用明晋王府宫城内的空地填建房屋，作为精骑

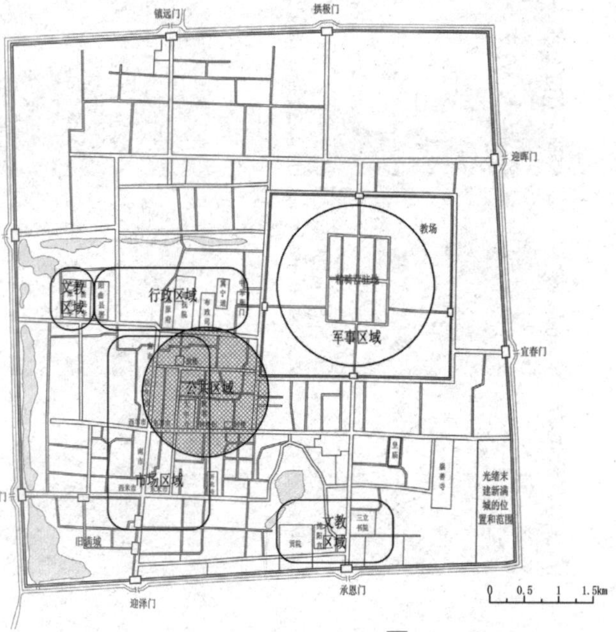

27 清太原城功能分区

营（即八旗骑兵军队）的驻地，并于乾隆三十六年（1772）将原位于镇武门外的教场移入明晋王府内东北隅空地，明代的藩王府成了清代的军队驻扎区。

（3）清太原城的行政机构设置及建筑基本沿袭前朝，只有按察使司署由原迎泽门内大街西侧迁至钟楼街北侧靴巷以东；此外，太原府学在光绪十二年（1886）的水灾中未能幸免，后由山西巡抚张之洞在崇善寺大殿旧址新建，此旧址乃因崇善寺于同治三年（1864）遇火，大雄宝殿及北部诸多建筑被毁而来，寺则仅存南端大悲殿、金灵殿及一些附属建筑。

民国时期，明晋王府内的精骑营和新旧满城都成了居民杂处之地，城内东北隅的空地则被用来作为新的军队（陆军步兵第十团和炮兵的两个旅）驻扎场所。同时，阎锡山将巡抚衙门改作自己的督军府，其他行政机构分列左右；虽然在《山西省城详图》[29] 中，清时的行政机构如太原府、冀宁道及布政司衙门已不得见，但督军府周边作为传统意义上的城市行政区域的功能性质仍得以延续。而光绪三十三年（1907）正太铁路的开通，又逐渐使靠近火车站的钟楼街、首义门街一带，成为有别于传统商业聚集的大南门一带、拥有近代商业业态的新的城市繁华之地。

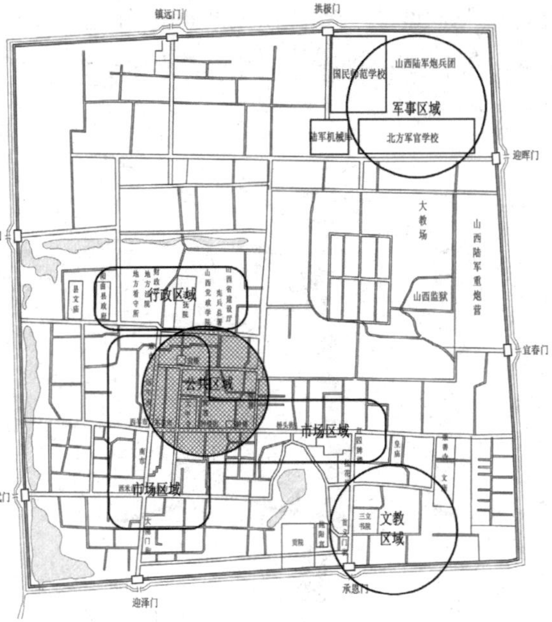

28 民国太原城功能分区

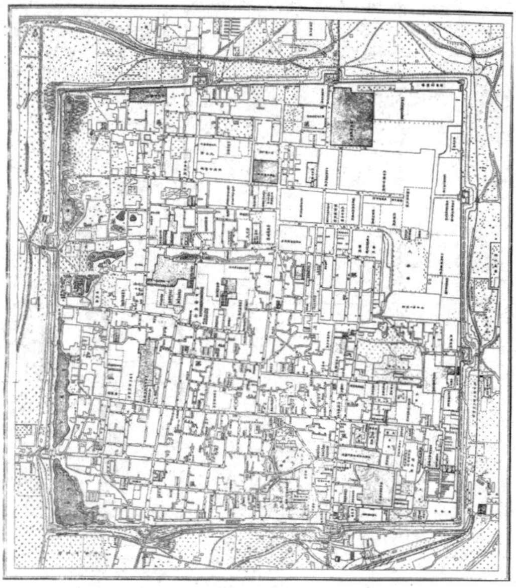

29 1929 山西省城详图
山西省太原市行政科测，太原明华石印居代印

安全：应对水患

城市水患一般来源于两个方面：一是城内雨水淤积，二是外来大水冲城。

征诸史籍，太原城自宋代建城至清末，水灾频仍，主要是因降雨过量导致距西城墙仅二里的汾河水涨，并决堤冲城；而城内的雨涝之灾鲜见于记载，则归功于太原城拥有较为完善的城市排蓄系统。

汾河发源于太原盆地西北的管涔山脉，向东南流经太原后，再转而西北，从中间贯穿了整个太原盆地，途中众多发源于两侧山谷的河流汇入其中。每至夏秋雨季，汾水暴涨，流经平原地区时，冲决堤坝，肆意漫延。宋以后太原城遭受的汾河水灾屡见史载[表2]，如明嘉靖末（ —1566）至万历末（ —1620）即有五次大水冲城，其中两次更是冲开城门，漫延城内西南，余三次虽未入城，但也是毁坏庄稼，漂没人畜。太原城内西南地势较低，遇洪水入城常为重灾区，清时汾水泛滥频繁，官府还特地在城西一带设有“渡船”（官方出资购船三条，其中旱西门一条，水西门两条），以备水淹道路时，居民得以乘船代步。

频繁的水灾使太原城不堪其苦，历代官民皆致力于汾河水患的治理，经过长期经验的积累，建立了完整而又独特的防洪系统，主要由障水和排蓄两大系统组成。障水系统由堤防和城墙双重防御组成，前者从源头上抵制洪水，后者则是堤坝被决后的第二道防线；排蓄系统则指由城内外的排水管网和水系共同组成的排水—蓄水—导水体系 30 31。[10,11]

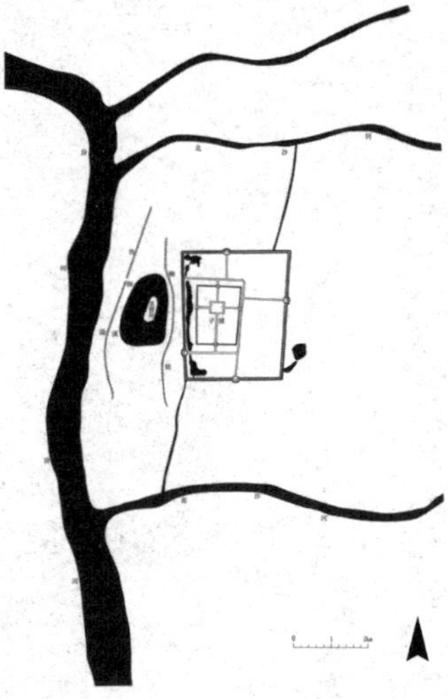

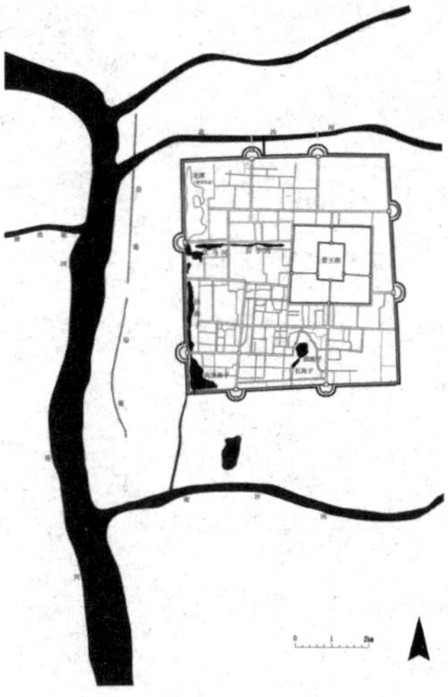

（左）30　宋太原城防洪措施示意
（右）31　明太原城防洪措施示意

时代	时间	水灾情况	资料来源
宋	天禧间（1017—1021）	……汾水屡涨……	《道光阳曲县志》
	熙宁九年（1076）七月	……汾河夏秋霖雨，水大涨。	《乾隆太原府志》
元	至元二十四年（1287）	……太原淫雨害稼，屋坏，压死者众。	《乾隆太原府志》
	至元二十五年（1288）十二月	……太原路河溢害稼。	《乾隆太原府志》
	大德七年（1303）六月	……冀宁大雨雹害稼。	《乾隆太原府志》
明	弘治十年（1497）秋	……大雨，淫雨积旬。	《道光阳曲县志》
	弘治十四年（1501）三月	……汾水涨，初七日汾水涨高四丈许，临河村落房屋木麦漂没殆尽，岁大饥。	《道光阳曲县志》
	嘉靖末（—1566 ）	……夺阜成门入，适岁多雨……	《道光阳曲县志》
	万历三十四年（1606）五月	……五月大雨雪，漂没人畜甚多。	《道光阳曲县志》
	万历三十五年（1607）	……汾水大涨，环抱城东……	《道光阳曲县志》
	万历四十一年（1613）六月至七月	……大雨，伤人损稼……	《道光阳曲县志》
清	康熙元年（1662）八月	……大雨，弥月连绵汾水泛涨漂没稻田无数。	《道光阳曲县志》
	乾隆三十三年（1768）七月	大雨，汾水涨溢。	《道光阳曲县志》
	乾隆五十九年（1794）六月	前后北屯等六屯被水漂没禾苗，知县李免各屯杂差。	《道光阳曲县志》
	嘉庆三年（1798）五月	……黄土寨龙王沟等八村大雨，山水冲民房禾苗伤人口……	《道光阳曲县志》
	嘉庆二十七年（1822）	……新城村东关被水漂没，居民铺户房屋……	《道光阳曲县志》
	光绪十二年（1886）秋	汾河涨溢，决堤入城。	《太原市南城区地名志》

表 2　宋至清太原城水灾概况

障水：重城与双堤

宋太原城有外城和子城两道城墙，但由于汾河屡在城外西北隅荒滩决口，重城系统未能有效解决水患。[12]156 天禧间（1017—1921）并州知州陈尧佐在汾河大坝以东套建环坝新堤五里，并引汾水灌注其中，作为汾河汛期的分洪缓冲地带，在城西形成一个由两道堤坝组成的双重防洪堤防体系，并在两堤之间形成分洪湖塘——柳溪。若汾河汛期涨水冲垮第一道堤坝，柳溪宽阔的水面可以降低洪峰的高度，减缓洪水对第二道堤坝的冲击力。柳溪建成后，为了加固这段新堤，陈氏又率城民植柳树万株于新堤之上，建杖华堂、彤霞阁于众柳之间，并在堤内汾河淤积的河滩之上种荷植藕，取名“芙蓉洲”，使城西的湿地荒滩，变成水光湖色、亭阁相映的风景佳处。

重城和双堤形成了完整的城市防洪障水系统，此后至金末，有关太原城遭受外来洪水的史料记载极少，可证障水系统之大作用。

明洪武九年（1376）太原城得以扩建，城墙包砖大大增强了抵御洪水的持久力，瓮城的修建也有利于阻止洪水来袭的速度。但元至明初，由于常年战乱，疏于管理，城外湖塘逐渐被汾河泥沙淤灌壅积，堤坝亦断壁残垣，一直未予整修，导致嘉靖末（—1566）的洪水冲毁堤坝，长驱入城，昔日柳溪双堤毁灭殆尽。

洪灾之后，太原府尹召集官民重筑防洪堤坝，采取了防御和疏导相结合的做法：“乃自耙儿沟起抵教场南沿，流作石坝，并土坝初作时，水仍逼教场，城西旧教场，迤南撼镇武门外桥，居人夜坐屋上。于是召宁武崞县阳曲石工，取石于山，采椽于宁化，约丈有一入地，率半之中维薪楗稻藁，取东郭赤埴和以石块又加钩椽合三成一，相地之防，每石坝率十累或俭不下八累，累皆从冲间作钩刃缝合锭形灰液而木纽之，又起大小坝头若干，前出数武以杀水怒，又自沙河南作新渠直导之西流，功成而水定。计石坝七道，长一百四十五丈，土坝九道，长一百五十六丈，新挑耙儿沟河渠一道，长四十三丈。”1 [8] 即：

新堤改土为石，材料与技术都优于从前。先将大块石材契入泥土一丈深作为堤坝的骨架，再用木椽编制网架三层，之间填充以稻杆、黏性较好的红土和碎石块和成的泥浆，制成类似“预制墙体”的构件，称为“一累”，在石块两侧各堆砌十累（最少八累），用木棍横穿加强各累间的联系，缝隙用灰浆灌注，同时在坝上做大量突起的“小坝头”，分解洪水对坝身的冲击。在提高堤坝强度的同时，又于汾河之西新开沟渠，以疏导洪

1 道光《太原县志》卷十一《工书·堤堰》。

水流向汾西的空旷地带。

虽然明初扩建的城墙和中期新建的堤坝组成了比宋时更为强大的洪水防御系统，但由于官方的散漫无序，对防洪工程缺乏有效管理，任其在河水的冲击下自生自灭，日久便河道淤塞、堤坝残损，致使新堤建成仅十几年后，汾水决堤的灾害便时有发生，仅万历（1573—1620）后期汾河的大水拥城即达三次。

排蓄：海子及其他

太原城内的雨涝灾害甚少，得益于城市水系具有较好的排蓄能力。其水系由城壕、城西汾河及城内外的湿地、湖塘组成。泄洪时洪水首先基于城内北高南低的地势经由街道两侧的水渠自然排出，并向城西南隅的湿地和湖塘汇聚，再由导水口通向城外护城河及汾河。

宋、明两代的太原城均建有城壕。宋时城壕尺寸现已无查，明初扩建太原城，城壕深约 9 米，宽约 30 米（与同时期的西安城壕相当），蓄水而成护城河，可谓宽广。

汾河东侧的平原之上分布着大量低洼的湿地，宋太原城西墙将部分湿地围入城内，为城市提供了天然的蓄水地带，此后，这些湿地逐渐积水成为池塘，当地人称"海子" 32 33。至清道光间（1821—1850）城内有大小海子四处：城南的圆海子（今文瀛湖）和长海子，城西南的尚家海子（今南海子），城西的饮马河。光绪十二年（1886）汾河决堤入城，退水后积水在城东北低洼地带形成又一处海子——龙潭。太原城"入汾之水"皆系这五处海子：圆海子与长海子相通，长海子有导水口过南墙通

32 民国时期的西水池

（法）沙畹摄，引自百度贴吧／太原吧"100 年前太原老照片"

33 “海子”现状
自摄，2011 年 2 月

护城河;龙潭和饮马河则以暗沟导水入尚家海子，经城墙西南角底部的涵洞入护城河。

明代的扩城使原宋太原城北面的护城河成为城内的后小河，由于太原城东北高、西南低，每逢雨季，后小河也成为一条泄洪孔道，将城东北隅的雨水导入城西饮马河后出城。

此外，城外的湿地湖塘亦是太原城的防洪屏障和泄洪要处：南城墙外的迎泽湖水面宽广，蓄洪能力强，遇城外汾水来袭或城内积水外泄，可以起到降低水位并将之顺迎泽湖南端导走的作用，减轻南城墙挡水的负担；东城墙外有五龙沟，逢雨季，东山之水顺山而下，至五龙沟低洼处积聚，使东城墙免受山洪袭击。

参考文献

[1] 于逢春. 太原考 [J]. 兰州大学学报(社会科学版)，1984 (2)：44-46.

[2] 申军锋. 太原城史小考 [J]. 文物世界，2007 (5)：45-48.

[3] 孟繁仁. 宋元时期的锦绣太原城 [J]. 晋阳学刊，2001 (6)：82-85.

[4] 郭湖生. 中华古都 [M]. 台北：空间出版社，1997.

[5] 康耀先. 太原史话 [J]. 文史月刊，2002 (5)：36-37.

[6] 白颖. 明代王府建筑制度研究 [D]. 北京：清华大学，2007.

[7] 姚广孝，等纂修. 明太祖实录 [M]. 上海会文堂，宣统元年(1909) 版.

[8] 李培谦，监修；阎士骧，纂辑. 道光阳曲县志 [M]. 台北：成文出版社，1976.

[9] 朱永杰，韩光辉. 太原满城时空结构研究 [J]. 满族研究，2006 (2)：61-70.

[10] 吴庆洲. 中国古代城市防洪的历史经验与借鉴 [J]. 城市规划，2002 (4)：84-92.

[11] 吴庆洲. 中国古代城市防洪的历史经验与借鉴(续) [J]. 城市规划，2002 (5)：76-84.

[12] 继祖，红菊. 古城衢陌——太原街巷掸阖 [M]. 太原：山西出版集团，山西人民出版社，2009.

[13] 山西省地图集编撰委员会. 山西省历史地图集 [M]. 北京：中国地图出版社，2000.

[14] 谭其骧. 中国历史地图集(第七册) [M]. 北京：中国地图出版社，1981.

造郭以守民：城市防御视角下的明代山西地方城池营建*

*基金资助：城市与建筑遗产保护教育部重点实验室开放研究课题（KLUAHC1001），主持：周小棣。原文刊载：周小棣、沈旸、相睿《城市防御视角下的明代山西地方城池营建探析》，《东南大学学报（自然科学版）》2012年11月（第42卷第6期）。录入本书有增删。

中国古代城池的重要职能和漫长的发展历程，使其成为中国古代城市的重要特征和标志，成为数千年中国古代城市规划的要素。但历史上的筑城活动也不是自始至终延续不变的，由唐至元的几个朝代就不太重视修城，甚至毁城，以致于元明之际的很多城市是没有城墙的。[1]245 明代大举修筑城池，朱元璋在立国前就提出了"高筑墙、广积粮、缓称王"的策略，有明一代更是举全国之力建设了长城及"九边重镇"防御体系、沿海抗倭城堡和其他大量的地方城池。[2]3 城池的兴修大大增强了地方城市的防御力量，是这一时期城市规划中防御思想的重要实践。

那么，明代"高筑墙"的防御观念是如何具体体现到上千座城池中的？换句话说，在明代的社会和经济背景下，这样大规模、大范围的规划建设活动是在什么力量的推动下、通过怎样的方式才得以实施？城池改筑扩建与前代残留城池之间有着怎样的承继关系？新修城池的规模是否与城市的等级体系间存在某种对应关系？

统观明代山西城池的修筑情况，防御思想显然是贯穿整个城市建设的重要内容，除了一些战略位置重要的城市城池得以修筑完备外，其他地方城池由于地域、经济的差别，其城池的修筑过程多有反复曲折，造成城池规模参差不齐，防卫要素纷繁多样，防御的思想在多样的现实状况面前也同样呈现出多样的特征。因此，关注古代地方城市的研究也要关注城池的承继与演变，关注城市需求和工程能力，这些实际需求很大程度上左右了城市建设的实施，使地方城市的修建与呈现在相对一致的指导思想下呈现出多样统一的特色。

本文以史载明代山西的修城记录为基础，通过数据的统计分析尝试构建明代山西城池的概貌，探讨其建设的规律及规划理念是如何得以实现的。同时，对当今城市如何充分运用各自城池特色，在延续历史的传承基础上，建设出有历史、有文化又有特色的城市风貌也具有一定的借鉴意义。

战乱与修城

军事防御：四大体系

明代山西行政区划的划分和城市体系的确立除受地理因素及历史沿革的影响外，对于军事防御、局势控制的关注也有所体现，特别是在军事卫所城市体系的设置中。“元人北归，屡谋兴复。永乐迁都北平，三面近塞，正统以后，敌患日多。故终明之世，边防甚重”，[3]卷九十一·志第六十七即北部边疆的防御体系建设至为紧要。明早期的北部边疆防御体系建设依循两条线索：一为中央集权增加而边疆军事权力削减；二为北元的进攻带来的北部防卫力量的调整。两条线索此消彼长，促成了早期防卫体系由大将镇守制到塞王守边制再到总兵镇守制的变化，促成了军事管理制度由早期卫所体制到（行）都司、卫、所的转变，总兵镇守下的都司、卫、所制逐步形成，至嘉靖间（1522—1566）迫于蒙古的入侵及保卫京师的需求，九边建制渐次完成。1 [4]

在这样的大背景下，山西作为西北要冲，战略地位昭然，2 [5]以大同镇和山西镇组成的北部防御体系亦得到逐步完善：大同镇设大边、二边，联络不已；[6]九边图说山西镇建屏翰于太原，置州郡于河东、汾、潞，立三关于雁门、偏、宁，内外相

1 根据《明代九边军镇体制研究》第 11 页。关于九边建制的说法众多，赵氏以镇守总兵制的确立作为九边确立的标志，本文采用此文的论断。

2 （清）顾祖禹《读史方舆纪要·山西方舆纪要序》：“最为完固。关中而外，吾必首及夫山西。盖语其东则太行为之屏障，其西则大河为之襟带。于北则大漠、阴山为之外蔽，而勾注、雁门为之内险。于南则首阳、底柱、析城、王屋诸山，滨河而错峙，又南则孟津、潼关皆吾门户也。汾、浍萦流于右，漳、沁包络于左，则原隰可以灌注，漕粟可以转输矣。且夫越临晋，溯龙门，则泾、渭之间，可折而下也。出天井，下壶关、邯郸、井陉而东，不可以惟吾所向乎？是故天下之形势，必有取于山西也。”

维，屹然维宁之域。[6]宜大山西三镇图说.山西镇图说依照《明史》记载[1][3]绘制的两镇卫所城市分布[1]，山西北部的防御城市体系也随之呈现，恒山南北密集的防御城市设置与太原以南零星卫所城市的设置形成了鲜明对比，即：位于恒山南北两侧的城市是依照防御需要而建立起来的，具有明显的防御性特点，与中、南部城市体系具有显著的区别。

明代山西基于地理特征、行政区划及军事防御特征，可以划分出东南、西南、中部及北部四大城市体系，那么，每个体系内部的城市之间又是如何组织的[2]？首先，绝大多数城市都是伴河而生，河流如纽带将每个体系内的城市联系起来，自北往南的概况为：

（1）北部大同盆地的中心城市——大同，位于桑干河北侧的支流御河边，与东、西两侧盆地边缘山区分布的卫城，及南部桑干河沿岸的所城共同构成了山西最北部的第一道军事防线；恒山以南，涔山以西，以宁武（山西镇）为中心，东西振武卫、镇西卫为两翼，与北侧偏头、雁门、保德诸所共同构成了第二道防线——二者共同构成山西北部的城市体系。

（2）再南以太原、汾阳两个汾河边缘的城市为中心，以汾河沿岸密集的城市群和东西两侧散布的城市共同构成了山西中部的城市体系。

（3）汾河下游，地势平坦，密布着大量的城市，以临汾为中心，与西部山区的部分城市共同构成了山西城市数目最多的西南部城市体系。

（4）东南部的城市体系较为特殊，不像其他区域有较为明显的中心城市，而是依附于漳水、沁水形成了几个小的城市群，共同组成东南部城市体系。

在城市体系的划分中，西部山区城市如何划分颇令人困惑：西部山区由北而南地理条件多有相似之处，或可划为一区，但考虑到其南北跨度较大，北部与防御城市相接，而南部则与西南城市相连，受到不同中心城市的影响，其城市的建设发展自当有所不同，故将其分别划入北部、中部和西南部的城市体系中。

此外，城市体系的划分并不能简单地与不同的城池建设区域相对应。城池的建设更容易受到军事、防御形势的影响，因此，针对城池建设的研究分区又作了适当调整，将太原以北的城市多划入北部防御城市体系之中。

1　据《明史》卷九十·志第六十六：山西都司旧有太原三护卫，后革。蒲州千户所，改属直隶，广昌千户所，改属万全都司。太原左卫、太原右卫、太原前卫、振武卫、平阳卫、镇西卫、潞州卫、沈阳中护卫（后设）、汾州卫（后设）、沁州千户所、宁化千户所、雁门千户所、保德州千户所，已下添设偏头关千户所、磁州千户所、宁武千户所、八角千户所、老营堡千户所，嘉靖十七年添设晋府仪卫司、沈府仪卫司、代府仪卫司晋府群牧所、沈府群牧所、代府群牧所。山西行都司旧有蔚州卫，后改属万全都司。大同左卫、大同右卫、大同前卫、大同后卫、朔州卫、已下俱山西大同等处卫所调改及添设：镇虏卫、安东中屯卫、阳和卫、玉林卫、高山卫、云川卫、天城卫、威远卫、平虏卫、山阴千户所、马邑千户所、井坪千户所。

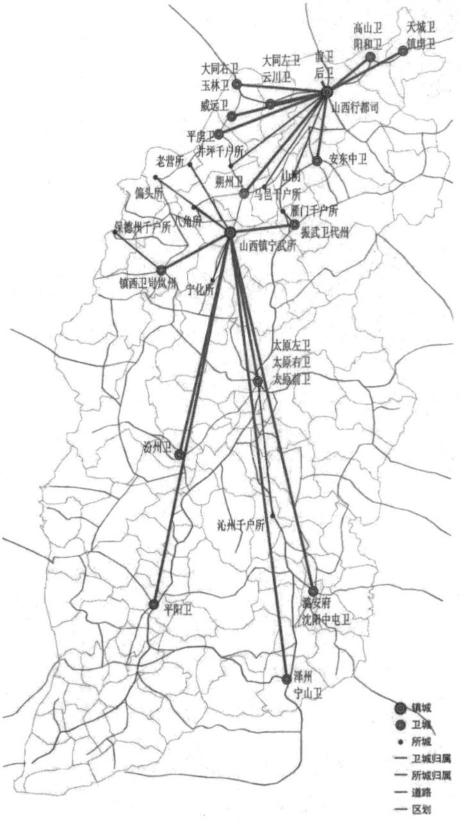

1　明代山西卫所城市分布
据张廷玉《明史》绘制

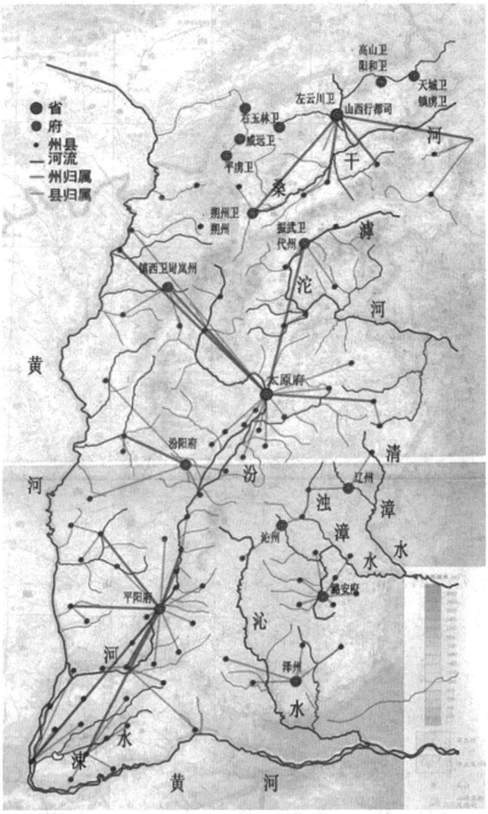

2　明代山西城市体系与河流关系

建设分期：六个阶段

明代是修筑城池的一个高峰时期，山西每一府、县、卫、所必修城池，且每城修筑工程少则三两次，多则十数次不等。那么，是什么力量促成了山西在明代统治的近三百年中如此大范围、长时间的城池修筑活动，其修筑过程又有怎样的规律？

绘制明代山西修城频度图[3]，数据源自山西方志中城池及艺文部分，搜集整理的各个城池的修筑工程共566（城次）次，涵盖明代山西108座城池。将其中具有明确年代记载的修城纪录按照时间顺序依次排列，以时间为横轴，黑面和灰面交界线的斜率表示明代修城的频度，斜率高则对应时间内山西省境有较多修城工程得以实施，修筑城池的热情较高，反之则修城工程较少，城池修筑较少被关注。据之，至少可以发现3条规律：

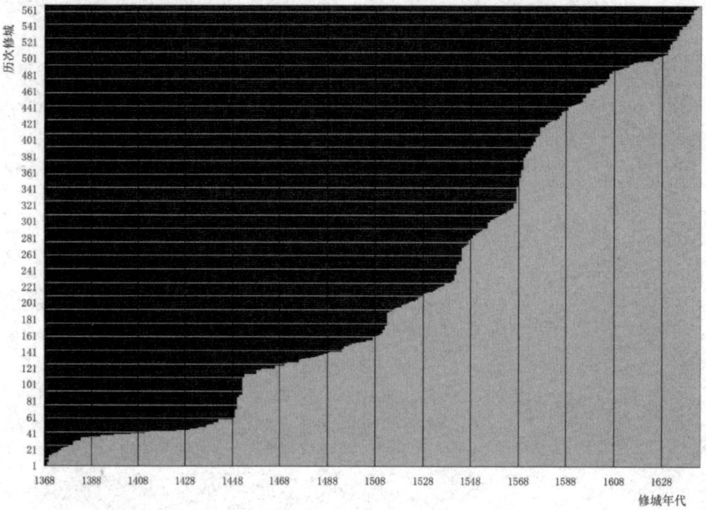

3　明代山西修城频度

（1）整体而言，明代山西城池的修筑是逐步加快的。这种趋势一直延续到崇祯末（—1644），但加快的步伐并不是平滑渐进的，而是在快慢交替中逐步实现的。

（2）整条曲线由五段凸曲线及末尾的一条斜线组成。就频度来看，它表示了明代城池修筑的 6 个不同阶段，分别为 1368 至 1448 年，1449 至 1510 年，1511 至 1540 年，1541 至 1565 年，1566 至 1630 年及 1631 至 1644 年。每相邻两阶段间都有较为明显的界限，即后一段修城的频度较前一段而言在某一两年内迅速增高。

（3）除临近明朝灭亡的第 6 段外，每个阶段城池的修筑频度都由高而渐渐变低。每个阶段的早期城池的修筑频度较高，是该段修筑工程频度最高的时期，而随着时间推移由阶段前期到达末期，城池的修筑频度缓慢或迅速下降，直至下一个修城阶段来临，修城频度又突然升高。

城池本为防御性的构筑物，“王公设险以守其国，有县治不可无城池，则城池者，正所以保障一方社稷生灵也”。[7]卷一《吴越春秋》“鲧筑城以卫君，造郭以守民”道出了城池的防御本性。城池的修筑与城市的安全联系密切，当发生战争、暴乱危及城市安全时，人们就会加筑城池以自保，进而能够促使大量城池工程建设的实施。每个阶段的开始定然是受到了某些事件的影响而促使人们加快了修城的进度，但当战乱过去，慢慢恢复平静，人们不再面临安全的威胁时，也将慢慢停止城池的修筑。

明代山西修城基本上每次转折都有大规模的战争、战乱与之相伴[表1]。此外，自然灾害也同样会促使小范围的城池修筑。如嘉靖三十四年（1555）晋西南发生地震，曲沃、蒲州、荣河、河津、解州、夏县等数座城池进行了修筑。地震可以摧毁城垣，不过，修城的动因最终仍会落到城市安全问题上："秦晋地震，凡倾败数十城，一时凶宄乘便剽劫民，汹汹莫必其命，则城池之守又惟此时为要。"[1][8]卷十一·艺文二因此，将战乱作为城池建设频度转折的因素当较为合理。没有了战乱的影响，城池建设又会受限于地方财政政策的制约而逐步减弱、停滞，致使城池破败不堪。

地域特点：由北往南

以上是把山西作为一个整体来讨论的，而事实上，山西南北纵深较大，境内地形复杂多样，每一阶段的城池修筑不会平均进行，不同区域间差异较大。绘制 6 个阶段城池修筑工程的分布状况[4]，据之又可以发现一些特别的现象：

第 1 阶段：土木堡之变（1449）前的城池修筑主要集中在北方边城及南方的交通要道之上，而山西中部和南部的大部分城市直至明立朝已 80 年皆无城池修筑。这一变化表示为晋中、晋西南和晋东南在 1368 年至 1448 年间近乎水平的直线；而在晋北修城频度图中的斜向直线则表示了此区域的修城活动在此间未有间断，两者对比明显。[5]

第 2 阶段：土木堡之变带来了明代山西的第一个修城高峰，除部分北方边城仍有修筑外，这些城市大多集中于太原以南的地区。对于山西中部和南部的大部分城市而言，这是它们在明朝建国后的首次修城。本阶段城池修筑的重心开始由北向南移。北部边城在此次变故中未有如中部和南部城市如此明显的转折，大概与其一直未间断的城池修筑有关。对应于晋中、晋西南、晋东南在 1449 年之后的显著转折，晋北则为较直的斜线。

第 3 阶段：正德六年（1511）"流民作乱"，[2][9]636 "诏天下修城"后的城池修筑状况。城池的修筑主要集中在山西南部，北部修城较少，这与起义军的活动范围大致对应。

第 4 阶段：以嘉靖二十年（1541 年）俺答"倾力南下"[3][9] 为起点。俺答突破了山西北部的两条防线，劫掠了晋中、晋南的许多城市，"从此太原以南各地屡遭侵

---

1 张四维《重修邑城碑记》。

2 指正德六年（1511）由刘六、杨虎领导的河北农民大起义。始于三月，至七月起义军活动于河北、山东、河南、山西等地，最多时达 20 万人，一年后被剿灭。

3 嘉靖以来，鞑靼几乎无岁不犯边，原因在于此时明廷腐败，而鞑靼则出现了几个强大的首领——小王子、吉囊、俺答等。其中涉及山西者如下：嘉靖二十年（1541）秋，俺答下岭关（在今山西阳曲北），趋太原；吉囊由平虏卫（今山西平鲁北）入掠平定（今属山西）、寿阳（今属山西）诸处。二十一年（1542）夏，俺答掠朔州（今山西朔州）、广武（山西代县西北）、沁（陕西沁州）、汾（山西汾州）、襄垣、长子、忻、崞、代等地，秋又入朔州。二十四年（1545）秋，俺答犯延绥、大同。二十八年（1549）春，俺答犯宣府、永宁、大同。二十九年（1550）夏，俺答犯大同；秋犯京畿，即所谓"庚戌之变"。参见《明代军事史》第 636 页。

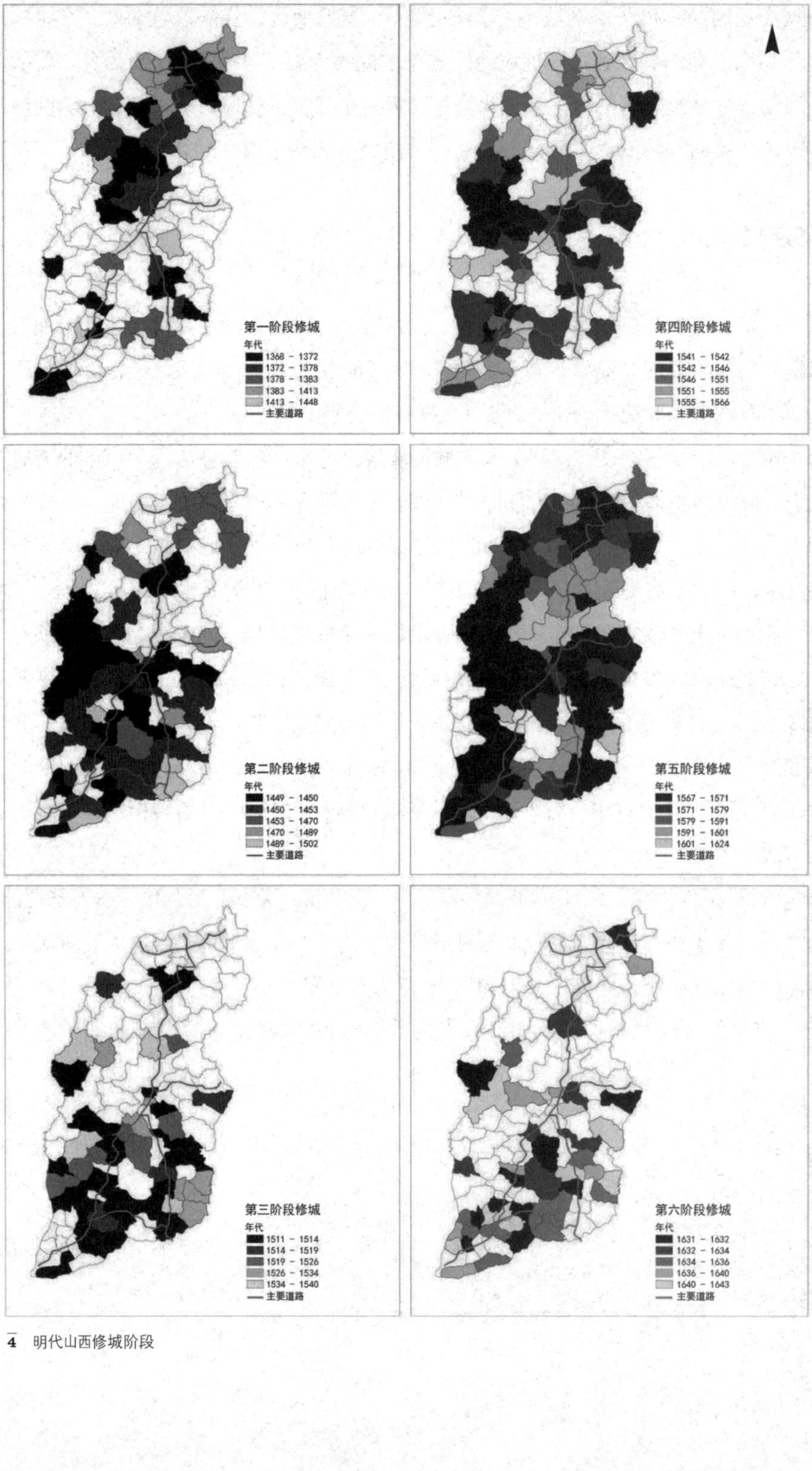
第一阶段修城
年代
1368 - 1372
1372 - 1378
1378 - 1383
1383 - 1413
1413 - 1448
主要道路
第四阶段修城
年代
1541 - 1542
1542 - 1546
1546 - 1551
1551 - 1555
1555 - 1566
主要道路
第二阶段修城
年代
1449 - 1450
1450 - 1453
1453 - 1470
1470 - 1489
1489 - 1502
主要道路
第五阶段修城
年代
1567 - 1571
1571 - 1579
1579 - 1591
1591 - 1601
1601 - 1624
主要道路
第三阶段修城
年代
1511 - 1514
1514 - 1519
1519 - 1526
1526 - 1534
1534 - 1540
主要道路
第六阶段修城
年代
1631 - 1632
1632 - 1634
1634 - 1636
1636 - 1640
1640 - 1643
主要道路

4　明代山西修城阶段

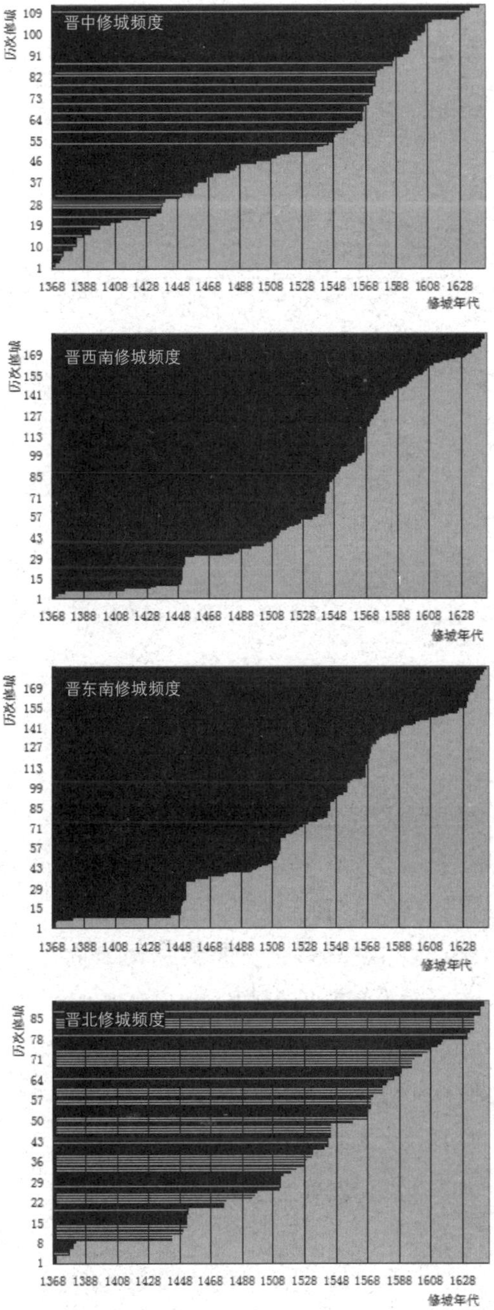

5 修城频度

扰”，[10]376 可以说是对太原以南城池防御能力的一次考验。与之对应，这一阶段的修城仍然以山西中部、南部为主。太原府南部诸县、西部汾州、岢岚州、东部的平定州在 1542 年左右集中修城；山西南部也在这时受到了掠夺，出现了大量的城池修筑工程。晋中是受此事件影响最为强烈的地区，其次为晋西南和晋东南，而晋北的修城频度曲线自 1541 年起至 1579 年出现了一段凹曲线，表示该段时间里持续加速的城池修筑异于中南各区的曲线走向。隆庆元年（1567）俺答大举入侵，由兴、岚、崞县直犯灵石，逼霍州以窥平阳、汾属一带，杀掠无算，破石州，屠其城，其为残毒百年未有之变，由此促发了新一轮的城池修筑高潮。晋中、晋西南的修城频度转折最大，其次为晋东南和晋北，与犯境的区域大致吻合，此后的修城高潮便逐步减退。在晋东南和晋西南，1570 年后的修城工程迅速趋缓，而北方则持续到 1579 年左右修城频度才开始转而下行。

第 5 阶段：自 1567 年至 1571 年间集中修筑了大量城池。此间的重要事件为隆庆五年（1571）俺答与明朝议和，[1] 此后双方和平相处达 40 年之久。但和

1 隆庆四年（1570）十二月，俺答发誓不再犯大同，愿世为外臣，贡方物。五年（1571）二月朝廷批准通贡互市，三月二十八下诏封俺答为顺义王，保持了西北边境的安宁。崇祯九年（1636）为后金所灭。

阶段	重要战争及波及区域	修城区域
1	明初对抗北元的战争。	北方边城及南方的交通要道之上。
2	正统十四年（1449）土木堡之变。	除部分北方边城仍有修筑外，大多集中于太原以南的地区。
3	正德六年（1511）初河北农民大起义，至七月起义军活动于河北、山东、河南、山西等地。	城池修筑主要集中在山西南部，北部修城较少。
4	嘉靖二十一年（1542），俺答南下掠朔州、广武、沁、汾、襄垣、长子、忻、崞、代等地，秋又入朔州。	山西中部、南部为主。
5	隆庆元年（1567）俺答大举入寇，由兴、岚、崞县直犯灵石，逼霍州以窥平阳、汾属一带，杀掠无算，破石州，屠其城。	自兴、岚以南，汾州府、太原府南部、辽州、沁州、泽州、北部大同府在隆庆元年后集中修城。
6	崇祯四年（1631）陕西农民起义，自蒲州大规模进入山西。	汾阳府汾河沿线的一些城市。

表 2　战乱与修城区域对照

平协议并未能在中部和北部立刻见到效果，反而修城的高潮一直持续到 1579 年，可能与此时明廷修筑边城、巩固边防的政策有关。

第 6 阶段：崇祯四年（1631）流寇为乱，[1] [9]938 导致了明代最后一次较大规模的城池修筑，主要集中于平阳府汾河沿线的一些城市，与农民起义军的行进路线大致相同。

通过对 6 个阶段城池修筑地域特点及其间发生的重要战事的梳理，可以发现城池修筑的区域通常就是战乱破坏、波及的区域，这种对应关系，在明代山西自始至终都是存在的。但战乱与修城只是一种模糊的区域对应关系[表2]，城池的修筑是一个延续、渐进的过程，下一阶段城池的修筑总是在上一阶段修筑的基础上进行的，因而不同区域、不同阶段城池修筑的工程类型又当有别。如果上一阶段城池修筑较好，那么下一个阶段，即使大战在即，也不需要大规模兴修。

1　陕西农民起义后，因崇祯三年（1630）明军增兵陕西，农民军难以抵敌，加之为饥饿所迫，不得不向附近省区转移，开始大规模进入山西，实行流动作战。

修筑工程：九类项目

城池是一个防御系统，除城垣外，更有与之配套的城楼、城壕、瓮城等要素，以增强城池的防御能力。明初城池系统就已非常完善，这在都城中表现得尤为突出，如明南京城经过明初的建设，宏大且完备。但地方城池与都城存在较大差别，不仅城垣规模小，其他防御设施如城楼、城壕等也多不完备。限于人、财、物的条件，地方城池的建设不像都城那样可以一次完成，多是一个逐步加筑、完善的过程。地方城池的变迁是修筑与衰败并存，反复繁杂。因此，讨论明代山西城池的修筑过程，有必要将城池的构成要素及具体的修筑工程进行分类，通过不同城池的修筑工程去考察城池的状况。

根据方志中城池修筑工程的记载及相关内容，明代山西城池修筑的要素为：城垣、城壕、壕墙、护城堤、城门、月城、瓮城、女墙、雉堞、敌台、窝铺、角楼、城楼、箭楼等。此外，还有一些如钟鼓楼、奎星楼、文昌阁、炮台、重城、马道等，但不作为主要讨论对象。

其修筑工程大致可分为 9 类[6] [表3]：前 3 类是与城垣、城壕有关的工程；第 4 类是关于城门变动的工程；第 5 至 7 类是城池防御设施相关的工程；第 8 类是用砖石改进城池防御能力的工程；第 9 类是附属于主城的其他城池的修筑工程。以上 9 类工程虽不能包含全部的城墙工程，至少大致涵盖。

各类工程修筑内容不同，需要的工程量也不同，实施中在时间和地域上各有差别。统计方志记载中的具有明确修筑内容的工程，按照 9 个工程类型和 6 个时间段列表[表4]，可见第 1、2 类工程的实施集中在第 1、2 时间段，第 3、6 类工程则集中在第 4、5 时间段，而第 8 类工程主要集中在第 5 时间段。这种不同工程在地域和时间上的特点，可以帮助探究明代山西城池的修筑过程，及城垣在明代各个时期的大概状况。

建设过程：三段分期

根据时间分布的特点[7]，以上 9 类工程大致可分为 3 类：①早发类型的工程，包括新筑和展拓、截筑城垣；②晚发类型工程，包括砖甃城垣工程、敌台敌楼工程以及

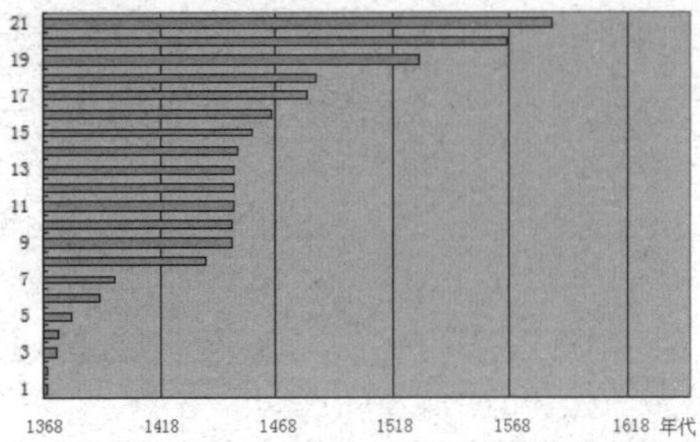

表 3-1 新筑、创筑城垣工程

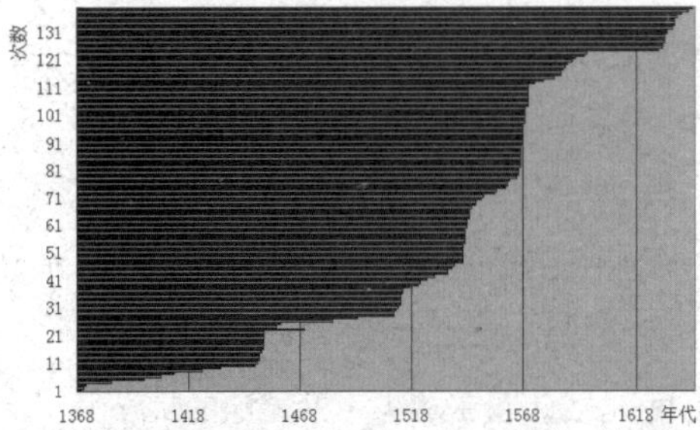

表 3-2 增城、浚濠工程

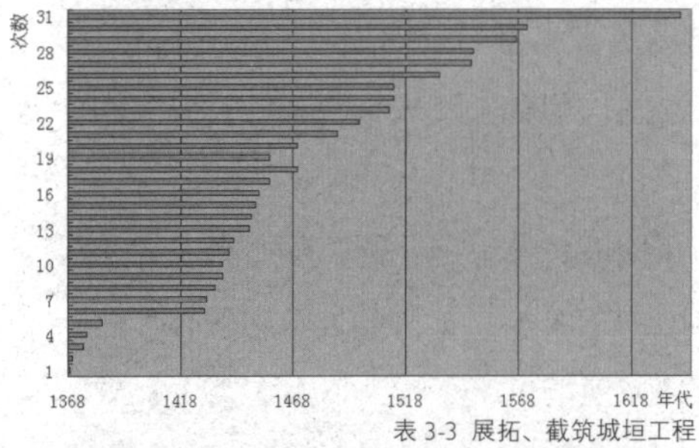

表 3-3 展拓、截筑城垣工程

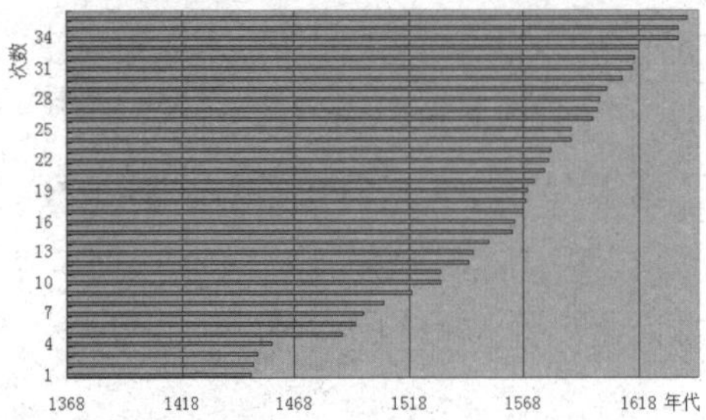

表 3-4 城门工程

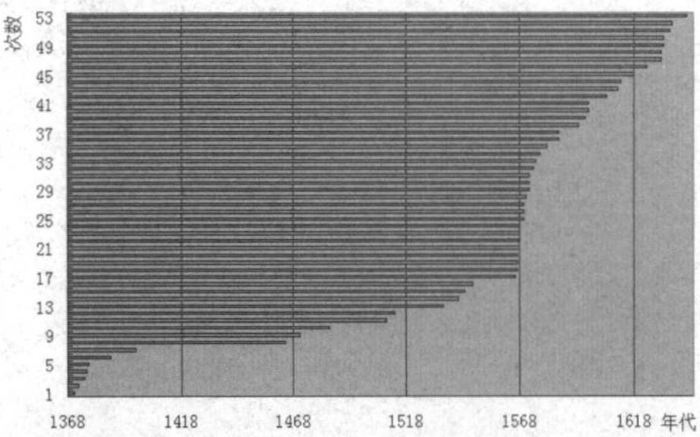

表 3-5 瓮城、月城工程

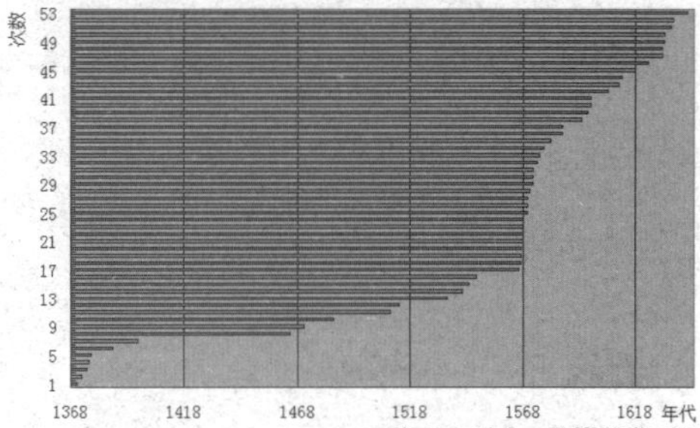

表 3-6 敌台、敌楼增建工程

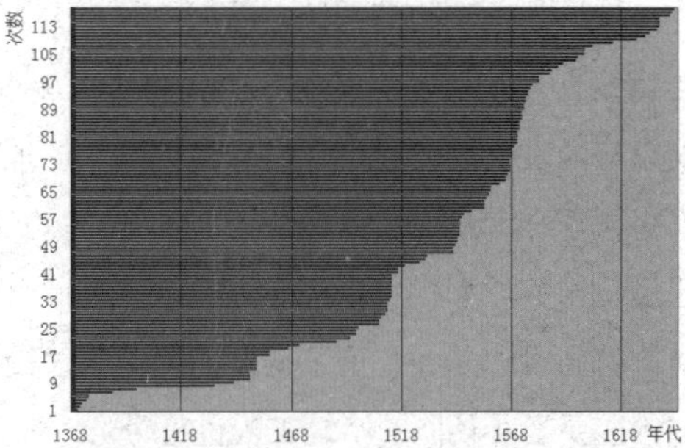

表 3-7 城楼工程

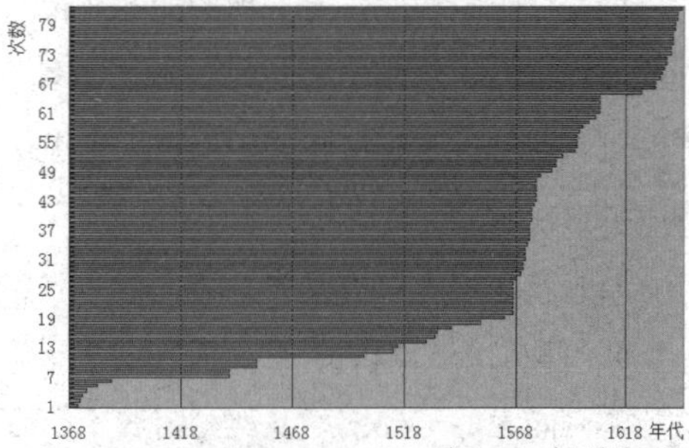

表 3-8-1 砖甃城墙工程

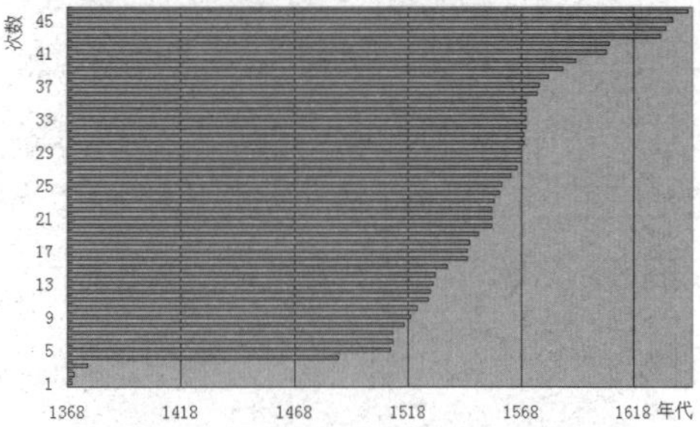

表 3-8-2 砖甃城门、雉堞工程

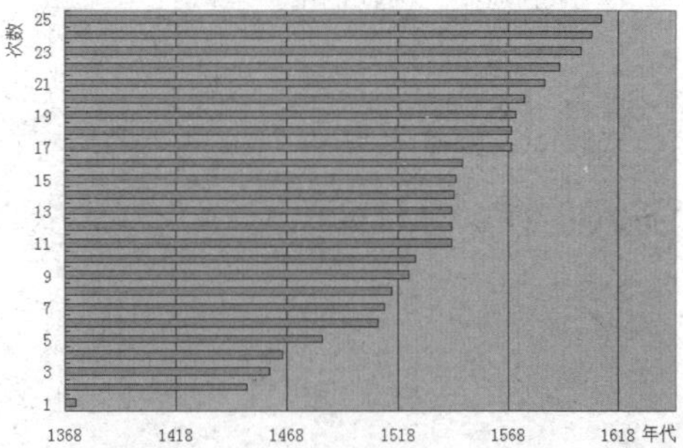

表 3-9 关城、小城、外城工程

分类	修筑工程	城池要素	概况
1	新筑、创筑、移筑城垣	城垣、城壕、壕墙、护城堤	新筑、创筑、移筑城垣都是新建城垣，此类工程并不多见。在统计的576次修城工程中，只有21次为此类工程，仅约占3.6%。时间上集中分布在前2个修城阶段，地域上则分布于北部的防御城市体系和边远城市。可分3类：北方卫所城市，明初偏僻地区有城市而无城池的城市，因新建城市而建城池。
2	展拓或截断城垣	城垣、城壕	在统计的修城工程中，有32次为此类工程，约占5.6%。其中截筑城垣有6次，展拓城垣有26次，共涉及城池23座，约占明代山西所有城池的1/5，其中北部城市10座，中部城市3座，东南3座，西南7座。工程主要集中在3个时间段内，万历元年（1537）后拓城和截城的工程几乎不再出现。
3	增高加厚城垣、加浚城壕、修筑壕墙	城门	城墙和城濠是城池最基本的组成部分，是城池修筑中工程量最大、出现频率最高的工程。统计的此类工程达139次，约占工程总数的24.1%，为9类工程中数量最多者。此类工程更倾向于集中在频度发生转折的2、3年内，对于外部战乱的反应迅速，而一旦战乱结束又迅速回复到平静状态。
4	增加、减少或移动城门	城垣、女墙、瓮城、雉堞、城门	统计的城门增设、迁建工程共36项，占全部工程的6.3%，数量较少。由频度曲线看，城门工程较为均匀地分布在1489—1618年间，没有受到战乱等环境影响的迹象，大概是因为城门的增设、迁建多与城市的使用相关，而对于城池防守能力的增强意义不大。此类工程大多分布在中部偏西地区和东南、西南的交通线上。
5	瓮城、月城的增筑	月城、瓮城、敌台、敌楼、窝铺	统计的此类工程共53项，占全部工程的9.2%。时间上，以隆庆元年（1567）为界，分为前后2个阶段：以前此类工程较少，之后迅速出现了较多的瓮城、月城的增筑工程。地域上集中在3处：一为北方防御城市体系；二为太原及其以南的一些城市；三为南部黄河沿线的一些城市。其中北方防御城市体系中的瓮城修筑工程多完成于隆庆元年以前，而南部2个地区的修筑工程则主要集中在隆庆元年至崇祯初（1628— ）。
6	增建敌台、敌楼、墩台、炮台	敌台、敌楼、墩台、炮台	统计的此类工程共70项，占全部工程的12.2%。本类工程在时间和地域上的分布与前类工程（瓮城、月城、重门的增筑）非常相似，说明二者在工程性质上的相似性，即都为增加城墙的防御能力，且工程量相差不大。差别在于本类工程更加集中在1566年后的几十年里，且工程数量、分布区域较前者为广。
7	创建、修筑门楼、铺舍	门楼、铺舍	统计的此类工程共118项，占全部工程的20.5%。城楼工程在时间上与增筑城垣、加深城濠的工程有些相似，存在于明代的各个时期，但自正德初（1506— ）经嘉靖（1522—1566）至隆庆初（1567— ）是城楼修筑的高峰时期。北方卫所城市及南方交通要道周边的城市在修筑时间上要早于其他城市。
8	砖甃工程：砖甃雉堞、砖甃城门、砖甃城池	雉堞、城门、城池	统计的此类工程共82项，占全部工程的14.2%。时间上，砖甃雉堞、城门工程与砖甃城墙工程有一定的前后衔接关系，砖甃雉堞、城门工程主要集中在1510至1570年间，而1568至1570年则正是砖甃城墙工程快速兴起的时期。可以说，自1568年后，砖甃城墙逐步增多，取代了自1510年后兴起的砖甃雉堞、城门的工程。砖甃雉堞、城门多集中在山西中部和南部区域，而砖甃城墙则除了西南部外，几乎遍及山西全省，且整体而言北部城市早于南部城市。
9	关城、小城、外城、郭城的修建工程	关城、小城、外城、郭城	统计此类工程共有25次，涉及18个城市，其中北部城市5个，中部城市8个，西南部城市5个。
其他	如护城堤的修筑、城门的修葺、楼阁建设等	城堤、城门、奎星楼、文昌阁等	城池建设工程除了以上9项外还有一些如修筑护城堤、吊桥、重城等，这些工程的存在说明城池建设工程的多样性。但因其数量较少，不能反映出明代山西修筑城池的大趋势，故未单列。

表3 城池修筑工程

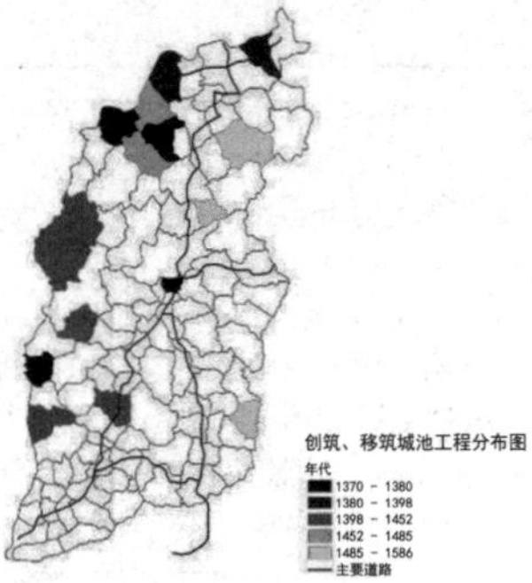
创筑、移筑城池工程分布图
年代
1370 - 1380
1380 - 1398
1398 - 1452
1452 - 1485
1485 - 1586
主要道路

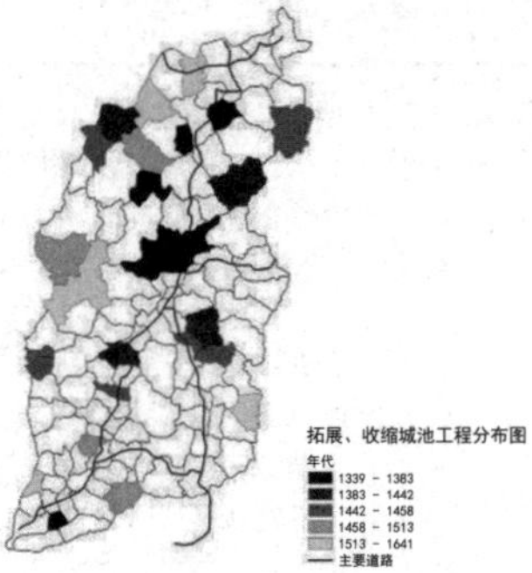
拓展、收缩城池工程分布图
年代
1339 - 1383
1383 - 1442
1442 - 1458
1458 - 1513
1513 - 1641
主要道路

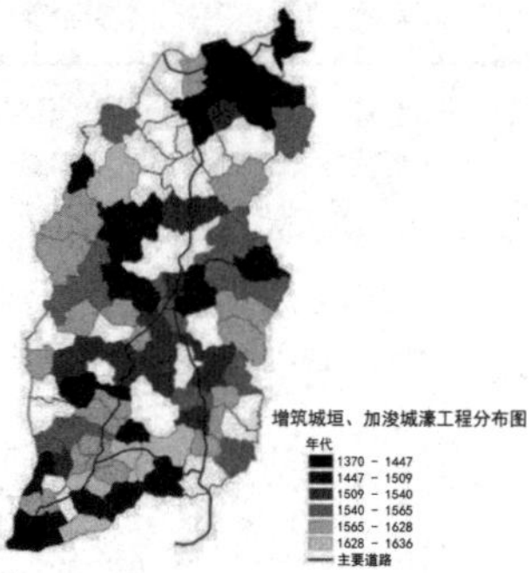
增筑城垣、加浚城濠工程分布图
年代
1370 - 1447
1447 - 1509
1509 - 1540
1540 - 1565
1565 - 1628
1628 - 1636
主要道路

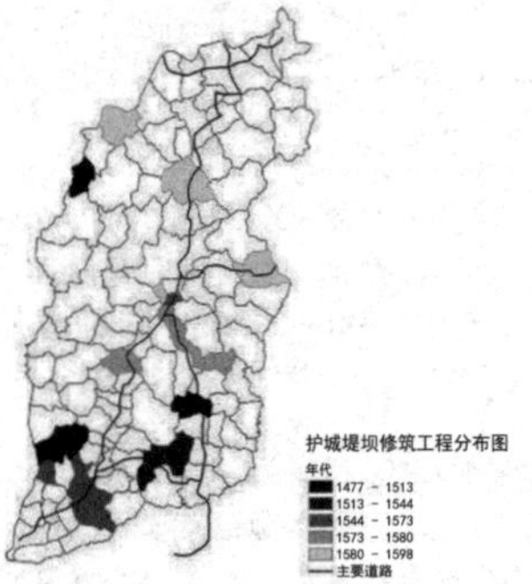
护城堤坝修筑工程分布图
年代
1477 - 1513
1513 - 1544
1544 - 1573
1573 - 1580
1580 - 1598
主要道路

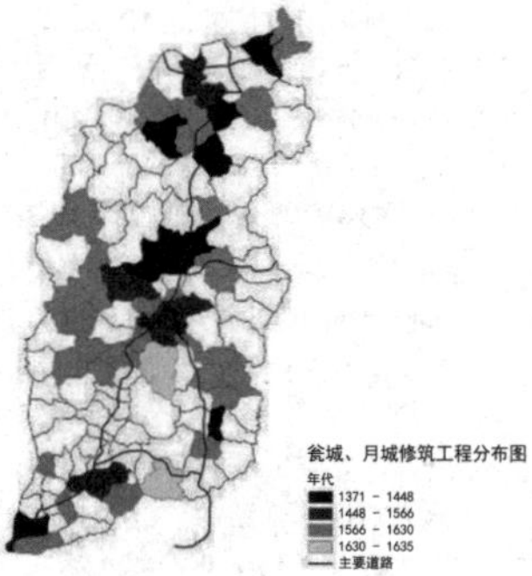
瓮城、月城修筑工程分布图
年代
1371 - 1448
1448 - 1566
1566 - 1630
1630 - 1635
主要道路

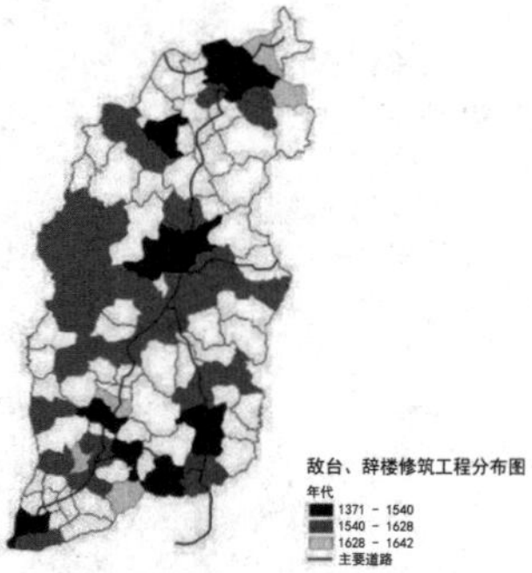
敌台、辟楼修筑工程分布图
年代
1371 - 1540
1540 - 1628
1628 - 1642
主要道路

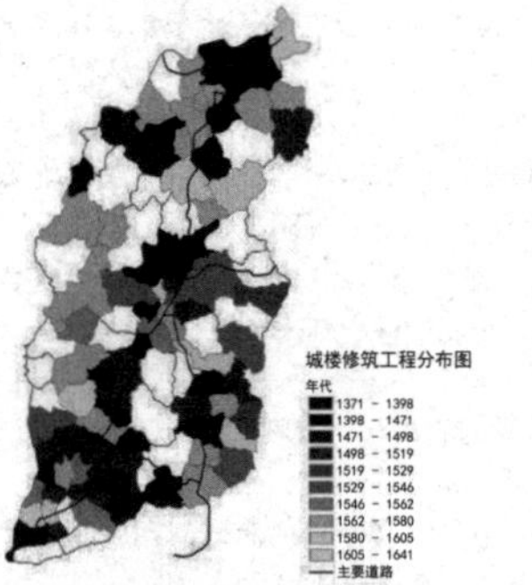
城楼修筑工程分布图
年代
1371 - 1398
1398 - 1471
1471 - 1498
1498 - 1519
1519 - 1529
1529 - 1546
1546 - 1562
1562 - 1580
1580 - 1605
1605 - 1641
主要道路

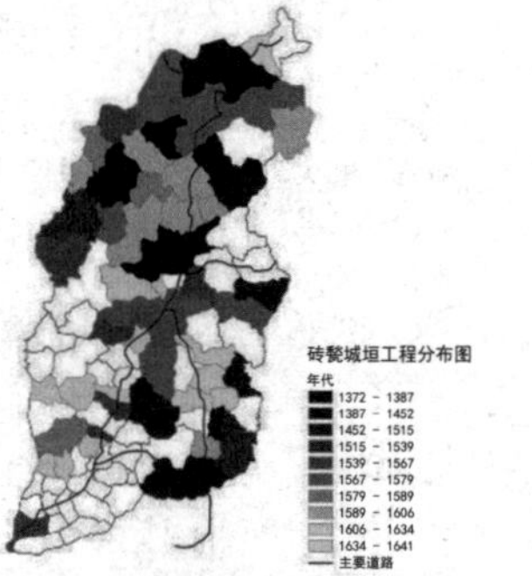
砖甃城垣工程分布图
年代
1372 - 1387
1387 - 1452
1452 - 1515
1515 - 1539
1539 - 1567
1567 - 1579
1579 - 1589
1589 - 1606
1606 - 1634
1634 - 1641
主要道路

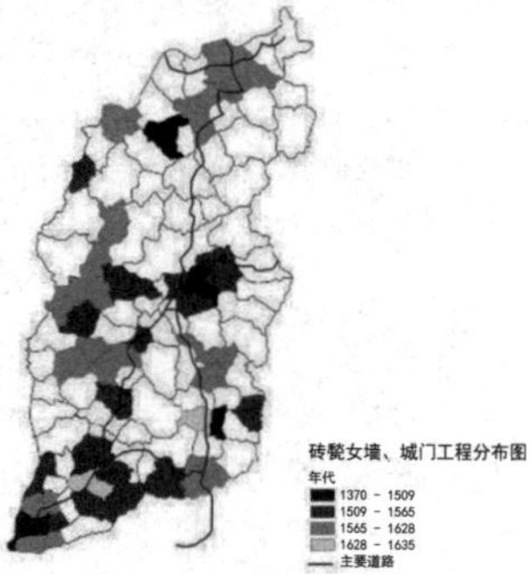
砖甃女墙、城门工程分布图
年代
1370 - 1509
1509 - 1565
1565 - 1628
1628 - 1635
主要道路

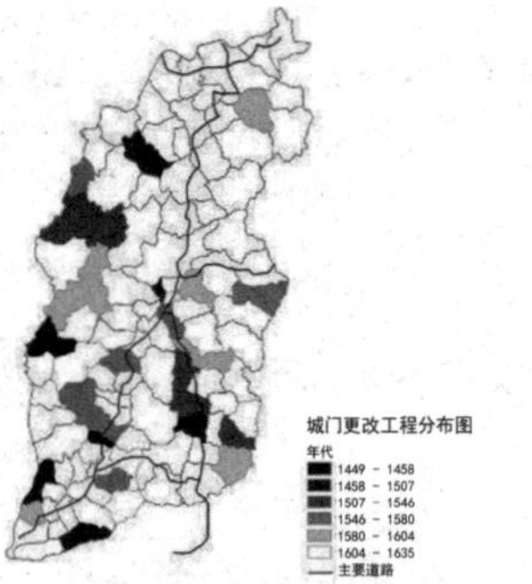
城门更改工程分布图
年代
1449 - 1458
1458 - 1507
1507 - 1546
1546 - 1580
1580 - 1604
1604 - 1635
主要道路

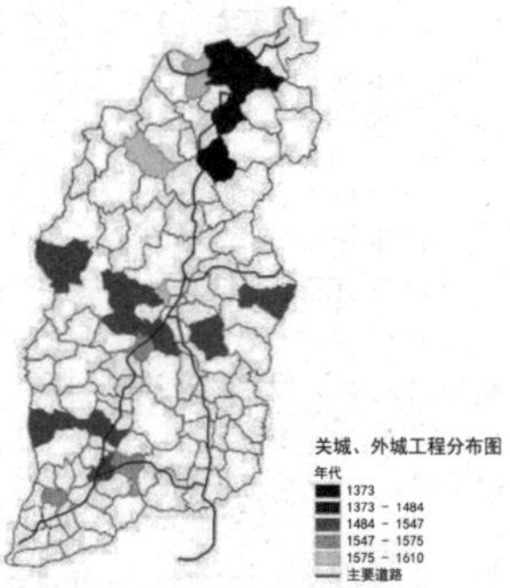
关城、外城工程分布图
年代
1373
1373 - 1484
1484 - 1547
1547 - 1575
1575 - 1610
主要道路

6 修筑工程分布

时间阶段 \ 工程类型	1	2	3	4	5	6	7	8	9	总次数
1368—1448 年（共 81 年）	8	12	10	0	7	5	9	8	1	60
1449—1510 年（共 52 年）	10	10	19	8	4	1	20	3	5	80
1511—1540 年（共 30 年）	1	4	17	3	2	5	17	6	4	59
1541—1566 年（共 26 年）	1	2	35	5	4	28	24	2	6	107
1567—1630 年（共 64 年）	1	2	45	17	31	26	40	46	9	217
1631—1644 年（共 13 年）	0	2	13	3	5	5	8	17	0	53
总次数	21	32	139	36	53	70	118	82	25	576

表 4 修城阶段与工程类型

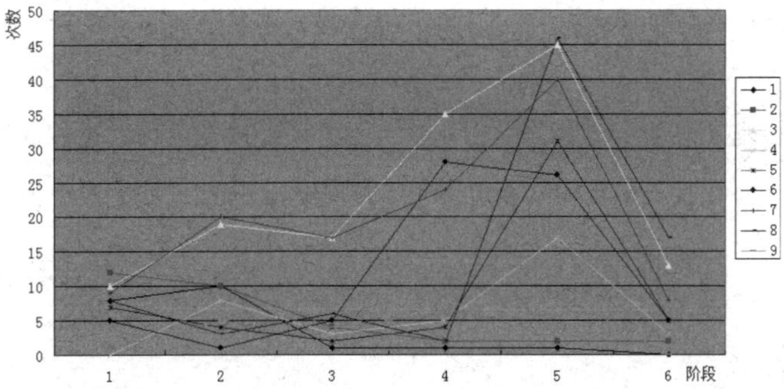

7 城池建设过程

瓮城、月城工程；③各个阶段分布比较均匀的工程，包括城垣增高、城壕加深、门楼修筑、城门改动等。

早发类型工程主要集中在第 1、2 时间段，而晚发类型的工程则主要集中在第 5、6 时间段。因此，依据工程类型的不同，大致可将山西城池修筑分为 3 个时期，每期各包括 2 个时间段。工程类型的区别，使得各个时期的修筑都有不同的关注点，显示了明代山西城池修筑的阶段性特征。

早期：继承修补

包括第 1、2 两个阶段。修筑工程特点有三：①工程总体数量较少；②新筑和展拓、截筑城垣工程相对较多；③第 1 阶段各类工程数量较为平均，第 2 阶段增筑城垣、加深城壕及城楼的修筑工程明显增多。

新筑和展拓、截筑城垣工程的相对较多，表现了这一时期明代在继承和建设自己的城市体系时，对原有城池的调整。第 1 阶段兴建的城市集中在北方许多防御性卫所城市和中、南部的重要城市，这些城池的修筑多是出于防御目的，因而较为完备，各类城墙工程都有所涉及，且工程次数差别不大。至第 2 阶段，城池的修筑拓展到其他城市，这些城市与首批修筑城池的城市不同，它们的首次修筑只是对于原有城池的修补，城池也远不够完备，就出现了第 2 阶段城垣、城壕、城楼修筑工程的显著增多，而其他工程数量相对减少的现象。总体来看，这一时期城池的修筑集中在重点城市城池的建设和普通城市城池的修补上，主要是对前代城池的继承。

中期：完备拓展

包括第 3、4 两个阶段。这个阶段较前一时期工程量有所增加，但工程类型更为单一，主要为城垣、城壕、城楼工程，是对前一时期修补成果的进一步巩固和提高。此外敌台、敌楼工程在第 4 阶段兴起，表现了对于城池防御设施的关注。进一步完善城垣、城壕，完备防御系统成为本期修筑的重点，可以说这是一个承上启下的阶段。

晚期：砖甃工程

本期不仅修筑工程数量很大，而且工程类型也非常丰富。大量城池得到砖甃，这是明代山西城池建设的黄金时期，且增筑了敌台和瓮城，城楼得到修筑，城池系统得以完善。

筹划与组织

明代山西城池建设工程没有专门的负责机构进行组织，多由地方自行组织，工程受到地方经济、地理环境以及人员组织的影响，实施过程都不尽相同。然而，每一次工程的实施都有其兴工的原因和目的，有发动者、实施者、工匠和劳役的组织，有金银物料的筹备，皆受到明代社会的安定状况、地方行政机构、财税政策、地理经济等状况的影响，因而不同城市之间也具有相似的背景和共性的基础。州、县城市作为最低等级的建制城市，数量最多，其城池的修筑体现了最为普遍的城池修筑情况。

守土之意

明代山西城市的公共工程主要包括衙署、学校、仓储、驿站、道路、桥梁、城池等的修建，因由地方行政机构组织实施，也就较多地受到了行政制度的制约，尤其是地方财税政策在很大程度上限制了公共工程的实施；同时，明代山西是一个不断受到战乱侵扰的地区，这又促进了城池修筑工程的实施。明代山西城池的修筑就是在这样一对矛盾的关系中展开的。

明代的财政体制着重于加强中央的力量，一方面各地方要保证各正项钱粮的缴纳，另一方面中央又加强对地方的财政监控，州县动支钱粮需向上申请，层层审批，否则被视为侵盗。1 [11，12] 太平时期地方官员对于城池的修筑多有推诿而不加兴筑，即便有所修筑，也多是敷衍了事，这在明代山西是十分普遍的现象。“入皇朝二百年余，民不见烽警，故城池甲帐所以为御侮计者率散驰不理，列城尽然，不独襄陵也。” 2 [13] 当是对隆庆（1567—1572）之前晋西南地区城池修筑状况较为切实的描述。方志中多载有官员对城池修筑推诿的事实，这种状况也必然造成城池的颓败。3 [14,15]

城池是维护城市安全的重要防护设施，其兴筑亦为有司之则。“谯楼所以警夜，城池所以防寇盗，二者皆国家之重务，有司之职业也。” 4 [13] 当出现战乱，地方官员就再也无法懈怠，“凡州县守令之不失事者，咸以有备，若城池其一也，否则不死于城守则惟遁逃，苟免卒亦法无所贷”。5 [16] 战乱来临而城池已因久未修筑而颓败不堪防守，战乱波及地区就会出现集中的修城活动，此状在明代山西城池修筑中最为常见。6 [16,17,18,19]

除了战乱外，尚有其他因素促使城池修筑工程实施，风水的考虑即为一种。7 [13,20,21] 因风水而进行的城池修筑工程多是城楼、奎星楼修筑，城门改动等对城池的修补改造，

1 根据《明代县政研究》第128页：“由于权限不足，经费匮乏，明代县官在面临地方公共工程时往往畏首畏尾，缺乏热情，因循苟且，得过且过。加之县官迁转快，任期短，有‘官不修衙，客不修店’的说法。嘉靖间有人慨叹：‘今之守令，凡城池学校公署铺舍桥梁之数，以兴修为大禁，废不举，蔽不葺，荒颓败落之甚竟诿之不知，是岂有司之得已哉？兴修经费不出之官则出之民，出之官则上疑，出之民则下谤，故稍自好者则深避而不为。呜呼！己计得矣，其如国何？民何？’（嘉靖《夏津县志》卷一城池）”。又有《日知录》卷十二：“予见天下州之为唐旧治者，其城郭必皆宽广，街道必皆正直。廨舍之为唐旧创者，其基址必皆宏敞。宋以下所置，时弥近者，制弥陋。此又樵记中所谓州县皆驿，而人情之苟且十百于前代矣。前明所以百事皆废者，正缘国家取州县之才，纤毫尽归之于上，而吏与民交困，遂无以为修举之资。”

2 （明）张四维《新包砖城记》。

3 如：繁峙县（光绪繁峙县志）、万泉县（民国万泉县志）。

4 （明）李高《新修谯楼记》。

5 （明）刘春《修县城记》。

6 如：太原县（乾隆太原府志）、保德州（康熙保德州志）、洪洞县（民国洪洞县志）、太平县（道光太平县志）。

7 如：襄陵县（民国襄陵县志）、泽州（雍正泽州府志）、浮山县（民国浮山县志）。

工程一般较小。例外者也有，如繁峙县、1 [14] 平顺县，2 [22] 有守土之意。

总之，明代地方城市的财政政策本身不利于地方上大型工程的兴筑，而明代山西频发的战乱又促成了大规模修城活动的开展。此外，风水等其他因素也会促使修城的发生，但数量少，工程规模小，并非城池修筑的主要原因。

人员组织

明代山西的城池修筑工程涉及自中央官员至平民各级人员，组织复杂、样式繁多。但如按其在工程实施中所起的作用，大概可以分为：提议修城者、审批者、组织实施者、劳役和工匠，且在具体工程中，角色的扮演者各不相同。

修城工程涉及各方利益，于官则为职责所在，于民则为生命所系，虽然为官者多“苦其难”而不加实施，为民者多顾己之利、难于组织，但当形势所迫，无论谁先提出兴筑之事，多可得到其他方面的支持。修城之事可能是由上级下达修城命令、县令县署官员提出或士绅提议而产生。包括：得自上级命令；3 [23,24] 源于士大夫、耆老等的谋划；4 [13,19] 由邑人倡议县令进行。5 [17]

工程大致筹划妥当后，便要逐级上报审批，通常要地方军、政两方咸可其议后，方可实施。6 [14,20,24,25]

工程开始实施，多由县令总理其事，下又有县丞、主簿、守备等及民间才行压众者分董诸役，通常由不同的人分主钱、材、匠、役等，工程较大时，又将工程分为若干部分，交由不同的人负责。7 [14,16,24,25,26,27,28]

---

1 （明）于慎行《迁城记》：“其城迤靡差池，民居如缘上屋之址乘下屋之危，市则如坎不平而撼负阳抱阴，嵚岑穹深，蔽亏日月。产石与铁，俗朴而犷，健讼嗜争其地也。文采不着阙于闲书，亦其地形风气然也。”于是卜地于故城之西北三里许，新筑城池。

2 （明）顾鼎臣《创建平顺县记》：“潞安府之青羊山，蟠居衍迤，……四方亡命往往窜匿其中，嘉靖间贼势益猖獗，天子震怒，命将出师，复调集山西、河南、山东官民兵会剿，阅数月然后平之。捷闻今少传兼太子太师礼部尚书武英殿大学士桂洲夏公，公亲履贼巢，周视山川，历陟要害，叹曰贼之弗戢形势使然，非建县设命吏以弹压之难免后虑，佥以为然，乃咨询相度，得吉地曰青羊村者峦盘于形……会巡抚都察院右佥都御史王君应鹏暨藩臬诸司群谋协同，乃议割潞城县所辖地一十六里、壶关县十里、黎城县五里，共割地方三十一里以为新县版图……县名曰平顺。”为“设命吏以弹压之”而建城设县，有设城守土之意。

3 如：马邑县（民国马邑县志）、太谷县（乾隆太谷县志）。

4 如：洪洞县（民国洪洞县志）、襄陵县（民国襄陵县志）。

5 如：太原县（乾隆太原府志）。

6 如：太谷县（乾隆太谷县志）、繁峙县（光绪繁峙县志）、高平县（雍正泽州府志）、沁源县（民国沁源县志）。

7 如：太谷县（乾隆太谷县志）、繁峙县（光绪繁峙县志）、太平县（道光太平县志）、稷山县（同治稷山县志）、平遥县（光绪平遥县志）、沁源县（民国沁源县志）、汾阳县（光绪汾阳县志）。

参加具体修筑工程的人主要是由出劳役的平民和工匠组成，一些军镇，士兵也会参加城池修筑。平民参加工程是偿付劳役，而工匠通常可以取得一定的报酬。1 [18,20,23,28]

工程筹备

经费和劳役是城池修筑工程中最先措置的因素，有了经费和劳役才可以购置材料，兴工修筑。人、财问题涉及各社会阶层、税收、赋役等，其筹措方法也最为多样和灵活，是工程组织中最具操作内容的部分。继之依次为：材料的筹备、工期的设置和整个工程的统筹计划。

经费

修城经费多出于内帑、劝募、摊捐，也有出于周边城市或“公家”者，但较为少见。所谓内帑是指州县库存的钱粮，因明代对于地方财政的监管很严，地方官员无权处置，因此使用之前，需向上级申请，才能使用。2 [14] 劝募指通过耆老、士绅等自愿捐助而获取所需经费，此种方式不需动用官帑、不用摊派于民众，是最常见的筹措资金的办法，“不动帑、不役民”也是工程成就之后，组织者最为彪炳之处。3 [13,20,29]

但劝募需要方法，往往是劝募者“捐己俸以倡”，如襄陵、河津、黎城皆由县令捐俸以倡。4 [13,30,31] 有时劝募也不免类似摊派，带有强迫性质。5 [19,30] 此外，经费还有来自其他州县或“公家”者，如沁源县和平顺县。其中，平顺县因为新建之城，故无帑无民，其经费只能来自“公家”。6 [25,32]

劳役

城池修筑所征之人少则数百多则上万，劳役征派是城池修筑工程中非常重要的一环，其征派的方法与赋役制度相关。

明代早期多是以“均徭”的方式直接获取劳役。7 [14,33,34] 明代中后期，受到不断改变的赋役政策的影响，尤其是“一条鞭”法的实施，劳役除了直接征派外又产生了以银代役、按夫征银的做法。如：汾阳县 8 [28] 为较成熟的先征银后以银雇募劳役的

1 如：汾阳县（光绪汾阳县志）、马邑县（民国马邑县志）、保德州（康熙保德州志）、高平县（雍正泽州府志）。
2 如：繁峙县（光绪繁峙县志）。
3 如：襄陵县（民国襄陵县志）、朔州（雍正朔州志）、泽州（雍正泽州府志）。
4 如：襄陵县（民国襄陵县志）、河津县（光绪河津县志）、黎城县（康熙黎城县志）。
5 如：洪洞县（民国洪洞县志）、河津县（光绪河津县志）。
6 如：沁源县（民国沁源县志）、平顺县（乾隆潞安府志）。
7 如：曲沃县（乾隆新修曲沃县志）、长治县（光绪长治县志）、繁峙县（光绪繁峙县志）。
8 （明）孔天酭《新甓汾州城记》：“计照粮起夫征银，出银募夫而不用其力，率以粮十石编夫一名，名征银三两，凡以征民兼之帑羡通得银之为两二万九千有奇。”

做法。相似的做法，如：平顺县[1][32]雇募的做法有利于工程的统筹，无银之人，亦可通过支付劳役来代替银钱。以至于，阳城县修城恰“值岁饥民以雇役活者甚众”。[2][35]除了征派外，县官也会使用一些办法来调动修城人的积极性。[3][15,17]

此外，军事城市中，驻兵通常是修筑城池的重要力量，与里甲和城中居人共同分担修筑城池的钱物力役。[4][18,34]工程结束，则须对所耗经费、劳役、物料加以统计。[5][20,23]

备料

城池修筑所需材料筹备工作常有集土、造砖、伐木、烧灰、采石五种，所需材料为土、木、炭、石等。土是黄土高原最为常见的材料，通常集土版筑城墙。砖甃于城墙之外，为筹备砖瓦，多开设砖窑，加以烧制。灰为粘结材料，由石灰石烧制而成。木材用于木筋或楼橹的建设，多采伐于附近山林。石为基础，多采之于山，为诸多材料中最难获得的材料，其采伐、运输都需要较多人力8。[6][19,27]

有时，周围环境不能提供所需所有材料时，便需要另想办法。如：洪洞县[7][19]全民动员，捐助石料以筑城池；朔州[8][29]卷十二将别处木材转而应用于城楼建设。这些都说明在有战乱威胁之时，材料筹备必须快速得以实施。

工期

城池修筑工程的工期依工程大小而差距甚远，多者三两年，如平顺县[9][22]新建城池历时三年零三个月；少者如万泉县[10][15]只月余而已；但二者皆为少数之例。当年完成者，工期多在三至六个月间。[11][14,15,26]次年完成者，工期多在一年零三个月左右。[12][23,24,25,28,36,37]

通常，城池修筑工程经始于当年春夏之际，功成于当年秋冬之际或次年夏秋之际。据《隰州志》:“是冬余来视事，廉知其状，急欲修筑，而沍寒土僵，不能施畚钟。

1 （明）顾鼎臣《创建平顺县记》：“凡财用取给于公家，力役则雇募乱后余民。”

2 （明）王国光《阳城县新筑砖城记》。

3 如：万泉县（民国万泉县志）、定襄县（乾隆太原府志）。

4 如：保德州（康熙保德州志）、潞安府（光绪长治县志）。

5 如：马邑县（民国马邑县志）、高平县（雍正泽州府志）。

6 如：太平县（光绪平遥县志）、洪洞县（民国洪洞县志）。

7 （明）刘应时《砖城记》：“虑城基非石不固而山远难于卒至，各取祖茔中石桌得三千具，各乡中敛集碾场碌碡得五千，照房产间架，每间出顽石一块，得石五万。”

8 （明）翁应祥《（天启）重修朔州南城楼记》：“盖朔有兴作，必取给于楼烦之虎北山而山以蔽虏，有旨严禁采木，以故迩岁楩楠杞梓之用诎焉，或曰朔虽乏材，有前宪便仙公所，储文场之木可用也。闻之公公首肯，以为文武虽不畸重而时当用武则备为急，且文事可渐次图也。”

9 （明）顾鼎臣《创建平顺县记》：“经始于嘉靖八年九月望日，告成于嘉靖十二年二月朔日。”

10 （明）贾仁元《万泉县重修古城德政记（隆庆三年）》：“越明年己巳春二月上旬乃兴工抵春告成。”

11 如：繁峙县（光绪繁峙县志）、荣河县（民国万泉县志）、稷山县（同治稷山县志）。

12 如：太谷县（乾隆太谷县志）、吉州（光绪吉县志）、永宁州（康熙永宁州志）、沁源县（民国沁源县志）、马邑县（民国马邑县志）、汾州府（光绪汾阳县志）。

大同城墙夯土层

大同城墙砖包土截面

8 大同城墙

明年春三月……”[1][38]说明山西在冬季因天气寒冷、“土僵”而不能施工的情况。也就是说，如果工期中包括冬季，则一般需要停工，待来年春季才能继续兴工修筑，所以在工程规划之时，通常就要考虑在冬季之前完工或者第二年春天再行兴筑，这就解释了为什么工程通常都是在当年的冬季来临之前，或至次年春夏之际完工。当然，也有例外者兴筑于秋冬之际。[2][16,30,34]

筹划

工程之始，筹划者只有将可用之劳役、材物及待实施之工程建立一定的对应关系，才能确定现有条件可以兴筑什么样的工程，或者要实施现有工程应当募集多少人财物料。即，都是通过计量、将工程量化，才能进一步筹备和分配劳役。[3][27,36]隆庆间(1567—1572)汾阳县的修城记中关于工程筹划的记载最为详尽，可参阅。[4][28]

工程的筹划根据所考虑内容不同，可分为两部分：其一是定功、定委。将工程分为若干基本单位，计算所需工匠、劳夫数量，据功委派官员、富民进行管理，作用是

1 （明）范守巳《徙河筑城记》。

2 如：太平县（道光太平县志）、河津县（光绪河津县志）、潞安府（光绪长治县志）。

3 如：吉州（光绪吉县志）、平遥县（光绪平遥县志）。

4 （明）孔天酳《新甓汾州城记》：“乃命官计度其事有五。一曰定功。以包墙五十丈为一功，四面各八功，通定三十二功，计用工匠八百名，夫七千二百名。二曰定料。以墙广一丈高四丈八尺为率，定砖及石条、石灰为数各如干。通用砖二千四百二十四万枚，石条四千丈，灰万车。三曰定直。计砖以万、石条以丈、石灰以车为率，直银为两各如干。通用银万九千有奇。计匠以百，计夫以千为率。工食为两各如干。通用银七千二百有奇，而饩廪犒赏之费居外。四曰定财。计照粮起夫征银，出银募夫而不用其力。率以粮十石编夫一名，名征银三两，凡以征民兼之帑羡通得银之为两二万九千有奇。五曰定委。记功三十有二，每工委官二员、富民一名。通用官民九十六人分管造作，而州正佐二总管督视。”

确定人数和人的分配。其二是定料、定值、定财。首先根据工程所要达到的目标，计算所需砖、石、灰的数量，其次根据所需材料和粮食计算所需银两，再根据所需劳夫数量计算所征银两。

但不同城市其筹划依据城池不同而多有差别，很多的筹划都较为粗略，其在具体实施中又多有变化，需在具体工程中加以权衡。[1] [13,17]

规模与等级

一座城池的规模数据有诸多方面的体现，如占地规模、城垣高度、城壕深浅、城门多少、砖土材料、城楼配置等，而各类指标又取决于不同的要素，如是否存在与城市等级体系对应的城池等级体系？城垣高度与防卫要求和地势等有哪些关联？以下就城高、城周、城门及部分防御要素等，略论明末山西城池的尺度、规模特征等。

城周大小

方志中通常以“步里法”[39]94 来描述城池规模，即将城池的周围尺度记载为城周几里几步，以表示城池的占地大小。城周受城市的等级和规模的影响，城市等级较高，需要容纳的衙署、民居等较多，则城池占地规模就要大；反之，城市等级较低，经济不发达，衙署、民居等均较少，则城池的占地规模较小。因此，城池占地规模的大小是城市等级和规模的直接反映，其地域、等级划分的特征均以此为基础。

城周在地域上的分布特征表现在[9]：①城周较大的城市多沿交通要道沿线分布，且具有离主干道越远，城周越小的趋势。②区域内部差别较大。一个区域内部，往往存在几个城周比较大的城市，分散布置，各不相邻，其周围则围绕着城周较小的城市。

1　如：襄陵县（民国襄陵县志）、定襄县（乾隆太原府志）。

③山西境内中部、北部大城池较多，城池总体规模也较南部为大。

那么，是什么原因促成了这种分布态势？

山西的交通要道多分布在其盆地链上，而盆地链又是山西经济发达、人口密集、最为富饶的地区，城池规模较大应属情理之中；区域内部城市之间存在着小城市围绕大城市布局的组织关系，这种关系决定了城周小的城市以城周大的城市为中心布局；北部地区城周较大的城市，皆为军事重镇，其规模应与驻兵、屯兵有关。

城周的分布态势也是不同等级、不同规模城市分布形式的一种外化表现，与城市等级也存在一定的对应关系。这种对应关系有两个方面可供探讨：首先，相同等级的城市规模是否会达到一个大致相当的水平，如府、州、县各自的城池大致会有多大，是否有一个与之对应的范围？其次，城市等级的差别反映在城池规模上，是否存在同样的等级之别？

明代山西的县城城周多集中在二里至六里之间，州城则多在四里至九里之间，府城又在九里或十里以上。总体而言，府、州、县的城周是存在着递减关系的，但在山西全境内，这种对应关系并不严格存在，县城的城周规模可能会超过府城，且相同等级的城市之间差别也较大，如平遥县城周十二里余，榆社同为县城，城周却只有二里许，二者相差近五倍[10]。

既然山西全境范围内很难为每一等级城市找出标准的城周范围，那么，城市等级与城池城周规模之间的对应关系也不是确定存在的。但城市等级是以地域为条件的，如同为府城的潞安府、大同府、太原府等，虽然彼此之间差异很大，但皆为某一地域的中心城市。如果把目光集中在某一个城市体系内部，这种差异的对应关系则多是非常准确，如直隶辽州，城周只有四里三十步，甚至比很多县城还要小，但其下属的两个县城中，榆社县城周只有二里许，和顺县也只有二里二百步，等级的差别还是存在的。若将城市分布体系与城池的城周进行叠加[11]，可以发现在多数情况下，城市等级的隶属关系还是较好地对应着城周的递进关系，极少有城池的城周会越出等级的限制。

所以，在山西这样一个地域特征鲜明的地区，若跨越地域来总结城市城周规模的规律，只能得出一些相对模糊的结论，而真正确定的关系，则是存在于同一城市体系内部的城市等级差别与城周大小之间。

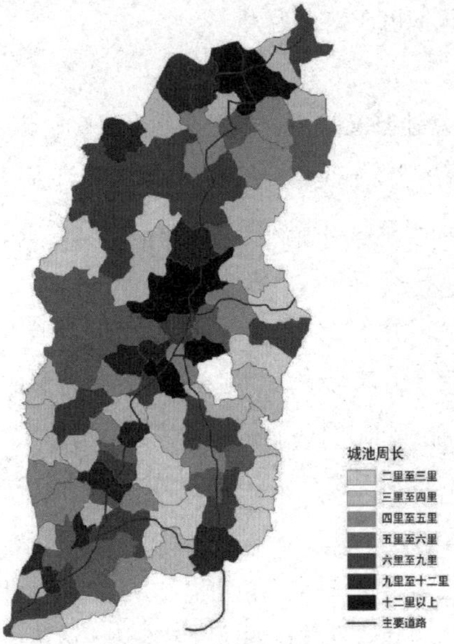

9 城池周长分布

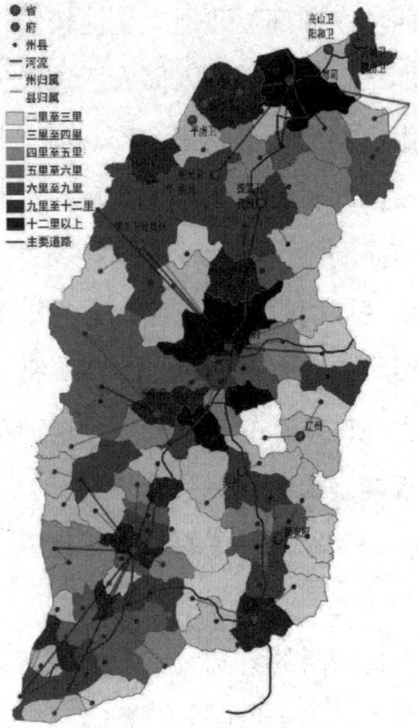

10 城周与城市等级关系

城垣高度

城垣高度是城市防御能力的重要指标，在明代的山西，几乎所有城池都曾得到加高和加厚。万历间（1573—1620）伴随着大量砖甃工程的展开，很多城垣得到了最后一次加高，其高度也就固定下来。

同城周较为紧密地联系于城市的等级规模截然不同，城垣高度的分布与城市等级之间没有明显的对应关系，而是凸显出各自的地域特征，多是同样高度的城垣相连而布。北部、中部城池的高度高于南部，而南部城池中，东南部的又普遍高于西南部，地域差别比较显著。改变了分级标准后，可见绝大多数城垣的高度都集中在三丈至四丈之间，除零星城池超过了这个高度外，高度低于三丈的城池则集中在晋西南地区，这与该区城池至明末仍为土城有关 12。

关于筑城之制，以高四丈之城为例，《营造法式》[1][40] 中城之尺寸为高四丈，底厚

1 《营造法式》的记载为："每高四十尺，则厚加高二十尺；其上斜收减高之半，或高减者亦如之。"

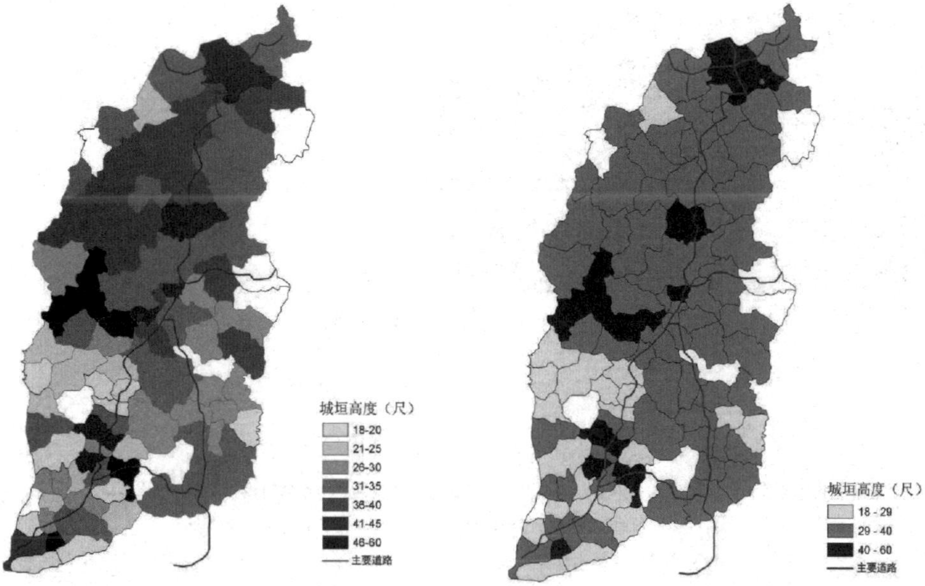

12　城垣高度分布

六丈，顶阔四丈；戚继光的说法则是城之尺寸为高四丈，底厚六丈，顶阔二丈五尺至三丈五尺。[1][9]227 经统计明代山西城池的城垣尺寸[表5]，可见城垣高度与戚继光所述相符，底厚尺寸多在三丈至四丈之间，等于或略小于城高，顶阔则多在一丈五尺至两丈之间。城墙的收分变化较大，砖墙更为陡立 13。虽然城垣在高度上达到了戚继光的要求，但在厚度上尚有差距。

城门数量

明代山西城池的城门开设，两门至八门皆有，以四门和三门最为普遍 14。开设四门的城池分布在交通便捷、经济发达的盆地链上，即自忻定盆地向南，经太原盆地、

1　万历间（1573—1620）戚继光在《纪效新书》中对城墙构筑的要求为：“大名城高，除垛口城身必四丈或三丈五尺，至下以三丈，面阔必二丈五尺，底阔六丈。次城，除垛，城身高二丈五尺，面阔二丈，底阔五丈。小城，除垛城身二丈，面阔一丈五尺，底阔四丈。此其大较。若再加宽阔益善，势不可减。但底加面不加可，面加底不加不可。底不加而加面，断然倾覆。若内外俱用砖石，只增阔一丈亦坚。如土著，必合前数。”

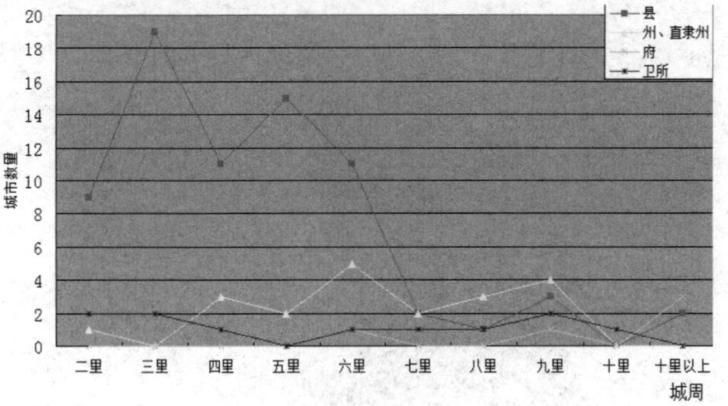

11 城周与城市体系的关系

图中城墙截面分别依照《营造法式》、《纪效新书》及方志中记述的明代山西城墙的尺寸绘制而成。其中《纪效新书》中所载城墙尺寸收分较大，现实中较为少见。明代山西砖城墙收分较《法式》记载为小，多在20%左右(依据方志绘制的城墙剖面图，以城墙内外均甃砖为前提)。

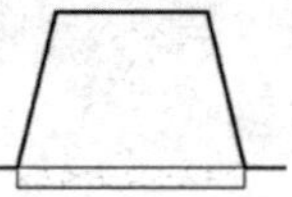

《营造法式》中四丈城墙

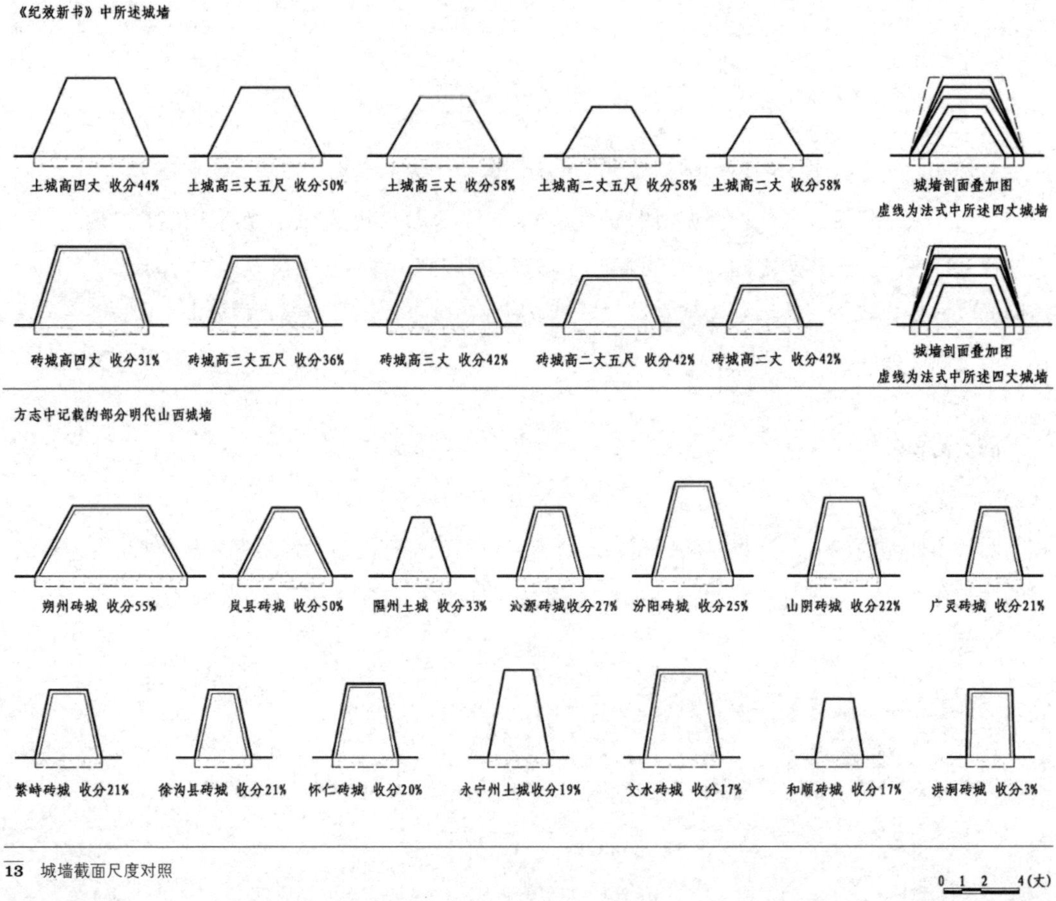

13 城墙截面尺度对照

城市	底厚	顶阔	城高	材料
徐沟县	三丈	一丈五尺	四丈余（含女墙）	砖包
文水县	四丈	二丈五尺	四丈五尺	砖包
繁峙县	三丈五尺	二丈有奇	三丈五尺	砖包
岚县	五丈	基三之一	三丈六尺	砖包
洪洞县	二丈五尺	二丈三尺	三丈五尺	砖包
隰州	三丈	一丈	二丈五尺	土城
汾阳县附郭	四丈二尺	丈八尺	四丈八尺	砖包
永宁州	三丈二尺	一丈五尺	四丈八尺	土城
怀仁县	三丈五尺	一丈八尺	三丈八尺	砖包
山阴县	三丈八尺	二丈	四丈	砖包
朔州	八丈	四丈	三丈六尺	砖包
广灵县	三丈	一丈五尺	三丈六尺	砖包
沁源县	三丈五尺	一丈六尺	三丈九尺连垛口	砖包
和顺县	二丈五尺	一丈五尺	三丈七尺（含垛口）	土城

表 5 记载较为完整的城垣尺寸

临汾盆地到运城盆地及长治盆地；城门开设多于四门的城池点缀其上，而自盆地链向外扩展的则多为开设三门的城池。两门的城池多为北部规模较小的边城，如河曲县、井坪所、马邑县等城市。城门开设数量的分布与城周大小的分布存在一定的对应关系，表现在靠近中部盆地链的城池城周较大且城门较多，周边城周较小的城池，城门数量也较少，多为三门。

按照王贵祥《明代城池的规模与等级制度探讨》的分类，[41]13 九里、六里和四里分别可容纳四个、两个和一个里坊，亦即，城周大小与城门数量间是有一定对应关系的。明代山西从五门到三门的城池，其平均城周也存在一定的等级差别，但两门的平均城周却高于三门，主要是因为两门城池数量较少，且其中又有几个存在于北部的边城，城周较大但只有两门，即两门的城池很多不是根据城市规模设门，这大概与城市的防御、交通要求有关表6。

虽然这种对应关系在宏观上是存在的，城池可设置的城门数量弹性仍是很大，如从二里半至十三里的城池中都存在四门的设置，从二里至九里的城池都存在三门的设置。这种弹性说明城门的设置除了与城池规模相关外，也受到其他因素的制约，如道路交通、军事防御以及风水考虑等因素。

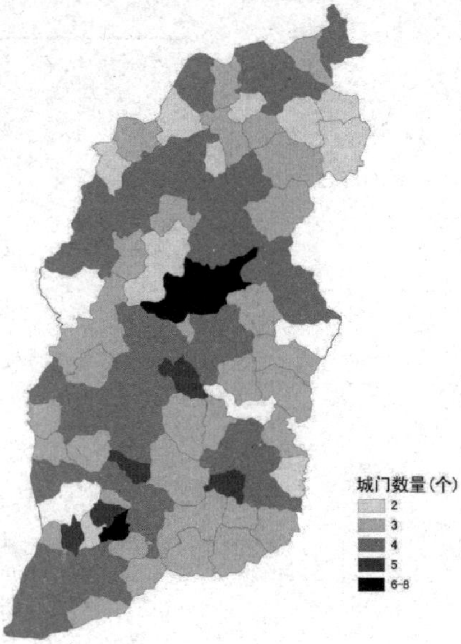

14 城门数量分布

防御要素

明代山西城池的防御要素包括砖甃城墙、雉堞、城壕、壕墙、瓮城等，这里仅就雉堞和城壕予以管窥。

雉堞是最早使用砖的城池要素之一，因土筑雉堞很容易损坏，随着制砖业的发展，砖甃雉堞大量出现。明代山西城池的雉堞高度多在五尺至七尺之间，按明城墙砖约高70毫米计算[15]，当在16到20匹砖左右。一个雉堞的水平长度约在六尺至八尺（约2米至2.5米）之间，但也有小至三尺或大至两丈者，只是较为少见[表7][16]。

明代山西城池多有城壕，有些更设有两道城壕，以资保障。[1][17,42,43,44] 城壕内外常设壕墙，以加强防御能力，墙多设于壕内，也有壕内外皆设壕墙者。[2][29,45] 城壕深者四丈有余，浅者仅三、四尺而已。据统计的73座城池的城壕深度[表8]，以二丈或一丈五尺者最为常见。城壕阔者可达十丈以上，窄者仅一丈左右，壕阔以三丈至二丈者最为常见。壕深与壕阔的比值则以1或小于1者为多[17]。

1 如：太原县（乾隆太原府志）、灵石县（民国灵石县志）、长子县（光绪长子县志）、浑源州（乾隆大同府志）。

2 如：朔州（雍正朔州志）、辽州（雍正辽州志）。

城门数	城市数	最大城周（丈）	最小城周（丈）	平均城周（丈）
五门及以上	8	4320	700	1543.5（约九里）
四门	48	2340	480	1158.5（约六里）
三门	34	1635	360	731.5（约四里）
二门	10	1627	385	835.2（约四里半）

表 6 城门数量与城池规模

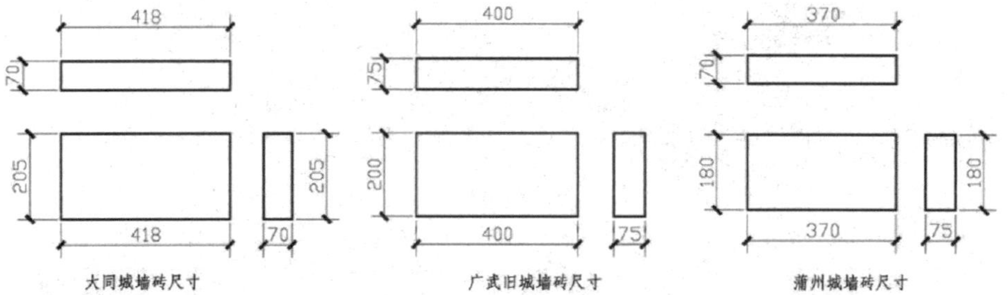

15 城砖尺寸（单位：毫米）

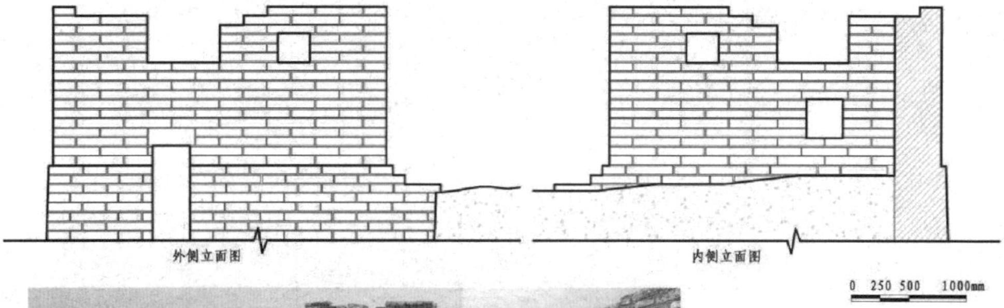

广武旧城在马邑县南五十里，砖包，今尚完固。古城村前汉之广武今废，此光武辽金之县也。金地理志西京道云，贞佑三年七月割朔州之广武隶代州。明洪武中于东关大关别置广武，营建雁门守御所，士人名新广武而以金故县为旧广武。（民国马邑县志 中国方志丛书 华北地方 第76号，成文出版社）

16 广武城墙雉堞

城市	周长	雉堞高	雉堞数目(个)	长度推算(丈)	城墙材质
太原县	七里	六尺			土城，砖女墙
交城县	五里余九十步		千有五百	0.63	砖城
五台县	周三里		六百三十五	0.85	砖城
崞县	一千一百丈	六尺	七百四十	1.49	砖城
赵城县	五里一百二十四步	七尺			砖城
太平县	一千四百步有奇		一千一百八十		砖城
曲沃县	六里五十步		四百七十	0.44	
蒲州属县五	八里三百四十九步	七尺		0.43	砖城
猗氏县	九里十三步		一千九百三十个		土城
万泉县	五里十三步	五尺		0.84	土城
稷山县	五里十三步		千有四百有奇		土城
垣曲县	四里		八百五十	0.65	土城
隰州属县二	七里十三步		二千一百	0.85	土城
介休县	八里	五尺		0.60	砖城
永宁州属县一	一千二十丈		一千二百二十八		土城
襄垣县	六里三十步		八百九十有一	0.83	砖城
壶关县	二里二百四十步		八百四十有五	1.23	砖城
黎城县	三里有奇		一千五百有奇	0.57	砖城
朔州	一千二百丈	六尺	三千一百三十五	0.36	砖城
马邑县	七百四十丈	六尺		0.38	砖城
广灵县	三里一百八十步	六尺	四百七		砖城
天城卫	八里二十四步	七尺	七百二十	1.21	砖城
高平县	一千三百有三丈	三尺五寸	一千八百九个	2.02	砖城
和顺县	二里二百五十步		八百一十六	0.72	土城

表7 雉堞尺寸

城市	城壕阔	城壕深	深阔比
太原县	十丈（两重）	三丈	0.3
榆次县	三丈	一丈五尺	0.5
太谷县	一丈	五尺	0.5
祁县	一丈	三尺	0.3
清源县	一丈五尺	一丈二尺	1
交城县	三丈	三丈	1
文水县	四丈	三丈	0.75
寿阳县	三丈	二丈五尺	0.83
定襄县	二十七尺	二十一尺	0.78
岢岚州	五丈	二丈五尺	0.5
岚县	二丈	二丈	1
洪洞县	二丈	二丈	1
赵城县	一丈四尺	七尺	0.5
太平县	四丈余	四丈余	1
蒲州属县五	十丈	一丈五尺	0.15
猗氏县	三丈	二丈	0.67
城市	城壕阔	城壕深	深阔比
解州属县五	十丈	二丈五尺	0.25
闻喜县	三丈	二丈	0.67
平陆县	一丈有奇	一丈有奇	1
稷山县	三丈	三丈	1
平遥县	一丈	一丈	1
介休县	二丈	二丈	1
宁乡县	二丈	二丈五尺	1.25
黎城县	一丈五尺	一丈五尺	1
怀仁县	一丈八尺	二丈	1.11
山阴县	二丈	八尺	0.4
朔州	一十二丈	三丈五尺	2.92
广灵县	三丈	三丈	1
高平县	二丈	二丈	1
沁源县	二丈	一丈五尺	0.75
辽州	三丈	八尺	0.27

表 8 城壕尺寸

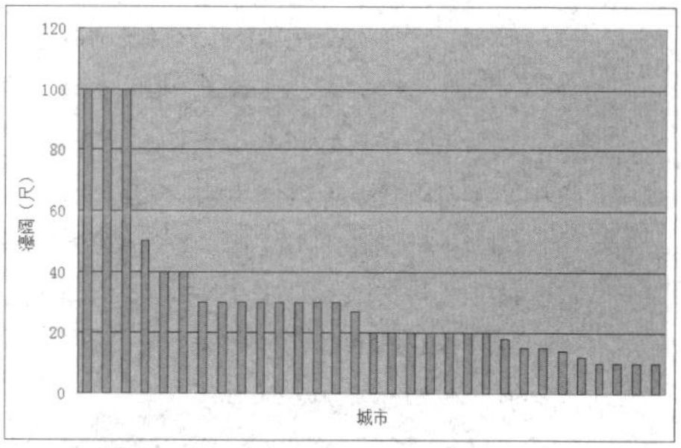

17-1 城濠深分布

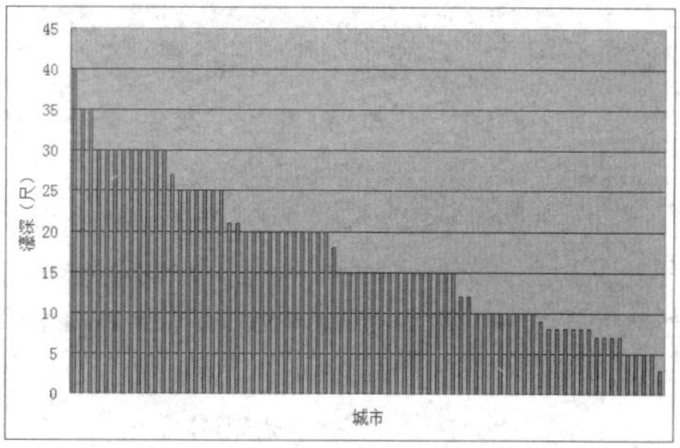

17-2 城濠阔分布

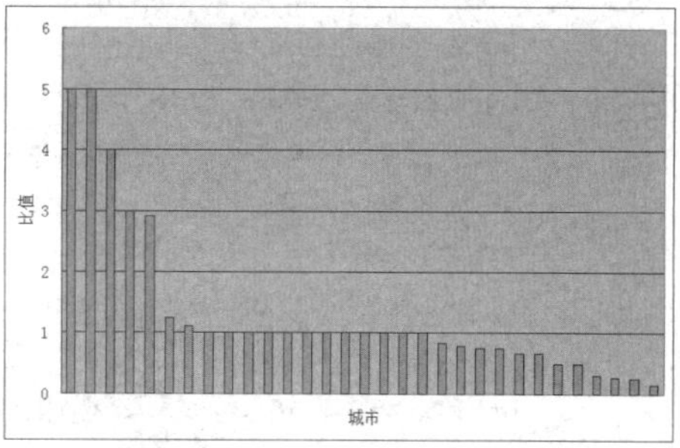

17-3 城濠深阔比

参考文献

[1] 成一农. 古代城市形态研究方法新探 [M].
北京：社会科学文献出版社，2009:245.

[2] 潘谷西. 中国古代建筑史·元明建筑 [M].
北京：中国建筑工业出版社，2001:3.

[3] 张廷玉，等撰. 明史 [M]. 北京：中华书局，1974.

[4] 赵现海. 明代九边军镇体制研究 [D].
长春：东北师范大学，2005.

[5] 顾祖禹. 读史方舆纪要 [M].
北京：中华书局，2005：山西方舆纪要序.

[6] 薄音湖，编辑点校. 明代蒙古汉籍史料汇编（第 12 辑）.
呼和浩特：内蒙古大学出版社 ,2015.

[7] 李钟珩，修；王之哲，等纂.（民国）岳阳县志 [M].
台北：成文出版社，1968.

[8] 马鉴，等修；寻銮炜，纂.（光绪）荣河县志 [M].
台北：成文出版社，1976.

[9] 范中义，王兆春，张文才，等. 明代军事史 [M].
北京：军事科学出版社，1998:376-938.

[10] 山西省地图编纂委员会. 山西省历史地图集 [M].
北京：中国地图出版社，2000.

[11] 何朝晖. 明代县政研究 [M].
北京：北京大学出版社，2006.

[12] 顾炎武. 日知录集释 [M]. 国学整理社，1936：卷十二.

[13] 李世佑，修；刘师亮，纂.（民国）襄陵县志 [M]. 台湾：成文出版社，1976.

[14] 何才价，修；杨笃，纂.（光绪）繁峙县志 [M] // 凤凰出版社. 中国地方志集成 山西府县志辑 15. 南京：凤凰出版社 ,2005.

[15] 何椠，程瑶阶，修；冯文瑞，王景命，纂. 民国万泉县志 [M] // 凤凰出版社. 中国地方志集成 山西府县志辑 70. 南京：凤凰出版社 ,2005.

[16] 李炳彦，修；梁栖鸾，纂. 道光太平县志 [M] // 凤凰出版社. 中国地方志集成 山西府县志辑 52-53. 南京：凤凰出版社 ,2005.

[17] 费淳，沈树生，撰修. 乾隆太原府志 [M] // 凤凰出版社. 中国地方志集成 山西府县志辑 1-2. 南京：凤凰出版社，2005.

[18] 王克昌，修；殷梦高，纂.（康熙）保德州志 [M]. 台北：成文出版社，1976.

[19] 孙奂仑，修；韩垌，纂.（民国）洪洞县志 [M]. 台北：成文出版社，1976.

[20] 朱樟，修；田嘉谷，纂. 雍正泽州府志 [M] // 凤凰出版社. 中国地方志集成 山西府县志辑 22-23. 南京：凤凰出版社，2005.

[21] 任耀先，修；张桂书，纂.（民国）浮山县志 [M]. 台北：成文出版社，1976.

[22] 段学先，等纂修. 民国平顺县志 [M] // 凤凰出版社. 中国地方志集成 山西府县志辑 42. 南京：凤凰出版社，2005.

[23] 霍殿鳌，纂.（民国）马邑县志 [M]. 台北：成文出版社，1976.

[24] 郭晋，总裁；管粤秀，纂修.（乾隆）太谷县志 [M]. 台北：成文出版社，1976.

[25] 孔兆熊，郭蓝田，修；阴国垣，总纂.（民国）沁源县志 [M]. 台北：成文出版社，1976.

[26] 沈凤翔，纂修.（同治）稷山县志 [M]. 台北：成文出版社，1976.

[27] 恩端，修；武达材，王舒萼，纂. 光绪平遥县志 [M] // 凤凰出版社. 中国地方志集成 山西府县志辑 17. 南京：凤凰出版社，2005.

[28] 方家驹，修；王文员，纂. 光绪汾阳县志 [M]// 凤凰出版社. 中国地方志集成 山西府县志辑 26. 南京：凤凰出版社，2005.

[29] 汪嗣圣，纂修；王霷，汇编.（雍正）朔州志 [M]. 台北：成文出版社，1976.

[30] 茅丕熙，杨汉章，修；程象濂，韩秉钧，纂. 光绪河津县志 [M]// 凤凰出版社. 中国地方志集成 山西府县志辑 62. 南京：凤凰出版社，2005.

[31] 程大夏，修；李御，纂. 康熙黎城县志 [M]// 凤凰出版社. 中国地方志集成 山西府县志辑 35. 南京：凤凰出版社 ,2005.

[32] 张淑渠，姚学瑛，修；姚学甲，纂.（乾隆）潞安府志 [M]// 山西省长治市地方志办公室整理. 潞安府志. 北京：中华书局 ,2002.

[33] 张坊，修；胡元琢，徐储，纂. 乾隆新修曲沃县志 [M]// 凤凰出版社. 中国地方志集成 山西府县志辑 48. 南京：凤凰出版社 ,2005.

[34] 陈泽霖，鉴定；杨笃，纂修.（光绪）长治县志 [M]. 台北：成文出版社，1976.

[35] 赖昌期，总修；谭沄，卢廷棻，纂修.（同治）阳城县志 [M]. 台北：成文出版社，1976.

[36] 吴葵之，总修；裴国苞，纂修.（光绪）吉县志 [M]. 台北：成文出版社，1976.

[37] 谢汝霖，修．康熙永宁州志 [M]// 凤凰出版社．中国地方志集成 山西府县志辑 25．南京：凤凰出版社 ,2005.
[38] 钱以垲，纂修．康熙隰州志 [M]// 凤凰出版社．中国地方志集成 山西府县志辑 33．南京：凤凰出版社 ,2005.
[39] 吴承洛．中国度量衡史 [M]．北京：商务印书馆，1993：94.
[40] 李诫．营造法式 [M]．北京：中国建筑工业出版社 ,2006.
[41] 王贵祥．明代城池的规模与等级制度探讨 [C] // 杨鸿勋．历史城市与历史建筑保护国际学术讨论会论文集．长沙：湖南大学出版社，2006：13.
[42] 李凯明，修；耿步蟾，纂．(民国) 灵石县志 [M]．台北：成文出版社，1976.
[43] 豫谦，修；杨笃，纂．(光绪) 长子县志 [M]．台北：成文出版社，1976.
[44] 吴辅宏，纂修；文光，校订．乾隆大同府志 [M]// 凤凰出版社．中国地方志集成 山西府县志辑 4．南京：凤凰出版社 ,2005.
[45] 徐三俊，纂修．(雍正) 辽州志 [M]．台北：成文出版社，1976.

历史城市设计

长卷与立轴：两种城市「片段秩序」画法与城市历史空间更新方法*

*基金资助：江苏省博士研究生科研创新计划项目(KYLX16_0233)；主持：林岩。原文刊载：林岩，沈旸《长卷与立轴：两种城市「片段秩序」画法与城市历史空间更新方法》，《建筑学报》2017年第8期（总第587期）。

任何城市在成长发展过程中都会受到“自下而上”和“自上而下”双重作用力的影响。相较于今天的城市，中国古代城市更多地表现出“自下而上”的发展特征——没有经过专业规划师的设计，城市依照自身生长规律，通过若干个体的作用在时间累积中建设而成。[1]25-26 面对今天的城市发展引导，尤其是在历史城区或历史地段中，这种历史上自发建设的形式应如何保留和应对？如何借鉴和传承？

现行的历史地段城市设计做法通常是针对一定尺度的任务范围进行全覆盖式的操作，但大多数城市设计对城市“自下而上”的活力、公众辨识度、空间环境应有的趣味和灵动掉以轻心，其结果是无法形成真正的历史场所感的延续。寻求适宜本土的城市历史空间更新方法，既是解决此类问题的关键途径，也是当前城市设计工作的迫切需要。

本文将目光投向了明清时期留下的大量反映城市面貌的画作，其主要有两种形式：一是长卷，通过连贯情景的呈现表达丰富的城市细节，特别是对市井生活的刻画细致入微，类似若干场景图的拼接；二是立轴，整体性地表达宏大的城市场景，类似于鸟瞰图。从中既可以领会到清晰的叙事意图和结构特征，还可以随着画面的观阅有节制地展开对象城市的空间想象，或者说，这些城市画作中的空间构造语言（画法）可用作城市历史空间更新的参照，进行城市设计式的分析解读。[2]

绘画创作有可能是对虚构场景的想象，也有可能是对真实场景的再现，[3]13 作为城市设计式的分析解读对象，确保写实性是基本前提，本文选取了（清）徐扬的两幅画作：《姑苏繁华图》是长卷，也被称为苏州历史上最详细的一幅古城地图，对街巷、桥梁、城门建筑等的注记极为详细，地名可辨，是具有真实空间依据的画作；《京师生春诗意图》是立轴，将中国传统散点透视与欧洲焦点透视的画法相结合，全貌式地描绘了清乾隆时的北京，从正阳门大街起，紫禁城、景山、西苑、琼岛，乃至天坛祈年殿，莫不一一收入。

两幅画作描绘的古代城市虽然是主要通过“自上而下”的规划产生的，但在画面构成中表现出通过“自下而上”的建设形成的丰富的场景构成和鲜明的地方特色，徐扬是如何做到的？进而作一个不太恰当的假设，如果徐扬是设计师，他在组织城市素材、构建城市文脉和秩序时，是如何设计的？或者说，设计师（徐扬）采用了什么设计方法（画法）来解决本文一开始就提出的中国古代城市自发建设的保留和应对、借鉴和传承问题？

其实，中国部分古代城市虽然普遍采用自下而上的建设方式，但这种自发性并非毫无控制，这与徐扬的两幅画作类似。很显然，《姑苏繁华图》和《京师生春诗意图》不完全是“画式的”（painterly），而是相当“图式的”（planimetric mode），本文将通过对徐扬这种“样式化”或“类化”（generic）画法的研读，[4] 试图证明呈现城市“无意识的形态”的关键，在于准确找到城市片段的秩序并赋予其变化的可能，进而基于个体的差异再对片段进行细致的刻画，并以芜湖“十里长街”和新场“河街四进”两个城市设计案例探讨从画法到设计方法的借鉴和转化，即如何运用历史的方式来看待今天的城市问题。[1]

长卷：细节的线性复合

“长卷”又称“长轴”“手卷”“横卷”，高度相对固定，一般在 20 ~ 30 厘米，但长度的变化幅度很大，短的可以不足 1 米，长者则可达 10 米或 20 米以上。绘制时需分段处理，叠加成作；观赏时则需通过动态连贯的局部品鉴捕捉细节，再经由若干片段在脑海中的叠合，累积并不断回味思考方能形成整体印象。

1 芜湖城市景观风貌规划暨总体城市设计 [Z]. 东南大学城市规划设计研究院，2016，项目主持：王建国、杨俊宴；上海新场古镇城市设计 [Z]. 东南大学建筑设计研究院有限公司，坂本一成研究室，东京工业大学，2017，项目主持：王建国、坂本一成。

1 《姑苏繁华图》街景段节选，及其绘画阅读与城市线性空间体验的相似性
作者自绘

以长卷方式描绘丰富多姿的城市生活景象成为晚明及之后流行的创作题材，也使得长卷针对观者的时间性和体验性的双重属性变得更为突出,画作本身难以一览无余，呈现的城市景象是连续的图像展演，必须经由身体，诸如手的操作和视点的移动等来完成。[5]151-153

当我们置身于真实的世界,对大多数城市空间的瞬间感知是局限于特定范围内的，更完整的城市印象有赖于身体在各种状态下各种感觉的综合获取。这种片段知觉、累积体验的特征在街道类型的空间中表现得尤为明显，仿佛是一幅变大、变立体的画卷在人的行走中徐徐展开，越是与身体尺度相关的内容越容易变得真切。

如此，长卷的观法与真实的城市空间体验有着诸多相似性；那么，就长卷本身所呈现出的丰富性，其画法是否可以作为提升城市线性空间品质——特别是现在很多以街道为代表的城市线性空间存在界面单调、识别性不强等诸般问题——的一种借鉴?

《姑苏繁华图》: 丰富细节叠加的画法

《姑苏繁华图》[1] 即为长卷中较为成熟且复杂的作品，不仅有片段场景的刻画，更在山水与聚落的交错中表达了宏大而严谨的空间逻辑和节奏，呈现了由乡入城、行街游园等多重城市空间。以下选择 3 个街道片段分析其画法的构成方式[2]：片段 A 是街道向富人住宅区域转折拐角处的一个“名烟鲜果店”；片段 B 是位于街道中心位置的一个鞋店，面对广场；片段 C 是临近城市入口（城门）的一个杂货铺，其前是通过性街道。这 3 个街道片段的构成皆包括了建筑本体、门面装饰、周边环境、人物活

动、绿化植被等，可将之剥离为四组主要构成元素来反观街道丰富度的呈现原理[3]：

对比一：房屋原型

通过将建筑本体附加细节——片段 A 的入口雨棚、片段 B 的后凹门廊和鞋子货架、片段 C 的柜台以及各类招牌等虚化，可以看出 3 处建筑的空间原型基本一致，即都是三或四开间的砖木硬山房屋，是当时苏州普遍存在的建筑形式，具有高度的地方一致性。房屋形式影响着街道的风貌特征，决定着街道的“整齐感”，但不决定街道的丰富度。

对比二：周边环境

片段 A 处于街道拐角，周围空间宽敞，同时背靠富人宅院；片段 B 位于街道中心，虽然门前空间不大，但提供了人们活动聚集、驻足停留的可能；片段 C 靠近城墙，面对入城的交通要道。所处位置不同，决定了 3 个街道片段周边环境尺度与性质也都不同。

对比三：人物活动

片段 A 所处位置较为特殊，目标消费人群比较富裕，门口轿子众多，客人会进入店内而不是在门口完成交易活动；片段 B 在江苏总藩门前，面对较大的中心广场，门前有多人停留，店铺廊下可供休憩，将街道活动有效引入室内，商客之间互动颇多；片段 C 中的商人在柜台前无聊地望着挑着行李赶路的匆匆过客，交流甚少。虽然形形色色的人物活动都在店铺内外展开，但店铺所在街道的空间性质使得其吸引的人群和引发的活动均有区分。

对比四：门面装饰

片段 A 的“名烟鲜果店”算得上是豪华消费，入口凉（雨）棚既起到装饰作用

(上) 2 《姑苏繁华图》片段选择
(下) 3 A、B、C 片段不同元素对比

人物活动

功能和装修

又增加了入店的舒适度；片段B将柜台后退形成凹廊，成为贡献给城市的公共空间，加强了店铺与街道的联系，柜台上方设置的鞋靴展示装置，也凸显了店铺的特点和街道的活力；片段C只用了三开间中的两开间做门面，与外界联系较弱，主营的是快速消费商品。3个店铺经营有别，并与外环境相交融，决定了门面装饰的面貌。

以上3个片段的4个对比显示，若将片段的构成元素剥离开，则片段之间差别细微；若将片段的周边环境、人物活动、门面装饰等叠加上去，则3个店铺各有清晰的辨识度[4]；若再将片段进行综合，则街道的丰富度跃然纸上，不言自明。应当看到，这些片段中店铺门面的附加细节——雨棚、门廊、货架、柜台等，是街道立面出现变化的关键，是房屋主人意愿的表达，反映着个体的营生技能、经济实力、偏爱喜好等。与此同时，店铺又与周边环境和人群活动发生着密切关联，正如片段A因为门前宽敞，才有足够余地附加凉（雨）棚，因为邻近豪宅，才可售卖名烟鲜果；片段B因为紧靠政府机构，来往人群有经常停留的需求，才要把室内空间的一部分公共化，并出现了在檐下展示商品的可能；片段C因为面对交通要道，才有尽可能简单快速的购物方式。

亦即，是片段的附加细节让形形色色的城市活动显像化，并且让片段发生独特的城市意义，在融入城市的过程中对街道的丰富度产生贡献。对《姑苏繁华图》片段进行的

4 三个片段的最终呈现效果
作者自绘

5 "十里长街"航拍和实景

拆解和叠合过程，解释了在无法以鸟瞰式关照城市整体面貌的情况下，在可感知体验的范围内创造城市多样性的手段，在建筑基本形式之外允许个体根据主客观二元理解对房屋进行二次创造是增加街道丰富度的有效途径。房屋最终呈现的面貌是使用者在个人意愿和城市环境的限制之间取得的一种平衡，是将面对不同影响因素所作出的反应重新组合之后得到的复合体。在表现街道生活场景时，要着重描绘多因素协同作用下的场景构成元素。

芜湖"十里长街"：影响因子与二元创造

中国有太多曾经繁华一时的老街，在当代都逃不过受周边城市更新的挤压和新型商业模式的冲击而遭遇"冷落"的命运。如位于青弋江北岸的"十里长街"，曾是老芜湖最繁华的商业街。如今，在城市规划引导下，长街周围的徽派小楼几乎全部拆除，取而代之的是鳞次栉比的商品楼，并不断压缩传统商业街的用地，使之日益"缩水"。虽然也经过部分翻新，但呆板而重复的建筑形象使街道空间毫无特色，商品种类虽然繁多，却无法吸引消费人群，"多样"却不"丰富"，"混乱"却无"人气"[5]。

"十里长街"是一个典型的现实缩影，这类老街大多整体形态已被破坏，周围环境缺少历史氛围，不适宜进行全面翻新和改建，但出于历史文化意义又需要保留和活化，在这两难的境地中，立面更新或许是最直接也最有效的手段，即落实到近人尺度的场所营造上。借鉴上述《姑苏繁华图》中街道片段的画法，以若干相似建筑和场景的重复组合形成线性空间；不同于立面改造的通常做法，即给出立面形式的唯一解，本文试图用塑造立面片段秩序的方法探讨半开放式场所更新的可能。主要步骤有三：

首先提取影响立面最终呈现形式的因素，将其转换成片段的"影响因子"；其次根据"影响因子"设计片段局部形式，并形成片段改造策略选择菜单；最后由使用者从菜单中选择需要的策略进行组合，完成片段立面更新。

对于此类长街来说，"影响因子"主要包括：①环境尺度，店铺所在位置的外部空间宽敞程度不同，使之面临的环境尺度差异较大，过于空旷会削减热闹亲切的氛围，过于局促又会妨碍使用和停留，应根据实际情况采取向外延伸、向内后退等不同策略；②人的活动，将观察到的各色人等活动叠加入片段设计，为相应的设施提供空间；③售卖功能，店铺的经营种类是影响商业界面的一个重要因素，需将其提取并有针对性地进行专门的细部设计。

进而基于"影响因子"创建片段改造策略菜单[6]，包括：环境尺度——界面后退、雨棚、庭院、围墙等；人的活动——休息座椅、盆景绿植、树木、娱乐设施等；售卖功能——节庆用品、小商品、纺织品、餐饮等。在具体的立面更新实践中，再由使用者根据自身情况选择改造方式。本文给出了 4 种可能[7]，如例一，是一个门面宽敞程度适中的节庆用品商店，选择增设雨棚、添加休闲座椅和节庆用品装置、增设招牌的改造方式。组合菜单中只给出了 16 种策略，且每项改造策略简单明了，经由 4 ~ 5 种不同组合之后可演绎出超过百种不同类型。

"十里长街"提供了一种改造线性街道的细节化范式，有限的"影响因子"确保了街道的整体风貌；同时，又允许发挥个体的创造力对"影响因子"进行多样组合，这恰恰创造了城市自下而上建设的机会，提供了城市应有的意料之外[8]。

立轴：原型的结构控制

立轴，是竖向画作的裱装方式，需悬挂起来观赏。相较于长卷而言，城市题材的立轴出现的时间更晚，往往篇幅较大，利于呈现城市的整体场景。对画者的要求也更高，不仅需要作者对整体城市空间有深入的理解，像长卷作画一样还原局部的空间体验，更要求对总体有足够的把控力，并能够过滤提取出在城市生活中已经获得某种"永恒性"[6]337 的形态特征。

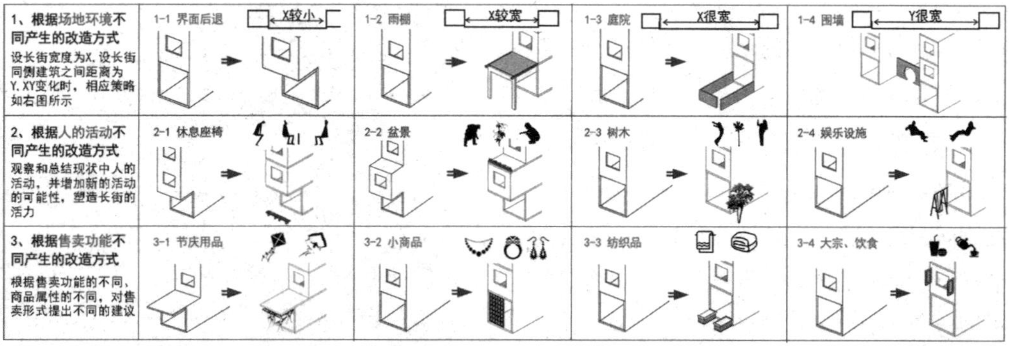

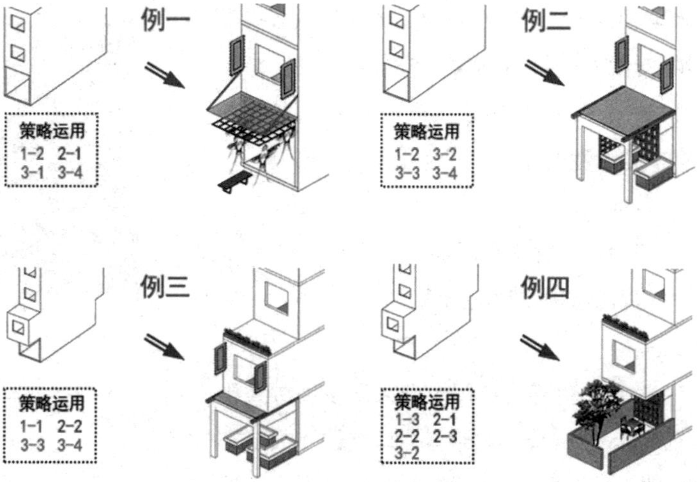

上）6 片段改造策略菜单

中）7 可能出现的改造片段示意

下）8 长街改造效果示意

出自：芜湖城市景观风貌规划暨总体城市设计 [Z]．东南大学城市规划设计研究院，2016

以立轴描绘城市，与今天城市设计中的鸟瞰图相似。以鸟瞰的角度，在较高远的距离之外观察和思考城市，是一种“宏大的整体印象”的操作方法。在有限的篇幅中要表达出城市全貌，首要考验的就是“抓特征”的素质和能力。这些特征除了表现在建筑群落与自然环境的关系、重要节点的刻画、城市轴线的驾驭之外，同样重要的是占据画面绝大部分的普通房屋的组合方式，其存在不仅赋予了画面地方性特质，也虚化了那些影响整体性的不和谐元素。亦即，立轴（鸟瞰图）所呈现的实际上是城市形态的再塑过程，在对艺术性的追求中有优化现实的成分。

《京师生春诗意图》：局部结构控制的画法

《京师生春诗意图》即采用了鸟瞰式构图[9]，虚实结合、详略得当，整体和细节都处理得恰到好处，而数量庞大的普通房屋则是烘托画作中城市整体面貌和氛围的基底，并非毫无章法的肆意排列，而是相互结合，成为具有相似组成规律的片段。逻辑的画法使这些普通房屋成为一种带有地方标签的单元符号，成为显现城市特色的一个最重要的组成部分。以下截取分属远景、中景、近景 3 个片段，并绘制意向平面，分析局部房屋组合，以期探讨营造画作整体叙事感的画法[10][11]：

片段A临靠正阳门大街，位置相对边缘，房屋四面围合，其间有绿植，建筑形态比较

（上）9　《京师生春诗意图》立轴与新场整体鸟瞰（作者自摄）对比
（下）10　《京师生春诗意图》片段选择
（右）11　片段原图像与平面意象

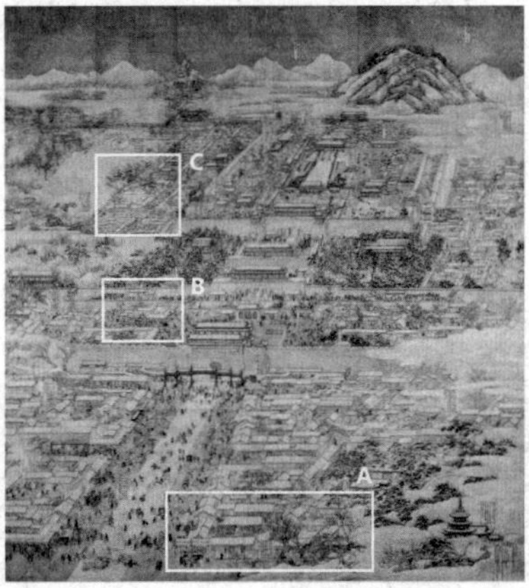

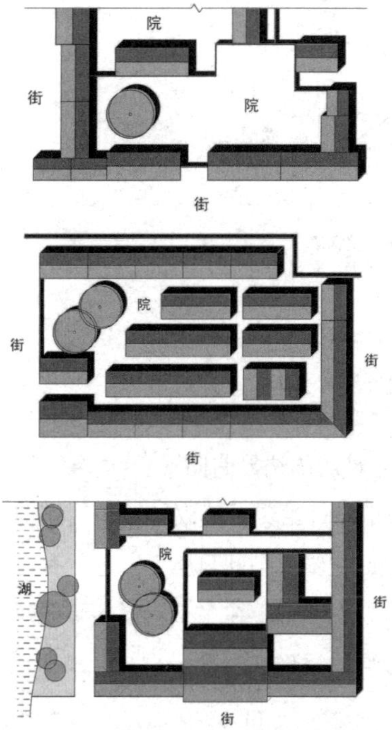

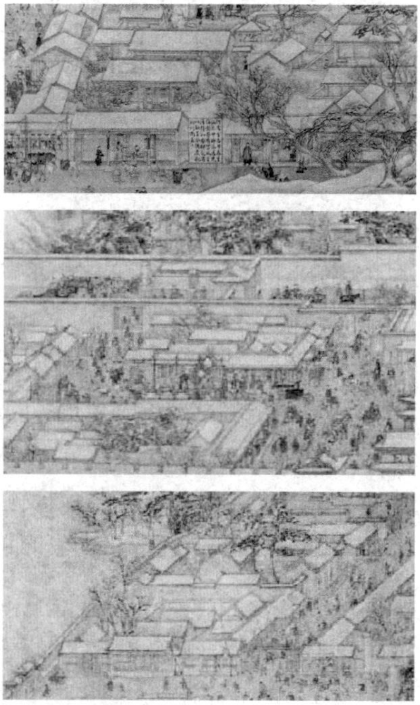

简单，面向街道的界面比较长，作为商铺使用。

片段 B 位于紫禁城外西南，无论房屋还是人物都比外城的片段 A 密集，熙熙攘攘。也是通过围合型的店铺面临街道，但在围合之内建造了若干小体量房屋，以应对土地的紧张。

片段 C 位于紫禁城外西苑边，自然景观条件优越，多进院落围合，颇有层次。其西以绿植成丛，应对广阔湖景，其东则是排列规整、较为舒适的起居空间。

虽然以上三个片段的形态、规模、空间特征均有不同，但可辨析出一些共同的组成规律：房屋大多围合，并多以围墙分隔；单体大多沿东西向展开，临街面一般是体量较长的店铺；围合出的院落中栽有树木或设置体量较小的房屋。进而将简化后的片段空间原型 12 重新置入画作，则随所处环境位置的不同纷纷变形：片段 A 外部空间较为宽松，沿街门面也做得凹凸有趣，空间关系基本简单明了；片段 B 所处城市用地紧张，只能向内加建获取更多的使用面积；片段 C 有多进院落，但把每进拆开，基本就是空间原型。

在这种片段原型控制的组成规律影响下，《京师生春诗意图》表现出有序而灵活的城市空间特征；每个建筑的独立形象被降低，聚集在一起随机限定而成的微型的空间结构在整体层面上更能传递和呈现地方特征。[7]60 正如梁思成先生所说：“民族形

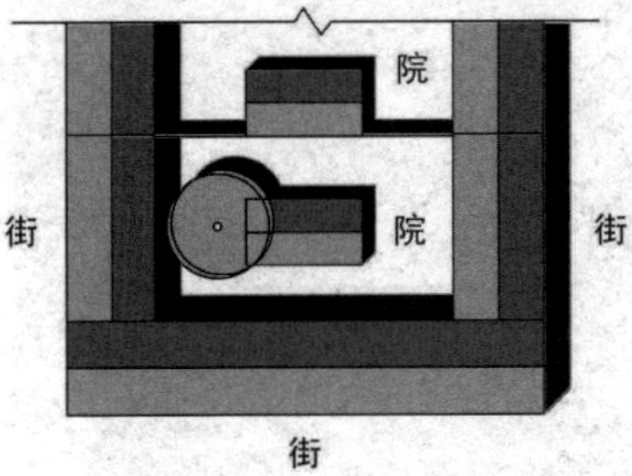

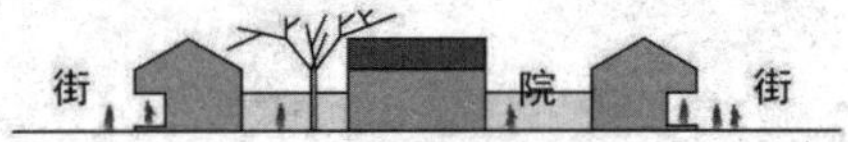

12 片段空间原型意象

式的取得，首先在建筑群和建筑物的总轮廓，其次在墙面和门窗等部分的比例和韵律，花纹装饰只是其中次要的因素。”[8] 可谓与这种城市立轴的画法异曲同工。

《京师生春诗意图》在一个更宏大的尺度上为城市设计给出了建议：城市建筑应该服务于并凸显那些共享的部分，那些普通房屋的组成逻辑，是其只属于本地的存在秩序，在置入城市的过程中经由个体和微环境的影响自发变形，在多重因素的协调作用下促进城市各方构成的紧密程度，从而完成整体叙事的呈现。

新场“河街四进”：基因式“原型片段”与变形

位于上海浦东区的新场古镇，至今已有 1300 余年历史，整体形态基于井字形的水网格局，其中的后市河是小镇生长的最重要骨架，大量民宅沿后市河一字排开，并在河东形成了一条平行的商业街——新场大街。明清时期，后市河与新场大街之间的区域发展成为小镇最核心地段，由于特殊的“河—街”地形，小镇孕育了横跨“街道—住宅—河埠—花园”的独特居住模式，可称之为“河街四进”，是一种专属于地方的片段空间形态 13。然而，“河街四进”大多已在今天的空间利用中被拆解，特别是花园部分。面对这些隐约可见的历史痕迹，如何基于后市河与新场大街之间的区域进行空间更新，并酌情恢复部分“河街四进”的空间形式，成为应对新场古镇历史形态日渐消失、对其进行挽救的关键切入点。

整体的空间谋划有如绘制一幅城市场景的立轴，是在更大尺度上思考场所的意义。“河街四进”的空间原型是新场古镇独特的“基因” 14，是历史的精髓，而纵向院落的空间多变性和河街的交通灵活性又使之具有置换各种现代使用功能的潜质。前者可视为空间更新中不可变动的基因式“原型片段”，后者则是根据实际环境条件和使用需求进行形态和功能上拓展的“变形片段”。

13 新场古镇航拍

具体而言，新场古镇的“原型片段”即为历史上出现过的以私人居住为主要用途的空间单元，衍生到今天的生活中则是一种园林别墅结合花园宅院的形式（模式 A）；“变形片段”的创造则秉承两个原则：一是空间上河两边的宅子和花园需一一对应，二是功能上两者需得到互补。结合目前已经在镇里出现的当代功能和可能出现的空间利用形式，给出以下 4 种空间演化的可能：①客栈结合室外客厅（模式 B）；②檐下商街结合迷你公园（模式 C）；③微型展览馆结合室外展厅（模式 D）；④几栋相邻房屋组成的创意工坊并结合多功能广场（模式 E）15。应当注意的是，实际的空间改造具有相当大的包容性，并不需要严格恪守传统的建筑形式不变，而是可以根据具体情况引入新的功能、空间流线与使用方式，甚至在不影响整体风貌的情况下允许新材料和新技术的运用，以真实地呈现小镇在时间上的生长和延续。

后市河和新场大街之间地段的空间更新即在此 5 种片段模式基础上展开，但不是一揽子工程，而是根据现场条件和业主意愿（如老宅状况、收储情况等）植入“片段”，共挑选了 7 处作为恢复“河街四进”的试点。除了保留完整的张氏宅第作为典型的“河街四进”原型进行恢复，其余宅子均进行了一定的当代功能拓展 16。不仅老宅的再使用有了更强的公共性，也使本身有“景观”无“人气”的后市河西岸与街道主体建立了更多联系，重新成为具有吸引力的场所。

“河街四进”的“原型片段”提取和“变形片段”的衍生，提供了一种在中等尺度上重塑历史空间场所的范式：既保留了地方特色形态的片段结构特征，又提供了引入当代功能的可能方式，激发了传统空间活化的潜能，最终实现了一种超越时间限制的人与空间的紧密联系。

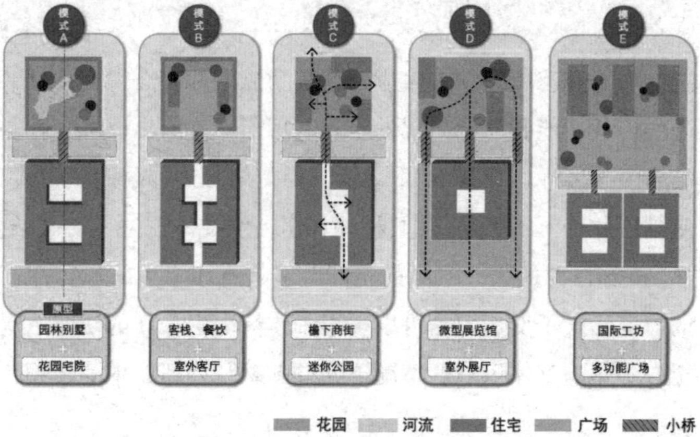

14 “河街四进”
15 “河街四进”片段拓展模式

结语

所谓历史城市自发建设中的“无意识”，是脱离了专业设计师意识的控制，由地方自然环境、技术知识、风俗习惯等共同决定的“潜意识”，这些“无意识”存在于千千万万普通个体的城市生活和建造行为中，所驾驭的地方特征最突出地反映在城市的组成单元——与人的建造实施尺度相一致的“片段”中。

这也是以长卷和立轴两种城市画法进行类比解读的基础视角，并以此为操作媒介，将其转化运用到城市设计中去。以小尺度设计元素（建筑类型、连续立面或风格细节等）为基础的“片段”一旦重复出现，就会形成高度结构化的区域，成为区域视觉秩序和标准。[7]160 对于长卷中的线性空间（界面的），“片段”是人可感知范围内的分段界面，细节复合是创造丰富性的手段；对于立轴中的整体空间（结构的），“片段”是经专业类化的微型结构，原型控制是保护和凸显地方感的途径。“片段秩序”即是分析提取这些“片段”的生成途径和形态特征，并充分尊重这些片段的内在组织和生态[9]123的结果，也是在置入城市的过程中纳入普通使用者判断选择的过程。

芜湖“十里长街”和新场“河街四进”两个案例，与长卷和立轴中所表达的城市自发形态中的“片段秩序”的生成法则和表现形式具有某种暗合，而且将城市设计落实到范式方法，应对了今天城市历史空间更新中两种最常见的情况：界面的和结构的。这两种方法既可以面对不同的对象分开使用，也可以相互叠加组合——实现从宏观到微观、从结构到细节的“全尺度设计”。其实，看似在讨论城市设计方法，终极关怀却是设计师的位置和作用，即用专业知识为民众提供干预城市环境的工具和手段，但对最终面貌不起决定作用，才能真正实现“把建筑（改造）城市环境的部分权力归还给人民”。[1]138

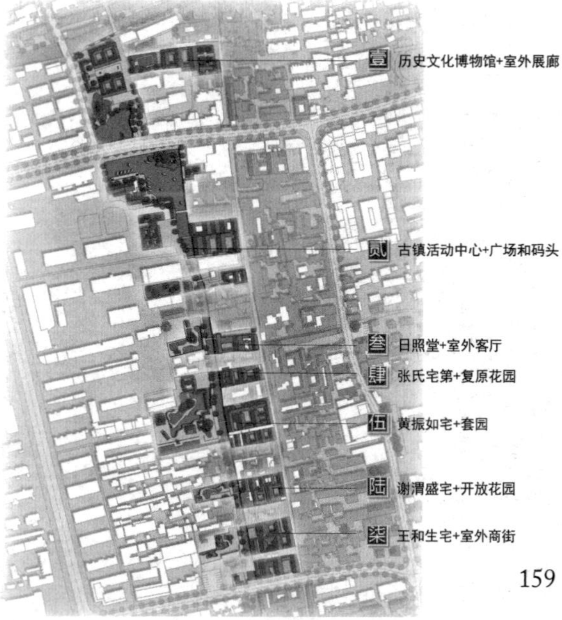

16 整体空间更新

出自：上海新场古镇城市设计 [Z]. 东南大学建筑设计研究院有限公司，坂本一成研究室，东京工业大学，2017

参考文献

[1] 王建国. 现代城市设计理论和方法 [M]. 南京：东南大学出版社，2001.

[2] 金秋野，王一同. 明代小说插画空间语言探析 [J]. 建筑学报，2016 (4)：112-117.

[3] 刘涤宇. 历代《清明上河图》——城市与建筑 [M]. 上海：同济大学出版社，2014.

[4] 李慧漱.《西湖清趣图》与临安胜景图像的再现 [C]// 李凇.《宋代的视觉景象与历史情境》会议实录. 南宁：广西师范大学出版社，2017：173-187.

[5] 巫鸿. 全球景观中的中国古代艺术 [M]. 北京：生活·读书·新知三联书店，2017.

[6] 戴维·哈维. 正义、自然和差异性的地理学 [M]. 胡大平，译. 上海：上海人民出版社，2015.

[7] 柯林·罗，弗瑞德·科特. 拼贴城市 [M]. 童明，译；李德华，校. 北京：中国建筑工业出版社，2003.

[8] 梁思成. 祖国的建筑 [M]. 北京：中华全国科学技术普及协会，1954.

[9] 戴维·格雷厄姆·肖恩. 重组城市——关于建筑学、城市设计和城市理论的概念模型 [M]. 张云峰，译；张萃，校. 北京：中国建筑工业出版社，2016.

老城上空的「网」：基于数字技术的太原府城历史城区高度控制*

*基金资助：国家社会科学基金项目（18BGL278）；主持：沈旸。原文刊载：沈旸、吴乐源、马骏华、周小棣《老城上空的「网」：基于数字技术的历史城区高度控制体系研究——以太原府城为例》，《建筑学报》2020 年第 16 期（总第 620 期）。

随着我国城市化的快速推进，历史城区中新旧建筑并存，天际线和城市高度混杂，往往较难感受到历史氛围。许多历史文化名城制定了相应法规控制高度，但是突破的状况时有发生，针对新旧建筑的高度控制方法研究在历史城区保护设计中显得愈发重要。我国现行的历史城区高度控制条例中，一些城市往往给出“一刀切”划分高度的方式，较易出现单调的城市形态或根本无实施可能性。为避免此类现象发生，在建筑高度控制规划中，应按照具体地段和情况合理地划分建筑高度，丰富历史城区空间形态，同时符合城市发展的要求。

数字技术强大的数据收集、统计和分析功能，为精细化管控城市空间提供了新的途径。本文以太原府城历史城区高度控制的城市设计为例，基于传统经典控制理论和数字技术的运用，对历史城区规划在城市设计阶段建筑高度的管控方法和模式进行了补充和完善，为规划层面更为精细的城市设计方法提供了新的思路。

历史文化名城中的高度控制，是指根据城市的整体风貌、空间轮廓线，以及与周围自然景观环境联系的需要，依据视线分析得出的数据，提出对规划区域内建筑高度控制的层级，并结合实际规划范围的地形地貌、用地边界、道路等制定出高度控制规划。[1] 其目的在于：①保护文物古迹和历史街区；②塑造层次丰富的轮廓线；③强化城市中心形象；④提高土地利用的经济性，使地价、土地使用和开发强度相结合。[2]

纵观我国目前的名城保护规划，对于城市空间形态的分析和高度的控制较多的还是采取严格控制“一刀切”的做法，如《太原市历史文化名城保护规划》第 26 条：历史城区的建筑高度与视廊控制中指出“除现状高层建筑外，太原府城范围内 1 新建建筑高度应不高于六层”[3]，名城保护规划旨在恢复太原府城的历史风貌 2，其初衷是从遗产保护的角度出发，但简单化的做法忽视了城市发展的实际需要，一方面名城保护规划中对于高度控制的范围过于模糊，缺少城市整体形态的设计，另一方面城市中新建建筑屡屡突破控高，破坏了历史风貌。

历史城区的高度是否进行了有效的控制，其控制标准与控制原则是否合适，都是评判城市在高度控制落实方面的重要依据。科学合理的高度控制能够对城市内的历史遗存及特色景观形成保护，对城市的历史环境氛围具有良好的烘托作用。

从另一个角度来说，城市内建筑物的高度并不是控制得越低越好，相同高度的建筑一方面使城市的整体面貌变得单调平庸，另一方面也在一定程度上影响了视觉的通透性，在城市内缺少主次空间。所以高度控制并不意味着不能建造高大的建筑，而是需要科学地分析，采取谨慎的态度，需要经过多方面的论证。

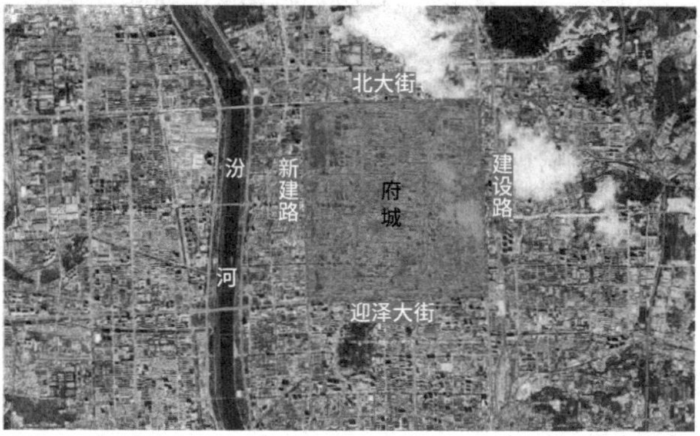

1 太原府城区位图（一）
本篇图片均由作者自绘

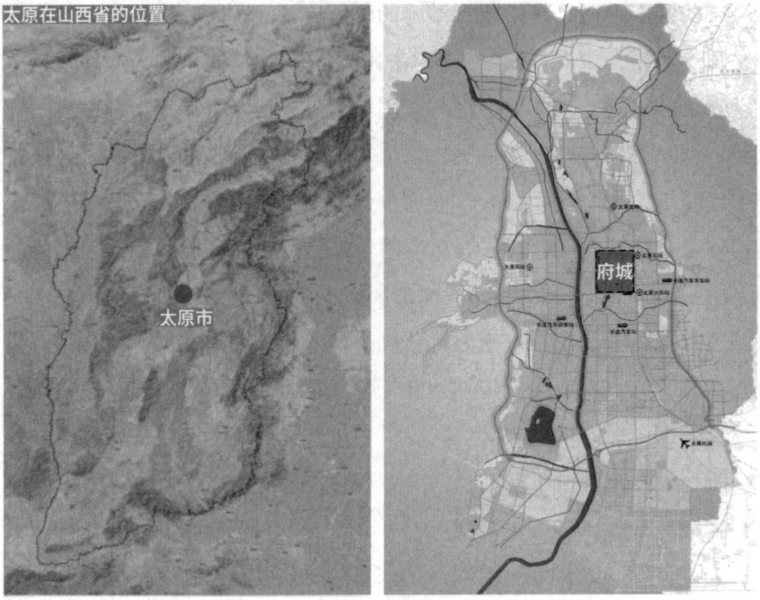

1 太原府城区位图（二）

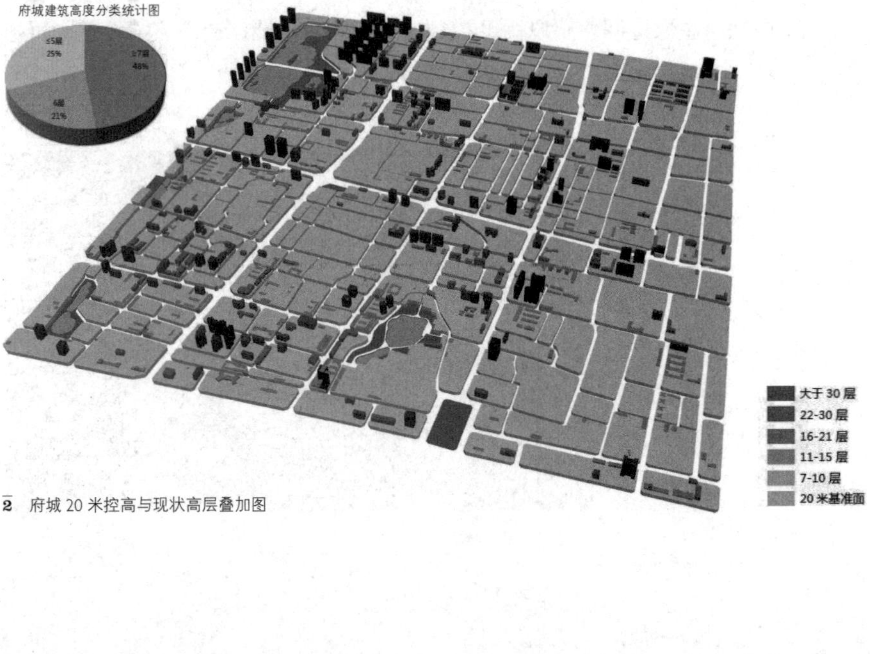

2 府城 20 米控高与现状高层叠加图

方法工具及问题

纵观国内外历史城区高度控制方面积累的理论和经验，既有相似也有不同。

国外尤其是欧洲许多城市在20世纪已完成城市化进程，对旧城基本采取保护的价值取向，加上较为健全的法律体制，老城更新大多处于缓慢甚至停滞状态。反观国内，历史城区往往位于城市核心地区，许多城区内部形态或多或少已经被破坏或者面临着破坏，主要原因在于我国城市化快速发展背景下，在老城内也不得不考虑城市更新和发展的需求。

随着国家对历史文化保护的不断重视，国内历史城市的高度控制体系研究不断增多，依据其出发点可大致分为三类：

（1）分区控制法：是目前较为普遍采用的高度控制方法。其原则是在保护区域周围确定控制区域并划分若干个小区域，在每个小区域里确定建筑的控制高度，越接近保护核心区，高度越被严格地限制。此方法在操作上较为简便，也有一定的效果，缺点是不够精确。

（2）城市综合分析法：近年来因其较为科学和理性的特点得到了广泛的应用。此方法主要基于历史城区建筑高度的实际情况，采用GIS空间分析功能和多因子评价体系对城市建筑高度进行分区，通过定性定量的综合分析方法，对建筑布局方式进行研究，为城市规划管理与决策提供依据。

（3）视线分析法：此方法目的在于通过对建筑、景观之间的视线分析，合理设置前景区和背景区，对人眼范围内的建筑进行高度控制，协调周边环境与建筑之间的关系。

从技术手段层面来说，国内现有的研究大多通过定量分析各类影响因子来为控规提供理性的数据基础，近年来，越来越多的学者与设计师运用新的技术手段进行视线分析研究城市问题或作为规划设计的前置条件。例如文章《基于数字技术的特大城市建筑高度管控研究——以北京中心城为例》，但对于具体手段和工具的研究还较少。传统城市设计的分析方法以定性为主，成果形式以平面图与效果图为主，缺乏三维数字技术的有效引导与应用，对城市空间形态的设计较多依赖于经验和视觉表达，而对整体空间和局部设计之间的推敲缺乏有效的技术工具。

从政策制定和执行层面来说，我国的总体规划、控制性详细规划是城乡规划法规定的法定规划，有严格的编制、审批、修改、监督的流程和要求，无法及时应对建设过程中出现的问题。城市设计导则虽然相对灵活，却不具备法律效力，难以保证得到实施。历史城区高度控制的研究目前较多集中于城市总体规划层面，而对于城市设计层面尤其是落地执行层面的研究较少，使研究成果很难渗透到相关层面的规划实施管理中。

太原府城面临的现状代表了我国较多城市在更新中遇到的问题：①规划编制和落地执行脱节较大；②总体规划和地块建筑设计之间缺少城市设计环节。《太原历史文化名城保护规划》偏重于历史遗产本身的保护，但与实施层面也存在着偏差，例如规划中 20 米的控高标准较少考虑现实的可操作性和府城城市整体未来的空间形态。太原府城既有保护的要求，也不可避免地需要发展，其高度控制需要合理、科学、理性的策略。本文对太原府城高度控制体系进行研究的目的是：①弥补总体规划与落地实施阶段的空白；②对新的技术手段进行探讨。

依据上文梳理的保护思路以及太原府城高度控制的特点，选择的技术工具需要满足以下几方面的要求：①具有良好的数据处理及分析能力，便于复杂城市环境下的综合分析；②对于多视线叠加需要具有良好的分析能力和模型处理能力。综上所述，选择多因子评价体系以及以参数化视线分析平台作为府城高度控制分析工具，在老城上空形成一张网，形成清晰的空间形态，以指导旧建筑的拆除或者新建建筑。

多因子评价体系

太原这类历史文化名城与其他城市的区别，主要在于历史文化因素占据城市高度控制的主导地位，如何协调经济发展及土地高效利用的矛盾是太原府城高度控制能够达成目标的关键所在。要对太原府城的城市形态进行科学合理的、精确的引导与控制，还必须从涉及影响形态的各个层面进行考虑。

多因子评价法的技术核心就在于提供了多层面、多准则、多目标的选择框架，既保证了评价因子多元化选择及目标的实现，又能通过其自身的方法合理性、价值中立性等属性，在具体研究的技术路线上提供可靠的支撑。

单项评价因子受到主观判断的影响，因此需要合理地分析各项因子对高度控制产生的影响，从而提高结果的精确性。进而运用 ArcGIS 强大的数据收集、统计和分析功能，建立城市高度评价多因子模型，利用其空间分析（Spatial Analyse）功能，对模型进行定量化的分析，为太原府城内空间形态优化提供科学的技术支持，其技术流程为：太原府城形态控制因子体系设计—单因子的筛选和定量化运算—ArcGIS 空间分析与评价—多因子综合评价。

单因子筛选

本文经过四个阶段的征询，最终将影响府城城市高度分布的因子确定为 6 类：历史文化因子、城市风貌因子、交通可达性因子、城市景观因子、建设潜力因子、城市道路因子。

以历史文化因子为例。太原府城内历史文化遗存繁多，按保护的空间层面将其分为历史空间轴线、历史城廓和边界、历史片区、历史街巷、历史节点、地标，根据其权重的不同，分为 6 个等级，得分越高说明其受到历史文化的影响较小，开发的可能性越大[3]：无明显历史文化保护需求，1.0；历史文化风貌区，0.9；历史文化街区控制协调范围，0.8；历史文化街区核心保护范围，0.7；历史建筑，0.6；文物保护单位，0.5。

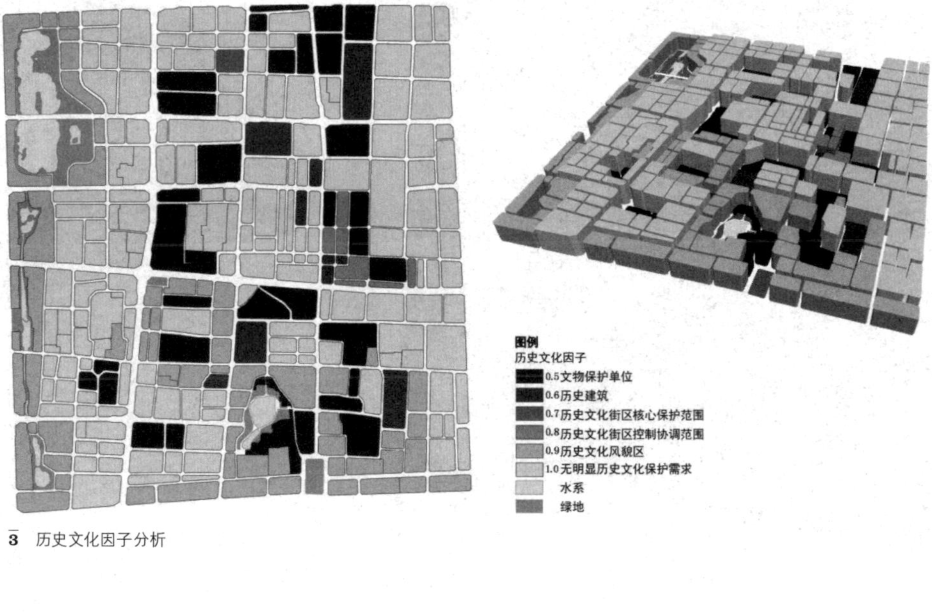

3 历史文化因子分析

权重值计算

对各因子进行权重确定的方法较多，经过权衡比较，本文采用 Yaahp 层次分析法软件，将定量与定性分析结合起来，以经验判断各目标的相对重要程度，并给出每个目标的标准权重，相对其他方法效率更高。由于各因子对形态空间的影响权重不同，应为各因子赋予不同的权重比值。

加权后叠加

在 ArcGIS 中将各单因子评价分值加权叠加，得到的分值为最后的综合评价数据。整个数据的分布范围在 0.05 至 0.9 之间，按等值法将数据分布范围划分为六个等级，分值越大，所处的等级越高，说明其地块高层建筑建设的可能性越大，而分值越低，说明地块受到的控制和约束越严格[4]。

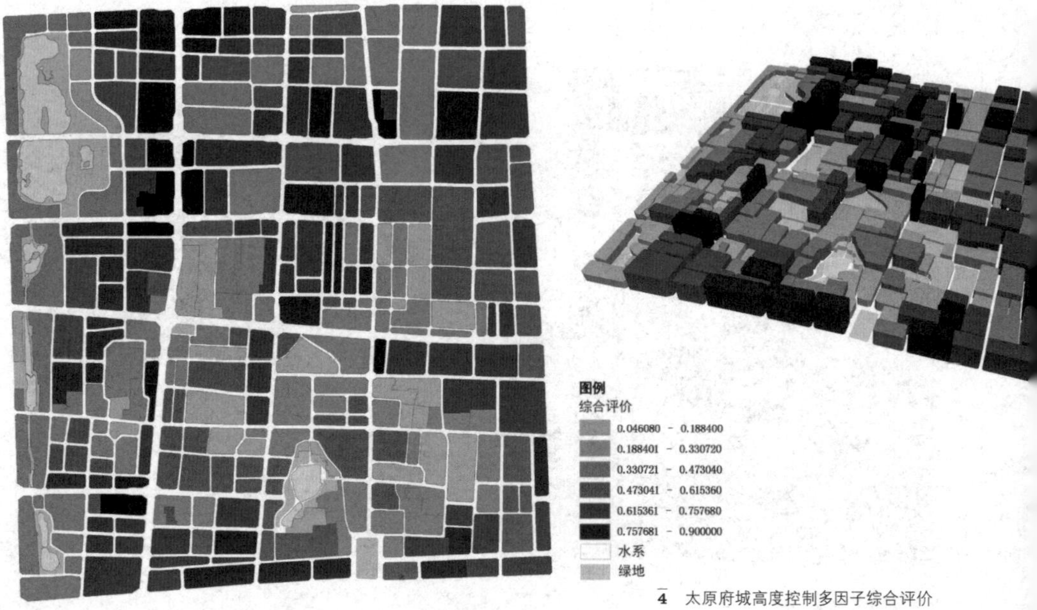

4 太原府城高度控制多因子综合评价

视觉参数化分析

目前在城市设计领域运用 Grasshopper 平台主要有两种趋势，一种是辅助分析，另一种是生成设计。前者是指在参数化平台中将需要分析的条件及因素进行建模及参数化，如采光、日照等；后者一般在新建地块中使用，通过量化地块中的不同条件，计算相应的定量及变量，产生不同的方案，供设计者对比。本文中 Grasshopper 主要用于视觉参数化分析，属于辅助分析，高度控制生成结果可以认为是视觉参数影响下的生成设计。其基本流程为：选择视线控制对象—在 Rhinoceros 中建立地形和分析模型—使用 Grasshopper 建立视点和视线—视线叠加进行高度分析运算—输出高度控制图。[5]

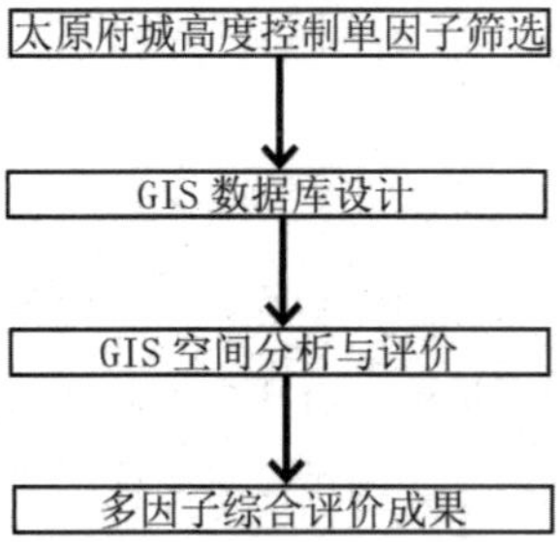

视觉参数化及分析通过对人眼视线方向内的区域空间进行计算，基于视域分析模块在多视点与遮挡物不利点之间建立连线（视线），并将连线向外延长，从而形成遮挡物以外的“视线面”，该面以下的部分为视线阴影区，即为该区域所允许的建设高度。府城的高度控制即由若干“视线面”组合而成，亦即，在老城上空形成一张高度控制“网”，避免过高的建筑影响历史文化环境，减少不和谐因素对于景观视线的破坏。

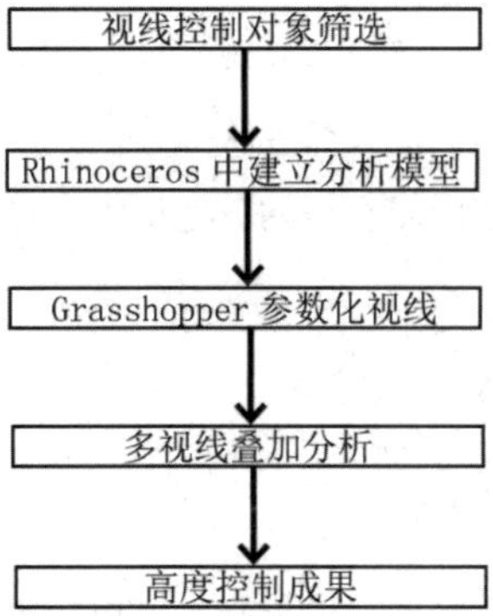

5 Grasshopper 技术流线示意图

控制要点

视点决定了视线发射的初始位置，对于建筑高度的最终控制结果具有决定性作用，视点的选取应遵循三个原则：

（1）目标物对视线具有强烈的导向作用，如城市主要通道、街道空间等。视点的选取应注意到受众人群经常性的视线走向，直线型的通道不仅使视线走向更加明确，而且在一定程度上使得目标物更加突出。

（2）人流量大，具有人眼观测的实际意义。以人眼视线作为最主要的分析工具，选择视点要考虑的基本因素就是行为人的可达性、人流走向以及停留时间，以期得到对人流量大小的把握。

（3）视线通透，能够满足观赏包括背景在内的全景风貌的观赏视角，如休闲广场、休憩廊亭等开敞空间。一般情况下，地势平坦、具有休憩功能的广场和主要道路交叉口所形成的区域较适宜。

正常人的眼睛视力距离为50~100米，观察某个个体建筑物时的清晰距离为300米，视野范围为60°角的圆锥面。将人眼清晰感受外部世界的极限距离——3000米作为观赏建筑标志物的视线范围，而景观重要节点周围1500米范围内，为高层建筑严格控制区，1500米以外建筑高度可适当提高。

要素选择

结合现场调研及府城形态整体保护框架的内容，确定视景控制体系的具体应用对象，按照保护要素，本体分为两类：①重点保护对象：指对周边建筑有形态控制要求的公共空间，分为文物院落、历史街巷、历史地标、历史景观轴、历史风貌片区；②其他保护对象：指对其自身有风貌保护要求的公共空间，分为文物建筑/保护区、文化生态区和有风貌保护要求的公共空间。

重点保护的各级对象都在Rhinoceros内进行精细建模，并通过实地调研以及以往经验的总结制定不同的控制目标和控制范围，并将这些控制参数输入Grasshopper中，得到直观的控制范围[表1]。

以文物院落为例。院落式建筑，其视觉分析的依据是保证建筑与周边环境的整体和谐，从院落内向外看，消除视线范围内其他建筑的干扰，不使人产生压抑感[表2]。如大关帝庙，在其院落内部选取不同的视点，由视点向院落四周屋脊线朝远处望去，视线范围以视点向外望出1500米为界限[6]。

三维网格

将上述各类需要进行分析的参量输入参数化平台，将不同的高度控制要求相互叠加[7][8]，通过内部运算取其高度最小值，生成高度控制等高线[9]以及高度控制三维矩阵[10]，进而生成老城上空的“网”——高度控制曲面[11]。

<table>
<tr><th>说明</th><th>Grasshopper 示意</th><th>三维模型示意</th></tr>
<tr><td>1、建立视点，以人眼距离地面 1.5 米为标准</td><td>
</td><td></td></tr>
<tr><td>2、在 GH 中获取屋脊线的两个端点，并将视点与两端点相连，并用 Number Slider（数字滑块）组件控制视线的距离</td><td>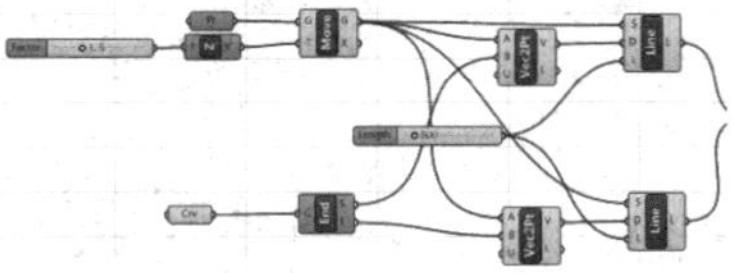</td><td></td></tr>
<tr><td>3、Number Slider 设定为 250 米时视线范围</td><td>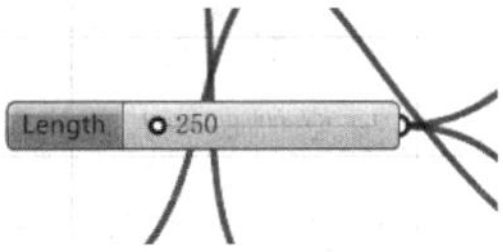
</td><td></td></tr>
<tr><td>4、Number Slider 设定为 500 米时视线范围，只需要移动滑块或者双击更改数字，模型中的视线范围便会自动更改</td><td>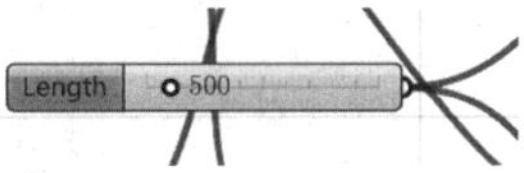
</td><td></td></tr>
<tr><td>5、生成视线控制体块，体块内的建筑高度将被严格控制</td><td>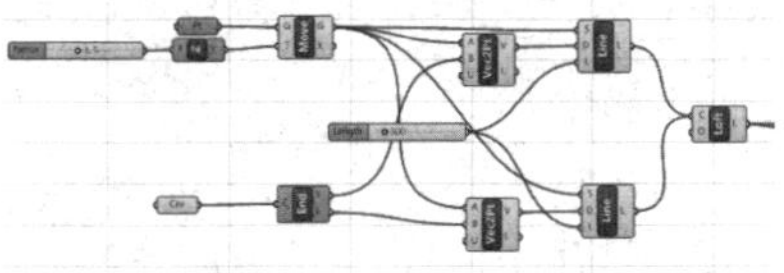</td><td></td></tr>
</table>

表 1　Grasshopper 中的视线分析示意

<table>
<tr><th>控制对象</th><th>大关帝庙</th><th>督军府</th><th>文庙</th><th>崇善寺</th><th>皇庙</th><th>纯阳宫</th><th>城隍庙</th></tr>
<tr><td>控制示意</td><td>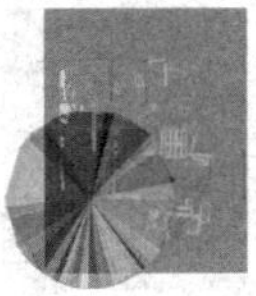</td><td>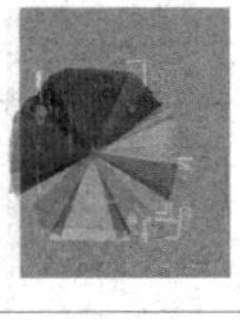</td><td>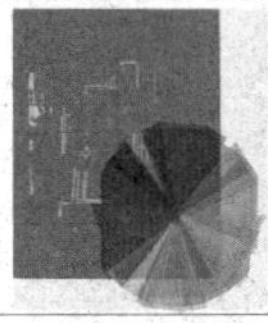</td><td>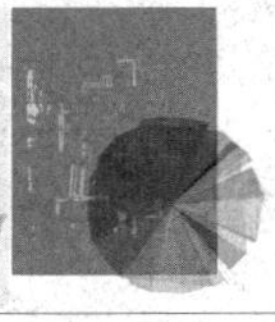</td><td>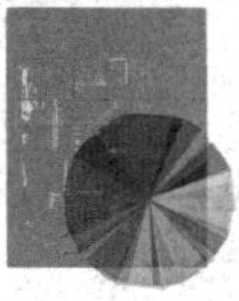</td><td>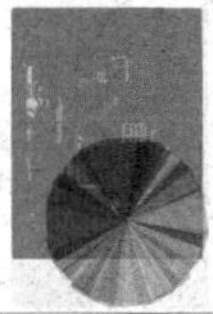</td><td></td></tr>
<tr><td>控制目标</td><td colspan="7">根据现场踏勘情况结合 Rhino 软件的验算控制，确保在保护对象影响所及的城市空间场景及内部空间场景中，无不协调因素出现</td></tr>
</table>

表 2　院落视景控制对象及目标

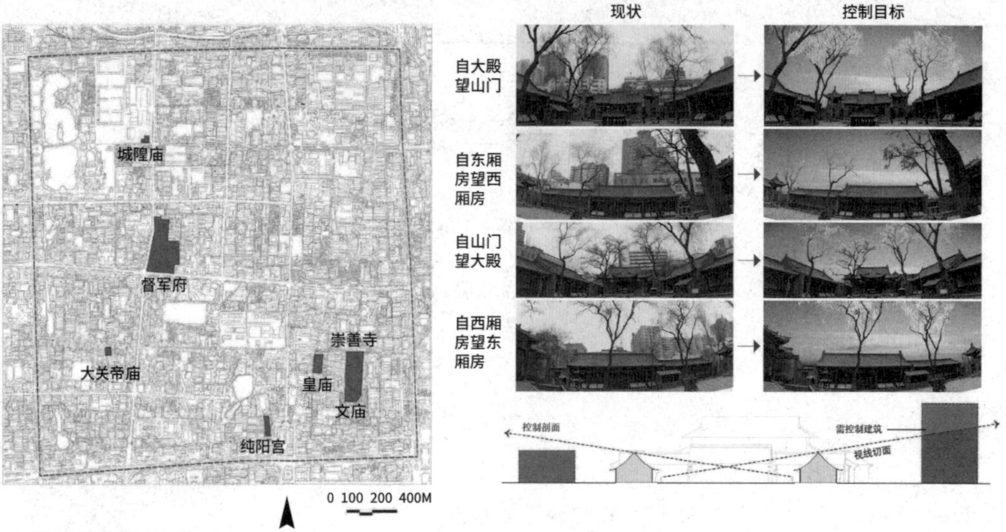

6 大关帝庙视线控制示意

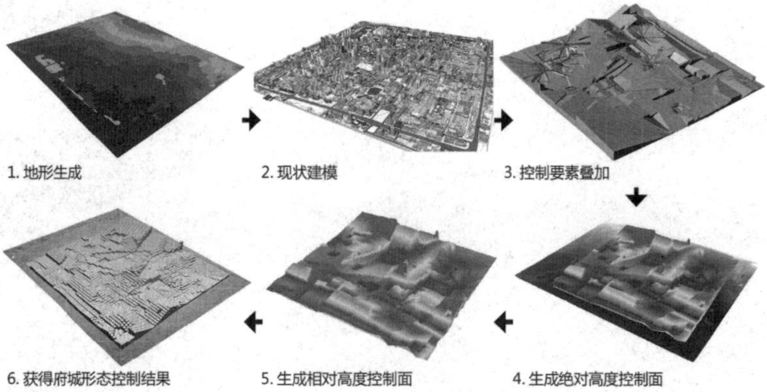

7 Grasshopper 分析流程

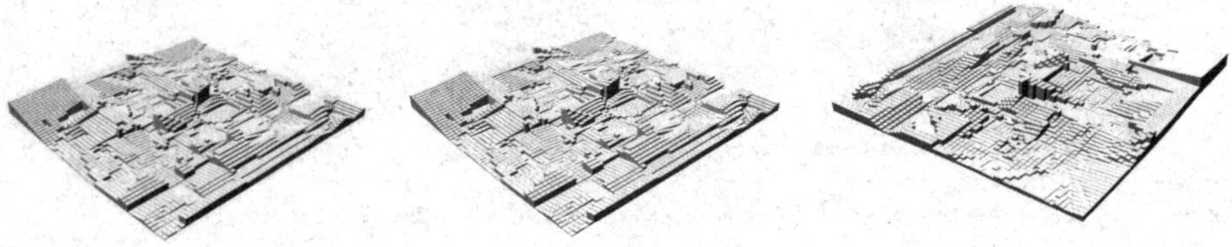

10 Grasshopper 高度控制三维矩阵

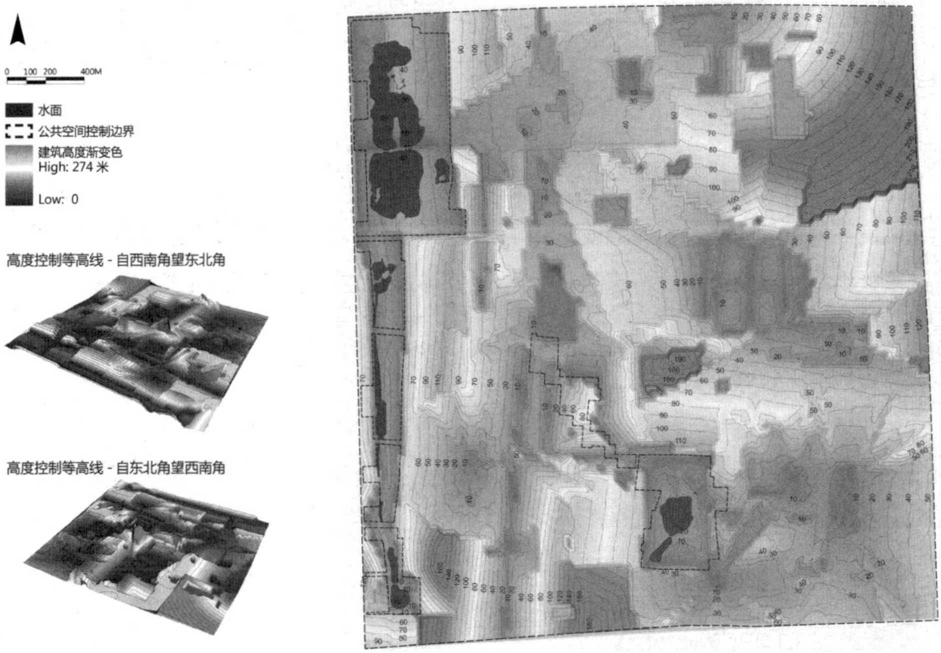

8 Grasshopper 高度控制等高线

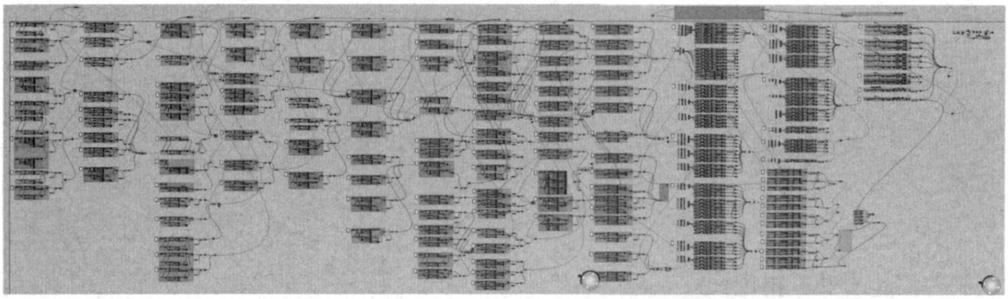

9 Grasshopper 运算

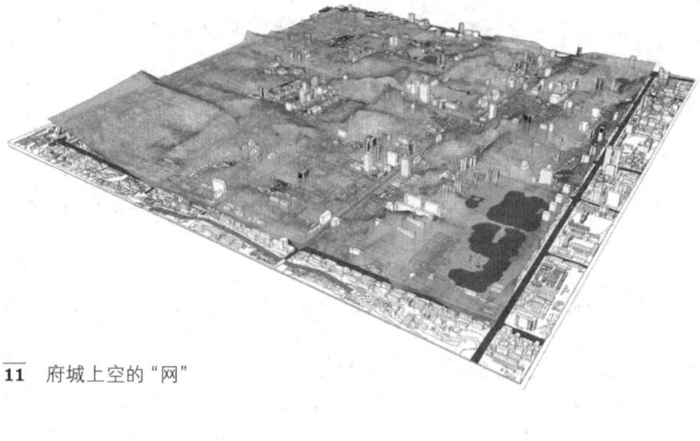

11 府城上空的“网”

将 ArcGIS 多因子分析与 Grasshopper 参数化分析的成果相结合，可以获得较为精确的高度控制要求及相应的地块开发时序，并可据之制定府城高度控制导则、超高建筑处置措施以及天际线的控制影响等，从不同的层面对城市高度进行引导。

府城高度控制导则

对太原府城的高度控制结果通过高度控制导则进行输出，指导城市设计和地块规划，对每个地块的建设高度提出引导性要求[12] 表3。

地块编号	高度控制导则
A-1	该地块位于龙潭公园周边，应保持良好的景观视线，建筑高度宜以多层为主
B-1	该地块位于解放路与北大街交叉口，受到天主教堂视线控制，地块高度宜以 30 ~ 40 米为主
C-1	该地块位于北大街沿线，受到多视线控制，此地块高度控制在 12 米以下
……	……

表 3 府城地块高度控制导则

超高建筑处置措施

基于高度控制分析结果、府城现状建筑高度情况，将府城内超高建筑的处置措施分为三种：①重点整治建筑：指整治成本较低，并严重影响府城历史风貌的超高建筑；②择机整治建筑：指整治成本较高，对府城历史风貌影响相对较弱的超高建筑；③二次论证建筑：指已批复在建或未建的超高建筑，所有超出本控高的在建或未建建筑均建议进行二次论证。

地块的处置为二次论证的地块，指已完成拆迁工作的待建地块，所有待建地块的规划建设方案均须与本规划控高标准进行核对，对超高方案进行二次论证[13]。

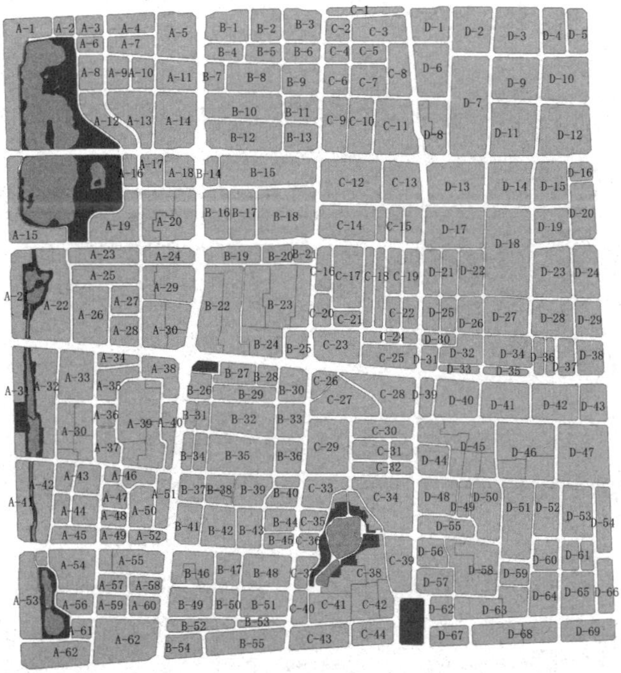

（上）12　府城地块划分图
（下）13　府城超高建筑处置措施分类图

0　100　200　400M

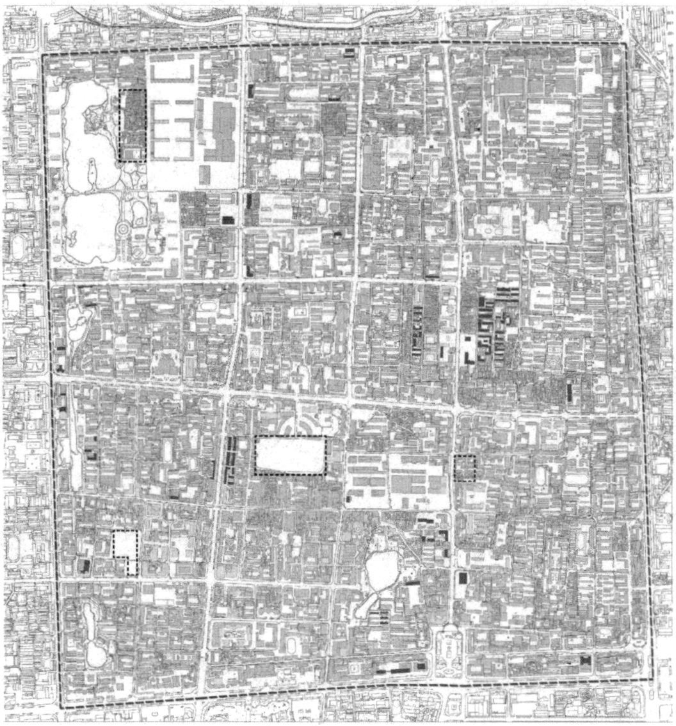

重点整治建筑
择机整治建筑
待建空地，须重新论证
已批在建或未建超高建筑须重新论证

注：受资料条件限制，本图未能涵盖所有的已批在建或未建建筑，应在本规划控高标准获得通过后，对府城内所有已批建设项目进行核对，对超高的建设项目进行重新论证。

天际线的控制影响

将高度控制曲面与现状建筑模型叠加，截取剖面可以清晰地观察到现状建筑与分析后的控高曲面在建筑关系以及天际线上的影响[14]：历史建筑周围的天际线层层减低，而距离历史地段较远的天际线也受到了一定的控制，形成高低起伏的天际线，有利于城市整体形态的控制。对已开发及待开发地块建筑的形态控制提供较为精确的依据。

高度控制方法对比

（1）与传统方法对比：常规设计主要基于设计者的经验理论出发，结合城市现状从而由设计者作出主观判断，这种自上而下的设计结果的获得是单线的，设计者很难对多种影响因素综合考虑并对各方面的影响情况做到全面评价判断。

（2）设计成果对比：常规设计的主观性较强，主要依靠美学手段，成果数量往往有限，较难实现多方案对比。采用 ArcGIS 及 Grasshopper 输出的高度控制成果，

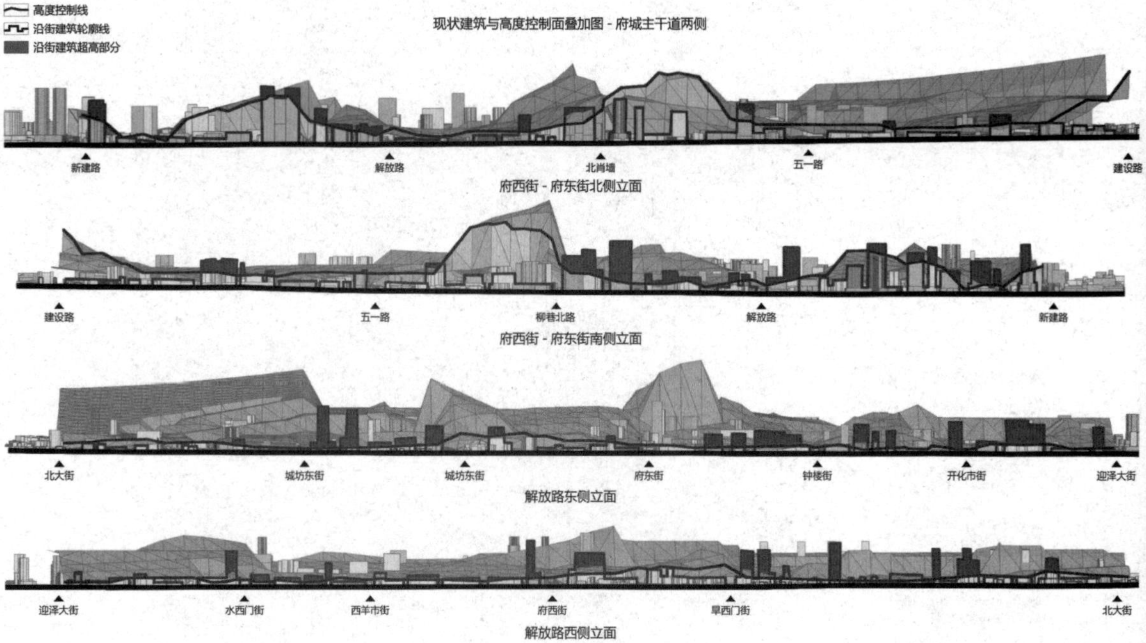

14 府城天际线控制影响举例

可从二维平面到三维效果进行不同角度的分析展示，可读性较强。常规设计方法虽然可以对具体地块进行详细设计，但工作量巨大，如在太原双塔项目的视线分析控制中采用了 sketchup 作为操作软件 [15]，不仅建模量巨大，一旦设定的分析条件发生改变，调整的工作量更是数倍增加。

（3）设计效率对比：常规设计相对来说考虑因素较主观单一，工作量繁重。一旦分析结果达不到预期效果，整个设计过程有可能推翻重来，需要投入大量的精力和时间，设计者在大量重复劳动的同时，往往忽略设计本身逻辑关系的分析和控制。而结合数字技术的城市高度控制方法，在实践过程中考虑了全面的城市现状情况，数字模拟不仅具有较强的逻辑性和客观性，对分析过程中的应变问题也能够很好并迅速地处理，设计效率很高。

（4）实施有效性对比：基于数字技术的高度控制方法，是在现场调研、控制理论分析的基础上，结合高度控制的各个层级，从城市总体到片区，到街道，再到单体院落，对城市的各个层级都进行了相应的量化控制。在等高线图中可以看出，历史遗存周围的建筑高度得到了较大改善，而对于城市本身，也不是通常以为的遏制建设，相反获得了更多的发展容量（现状建筑总面积 1623.7 万平方米；超出的建筑面积 288.7 万平方米；理想建筑总面积 1784.5 万平方米；可增加建筑面积 526.4 万平方米）[16]。

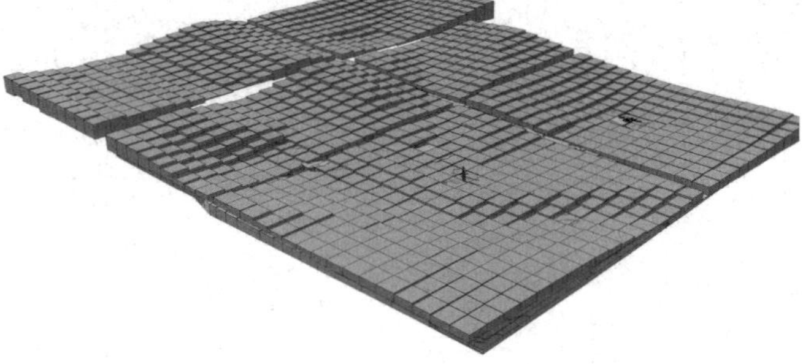

15 太原双塔地区 Sketchup 高度控制示意

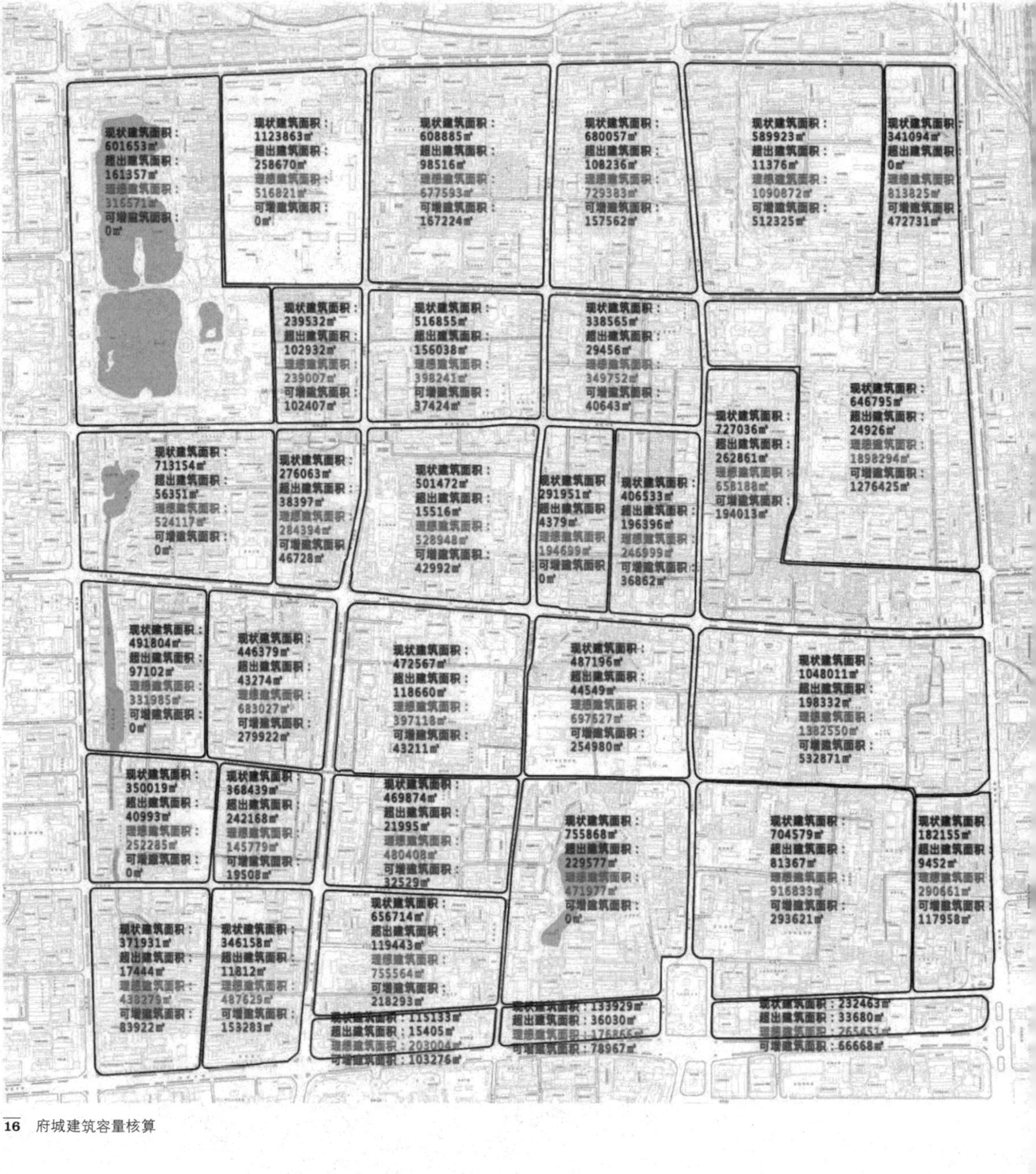

现状建筑面积：601653㎡ 超出建筑面积：161357㎡ 理想建筑面积：316571㎡ 可增建筑面积：0㎡
现状建筑面积：1123863㎡ 超出建筑面积：258670㎡ 理想建筑面积：516821㎡ 可增建筑面积：0㎡
现状建筑面积：608885㎡ 超出建筑面积：98516㎡ 理想建筑面积：677593㎡ 可增建筑面积：167224㎡
现状建筑面积：680057㎡ 超出建筑面积：108236㎡ 理想建筑面积：729383㎡ 可增建筑面积：157562㎡
现状建筑面积：589923㎡ 超出建筑面积：11376㎡ 理想建筑面积：1090872㎡ 可增建筑面积：512325㎡
现状建筑面积：341094㎡ 超出建筑面积：0㎡ 理想建筑面积：813825㎡ 可增建筑面积：472731㎡
现状建筑面积：239532㎡ 超出建筑面积：102932㎡ 理想建筑面积：239007㎡ 可增建筑面积：102407㎡
现状建筑面积：516855㎡ 超出建筑面积：156038㎡ 理想建筑面积：398241㎡ 可增建筑面积：37424㎡
现状建筑面积：338565㎡ 超出建筑面积：29456㎡ 理想建筑面积：349752㎡ 可增建筑面积：40643㎡
现状建筑面积：646795㎡ 超出建筑面积：24926㎡ 理想建筑面积：1898294㎡ 可增建筑面积：1276425㎡
现状建筑面积：727036㎡ 超出建筑面积：262861㎡ 理想建筑面积：658188㎡ 可增建筑面积：194013㎡
现状建筑面积：713154㎡ 超出建筑面积：56351㎡ 理想建筑面积：524117㎡ 可增建筑面积：0㎡
现状建筑面积：276063㎡ 超出建筑面积：38397㎡ 理想建筑面积：284394㎡ 可增建筑面积：46728㎡
现状建筑面积：501472㎡ 超出建筑面积：15516㎡ 理想建筑面积：528948㎡ 可增建筑面积：42992㎡
现状建筑面积：291951㎡ 超出建筑面积：4379㎡ 理想建筑面积：194699㎡ 可增建筑面积：0㎡
现状建筑面积：406533㎡ 超出建筑面积：196396㎡ 理想建筑面积：246999㎡ 可增建筑面积：36862㎡
现状建筑面积：491804㎡ 超出建筑面积：97102㎡ 理想建筑面积：331985㎡ 可增建筑面积：0㎡
现状建筑面积：446379㎡ 超出建筑面积：43274㎡ 理想建筑面积：683027㎡ 可增建筑面积：279922㎡
现状建筑面积：472567㎡ 超出建筑面积：118660㎡ 理想建筑面积：397118㎡ 可增建筑面积：43211㎡
现状建筑面积：487196㎡ 超出建筑面积：44549㎡ 理想建筑面积：697627㎡ 可增建筑面积：254980㎡
现状建筑面积：1048011㎡ 超出建筑面积：198332㎡ 理想建筑面积：1382550㎡ 可增建筑面积：532871㎡
现状建筑面积：350019㎡ 超出建筑面积：40993㎡ 理想建筑面积：252285㎡ 可增建筑面积：0㎡
现状建筑面积：368439㎡ 超出建筑面积：242168㎡ 理想建筑面积：145779㎡ 可增建筑面积：19508㎡
现状建筑面积：469874㎡ 超出建筑面积：21995㎡ 理想建筑面积：480408㎡ 可增建筑面积：32529㎡
现状建筑面积：755868㎡ 超出建筑面积：229577㎡ 理想建筑面积：471977㎡ 可增建筑面积：0㎡
现状建筑面积：704579㎡ 超出建筑面积：81367㎡ 理想建筑面积：916833㎡ 可增建筑面积：293621㎡
现状建筑面积：182155㎡ 超出建筑面积：9452㎡ 理想建筑面积：290661㎡ 可增建筑面积：117958㎡
现状建筑面积：371931㎡ 超出建筑面积：17444㎡ 理想建筑面积：438279㎡ 可增建筑面积：83922㎡
现状建筑面积：346158㎡ 超出建筑面积：11812㎡ 理想建筑面积：487629㎡ 可增建筑面积：153283㎡
现状建筑面积：656714㎡ 超出建筑面积：119443㎡ 理想建筑面积：755564㎡ 可增建筑面积：218293㎡
现状建筑面积：115133㎡ 超出建筑面积：15405㎡ 理想建筑面积：203004㎡ 可增建筑面积：103276㎡
现状建筑面积：133929㎡ 超出建筑面积：36030㎡ 理想建筑面积：176866㎡ 可增建筑面积：78967㎡
现状建筑面积：232463㎡ 超出建筑面积：33680㎡ 理想建筑面积：265451㎡ 可增建筑面积：66668㎡

结语

基于太原府城的实际现状，本文从城市未来发展的角度，采用基于 ArcGIS 的多因子评价体系对地块可能的改造情况进行了分析；从视线分析角度对高度控制的依据进行量化，采用 Grasshopper 参数化平台获得较为精确与可靠的高度控制数据；并在将两者结合的基础上，制定了切实可行、行之有效的高度控制对策。同时，依据城市空间认知规律，对太原府城的历史风貌作出了精细化的保护控制，针对风貌区内的重要认知空间，作出更为严格和有效的控制，针对风貌区之外的、会影响到城市空间视景的元素，也制定了一定程度的控制措施。对于不影响府城历史风貌的空间，也为其发展留出了余地，使府城可在动态发展中调整优化空间结构。

在城市空间规划和管理愈发特色化和精细化的背景下，本文呈现了一个以结果为导向的城市设计专题——高度控制的研究实践，从宏观和微观层面入手，以 ArcGIS 和 Grasshopper 为主要技术手段，探索出一种适用于历史城市高度控制体系的技术方法，并能丰富、完善城市设计高度控制技术，为城市设计融入相应法定规划提供依据，对其他城市类似的历史环境中的高度控制也具有一定的借鉴作用。

参考文献

[1] 中华人民共和国建设部. GB50357-2005 历史文化名城保护规划规范 [S]. 北京：中国建筑工业出版社，2005.

[2] 田莉. 城市总体轮廓浅析 [J]. 规划师 ,1999 (01)：63-68.

[3] 中国城市规划设计研究院. 太原历史文化名城保护规划 [Z]. 2011.

以一座活的古城重建旷野间隐含的结构：基于多重保护主体的太原县城历史文化街区保护规划*

*基金资助：国家自然科学基金青年基金项（51308100），高等学校博士学科点专项科研基金资助课（20120092120004）；主持：沈旸。原文刊载：沈旸，周小棣，马骏华《基于多重保护主体的历史文化街区保护规划》，《东南大学学报（自然科学版）》2015年9月（第45卷第5期）。录入本书有增删。

伴随着国家层面的产业结构升级和文化旅游产业的蓬勃发展，历史文化遗产保护的重要性和必要性也越来越成为人们的共识，其表现之一即掀起了一股申报国家历史文化名城的热潮。截至2010年年底，有16个城市进入到国家历史文化名城申报程序，申报数量之多、申报时间之集中是1982年公布首批国家历史文化名城以来从未有过的现象。[1]29

太原即为其中之一员。太原有着2500年的建城史，拥有丰富的历史文化遗存，却一直未能跻身国家历史文化名城的行列，当今天这样一个传统重工业城市开始升级转型时，所面对的却是文化遗产的严重碎片化。在太原划定的五片历史文化街区中，明清太原县城历史文化街区（以下简称太原县城）是面积最大、情况最特殊的一处：

首先，太原县城独处于主城区之外，尚存有较完整的明代城市格局。其城市边缘的区域性质、乡村式的社会经济发展水平等，皆使得保护规划工作更接近于历史城镇保护的层面。

其次，太原县城占压在晋阳古城的遗址之上。2001年5月，晋阳古城遗址被列为全国重点文物保护单位。鉴于大遗址面积广阔，考古工作尚未全面展开，地下埋藏情况还有很大的不确定性，在2009年2月编制了《晋阳古城遗址保护规划纲要》之后只能暂停，这也使太原县城的保护规划工作举步维艰。

再次，太原县城的历史遗存碎片化和民俗文化鲜活化之间的矛盾。县城的城墙仅有部分残存，重要的公共建筑多已损毁；保存较完整的民居也分布零散，新建民居呈现出北方农村千人一面的常见景象。然而，县城仍然继承了传统乡土社会的文化习俗和社区网络，发达的非物质形态遗存在一定程度上弥补了物质遗存的缺失。在梳理碎片化历史遗存的同时，如何使民俗传统得以延续，理顺保护与发展的矛盾，是街区保护面临的又一难题。

在工作方法上，太原县城保护规划的编制也体现出区别于一般历史文化街区的特征。为配合名城申报工作的推进，名城与街区的保护规划编制工作同时进行，可以避免名城规划对下一层级保护所带来的政策修改上的难度。反之，街区规划也有力地支撑了名城申报的顺利进行。二者同时编制、互为补充的模式，或许也是城市遗产保护的一条有效途径。

城池凤翔余：从晋阳古城到太原县城

《史记·晋世家》载："武王崩，成王立，唐有乱，周公诛灭唐。成王与叔虞戏，削桐叶为圭以于叔虞曰'以此封若'。史佚因请择日立叔虞。成王曰：'吾与之戏耳。'史佚曰：'天子无戏言，言则史书之，礼成之，歌乐之。'于是遂封叔虞于唐。"[2]179 这则"桐叶封弟"的优美故事，不仅说明了今太原地区早在周代的第一次归于大化、分封诸侯的历史，其中更是饱含道德批判的哲思。此后，这片土地拥有了辉煌无比的历史。

春秋时期晋国赵简子首筑晋阳城，其后三家分晋，晋阳作为赵国初都 70 年；南北朝时期，晋阳先后成为东魏、北齐的别都；唐代则与洛阳、长安并称"三都"，是为北都，《唐会要》载："都城左汾右晋，潜丘在中，长四千三百二十一步，广三千一百二十二步，周万五千一百五十三步。宫城在都城西北，即晋阳宫也。"[3]95 至此，晋阳城已建设成为横跨汾水的三城联合格局，玄宗游历时发出："并邑龙斯跃，城池凤翔余"的绝美赞叹。

唐末五代动乱，先后有九位霸主依托晋阳称雄，晋阳城亦为北宋政权最后征服的割据势力所在，并于太平兴国四年（797）以"国家盛则后服，衰则先叛，不宜列为方镇"为由，将 1500 年的壮阔历史付之一炬，次年（798）又引晋水、汾水灌毁废墟，而迁并州治于榆次，于别处另建周边两公里的小城，改为平晋县，意为"平定晋阳"之意。

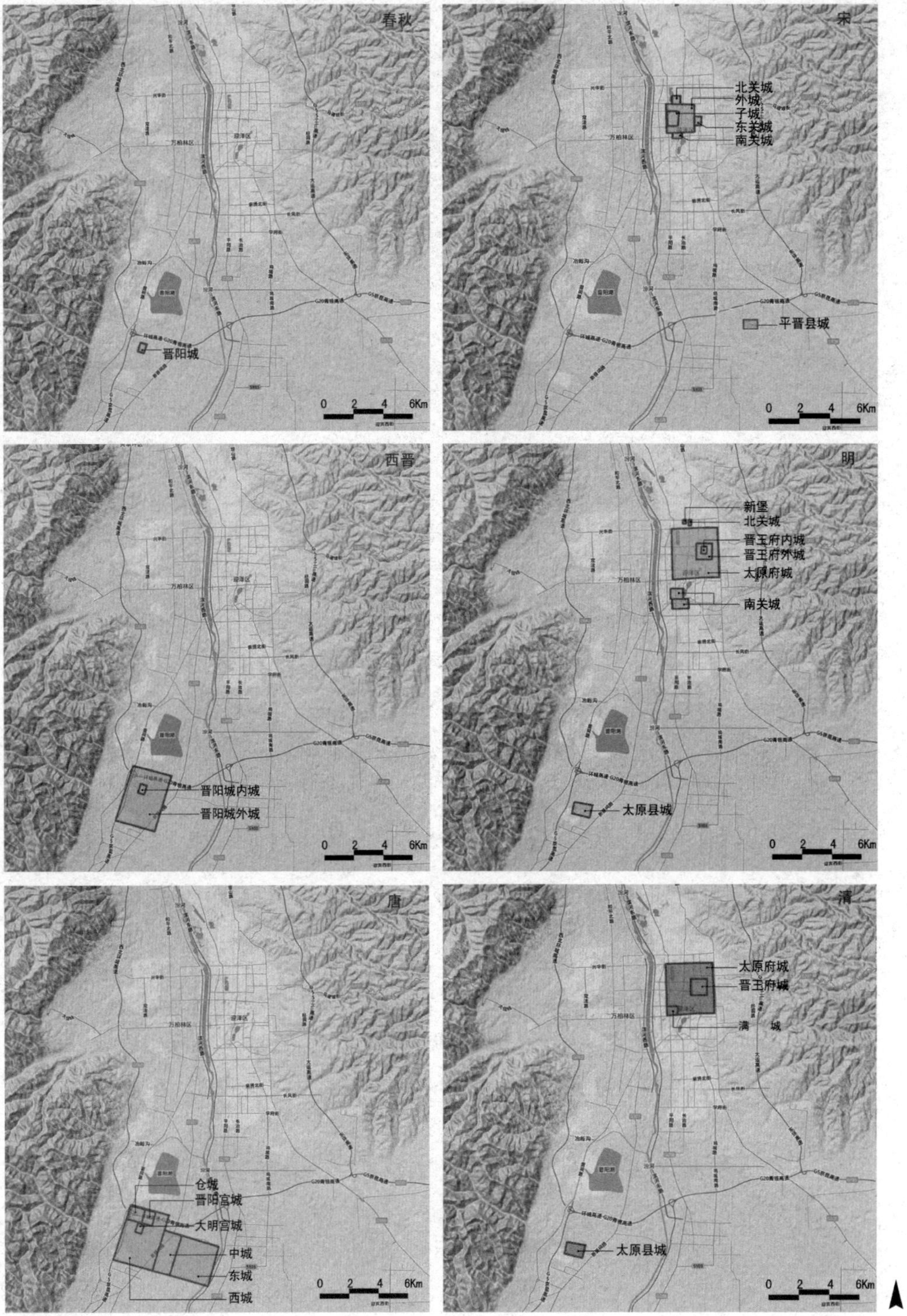

1 太原地区古代城市建设演变

三年后（801）于唐明镇筑太原府城，直到嘉祐四年（1059）才重新设置太原府治。[4]14

明初，为加强中央集权实行藩王分封制。此时的晋阳古城早已荒蛮，龙城之说不再成为新王朝的禁忌，太原客观天然的地理位置再受重视，明太祖三子朱棡，封晋王，主太原，成为最早入住封地的藩王之一。历史的偶然让人感慨，洪武四年（1371）即太原府城建成后的第三年，在晋阳古城遗址上修建晋府宫殿，“木架已具，一夕大风尽颓，遂移建于府城”。又逢原平晋县城被汾水所冲，遂迁县治于晋阳古城基址之上，是为太原县城，此时距晋阳古城被毁已经整整 400 年了 1。

县城位于西山九峪东侧正中，汾河西侧谷地上，西山一带山脉对其形成拱卫之势，汾河在其西侧蜿蜒自北向南而去，东西两侧的山脉与河流呈现完美的拓扑对称，是背靠龙脉，左青龙右白虎，前有流水绕的理想风水格局。县城东西长，南北窄，北关瓮城门开向东面，东关、西关、南关的瓮城门则皆为南向。究其原因，北方是北元势力南下抢掠的方向，作为明初九边重镇之一的太原地区，城墙的不对称建设是基于军事防御考虑做出的调整。当代的测量证实县城方位不是严格的正南北，有一定角度的偏差，再对应考古地图可得，这是与晋阳古城遗址方位保持一致的结果，而后者乃是根据西山带的山脉走向定位的 2。

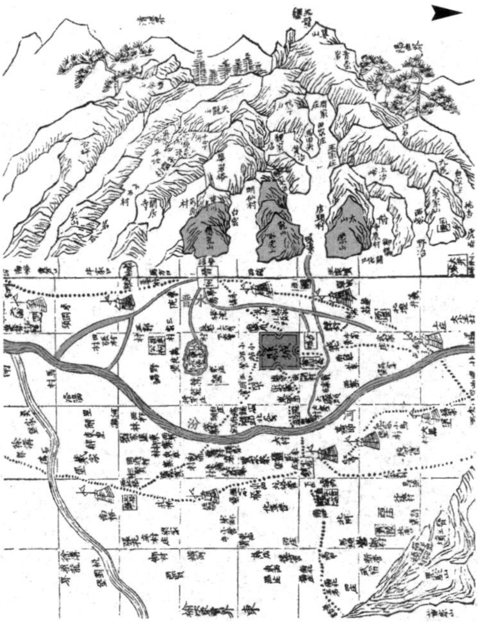

2 太原县城周边水系及风水格局示意
底图引自：《道光太原县志》

根据当地传说，太原县城的北门为凤首，瓮城门洞朝东，代表凤首向东顾盼，有“丹凤朝阳”之意，瓮城内道路南北各有水井一眼，象征凤之双目。东西瓮城门洞皆向南开，如凤之双翼。南门外建有巍峨高耸的宝华阁，乃是高高翘起的凤尾。城内十字街的交汇处为凸起的好汉坡，又拟为凤腹。[5]42 唐代常将京城称为凤城、凤京、凤凰城或是丹凤城，晋阳古城在唐代发展至顶峰，亦有“凤凰城”的美誉，建立在晋阳古城遗址之上的太原县城的“凤凰城”之谓也正是继承于此，代表了当地民众的文化需求和美好愿望，城市构成要素也因此附加了文化内涵 3 4。

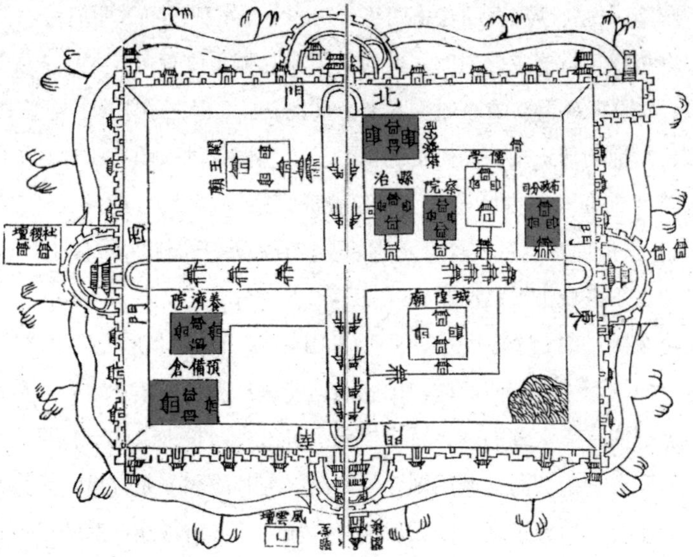

3 明太原县城城市结构
底图引自：《嘉靖太原县志》

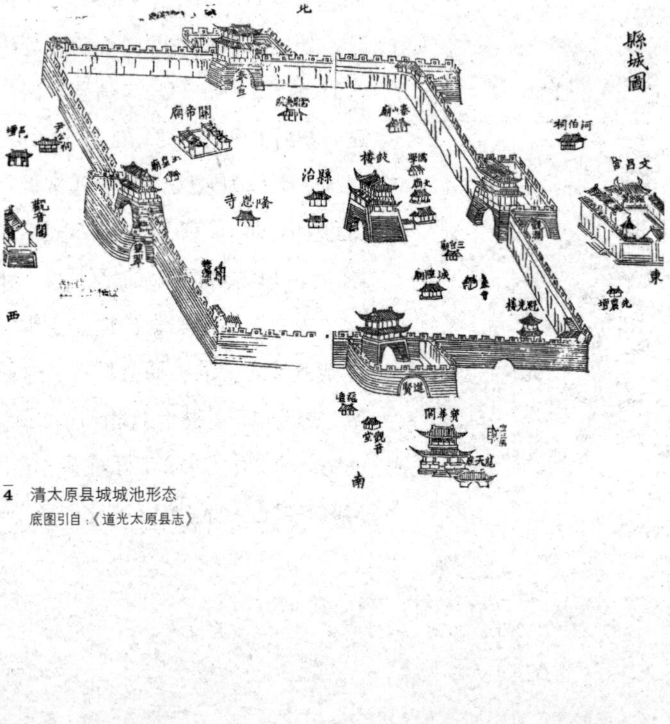

4 清太原县城城池形态
底图引自：《道光太原县志》

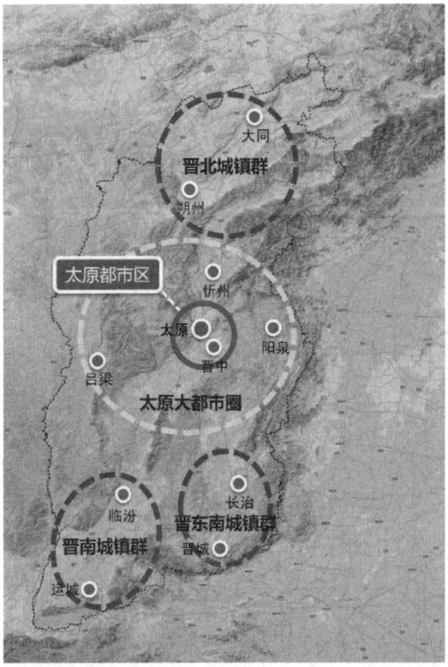

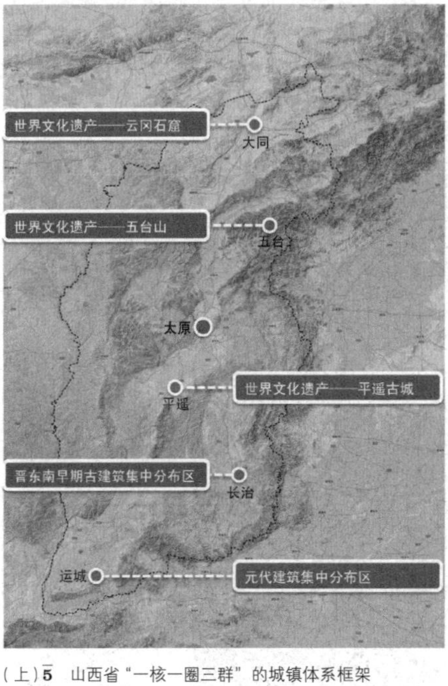

（上）5　山西省"一核一圈三群"的城镇体系框架
（下）6　山西省历史文化遗存示意

晋阳文化遗产体系中的太原县城现状

2009年，国务院通过了《促进中部地区崛起规划》，明确提出了六大城市群（圈）的概念，太原城市圈即为其中之一。"十二五"期间，山西省将构建"一核一圈三群"的城镇体系框架[5]，太原都市圈是重中之重。《太原市城市总体规划（2008—2020）》将城市性质定位为"山西省省会，中部地区重要的中心城市，全国重要的新材料和先进制造业基地，历史悠久的文化古都"，是第一次将文化古都的概念提升到城市性质的高度，表明太原自全国重要的能源化工城市向文化产业转型的决心。

山西省历史文化遗存丰富，如已经入选世界文化遗产的大同云冈石窟、五台山、平遥古城，及文物建筑密集分布的晋东南早期木构建筑遗存区和晋南元代建筑遗存区，而位居省域中心的晋阳文化却长期得不到应有的重视和地位[6]。事实上，晋阳是三晋大地的重要源流和核心，是我国古代北方军事、政治和经济重镇，也是中华民族交融史上的重要交汇点，这里发生过的重要历史事件，都直接或间接影响着中华历史文明发展的轨迹。与上述山西省其他遗产资源相比，晋阳文化遗产无疑有着历史悠久、类型多样、底蕴深厚的优势和特征[7]。根据城市总体规划，未来太原将倾力打造由主城和新城、晋阳文化区和北部生态保护区组成的“双城双区”的城市空间结构[8]，为作为晋阳文化遗产重要组成部分的太原县城的保护与发展带来契机。

作为一座“活的”古城，较低的行政等级及以农业人口为主体的构成模式，使太原县城免遭城市化浪潮的彻底洗礼，仍具有传统地缘和血缘关系社会的特征，伦理道德观念依然是日常行为的准绳，相应的民俗体系也得以保留，涵盖了庙会[9]、社火、手工制品、特色小吃、传说故事等诸多方面，如每年的庙会就有 11 处之多，二月二的社火也在近些年得以恢复。

但现代社会的进程是阻挡不住的，这使得太原县城呈现出一种传统与现代相互交织混杂的状态，也使得传统风貌的现状令人堪忧，主要表现在城市肌理、立面形态和街巷空间等三个方面。再就是基础设施的薄弱，这也是历史文化街区面临的普遍而基础性的问题。而人口外流和老龄化所导致的社会性衰败，则是太原县城传统地域文化活力消退的根本原因。历史文化街区倘若缺失了作为城市形态建设者和地域文化传承者的原住民，纵使拥有完整的历史风貌或者精美的历史建筑，也难以体现历史文化的精髓，只能沦为死气沉沉的历史古董，甚或是披着传统外衣的商业舞台。

7 太原县城周边历史遗存

（右）8　太原“双城双区”的城市空间结构
（下）9　太原县城庙会全年分布

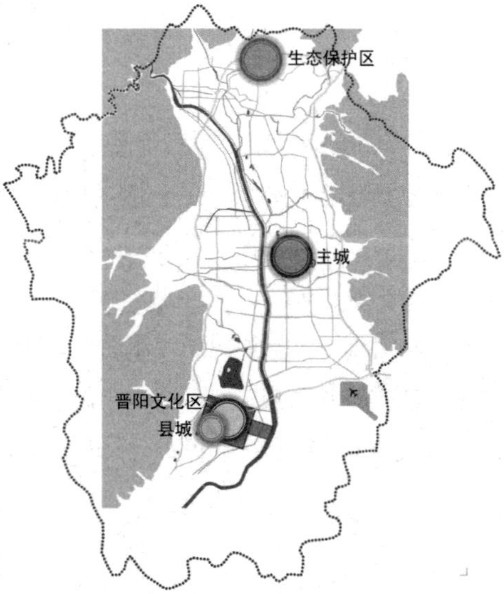

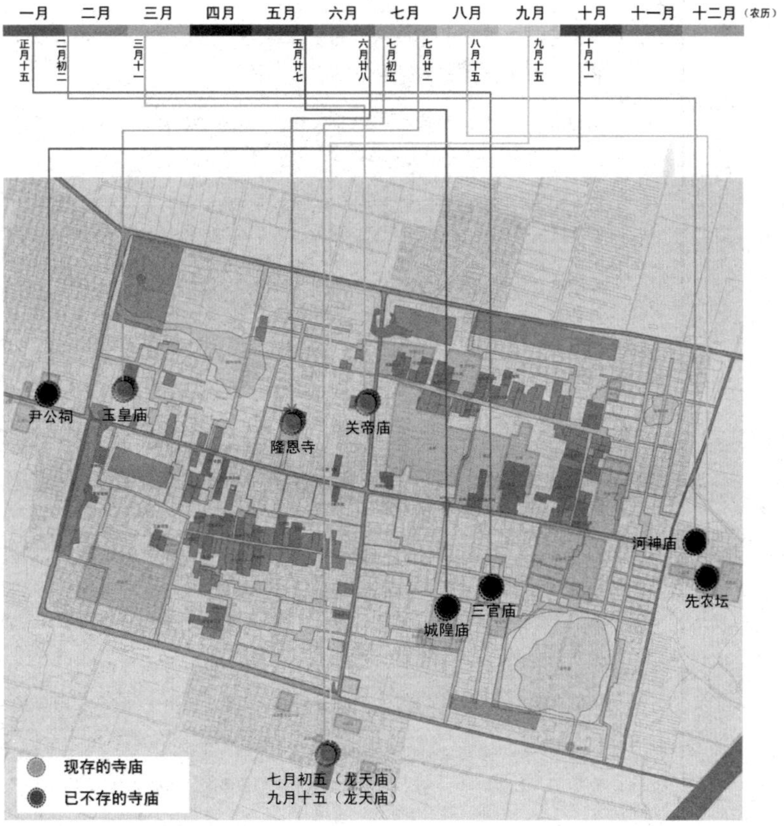

凤城余音绕：基于多重主体的保与控

太原县城的特殊之处在于保护主体的多重性特性，相互牵制也相互支撑，制定相应的保护对策，协调各个层级的文化遗产保护，才可能营造出活在晋阳古城遗址“腹中”的传统城市生活图景。

历史文化街区保护规划编制的首要任务，是明确保护对象[表1]。在此基础上，规划构建了包括山形水系、城市结构、街巷建筑、环境要素、民俗文化等在内的完整保护区划，兼顾了不同层次的保护：保护范围囊括了现有历史遗存和城市空间结构的主体；

空间遗产	空间	文物保护单位：省级文物保护单位有太原县城文庙， 区级文物保护单位有龙天庙、东岳庙、玉皇庙、城墙等。
		历史与山水格局：太原县城是晋阳古城的延续，延续了东侧汾河、西侧西山的环境格局。
		地下埋藏区：晋阳古城西城曾是重要的建设区。县城是否存有地下埋藏区， 尚有待发掘，埋藏深度约在 2 米到十几米之间。
		街巷格局：城内街巷以十字形大街为骨架，众多巷道与其相连， 形成了四通八达的交通网，民间称“九街十八巷”。
		历史建筑：保存完好的传统民居有 30 多处，如秦家大院、陈家大院等，是太原地区 的传统民居的代表。此外县衙、鼓楼、宝华阁等虽无存，但仍是居民的共同记忆。
	景观	魁星阁与金牛湖的对景关系：历史上县城东南隅建有魁星阁，与金牛湖水阁影相映， 是县城一景。现阁已无存，湖迹尚在。
		古树名木：唐槐一株，为晋阳古城遗物。
		古井：北门瓮城内有古井两口，被当地人称为凤凰双目， 相传井水一可洗眼明目，一可做豆腐、烧酒，别具特色。
		院落绿化：民居院落内种植的花木是当地绿化的重要内容。
生活遗产	民俗	民俗活动及民间信仰：县城内保存有许多民间信仰，如龙天信仰和五道庙祭祀， 均是太原县城较有代表性的民间信仰。此外县城内外分布有十一处庙会， 如正月十五的三官庙庙会、二月初二的河神庙庙会等，已成为太原县城民间文化的 重要节日，而其中最为繁盛的当属龙天庙庙会。
		传统老字号：老字号众多，主要有聚宏园、两合公、裕美公、天成号等著名的商铺。
	艺术	传统技艺：太原县城内保存着丰富精湛的传统手工艺， 如剪纸、食品制作、砖雕等，是当地传统艺术要素的重要体现。

表 1　保护对象构成

10 保护区划

建设控制地带满足了县城整体格局和风貌的控制；风貌协调区回应了晋阳古城的大遗址保护；保护要求和管理规定还兼顾了可能的地下埋藏区 10。

保护范围：城市历史的结构化保护

城市结构指由轴线、地标、边界及街巷网络所构成的城市基本骨架，对城市整体形态起控制性作用，是体现传统城市空间特色，反映传统城市规划思想的重要线索。太原县城城池轮廓清晰，街巷格局完整，总体尺度基本延续明代的特征，但历史实物遗存较少，因此，保护范围的划定结合城市空间结构，以十字街为骨架，将历史建筑相对集中的西北区域的北后街、东横街和西南区域的仓巷纳入保护范围，再根据城墙遗存现状及重要节点划定边界。

城市轴线通常是指在城市中起空间结构驾驭作用的线形空间要素。[6]24 十字街将太原县城划分为基本对称的四块区域，对城市具有重要意义，是体现礼制社会等级关系的集功能、景观、风水等于一体的城市轴线。但十字街的传统文脉现已基本丧失，规划从五个方面制订了相应的保护策略：①尺度及地形控制；②建筑风貌整治；③重要地标建筑的重建；④视觉通廊的保护；⑤功能的强化，旨在通过轴线保护传承城市历史文化特色及传统生活秩序。

防御性是中国传统城市的重要特性之一，城墙和护城河明确构建了城市的边界，控制着城市的形态。太原县城的护城河已被填埋修成道路，城墙部分残存，现有的城市外环道路在一定程度上起到了城市边界的作用。但城墙遗址上的民居及外围民居的建设，削弱了城市边界的感知度。规划通过修建城墙遗址公园对城市边界进行强化，突出城市外部轮廓，呈现出原有的矗立在旷野之上的城池形态 11，并对重要的城墙要素有选择地部分重建，如东南角的奎星阁、东城门等，进一步标示和强化。

11　矗立在旷野上的城池：规划前后对比

建设控制地带：整体保护城市基调

街巷是城市风貌及传统生活方式的重要载体，充实于街巷其间的具有相似尺度、体量和风貌的院落式民居构成了整个城市的基调；点缀其间的重要公共建筑以其高度、体量和风貌上的差异而凸显出来，成为城市的地标和视觉控制要素；民居和公共建筑一起构成了和谐统一又富有变化的城市肌理。太原县城的街巷以十字街为主干，分别朝四个街坊自然延伸形成网络状布局，俗称“九街十八巷”。这种通直规则的主干道与街坊内的自然小道构建的街巷网络形态，反映了中国传统城市中粗放的大轮廓与自发生长的小形态相叠加的二元状况。[7]154

规划从整体保护的角度出发，本着“延续风貌、渐进过渡”的原则，将整个县城范围除保护范围外皆纳入建设控制地带。根据《历史文化名城保护规划规范》的相关规定，城市街巷的保护主要涉及网络、尺度及铺装等内容。并根据城内建筑现存状况进行不同层次的整治，包括：传统建筑的修缮、整饬；传统建筑中添加新的建筑；非传统建筑的改造或拆除；置入新建的建筑，在修复城市肌理的同时保持老城活力。

风貌协调区：与晋阳古城遗址协调

2006年11月30日，山西省第十届人民代表大会常务委员会第二十七次会议通过《太原市晋阳古城遗址保护管理条例》（以下简称《条例》）；并于2009年委托中国建筑设计研究院历史所编制了《晋阳古城遗址保护规划纲要》（以下简称《纲要》）。太原县城作为晋阳古城遗址保护范围内的一部分，规划特别划定的风貌协调区为已探明的晋阳古城遗址边界，以确保二者在保护和发展方面的相互协调和平衡。

鉴于晋阳古城考古工作目前正在进行过程中，为防止人为建设破坏，《条例》和《纲要》严格控制了遗址保护范围内的建设强度。[1]《纲要》还明确规定："太原县城城墙范围内仍保留为居住用地，常住人口按照保护规划测算要求控制；明代城墙范围外的民居纳入搬迁对象。"县城外围现已扩展为新建村民居住区，规划将城墙外围民居及占压城墙的部分民居进行异地安置，既促进了晋阳古城遗址的考古发掘与保护，也有利于太原县城历史风貌的体现和城墙的保护。

晋阳古城遗址保护范围内现有大运高速、环城高速、新晋祠路三条主要的交通道路，《纲要》认为大规模的过境交通流量会对遗址造成负面影响，应当"制定过境交通调整方案，迁出遗产区内的过境交通道路，削减城市功能，改善遗址保护范围内的环境质量"。《纲要》针对现状交通对遗址环境造成破坏的评估是正确的，但将这些交通干道完全迁出古城遗址的做法偏于极端，就晋阳古城遗址的位置和范围来看，保留现有的新晋祠路，而挪移环城高速和大运高速的部分路段是比较理性的选择，而新晋祠路正是现状和未来连接太原县城和太原市的主要道路 12。

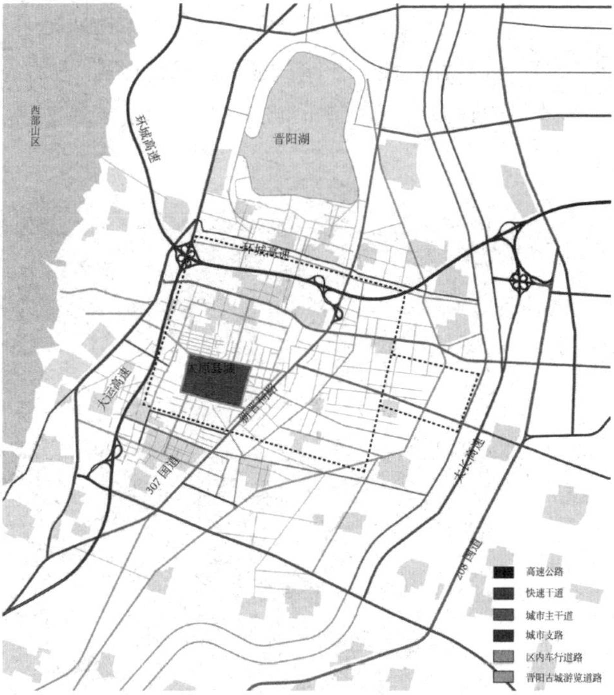

12 太原县城周边交通建议

1 《纲要》规定：位于城建区的保护范围和位于农村的以确定边界遗存分布的范围内土地使用性质改为"文物古迹用地"，位于村镇的一般保护区维持农业用地规模，并逐步削减其中的建设用地规模。

从历史遗存的数量和质量上讲，太原县城不算突出，但隐藏在物质形态背后的非物质文化传统却是其可贵之处，也是当前街区保护中强调的重点。文化传统的延续是居民世代传承的结果，却在今天现代性的蔓延中逐渐衰落，传统物质载体的日益破碎也正是这种现象的直接表征。如何应对？至少涉及三个方面的问题：一是空间质量的改善，包括传统风貌梳理，城市格局凸显，基础设施完备，居住环境优化等；二是传统生活的延续，包括民俗活动开展，社区网络构建，历史记忆传承等；三是新型产业的引导。亦即，实现空间、生活与产业的和谐关系，才是街区保护的最终目标。

大遗址保护中的产业定位

太原县城在空间上是晋阳古城遗址的一部分，在时间上则是连接晋阳古城和太原府城的纽带，三者构成集都城、府城、县城为一体，融合汉唐、明清文化的城市体系。规划在大遗址保护的前提下，将太原县城定位为[13]：

13 太原县城与周边区域定位的联动

（1）晋阳古城的延续和准备区——在保护其风貌格局的基础上，作为晋阳古城遗址研究、参观和开发的必要准备区和晋阳文化的博物展示区，也是对大遗址保护展示及博物馆建设的一种全新的形式探索。

（2）传统明清县城风貌展示区——选择历史文化或空间布局具有突出特点的区域，打造由传统宅院、衙署、庙宇、博物馆等构成的明清传统生活图景，同时根据各功能分区特色，集中发展相应产业。

（3）民俗文化的原生态再现区——以龙天庙信仰为龙头，结合现存的五道庙和其他坛庙建筑，充分发掘太原县城的民间信仰文化，科学、合理地安排展示活动，鼓励当地居民和游客的积极参与，其中，着重恢复晋祠和太原县城之间的信仰活动联系。

合理有效的产业置入是街区定位实现的根本保障，同时，也必须和物质与非物质遗产的保护相适应，且具有独特的可识别性。规划认识到，当代逐渐成熟的生态科技为传统文化的“灵巧发展”提供了核心动力，传统文化必须在当代社会 / 科技条件下，进行提升再造，表里共存才有活力。基于“传统文化与农业生产生活的一体性”特征[14]，提出“传统文化创新产业”的概念[15]，塑造试验市场—密集研发—规模生产的产业链[16]。

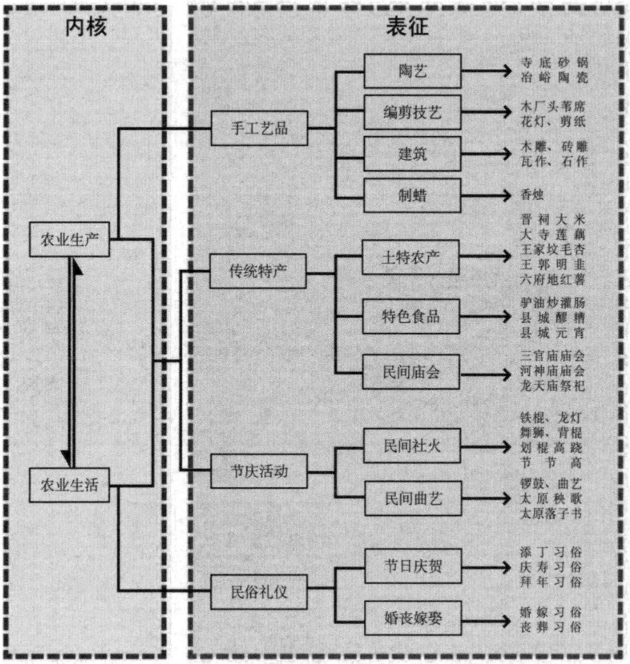

14 传统文化与农业生产生活的一体性

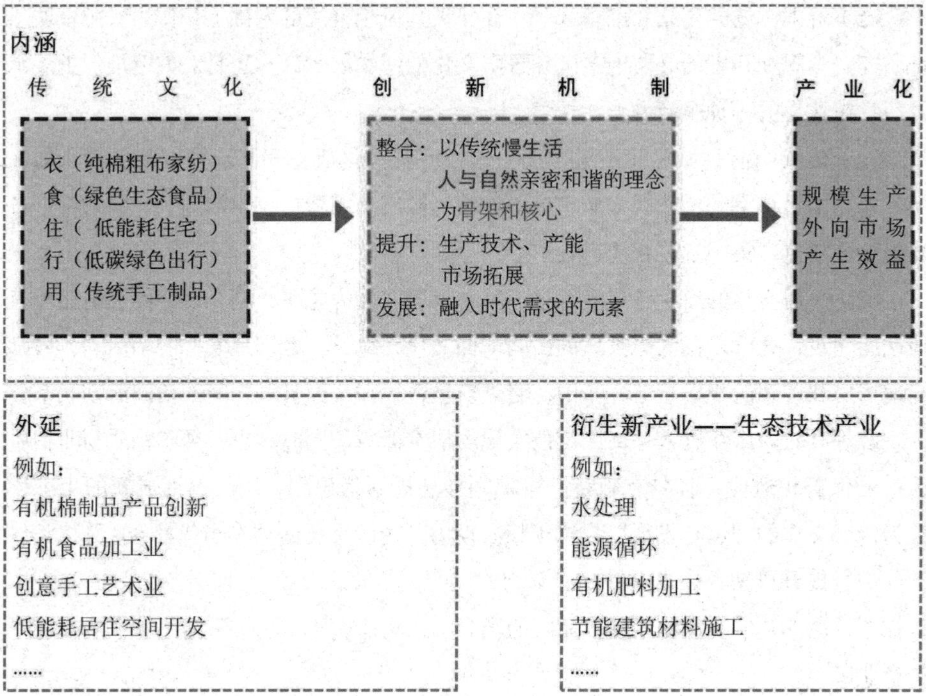

15　传统文化创新产业概念

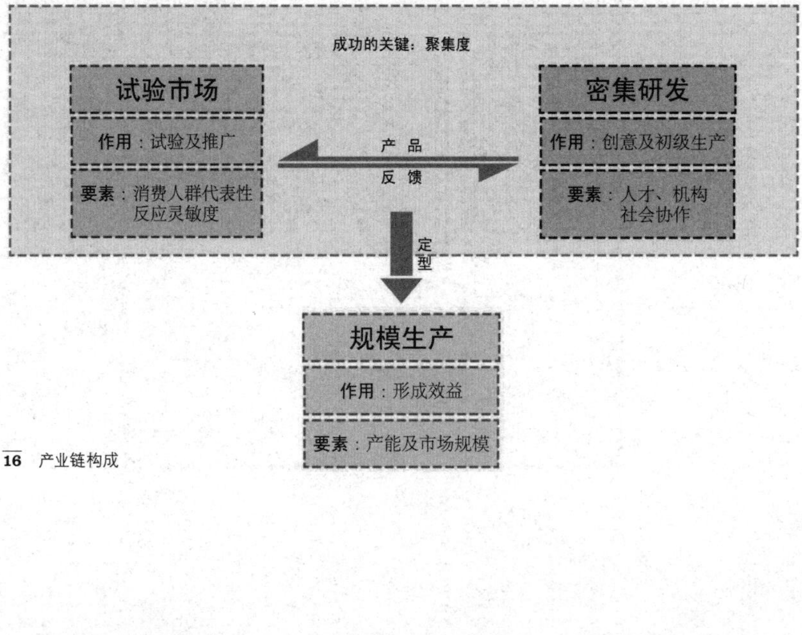

16　产业链构成

民俗传承与公共空间活化

传统社会中人们的公共活动多集中在街头巷尾，而在当前的历史文化遗产保护中，公共空间的介入是激发城市遗产的活力、改善城市空间的必要手段；具体操作时要尽量做到既满足居民日常生活和民俗活动需求，又满足旅游者对城市风貌的期望[17]。

（1）与民俗活动的耦合：民俗活动的公共性决定其多依附于传统公共机构举行，如庙会在各寺庙周边区域，社火则在城市的空地上。太原县城也不例外，庙会多在寺庙附近的街道举行，人流拥挤，影响交通疏散；二月二社火也缺乏固定的场地，只能在郊外的农田举行。规划对重要寺庙的周边环境进行整治，通过容纳民俗活动的公共空间的介入，有效引导民俗活动的发展，强化城市活动的空间秩序，为城市遗产的复兴注入活力。

（2）与历史院落的关联：太原县城的历史院落保存规模较小，共有30余处，且分布零散。公共空间的介入结合街巷路径的连接，形成收放有度、更为灵活的街巷空间，营造等级分明、便捷顺畅、文化氛围浓厚的街巷系统，使碎片化的历史遗存连成整体，给人以完整的场所体验。历史院落的密集区通常是绿化较好的区域，这一特点为公共空间的景观营造带来先天的优势，降低了绿化难度，有助于空间的快速成型，提高历史空间复兴的效率[18]。

（3）城市结构的凸显：公共空间总体结构设计为“一环、三区、两廊、多点”的布局形式：“一环”指环城墙遗址公园，强化城市边界，建立城市内外之间的缓冲；“三区”指城市东南角的金牛湖公园，西北隅的城墙公园，以及十字街街心广场，分别满足游憩和生活居住需求；“两廊”指从金牛湖和城隍庙向西北分别拓展至关帝庙和隆恩寺的绿化走廊；“多点”指在传统风貌区内设置的诸多小片集中绿地，鉴于传统风貌区内部宜人的街巷尺度不宜集中设置大面积绿地，因此采用“化整为零”的方法，将小片绿地安插在宅间、庙前。

以居民为主体的生态路线

晋阳古城的考古发掘工作正在进行中，为避免新的建设破坏，《纲要》要求“根据城址的西区、中区、东区三部分区分管理力度，其中城址西区为区划重点。要在保护优先的前提下，严格限制建设开发”。[8]16 太原县城就位于区划的重点——西区。从保护晋阳古城遗址的整体环境出发，县城的发展必须得到严格控制；但同时，县城自身也要得到保护和延续，进行一定程度的开发也是必要的。

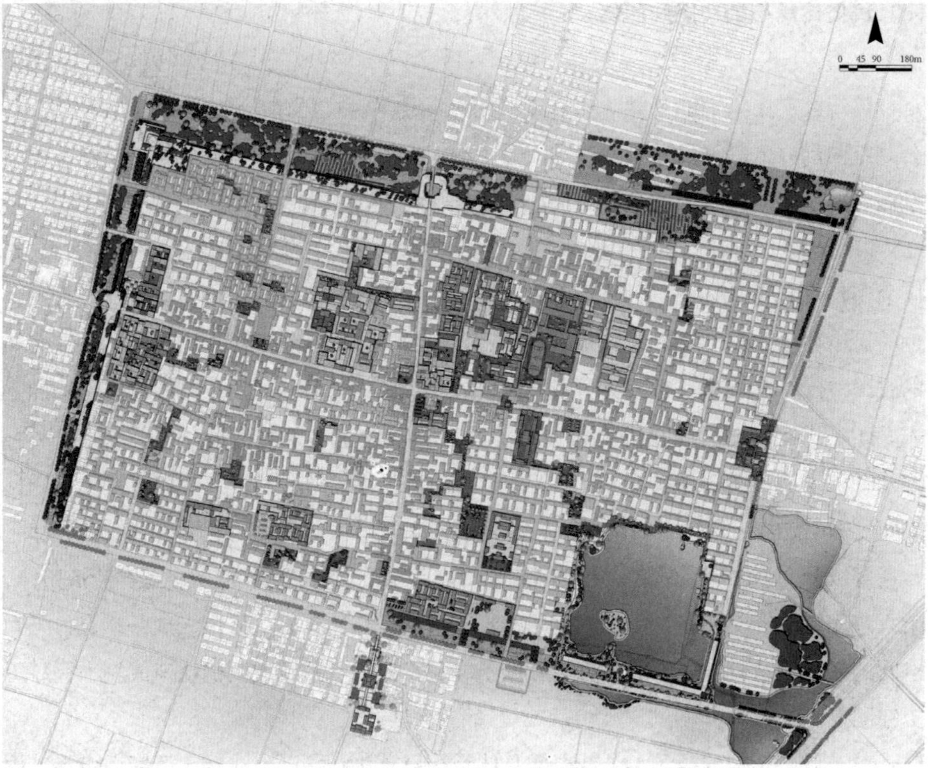

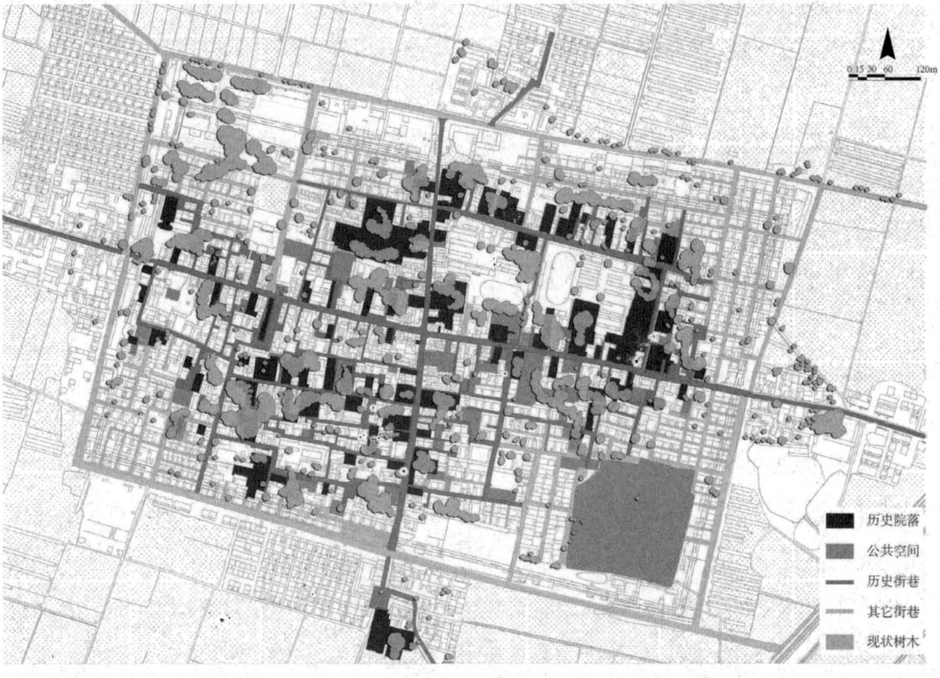

(上) **17** 公共空间体系
(下) **18** 公共空间与历史院落的关联

规划制定了以居住为主，结合旅游及民俗产业的发展模式，通过产业调控来控制建设量，充分利用现有公产区域的空间资源进行改造利用。太原县城的公产用地约占总用地的 30%，是随着原有功能的衰落而被新功能代替的结果，如县衙被拆除后建成了学校，城隍庙被拆除后建成了工厂等，新的产业布局应顺应原有的城市结构、沿承原有脉络[19]。当然，所有的更新工程，都应由文物部分先期组织考古勘探，如有考古发现应及时对建设进行调整，并要求所有建设的扰土深度不得超过 2 米。

居民的日常生活决定了街区的活力，保留原住民，保留以居住为主的功能，是保存传统街区特有的文化氛围和人文环境的根本。以居民为主体的产业模式，注重原住民生活水平的提高，采用既能带动经济发展又能继承传统特色的产业类型[20]，带来经济效益的同时，推动文化遗产的保护。

由于规划定位的产业类型的原材料无法产自现行常规生产体系，导致短期的高成本和高能耗会成为生态体系实施的主要障碍。这就要求具有现实意义的生态体系建设必须跨越投入 / 产出平衡的门槛，需要具备一定规模，而且是涵盖生产 / 生活的完整循环体系。反观太原县城，规模适中，且兼含了生产和生活，是建立新生态体系的理想启动区[21]。

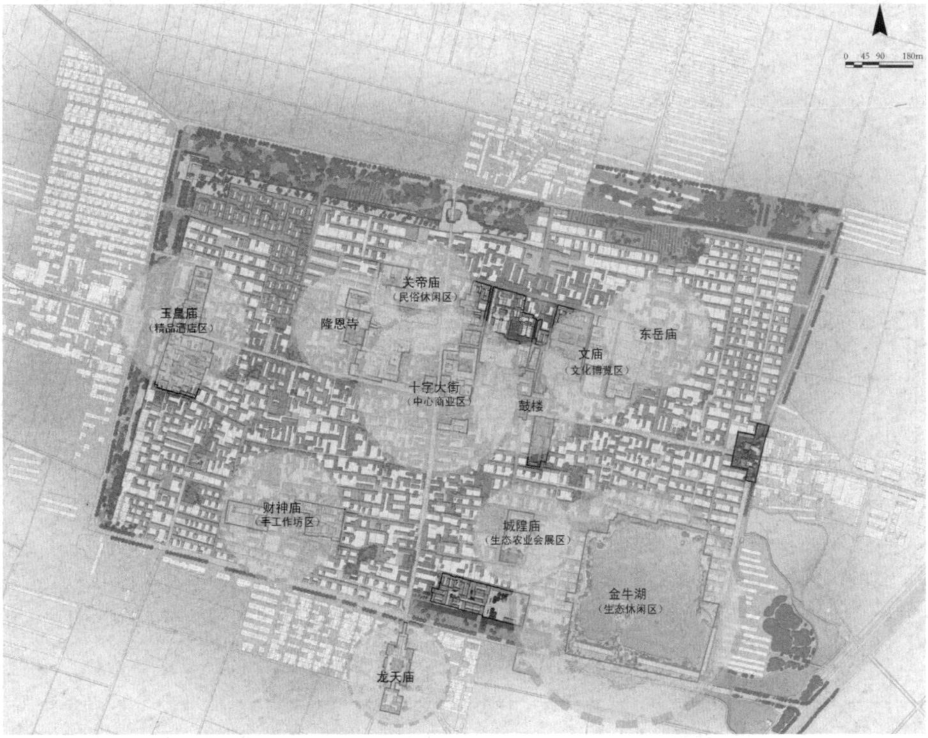

19 公产区域的复兴

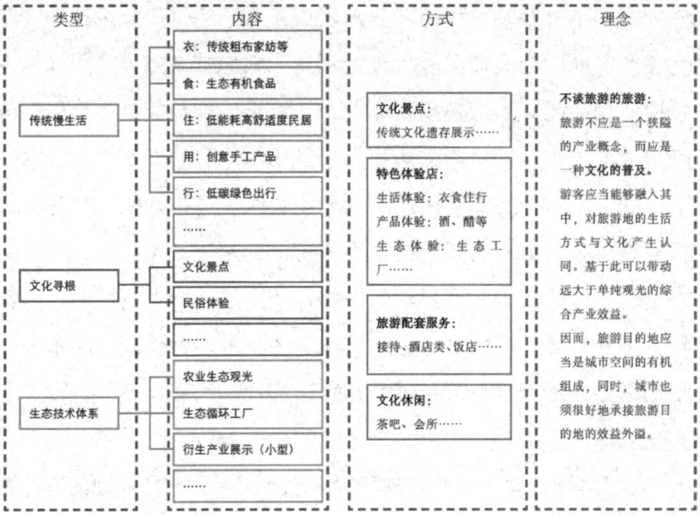

20 产业内容

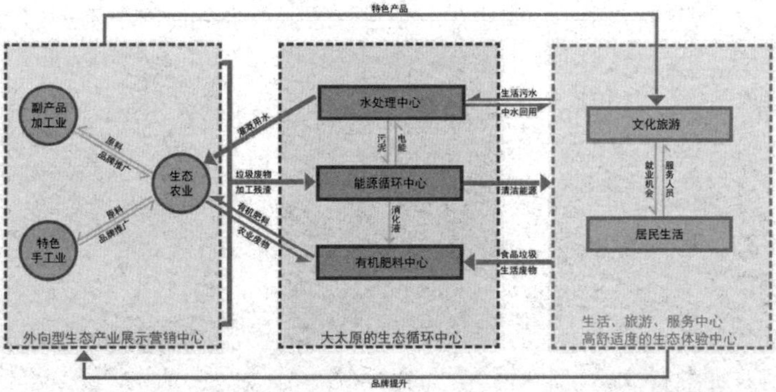

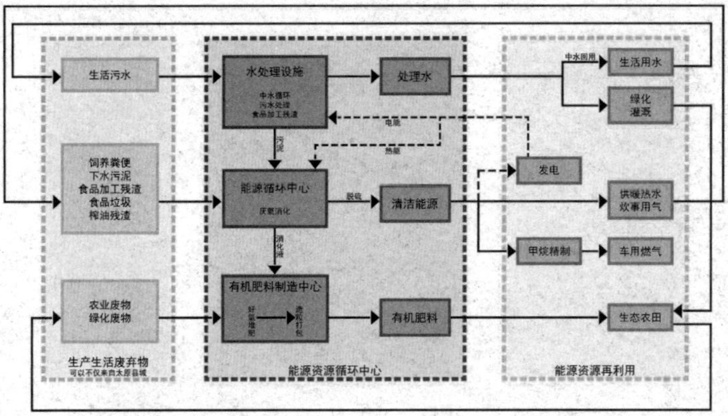

(中、下、右) **21** 生态体系的构建

结语

晋阳古城及太原县城区域的山川、水系、城池、街巷在古人手中经营了千年之久，繁荣于其中的百姓生活亦生生不息。太原县城历史文化街区位于晋阳古城遗址范围内的特殊性，带来了保护主体多重性的问题，保护工作涵盖我国目前历史文化遗产保护的三个层次：全国重点文物保护单位、历史文化街区、历史文化名城。而每一层次都有各自相应的保护要求和原则，其难度在于空间与产业的协同，及保护政策、法规的满足。此外，多重主体的复杂性还体现在太原县城的整体保护上，其并非法定的保护对象却仍然保有传统城市的格局，应予以保存和延续。

本文从晋阳文化遗产体系的角度，通过梳理和分析区域历史特征，明晰大遗址上已渐消隐的空间结构，构建了包括山形水系、城市结构、街巷民居、环境要素、民俗文化等在内的完整保护区划，兼顾多重主体的保护。并基于传统文化与农业生产生活的一体性特征，提出传统文化创新产业的概念，塑造新型产业链，循着生态路径营造大遗址“腹中”的传统城市生活图景，希望以太原县城的熙攘带动沉睡的古城脉搏，重新建立起其与西山、晋水的联系。

（注：如今，太原县城已完成建设工作，只是，并没有遵循本文的规划思路，成为了又一个仿古街区。）

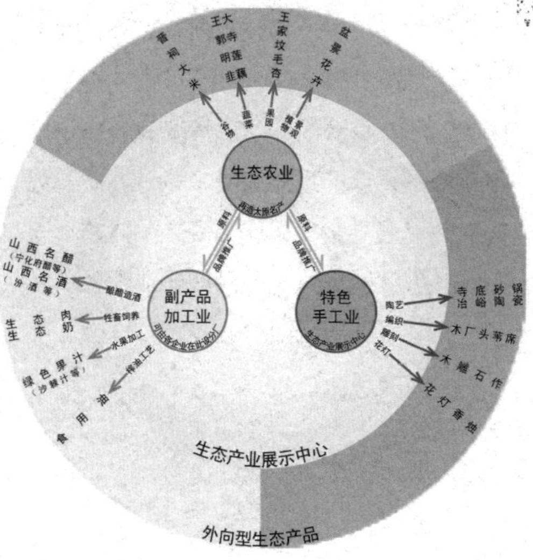

参考文献

[1] 张兵，康新宇．中国历史文化名城保护规划动态综述 [J]．中国名城，2011 (1)：27-33.

[2] 司马迁．史记：下卷 [M]．哈尔滨：黑龙江人民出版社，2004：179.

[3] 杜锦华．晋阳文史资料：第四辑 古都晋阳 [R]．晋阳：太原县城民间文化研究会，2001.

[4] 常一民，陈庆轩．晋阳与水火相连的古城 [J]．中国文化遗产，2008 (1)：16-23.

[5] 张德一，姚富生．太原市晋源区旅游漫谈 [M]．太原：山西人民出版社，2001:42.

[6] 王建国．城市传统空间轴线研究 [J]．建筑学报，2003 (05)：24-27.

[7] 王金岩，梁江．中国古代城市形态肌理的成因探析 [J]．华中建筑，2005，23 (1)：154-156.

[8] 中国建筑设计研究院．晋阳古城遗址保护规划纲要 [R]．南京：东南大学设计研究院，2009.

小西湖的启示：绘制一张适应于中国城市传统街区保护再生的「类型学地图」*

*基金资助：国家自然科学基金项目（51578123），主持：韩冬青；城市与建筑遗产保护教育部重点实验室开放研究课题（KLUAHC1801），主持：姜蕾。原文刊载：董亦楠、韩冬青、沈旸、包宇喆《适应于中国传统街区保护再生的「类型学地图」绘制与应用：以南京小西湖为例》，《建筑学报》2019年第2期（总第605期）。录入本书有增删。

今天的中国历史城市中尚存大量具备传统形态的街区，但保存状况又不足以被列入历史文化街区；这些街区大多位于老城中心，区位优势明显，但由于各种历史原因，往往也是房屋破旧、基础设施缺乏、居住质量低下的棚户区，保护（preservation）与再生（regeneration）已是老生常谈的问题。

例如位于南京老城南门东地区的小西湖，隶属大油坊巷历史风貌区，是现存为数不多的基本保留明清城市形态的街区之一，不到5万平方米的土地上居住着1200多户、3000多位居民，人口密度和居住条件与现代都市生活极不协调，场地内多处重要历史建筑的保护情况也不容乐观。在过去十几年间引发了无数争议的南京老城南地区的旧城改造运动，在历经连续两轮“大拆大建—学者上书—调整规划”之后，终于在2015年以小西湖为试点开展“小尺度、渐进式”的老城保护与再生工作。[1]

小西湖项目兼具历史风貌区保护与棚户区改造的双重特性，建设情况和居住条件非常复杂，对于街区形态和建筑类型的认知与诠释是设计的重要前提；另一方面，规划工作同时面对政府管理部门、征收公司、开发商、居委会和居民等多方主体的不同诉求。因此，规划设计的初始阶段迫切需要一张各方共同认可，并且能够清晰展现当

1　2015年暑假，南京市规划局组织南京大学、东南大学、南京工业大学3所高校参与在宁高校规划专业研究生小西湖规划研究志愿者活动，东南大学志愿者团队由韩冬青、陈薇两位教授领衔，邓浩、李新建、鲍莉、沈旸老师具体指导，研究和规划方案得到领导和专家的一致好评。2016年底，正式委托韩冬青教授团队进行小西湖修建性详细规划编制以及市政设施和示范性院落的设计工作，东南大学邓浩、鲍莉、李新建、沈旸、董亦楠、包宇喆等与历史城区保护建设集团密切合作，已经取得阶段性工作成果。项目进行与本文写作过程中也汲取鲍莉、邓浩等老师的重要建议，在此一并致谢。

前地块内建设和居住状况的工作底图。

为了绘制这样一张图纸，选择意大利形态类型学派在传统城镇研究中使用的主要工具——类型学地图（Typology Map），也就是一座城市、街区或者地块内所有建筑物的地面层平面图（Ground Plan）。这种地图与考古学家绘制的遗址地图（Archaeological Map）非常相似，记录了城市中建筑物在大地上留下的印迹，不同时期地图的对比清晰展现了一座座历史城镇的形态结构与建筑类型演变。欧洲其他国家的一些研究成果进一步丰富了这种传统方法，将类型学地图作为主要的研究工具，以多元视角看待城市及其包含的建筑和空间。1 [1]

当类型学地图面向中国传统街区时，掣肘的往往是更加复杂的空间和权属关系，单纯表达城市物质要素的传统类型学地图无法完全反映其演变过程和背后的动因。在小西湖保护与再生工作的起步阶段，类型学地图与产权信息的叠合发挥出了重要作用，一方面揭示了产权属性的变化如何影响街区形态和建筑类型的演变，并为新的设计提供依据；另一方面，新的类型学地图成为不同主体共同使用的工作底图，极大推进了以居民意愿为主的征收新模式。

类型学地图：从西方到东方的引介

类型学地图的绘制历史可以追溯到 1748 年，意大利人诺利（Giovanni Battista Nolli）用地面层平面的方式绘制出了整个罗马的公共空间，诺利地图（Nolli Map）以其精确性和完整性成为后世学者解读罗马历史城市的基础，也是两百多年后以萨维利奥·穆拉托里（Saverio Muratori）和吉安弗里科·卡尼吉亚（Gianfranco Caniggia）为代表的意大利城市形态类型学派使用的类型学地图的最初原型。

二战之后，特别是 20 世纪 50—60 年代，意大利建筑师面对战后破败的城市以及飞速发展的经济，开始思考传统城镇中心区的保护与再生。在这场论战中，意大利城

---

1 例如，佩特罗奇奥利（Attilio Petruccioli）在《遗失的记忆——伊斯兰风格地中海城市肌理的启示》一书中将卡吉尼亚的研究方法应用于伊斯兰城市；莫雷蒂（Federico Moretti）的《欧洲小说地图集：1800—1900》将欧洲经典小说中人物的行动路径绘制在城市地图上，解读小说与建筑、城市、景观之间的联系。

市形态类型学派扮演了重要的角色，他们继承18世纪建筑类型思想，通过历史资料和实地调研，对威尼斯、罗马、科莫等传统城镇中心区的建筑物进行细致测量并绘制完整的地面层平面图。图纸清晰地表达了以砖石为主要材料建造的意大利城市和建筑：双线表达厚重的墙体，在门窗洞口处断开；虚线绘制的“×”符号表示庭院，与室内空间加以区别，这种基于测绘的地面层平面图被命名为“类型学地图”[1]。他们还基于考古地图和文献资料绘制特定历史时期的地面层平面——“推测类型学地图”（Conjectural Typology Map）[2]，通过不同时期图纸的对比研究，解释历史城市形态和建筑类型的演变[3]。[2]

穆拉托里认为，这种地图记录了城市演变过程中保留下来的各种集体记忆，是解读城市的基础；卡尼吉亚则通过对不同城市的研究，总结出建筑主导类型的共时性（synchronic variations）与历时性变体（diachronic variations）[1][3]。当然，他们的目标不仅仅是记录这种演变过程，更重要的是探索如何在新的设计中延续既有类型的本质特征，传承历史又适应新的需求[4][5]。

从认识论的视角来看，类型学地图连接了城市形态和肌理与建筑类型和建构特征两个维度；在方法论的层面，类型学地图属于一种诠释性研究，不苛求图纸绘制的绝对精确，而更加关注空间关系；在实践方面，类型学地图成为沟通过去与未来、认知与设计的桥梁。借助这一工具，意大利城市形态类型学派构建了一套完整的从城市阅读到实践的“设计类型学”方法。

近年来随着相关理论的引入以及国际城市形态学论坛（ISUF）在国内的举办，更多学者认识到形态类型学方法在解读和分析中国传统城市形态和建筑类型方面的潜力，并致力于案例研究和实践。[2][4, 5]需要指出的是，形态类型学研究虽然在欧洲国家已经形成较为完整的理论和方法体系，但大多是以当地的文化传统和城市建设背景为基础的，而中国城市传统街区不仅具有独特的形态和类型特征，更重要的是，面临着1949年之后，特别是改革开放以后城市高速扩张所导致的城市形态突变。因此，绘制适应于中国城市传统街区的类型学地图，并以之为基础进行研究和实践工作之前，首先应当厘清下列问题。

---

1 共时性变体是指同一时期的同种类型在不同地域的演变，历时性变体则是同一地域的同种类型在不同时间出现的演进。

2 怀特汉德（J.W.R. Whitehand）和谷凯在北京陟山门历史街区进行形态区域划分，并与城市保护规划中划定的保护区域界线进行对比；马可（Marco Trisciuoglio）和鲍莉设计并指导完成的东南大学—都灵理工大学联合教学“类型的恒在与城市的蜕变：南京城南荷花塘地块及住区建筑更新设计”，通过对城市既有的建筑类型与形态的调研去设计新的可持续街区和建筑。

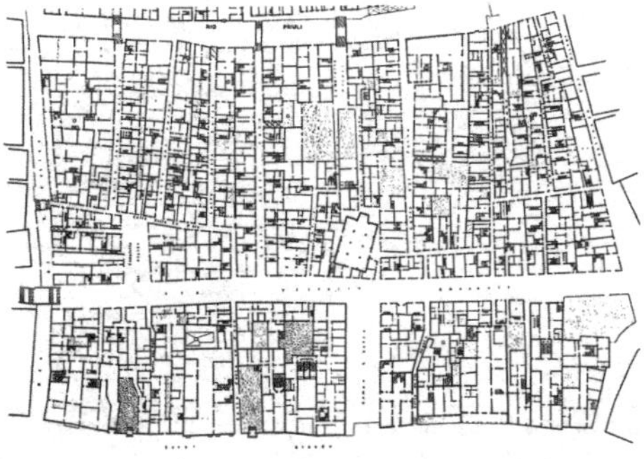

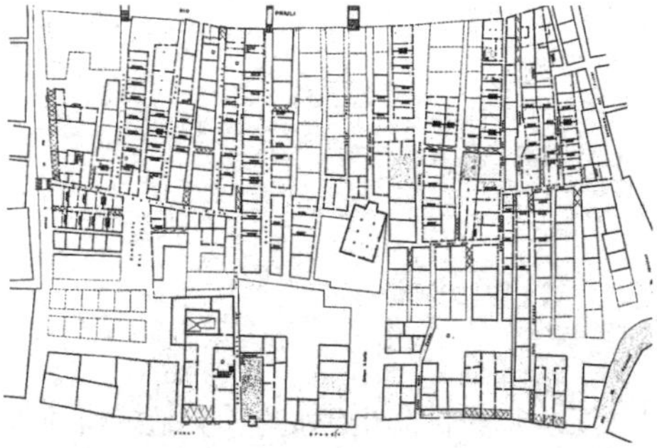

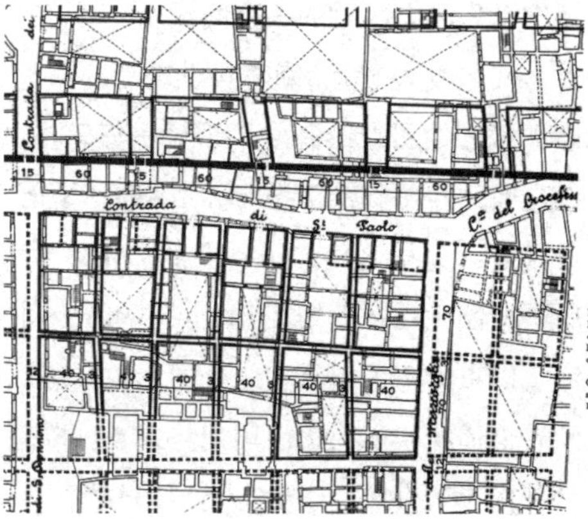

（上左）1 哥特时期的威尼斯圣索非亚区
（上右）2 20 世纪的威尼斯圣索非亚区
1—2：Saverio Muratori. Studi per una operante storia urbana di Venezia. 1959

（右） 3 古城科莫，罗马时期考古地图与现代城市类型学地图叠加（卡尼吉亚绘制，1963）
参考文献 [2]

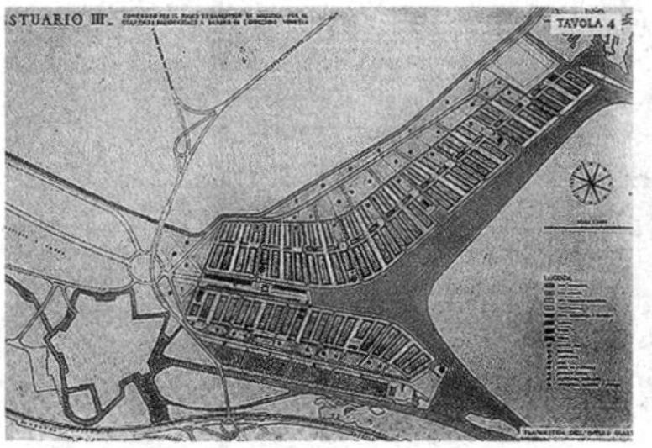

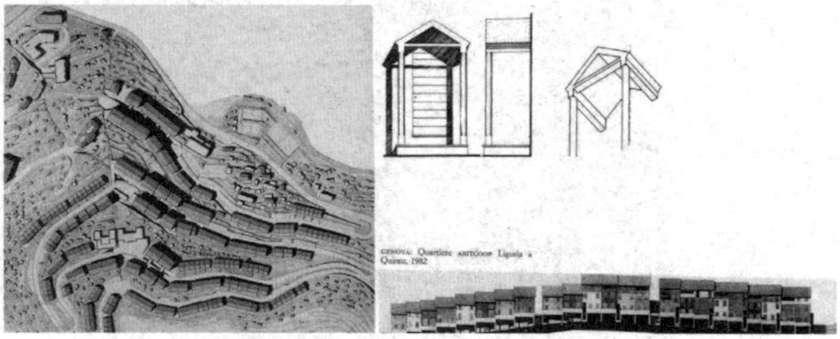

（左）4 圣·朱利亚诺沙洲竞赛方案
（右）5 热那亚 Costa degli Ometti 居住区图纸
4—5：www.google.cn

两大问题：作为样本的小西湖片区

资料的稀缺

中国城市的历史地图和文献资料并不像欧洲城市那样完备详尽，这是绘制类型学地图首先需要面对的一个问题。

文艺复兴之后，随着科学观念的强化、透视画法的发明以及新式测量工具的运用，欧洲城市地图的绘制水平得到了显著提高，一些国家如英国“从19世纪就开始了系统全面的地图测绘工作，并不断更新测绘结果，同时也达到了建筑、街道、地块的测绘精度，为相关城市研究提供了完整的历史地理信息”。[6] 而在中国，虽然自西晋起就有“制图六体”“计里画方”等较为科学的地图测量和绘制方法，但传统城市地图一直以来大多采用平立结合的形象画法。这类地图通常没有统一的比例，以夸大的尺寸着重描绘城市周边山川地势以及城墙内外的重要建筑，居住建筑则省略不画，如此种种皆无法直接用于形态类型学分析。

直到清末民初，一些重要的殖民城市才开始出现尺寸精确的现代地图和航拍图。以南京为例，已知最早的能够清晰识别城市街道系统、地块组织和建筑肌理的图纸是1929年的南京航拍影像图 6 和1937年1:1000的南京市地籍图 7。前者由美国亚洲舰队飞行中队拍摄，现存于美国国会图书馆，较清晰地记录了南京城墙范围内的城市结构和建筑肌理；后者由南京市地政局制作，详细测绘全城街巷及地块的边界，并对所

6 小西湖片区1929年航拍影像图
美国国会图书馆

7 小西湖片区1936年地籍图
http://webgis.sinica.edu.tw/map_moi/

8 2016 用地红线权属范围图
9 现状地形图
10 房产丘号图
图 8—图 15，图 17—图 20：小西湖修建性详细规划课题组

有地块进行编号，目前存档于台北。二者测绘时间相差不大，经过叠合基本能够反映清末至民国时期南京城内街道、地块和建筑屋顶平面等信息。

与历史地图相比，反映小西湖现状信息的图纸资料较为多样，包括土地局提供的用地红线权属范围图、规划局提供的现状地形图和房产局提供的房产丘号图等[8—10]，但是由于各个部门图纸的测绘时间和绘制方式不尽相同，导致所含信息并不完全一致。更重要的是，经过详细的现场调研发现，街区内的建筑形式和居民生活状态远比图纸内容更加复杂和多样。

产权的混乱

另一方面，近代以来随着政治和社会制度的变化，我国城市土地经历了私有制向公有制的转变：1949 年以前以土地私有制为主，国家对土地进行测量、登记，政府和个人都可以拥有土地并进行买卖，业主拥有房地产契，通常来说一块土地即是一户人家，土地的边界和形态特征也都比较明确。如 1937 年南京市地籍图明晰显示了小西湖的 119 个产权地块，这些地块大多呈长方形并列布置，短边朝向主要街道开设出入口。

1949 年以后农村土地率先实行

公有制，城市中的私有土地和房屋依然得到承认，并于 1951 年起依法进行登记，以民国房地产契换取《房地产所有证》，证内含地籍图，显示土地的编号、位置、界址和权属等信息，代表此块土地为私有财产。

1958 年起，全国范围内开展私房改造运动，对城市住房设定改造起点（如南京、上海为 150 平方米，北京为 225 平方米），超出的面积由国家统一“经租”，在一定时期内给房主以固定租金，所有制逐步转变为国有。1966 年“文革”开始，更多的私房业主受到冲击，被迫上交住房，1969 年城市居民下放农村时期，下放户的私房也由政府收购，大量私房转变为公有。直到 1976 年，国家重新落实私房政策，但归还的房产只是其中很小一部分。[7] 根据 2016 年南京用地红线权属范围图，目前小西湖的产权地块数量达到 216 个，与 1937 年相比几乎增加了一倍，大量地块被细分，地块形状及组合方式呈现多样化和碎片化 11。

更加复杂的情况是土地与房屋产权的分离，同一产权地块，甚至同一建筑物内居住着多户人家，各自拥有独立的房屋产权。在上述私房改造过程中，以分配或抢占形式进入的新住户重构了原有私房的居住模式：传统的一组院落或者一栋建筑挤进了几户甚至十几户人家，共享同一个主入口和院落空间，合院变成了大杂院。人口密度的激增导致各种违章搭建（主要是厨房和厕所）对公共空间的侵占，公租房制度带来的产权不明晰也使租客缺乏保护、修缮住房的愿望和动力。从这种视角来看，产权的变更不仅导致城市形态和建筑类型发生突变，同时也是传统街区逐渐走向衰败的重要原因之一。

地块变化	数目	占比	地块变化	数目	占比
合并的院落	1	0.5%	新增的院落	11	5.1%
缩小的院落	20	9.3%	**细分的院落**	**159**	**74.0%**
重新划分的院落	12	5.6%	不变的院落	12	5.6%

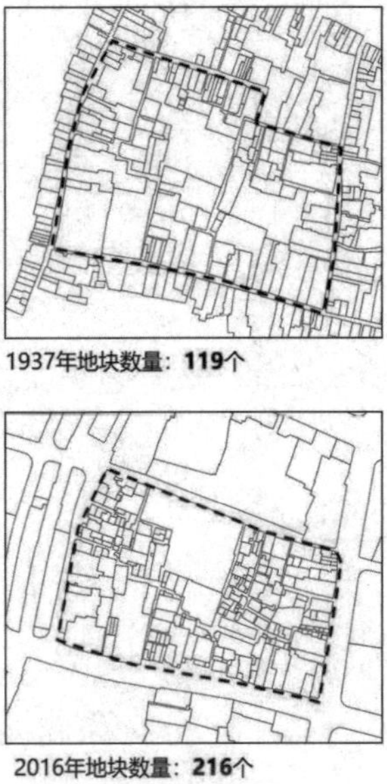

11 1937 年与 2016 年产权地块比较

呈现：解读不同时期的印迹

2015年暑假，东南大学研究生志愿者团队详细调研小西湖216个产权单元、1300多栋建筑单体，并绘制了整个街区的地面层平面 [12]。经过总结和提取，得到6种典型建筑类型：类型A是城南地区传统的多进院落住宅，大多为木结构的单层建筑；B1是民国时期砖混结构的二层洋房，相传是司法院李秘书长的寓所；B2是民国时期填平小西湖水面、为普通军官建造的联排别墅，共4栋；C是1949年之后翻新的院落式住宅，与传统院落相比，肌理略显混乱；D是50—60年代之后出现的多层公寓，以3~5层为主，有点式和板式两种子类型；E是各种公共建筑，包括学校和企业单位等，建筑布局和形式比较多样 [13]。各种建筑类型的分布如图 [14] 所示。

佐证：推测传统形态的特征

形态类型学研究需要追古溯今，欧洲城市相对完整详尽的城市建设资料和地图为意大利学者绘制“推测类型学地图”提供了基础，而近现代之前的中国，并没有解读城市的传统，更没有留下精准的城市或建筑测绘资料。但是正如前文所说，类型学地图并不苛求图纸绘制的绝对精确，而更加关注空间关系，因此基于现有资料和研究成果可对民国时期小西湖的类型学地图进行合理推测。

由于1929年航拍图和1937年地籍图测绘时间接近，经过叠图整合，基本能够复原当时小西湖街道、地块和建筑肌理之间的关系，呈现出几个主要特点：首先，地块短边和建筑檐墙面大多朝向主要道路，多进建筑沿地块纵深方向布置；其次，建筑轮廓基本与地块边界重合，以院落组织空间并解决通风、采光需求;第三，明代规定“庶民庐舍,洪武二十六年定制,不过三间五架”[8],因此建筑面宽方向很少超过三开间(9~12米)，大地块由多组院落并置组成，而进深方向没有限制，最多可达5~6进 [15]。

此外，明清时期留存至今的其他地图和文献资料 [1] 中也可找到关于小西湖周边主

1 清《陆师学堂新测金陵省城全图》标注小油坊巷、箍桶巷、马道街、小西湖、翔鸾庙等位置。《金陵琐志九种·东城志略》记载：“稍北为翔鸾坊，南唐卢绛尝居此，有庙祀卢大王，重其忠节也。”“转北为箍桶巷，有徐髯仙霖快园。……后园数易主，至国朝为凌州判霄所得。今虽废为邱墟，而春水鸭栏，夹以桃柳，土人犹呼小西湖焉。”

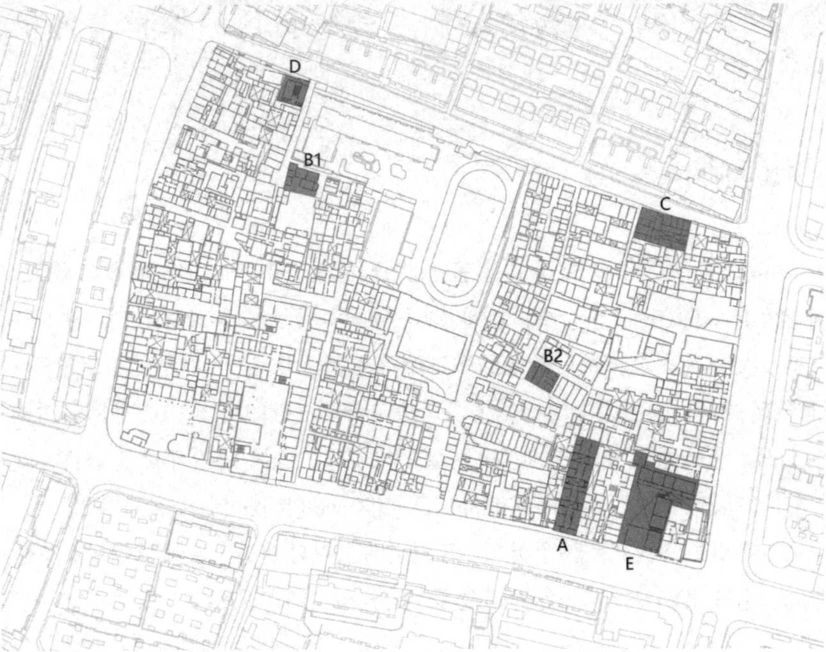

12 叠加产权信息的小西湖类型学地图

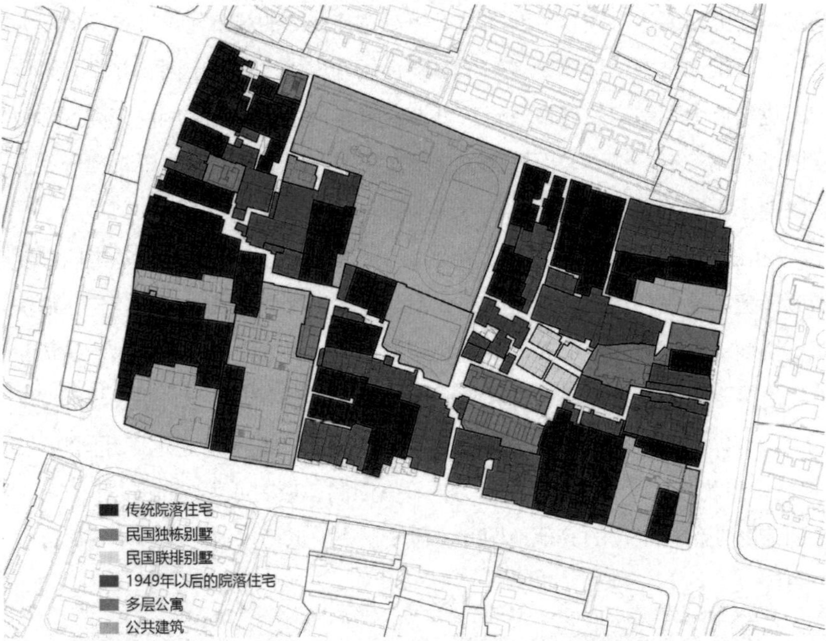

14 小西湖建筑类型分布

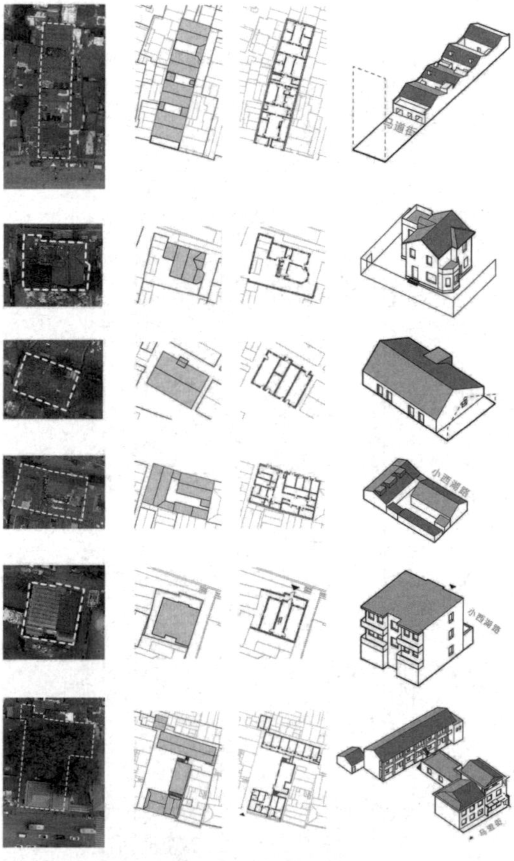

13 小西湖建筑类型汇总

15 民国时期小西湖街道、地块和建筑肌理

要街巷（大油坊巷、箍桶巷、马道街等）以及重要建筑或园林（翔鸾庙、小西湖等）的大致位置和格局的零星描绘或记载，亦可作为类型学地图绘制的佐证。

具体到地块内部的建筑布局，传统民居通常没有详细的设计或测绘图纸，但是根据其类型特征可以进行合理推测。对于南京老城南地区来说，这种特征更加明显，《南京城南历史城区传统建筑保护修缮技术图集》以城南地区现存明清建筑为样本，总结出典型的平面布局和界面特征："明清居住建筑多为三开间，以合院组织空间布局，沿地块纵深方向依次布置：门屋—双廊四合院—正厅—石库门—双侧厢房—内宅—二合院—内楼。"[9] **16** 建筑轮廓一般与地块边界重合，两侧以厚实的山墙与邻居分隔，檐墙界面则依据使用功能和朝向，分为当中开设石库门的实墙和可全部开启的隔扇门两种形式。

因此，基于传统地籍图的地块边界和航拍图中的建筑轮廓，结合历史文献资料及传统居住建筑平面布局的一般规律，可以绘制清末至民国时期小西湖的"推测类型学地图"。

叠加：面对纷繁信息的诠释

通过绘制小西湖不同时期的类型学地图，不难发现，在中国传统街区形态和建筑类型演变过程中，土地和房屋的产权属性扮演着重要的角色。叠加产权信息的类型学地图不仅能够清晰表达梁柱、墙体、门窗洞口等物质要素，亦可反映居住者生活模式的变化以及对空间的占据。

以类型 A 中的马道街 41 号建筑[1]为例，民国时期狭长的地块内包含五进建筑和四进院落，局部有厢房连接。南侧沿马道街为主要出入口，整个地块属于一户人家，由外至内依次布置门厅、正厅、内宅，私密程度逐渐增强。至 1990 年代马道街路面拓宽，41 号建筑沿街的门厅被征收并拆除，五进建筑只余四进。原本第二进正厅的南侧加建一排平屋顶单层建筑，用于沿街商业出租，内部院落多处增建厢房，容纳厨房、厕所等辅助功能。

相比于建筑本体的局部拆除和增建，更大的变化在于内部居住人群的构成和生活模式。这种变化无法单纯在地面层平面中解读。现场调研中，仔细核对每一户居民的产权信息和实际活动范围，在类型学地图上叠加土地权属和房产权属，以此为基础表达分户和入户方式、公共—私密空间序列、功能分区等信息。与历史地图的对比，清晰展现出这种变化：由于马道街拓宽而缩小的地块被多达 10 户家庭共同占据，原本的独立入口转变为公共出入口，内部院落以及每进建筑的中跨变成半私密的共享空间，除了必需的交通走道，这个空间或堆置杂物，或加建为厨房、厕所等。明清大户人家的多进合院宅第成为大杂院式的城市集合住宅[17]。

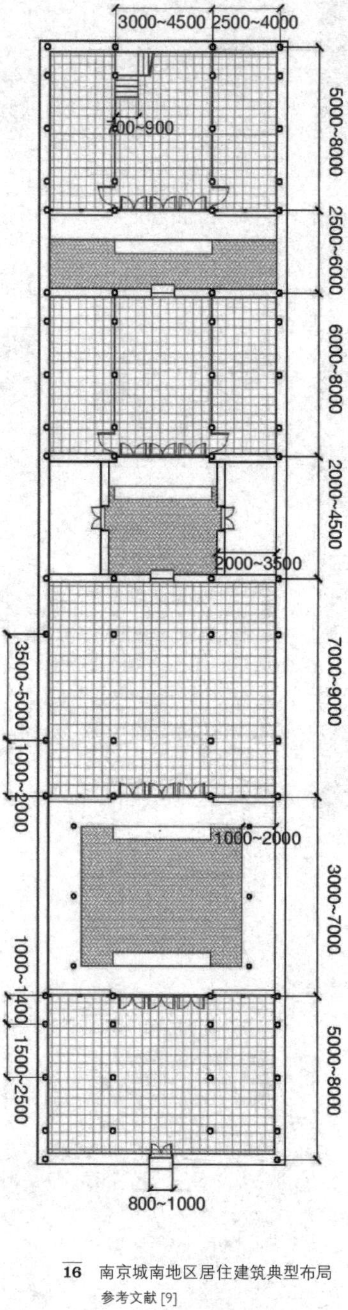

16 南京城南地区居住建筑典型布局
参考文献 [9]

1 根据房主回忆，马道街 41、43、45 号三个地块清末为徐氏家族宅邸，后来一分为三，现在主要的住户仍为徐家后人。

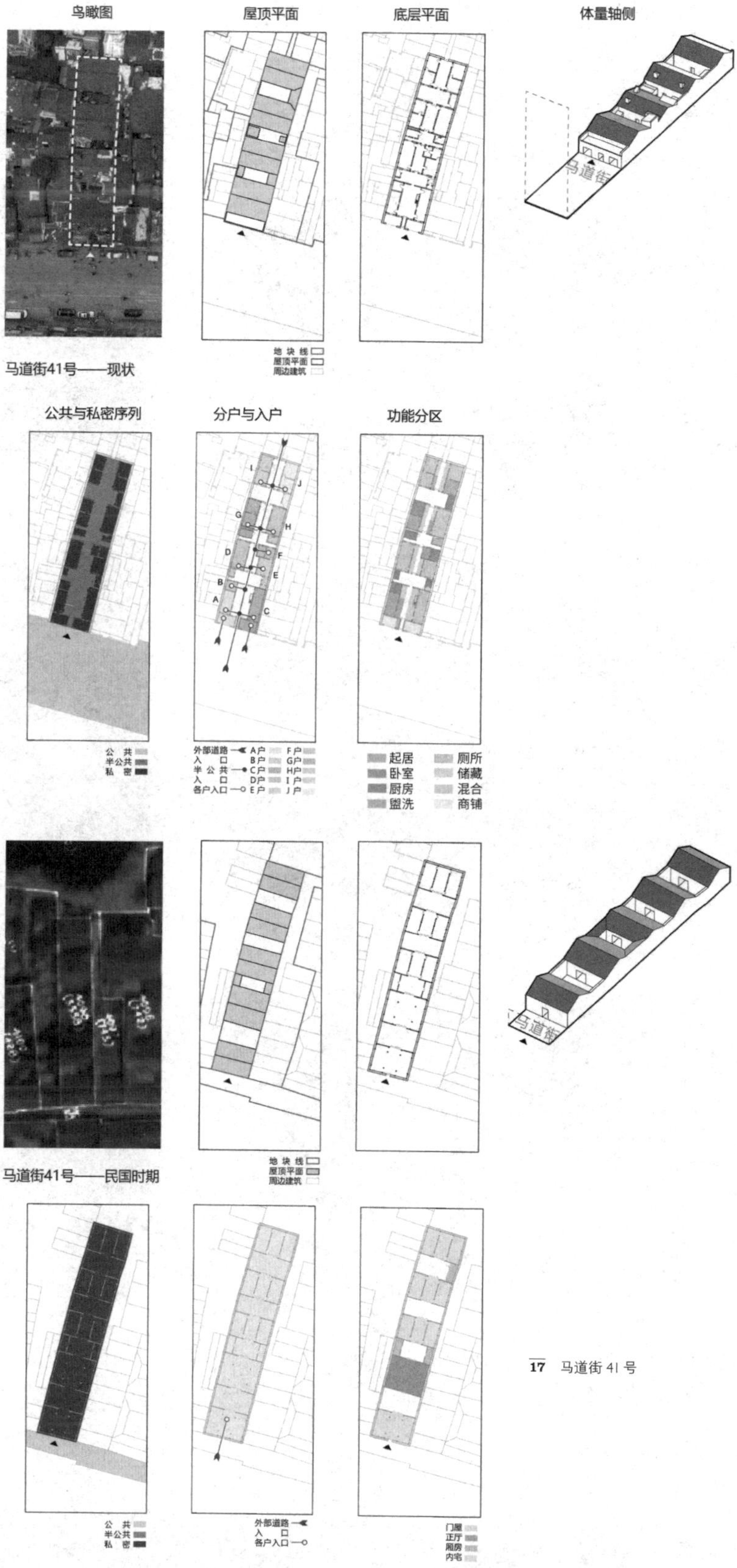
鸟瞰图
屋顶平面
底层平面
体量轴侧
马道街
地块线
屋顶平面
周边建筑
马道街41号——现状
公共与私密序列
分户与入户
功能分区
公共
半公共
私密
外部道路入口
半公共入口
各户入口
A户
B户
C户
D户
E户
F户
G户
H户
I户
J户
起居
卧室
厨房
盥洗
厕所
储藏
混合
商铺
马道街
地块线
屋顶平面
周边建筑
马道街41号——民国时期
公共
半公共
私密
外部道路
入口
各户入口
门屋
正厅
厢房
内宅

17　马道街 41 号

A 类型学地图对比

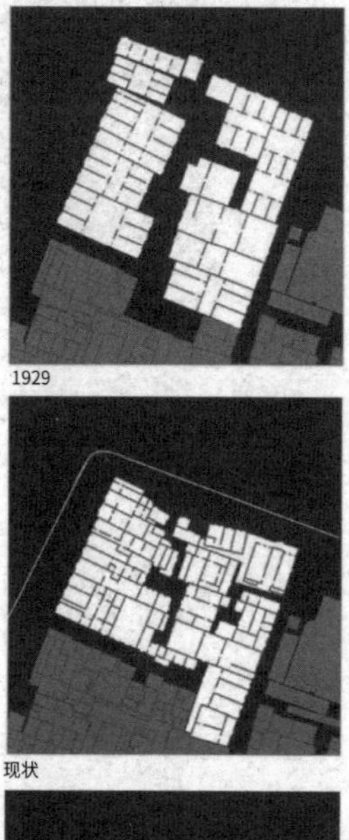

B 形态设计策略

18 小西湖西北角地块

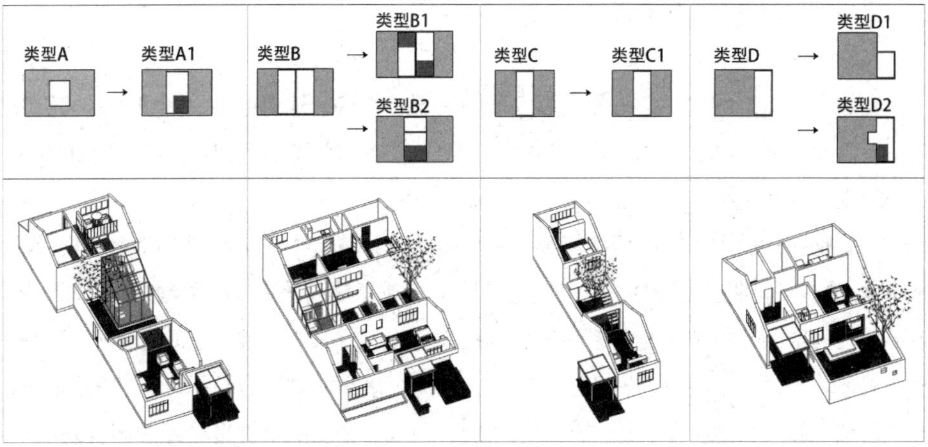

C 类型设计策略

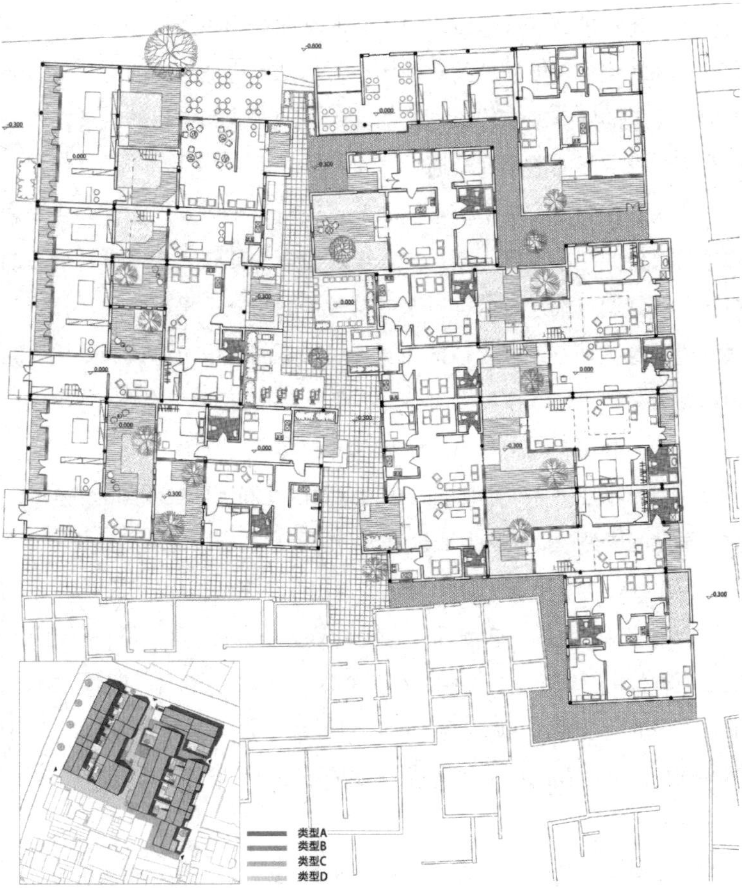

D 设计方案

应用：保护再生工作的尝试

叠加产权信息的类型学地图，不仅清晰展现了街道、地块边界、建筑布局的历时演变，以及房屋权属、入户方式、功能分布等居住模式的变更，更在小西湖保护与再生的规划设计和实际工作中起到了重要作用。

首先是探索适用于中国传统街区保护再生的设计策略。在小西湖西北角地块的研究中[1]，对不同时期类型学地图的比较，明确了一条指导设计工作的关键线索，即地块中部场地的空间属性和权属关系的演变。在 20 世纪 20—30 年代，这片场地属于同一个产权地块，是一个大户人家的内部庭院，四周由多组两进式合院围合；建国之后随着产权细分，该场地被划入不同产权地块内，而人口密度的增加也导致两侧合院陆续加建、蚕食中部场地；原本的私家庭院逐渐变为多户人家共享的曲折小径。基于形态研究成果，进一步推导空间形态和建筑类型两个方面的设计策略：形态设计方面通过清理各类违章搭建，重塑传统的空间形态和结构特征，并赋予其公共属性，把消极的内部空间转化为积极的公共活动场地，带动周边地块的活力；另一方面，通过对场地中加建建筑的研究，在传统合院中置入不同形式和材料的盒子，解决功能需求的同时创造室内外空间的渗透和流通。[18]

其次，作为南京首个探索性的试点项目，小西湖确立了以居民意愿为主，以产权院落为单位的"小尺度、渐进式"更新理念。征收工作不再是全面铺开，而是针对每户居民详细调查搬迁意愿，对于自愿搬迁的居民，采用"货币补偿""征收安置""平移安置"等三种方式进行补偿和安置；留下的居民也可按照其住房的产权性质（目前小西湖居住建筑从其权属上可分为三类：房管部门直管公房、各单位自管公房和私房），自发改造（私房）或由政府统一更新（公房）。

在与征收公司合作调查居民搬迁意愿以及确定征收范围的过程中，叠加产权信息的类型学地图成为设计团队、征收公司、居委会和居民之间沟通的工作底图。在类型学地图上，用红色实线绘制土地产权边界，并且标注每一户居民的名字和房产范围，以表达房屋产权信息；叠加后的图纸，清晰展现出每一个院落、每一栋建筑如何分配给多户居民。征收公司的每个工作小组将图纸打印出来，用图钉标注自愿搬迁的居民，动态记录征收工作的全过程。在此基础上，经过近半年的反复沟通和磨合，所有居民的意愿和具体搬迁情况落实在图纸上，形成小西湖公房—私房分布图和居民搬迁意愿分布图[19] [20]，

---

1 研究成果来源于鲍莉与 Marco 教授指导的东南大学建筑学院 2017 年秋季学期本科四年级 + 研究生一年级设计课程，设计者包括滑芳、任广为、吴余馨，笔者作为助教，参与课题设置与教学的全部过程。

（上）**19**　公房、私房分布图
（下）**20**　居民搬迁意愿分布图

根据居民意愿及时调整规划方案，并且明确最先具备改造条件的示范院落。这些基于类型学地图绘制的新图纸，成为政府确定最终征收范围和征收政策的有力支撑，也是规划设计单位、征收单位与居民之间的联系桥梁。

结语

小西湖保护与再生工作始于 2015 年在宁高校研究生志愿者活动，并于 2016 年年底正式启动修建性详细规划编制工作。随着实际工作,特别是征收工作的进一步展开，发现中国城市传统街区面临着比欧洲城市更加复杂的空间和产权关系，单纯表达物质要素的类型学地图难以全面反映街区形态和建筑类型的演变过程及内在动因。

在小西湖规划设计和调研居民意愿的过程中，结合产权信息的类型学地图成为设计团队、政府、征收公司、居委会以及居民沟通和协调的工作底图，这张图纸的绘制和应用不仅仅具有形态类型学的研究价值，更重要的是为中国城市传统街区的保护与再生实践提供了一种可行且高效的工作思路和方法。目前小西湖的征收工作已经初步完成，不少自愿搬家的居民已经迁入新房，而研究和设计工作还在继续，期待类型学地图这一传统工具在中国城市传统街区的保护与再生过程中扎根并获得新的发展。

参考文献

[1]Marco Trisciuoglio，董亦楠. 可置换的类型：意大利形态类型学研究方法与中国城市 [J]. 建筑师，2017 (6)：22-30.

[2]Gianfranco Caniggia. Lettura di una città: Como, Centro Studi di Storia Urbanistica[M]. Roma，1963.

[3]Gianfranco Caniggia, Gian Luigi Maffei. Composizione architettonica e tipologia edilizia. I. Lettura dell’edilizia di base[M]. Venezia: Marsilio, 1979.

[4]Whitehand, J. W. R.，K. Gu. Extending the compass of plan analysis: a Chinese exploration[J]. Urban morphology, 2007,11 (2)：91-109.

[5]Whitehand, J. W. R., K. Gu . Urban conservation in China: Historical development, current practice and morphological approach[J]. Town Planning Review 78, 2007(5): 643-670.

[6] 姚圣. 中国广州和英国伯明翰历史街区形态的比较研究 [D]. 广州：华南理工大学，2013.

[7] 南京市地方志编纂委员会. 南京房地产志 [M]. 南京：南京出版社，1996.

[8] 张廷玉，等撰. 明史 [M]. 北京：中华书局，1974.

[9] 南京市规划局. 南京市老城南历史城区传统建筑修缮技术图集 [S]. 2014.

宁远卫的外城墙：「中国明清城墙」申遗背景下的历史考释与价值评估*

*基金资助：国家自然科学基金青年基金项目（51308100），高等学校博士学科点专项科研基金资助课题（20122009120004）；主持：沈旸。原文刊载：沈旸、周小棣、常军富、林晓钰《「中国明清城墙」申遗背景下的价值挖掘——兴城古城外城墙考释》，《建筑学报》2015年第2期（总第557期）。

兴城古城（宁远卫城）始创于明初，重建于明末，见证了后金崛起和政权更迭的壮阔历史，是“宁远大捷”和“宁锦大捷”的发生地，更是明末清军入关时唯一一处没有攻破的城池，究其原因，除了谋略和火器占优，由两重城墙和护城河构成的城池防御体系也功不可没。且中国古代城墙一直是冷兵器时代的重要军事防御保障，而宁远卫城恰逢明末火器之始兴，是中国古代火器和城墙防御有效结合的最早和最为重要的实战案例之一，充分体现了古人的军事智慧。因此，对古城两重城池体系尤其是外城墙历史信息的挖掘和重视对于提升、保护和延续兴城古城的遗产价值具有十分重要的意义。

一座明代卫城内外两重城的意义

2006年，兴城文庙、钟鼓楼和祖氏石坊与第三批全国重点文物保护单位兴城城墙合并，定名兴城古城，被列为第六批全国重点文物保护单位。2011年，国家文物局启动《中国世界文化遗产预备名单》更新工作。“中国明清城墙”项目纳入了南京、西安、荆州、襄阳、兴城和台州等6座城墙，分别代表了明清时期的都城、二级王都、府城和卫所等不同等级城市的城墙；2012 年，又增补了 2 座：寿县、凤阳。[1]

中国明清城墙是冷兵器时代城防工事体系的杰出范例，其建筑技术、设计思想、用材、功能等，既体现出内在的逻辑性和关联性，而在不同的地域系统中又呈现出不同特征的文化多样性。在中国五千年的城市文明历程中，明清城墙不论从形制变化，还是建造技术方面均发展得最为完备成熟，是东亚地区城防设施与城防系统的杰出代表。明清两代曾建造过 4000 座以上带有城墙的城市，但迄今完好保存下来的不超过 10 座，申报清单中的这 8 座明清城墙成为历史的最终代表和见证，完整地构建了由南方至北方，从都城到县城，代表长达 300 多年的时间范围内的不同城市级别、不同地域范围而具有内在关联性的中国城市制度体系，证明了中国古代城市宏观架构与功能体系的差异性与互补性。[2]

保护城墙，不应只针对城墙本体，更应放眼于城墙体系，包括：城防体系、历史环境、城市边界、城墙形制等，其前提是全面完整的历史研究与价值判断。如东南大学陈薇教授领衔的《南京明城墙保护总体规划（2008—2025）》，首次将明南京的第四道城墙——外郭，纳入法律保护的层面，正是基于对南京独特的四套城制 1 成就的提炼，充分考虑了外郭形制对认识南京历史城市的重要性，及其与南京特殊历史环境与地理环境的关联度。[3]

申报清单中的兴城古城 2，乃是明长城防御体系之辽东镇的重要一环——宁远卫，也是目前保存最为完整的明代卫城，2010 年由东南大学周小栋教授领衔着手编制《兴

1 南京明城墙四重城制
南京市规划局提供

2 兴城古城现状
兴城市规划局提供

城古城文物保护规划》。经当地文物工作者证实，兴城古城外围建筑施工时曾经挖掘出城墙的部分基址。众所周知，城墙是中国古代城池建设必不可少的要素之一，也是等级秩序的重要标志，如果证实兴城古城历史上确曾存在过内外双重城墙（现仅城墙一道），这在东北地区乃至整个中国同等规模的明清城市中都是不多见的，在目前已知的明代卫所城市中更是孤例，同时，这也是遗产价值评估提升及整个保护规划制定的关键一环。

史料再读：原建抑或增建的讨论

兴城当地的文物工作者认为，古城自诞生之初，即明宣德三年（1428）宁远卫建城之时（“原建说”）就拥有内外两道城墙，但可疑处甚多：在明代修纂的《辽东志》与《全辽志》中并无外城墙之记载，首次出现是在清代的诸般史料中，且修建时间也说法不一，有趣的是记录语句大体相同，只不过在顺序上有颠倒，导致歧义。基于对这些史料的甄别分析，本文认为外城墙乃是明末增修（“增建说”）。

《辽东志》《全辽志》

这是明代官修的两部辽东史。《辽东志》经多次修改，于嘉靖十六年(1537)告成。[4]四十四年（1565）巡按御史李辅重修《辽东志》，因“观其凡例于旧志纲目多所更定，大异于前次之续修，故易名为《全辽志》”。（民国）金毓黻指出：“《全辽志》者，《辽东志》第三次之续修本也。”[5]

两部志书的文字和图像[3]记载中，都没有显示宁远卫城有两道城墙。作为朝廷官修的史书，其记载“据本志凡例所载知，此志实兼载全辽之地”。虽然地方志书详略不一，但基本信息大多不会缺失，更何况外城墙对于一座卫城来说是一项很重要的城池要素。而且《辽东志》本身就经历过多次更改，《全辽志》更是对《辽东志》的全面修订，倘若有重要的信息错漏，当会补充说明，如《全辽志》中就更新了钟鼓楼的修葺记录：“钟鼓楼在中街，都督焦礼建”（《辽东志》），“都督焦礼于卫治中

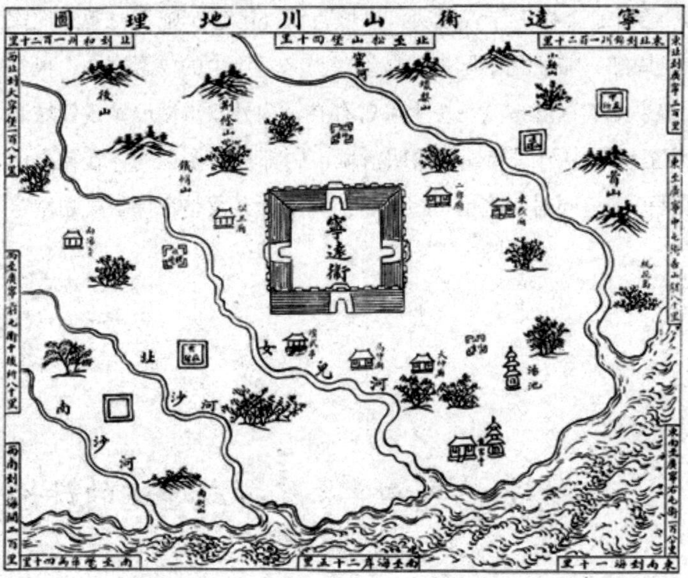

3 《辽东志》宁远卫图
引自：参考文献 [4]

版本	编撰时间	刻板	印本	传世
永乐 本	1420 年代	无	无	手稿传至毕恭、王祥
毕恭、王祥 本	1443 年	有	无	毕恭稿传陈宽、韩斌
陈宽、韩斌 本	1488 年	有	有	传至潘珍、任洛
潘珍 本	1529 年	无	无	
任洛 本	1537 年	有	有（1537 年版）	有
李辅 本	1565 年	有	有（1566 年版）	有（1912 年版）

表 1《辽东志》《全辽志》版本

衢建钟鼓二楼，嘉靖甲子副使陈绛重修”（《全辽志》）。再对比二志中记载的其他同等级卫城的城墙，情况基本完备和正确。按此逻辑，更不应当缺失宁远卫城外城墙的记载。

《辽东志》流传最广的版本乃是任洛巡抚辽东时所修[表1]，成书于嘉靖十六年（1537），而宁远卫城的建城时间为宣德三年（1428），依此推断：1537 年之前尚无外城墙的修筑。

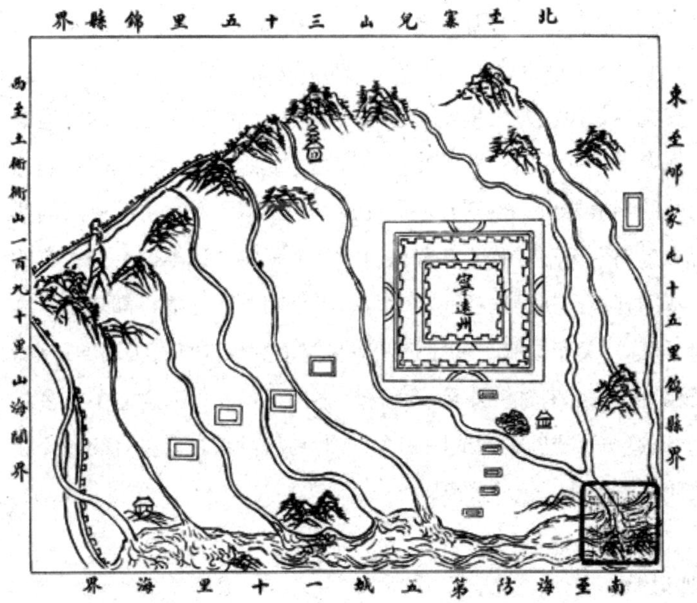

4 《康熙宁远州志》宁远州图
引自：参考文献 [6]

《康熙宁远州志》

该志编纂完成于清康熙二十二年（1683），是兴城历史上的第一部志书（清改宁远卫为宁远州），志中舆地图显示有两道城墙 4。[6] 值得注意的是，比对明代的两部志书，明宁远卫城四座城门的名称与清宁远州城及今天流传下来的不符：

《辽东志》[4]："城门四，东曰春和，南曰迎恩，西曰永宁，北曰广威。"

《全辽志》[5]："门四，东春和，南迎恩，西永宁，北广威。"

《康熙宁远州志》[6]："门四，东曰春和，南曰延辉，西曰永宁，北曰威远。外城……高如内城。明季增筑。门四，东曰远安，南曰永清，西曰迎恩，北曰大定。四角具设层楼。"

据此，至少可以确认宁远卫城确有两道城墙，外城墙还建有角楼，且在修建时间上有着前后次第关系，这才造成了城门名称的更换。只是"明季增筑"四字，因无句读断识，无法确定是限定外城墙还是外城门的定语。但按照一般规律，多同时于城墙修建之时辟门，应可确认为明季（明末）增筑外城墙。

以"迎恩"名城门，在明时建造的很多中小型城池中较为普遍，通常是接圣旨所在或朝廷命官甚至皇帝亲临所经。明宁远卫城内城南门的"迎恩"之名转移到清宁远州城的外城西门，恐与清帝东巡自西而来有关。

清自康熙帝始有东巡赴盛京（今沈阳）之举（计3次），其后乾隆（计4次）、嘉庆、（计2次）、道光（计1次）诸帝皆然，虽以展谒祖陵为辞，实则包含巡省地方，加强军备，奖励农垦，安抚少数民族及察吏安民等政治诉求。路线有二：一为绕道蒙古前往，乃为拉拢关系之考量；一为沿辽西走廊一路逶迤，此路线上的宁远州地理位置特殊，乃为沟通关内外的咽喉要道。特别是该城在清帝心中似乎有着更深一层的情感意义：皇太极大有得宁远而平天下之感，并对来自宁远的降将一律委以重任，有的拜将，有的封王，无所不用其极，如吴三桂、祖大寿、洪承畴等宁远降将都被授予汉人所能达到的最高官衔，号称“关宁铁骑”的宁远明军在降清后也都享有很高的待遇。此后诸帝亦对宁远另眼相待，恩宠有加。康熙、乾隆、嘉庆、道光，东巡途中大多会在此一带驻跸。[1] 期间，或巡访，或断案，或围猎[2]，或吟诗，高兴之余，有的还免除宁远当年全部赋税，致使人心沸腾、欢呼雀跃。

《重修宁远州城垣碑记》

此乃清道光二十八年（1849）知州强上林所书，[7] 亦是外城墙“原建说”的主要依据。其文曰：“考前明宁远，本属广宁前屯、中屯二卫地，无城郭。宣德三年（1428）……建宁远城……门四：东春和、南延辉、西永宁、北威远……外城……高如内城，门亦四，明季，于四角俱设层楼。”

其文又曰：“（乾隆）四十四年（1779）遣官勘估，奉省各城凡十一处，发帑兴修宁远，仍因内城旧址修筑，而外城遂废。”可见，撰写之时，外城墙业已废弃七十年之久，且此距宁远卫城创建已四百余年，那么，对外城墙的描述当是来自二手资料，其可信度有待商榷。再对比《康熙宁远州志》，二者行文相似，相承关系明显，且还有断章取义之嫌。而从写作背景来看，显然官方修纂的《州志》比《碑记》更权威，

1　详见《清实录》，此不赘举。此外，末代皇帝溥仪亦对兴城情有独钟，当他成为受日本操纵的伪满傀儡皇帝后，虽身处远在长春的伪皇宫，但还是惦念着列祖列宗挚情的兴城古城。并曾经征得日本关东军司令部的同意，准备在兴城打造别墅，拟建于离古城八公里远的邴家夹山的山窝里，三面是山，东临大海。不过仅为设计图纸，随着日本战败投降，夹山离宫也就成了南柯一梦。

2　《清实录》多有康熙射猎猛虎的记录，除首次东巡因时间短促未及举行，第二、三次东巡途中均多次举行巡狩活动，与宁远州有关的有：“辛丑，上出山海关行围，射殪二虎。驻跸王保河地方。壬寅，上行围，射殪二虎，驻畔宁远州。丙午，上行围，射殪二虎，驻畔广宁县闾阳驿。返程途中，甲辰，上行围，射殪一虎，驻畔宁远州城西南。”第二次东巡时随行的比利时传教士南怀仁系亲眼所见，《鞑靼旅行记》有记：他们一出山海关，皇帝连同王侯百官，从此每天都狩猎……所经州县城镇皆无法供应逾万人的食宿，因此，多由京师车载马驮将帐蓬、寝具、食具等携带随行……根据里程，确定每日傍晚该抵达某地的河岸处，在堤上修建大量的小屋（实则帐蓬，称行幄），每天早晨，天刚亮，拆掉这些小屋，将材料运送到前站；日暮，则由值班官员为皇帝及皇室人员，次递诸王百官选择宿营地点，一般官兵则各按八旗的旗帜安排位置。

"增建说"比之"原建说"更为可能,并且可以确信明末确实有关于外城墙的工程开展。

《民国兴城县志》

该志成书于民国十六年(1927),[7] 载:"县城即明宁远卫城,本广宁前屯中屯二卫地……建卫治,赐名宁远……门四,东曰春和,南曰延辉,西曰永宁,北曰威远,钟鼓楼在中街。……明季增筑外城……门四,东曰远安,南曰永清,西曰迎恩,北曰大定,四角具设层楼。"明确指出了"明季增筑外城",且据志中记载内容看,如城市的历史沿革等都较此前各书详实,应是综合前人资料的结果表2,为"增建说"提供了较为可靠的依据。

文献名称	编纂年代	编纂背景	可靠性	传承关系	城墙记载
辽东志(任洛本)	明嘉靖十六年(1537)	明官方修订,并多次续修	较高	无	仅有内城一道
全辽志	明嘉靖四十四年(1565)	明官方修订	较高	自《辽东志》	仅有内城一道
满洲实录	清天聪九年(1635)	清官方修订	较高	无	有外城墙
春坡堂日月录	不详	(朝鲜)李星龄撰	一般	无	有外城墙
康熙宁远州志	清康熙二十二年(1683)		较高	无	明季增筑外城墙
重修宁远州城垣碑记	清道光二十八年(1849)	知州强上林撰	一般	自《康熙宁远州志》	内外城墙同时修筑
民国兴城县志	民国十六年(1927)	民国官方修订	较高	综合前人所述	明季增筑外城墙

表2 外城墙史料对比

城池钩沉:外城墙的修筑与湮没

作为一座以军事防御为目的而修建的城市,其形制与军事运作密不可分,尤其是城池防御的重要构成之一——城墙。因此,结合历史背景,可以明晰兴城古城外城墙的具体产生时间及其原因,也由此可更加印证"增建说"之观点。

修筑时间与缘由

元末明初的辽东地区，各种政治力量和军事集团纷纷涌入，盘踞一方，[8]“故元在东北余部势力还很雄厚”，1[9] 洪武四年（1371）明军入辽，盘踞势力被陆续瓦解。[10]2-3 永乐七年（1409）朱棣北征鞑靼前，开始建设北方长城防御系统。2[11]“土木堡之变”（1449）后，明军明显处于守势，更为依赖长城防御系统，宁远卫即诞生于此时段中的宣德三年（1428）。

总的来说，北元蒙古的威胁贯穿整个明代，主要集中于大同、榆林、宣府及黄河河套地区，明廷疲于应对西北部边患，位于“九边极东之地”的辽东镇特别是宁远卫一带并没有形成特殊的防御点。且以今天掌握的资料来看，本文所讨论的宁远卫城的两道城墙，在明代“九边重镇”的所有卫所城市中是绝无仅有的，而初建时期的宁远卫城，无论是规模还是战略地位，显然只是大批量的修筑城池中的普通一员，当然也不需要如此重要的双重城墙形制来支撑。

明廷在辽东地区用“以夷制夷”之法，以女真制蒙古，女真内部则分立部落首领，各自为营，互不隶属，削弱各部落力量，直接隶属于大明。至明晚期，蒙古势力大不如前，相反，女真崛起进而成为主要的北方敌虏，防御的重心也转移到了辽东。万历四十五年（1617）努尔哈赤以“七大恨”告天，发兵攻明，采取了“集中主力，各个击破”的战略，开原、抚顺、沈阳、辽阳、广宁等接连失陷，山海关成为阻挡后金进军的关门，宁远卫则是山海关外的最后防线，其战略地位之关键不言而喻。

而此时的宁远卫城已凋敝日久，起因于隆庆二年（1568）的大地震，“是日，永平府乐亭县、辽东宁远卫、遵化、顺义等县，山东登州府同日地震。乐亭地裂二所，各长三丈余，黑水涌出，宁远城崩”。[12]卷十八与此同时，明廷的主要精力被蒙古侵扰所牵扯，无暇修复非主要防线上的震后城市。

随着明末东北战事升级，明廷边境策略又日趋保守，辽东守军退守山海关，以八里铺为前哨，宁远一带被蒙古人暂时占领，宁远卫城更加破落。天启三年（1623）时任辽东经略孙承宗命袁崇焕亲抚喀喇沁诸部，收复自八里铺至宁远200里，孙承宗又

---

1 据《辽海卫与其石刻》，在辽东尚有哈刺张“屯驻沈阳古城”，高家奴“固守辽阳山寨”，也先不花“驻兵开原”，洪保保据守“辽阳”，刘益集兵“得利赢城”。

2 据《明史》卷九十一《志第六十七·兵三》，长城沿线东起鸭绿江、西至嘉峪关，共划分为9个防区，即九镇（又称九边，分别为辽东镇、蓟镇、宣府镇、大同镇、山西镇、延绥镇、宁夏镇、固原镇、甘肃镇），嘉靖三十年（1551）为加强京城防务和保护帝陵（明十三陵）的需要，又在北京西北增设昌镇和真保镇，终成“九边十一镇”格局。

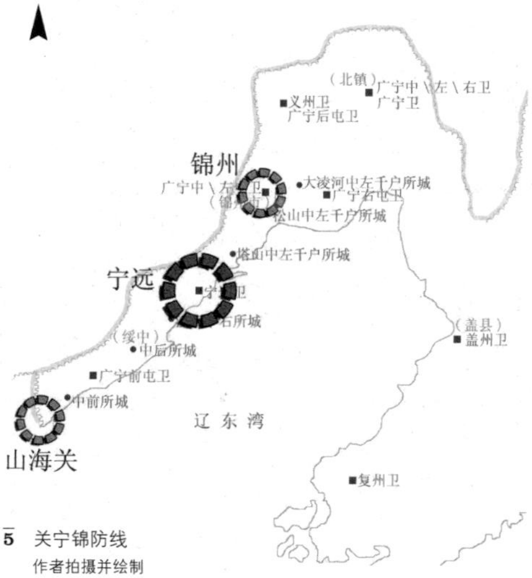

5 关宁锦防线

作者拍摄并绘制

从袁崇焕议，“决守宁远”。

先是命祖大寿重筑宁远卫城，而“大寿度中朝不能远守，筑仅十一，且疏薄不中程”。袁崇焕上任后制定新规重筑城墙，仅一年，工迄城竣，又配备火炮“以铳护城”。[1][11] 曾经是“灰尽煨残，白骨暴露”的宁远卫城焕然一新，成为“内以保障关门，外以捍御强虏”“商旅辐辏，流移骈集”的关外重镇，[13] 卷十六 关(山海关)宁(宁远)防线构筑完成。袁崇焕又建议将防线向北推进 200 里，经松山、锦州至大凌河，即关(山海关)宁(宁远)锦(锦州)防线 5，负山阻海，地险而要。

天启六年(1626)努尔哈赤率军攻宁远。(朝鲜)李星龄亲历此役，所著《春坡堂日月录》载：“是夜，贼入外城，盖崇焕预空外城，以为诱入之地矣。”该时宁远卫城筑有外城墙确定无疑。此外，《清实录·满洲实录》中还录有一幅《太祖率兵攻宁远》[14]189 6，图中城墙上有角楼。今日兴城城墙东南角仍有魁星楼一座 7，始建于建城之初，后屡毁屡建，当时战事吃紧，袁崇焕断不会轻易拆除用于防御的角楼来建魁星楼，图中所绘当是努尔哈赤攻打外城的情景，外城墙上的角楼亦与前述诸般史料记载相符。

综上，外城墙的修筑时间，可定为始于天启三年(1623)袁崇焕重修宁远卫城，最迟天启五年(1625)完工(《明史·袁崇焕传》载：一年“工迄城竣”，但未说明是否内外城墙)，天启六年(1626)初已迎战努尔哈赤来犯。宁远卫城的双重城墙形制，并非表面上简单的“逾制”行为，而是取决于当时所处的独一无二的军事战略地位。在山海关危在旦夕，京师唇亡齿寒之时，外城墙的修筑实为防御之必需。

废弃原因及消失

清灭明后，宁远城的军事地位急剧下降，由卫城改为地方州城。由于城市性质的转变和人口规模的减少，出于军事防御需要修建的外城墙逐渐荒废，而内城墙出于城

---

1 《明史》卷二百五十九《列传一百四十七·袁崇焕》。

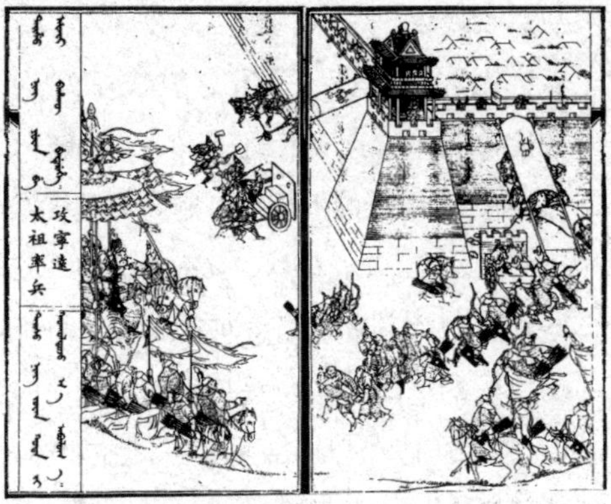

6 《满洲实录》太祖率兵攻宁远图
引自：参考文献 [14] 第 189 页

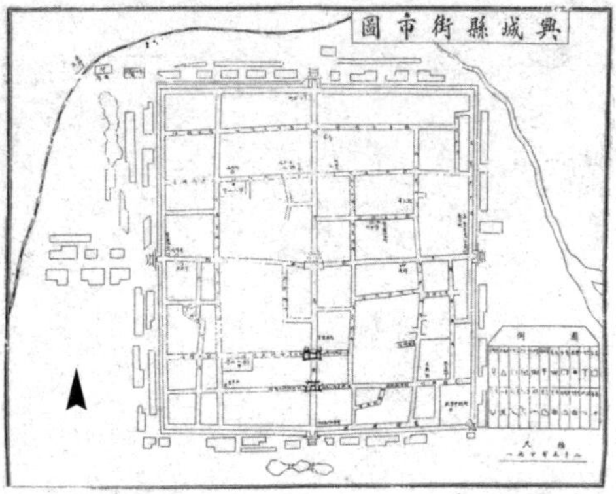

8 《民国兴城县志》兴城县图
引自：参考文献 [7]

7 兴城古城城墙东南角魁星楼
作者自摄，2012 年 12 月

市管制需要，仍旧得到了保留和维修。根据上文所列清道光二十八年（1849）知州强上林《重修宁远州城垣碑记》，清乾隆四十四年（1779）拨款维修城墙时，只修筑了内城墙，“而外城遂废”。

至民国，宁远州改为兴城县，城市规模仍局限于内城，外城尽属郊野，人烟稀少，从《民国兴城县志》《兴城县街市图》8 上可以看出，当时外城墙已基本无存，仅剩局部的墙心夯土依稀可辨。

此外，清末至民国，东河的水患也对兴城外城墙造成了很大的破坏。建国后，随着人口增加、道路交通发展和城市建设，原外城范围已遍布市井街巷，西关、南关成为繁华的商业街市，外城墙遗址已逐渐掩埋于道路和建筑之下。

遗址保护：真实性与完整性的体现

既然确认了兴城古城外城墙存在的事实和依据，虽尚未进行考古勘探予以落实，但在保护规划编制中绝不能无视它的存在，必须纳入真实性、完整性和延续性的评估框架，诚如《中国文物古迹保护准则》所指出的："保护的目的是真实、全面地保存并延续其历史信息及全部价值。"[15] 第一章第 2 条那么，保护区划的首要基础就是要弄清外城墙的大致周长和走向。

位置推测

现存的城墙（即内城墙）南北长 821 米，东西宽 816 米，周长 3274 米，与史料记载的数据基本相符，以之推断，外城墙周长约在 5400~5500 米左右[表 3]，即将内城墙外扩 300 米左右。大致走向的确定则基于两方面资料：其一，据当地文物工作者郭存水先生等人多年来的探访和考察，已获得多处外城墙被发现的方位点，可将之两两连线；[1] 其二，历史上有内外城壕，虽然今日的遗存只是几处零落的水沟，但 1950 年代的两张县城测绘图显示当时水量仍较为丰盈[9] [10]，将二图叠加于现状城市测绘平面图上，可大致画出护城河的推测线。外城城门所在则是根据郭存水先生的调查和 1950 年代的沟渠水系分布情况两相印证，共同推测[11]。现状中有铁路和东河插入外城范围，实则是民国时期为修筑铁路，将东河南移，导致了对外城西北角和东北角遗址的破坏。一个意外的发现是，推测的外城门部分周边水系呈现明显的弧状，极似瓮城的轮廓，

---

1 （1）1980 年建设兴城物资商场大楼时，据原规划处许德山后来回忆介绍：他在现场勘察放线时，看到挖楼基础时发现的许多青砖，经多人观察青砖埋设情况分析断定，此地应是外城墙的西南角台遗址的座落位置。（2）1984 年由中国城市规划设计研究院所作的《兴城总体规划》，意在古城外东北角创建"古战场公园"是有历史依据的。据兴城城市规划老前辈秦剑介绍：他了解到"宁远大捷"时外城墙东北角仗打得最厉害，而且努尔哈赤就是在此处遭受炮击而受重伤的。另据原热电公司职工张宜杰（1952 年出生）介绍：小时候到东二村河北玩时，看到过大土台子，有两三人高。（3）2003 年兴海南街周岐满在建"客家源宾馆"挖地基时，据周岐满回忆告诉我，也挖到了许多的青砖。在场的许多人都认为是外城墙的遗址。（4）2004 年 10 月调查外城遗址时，在北关村见到了一位 80 多岁的现已退休（原在铁路部门工作）姓佟市民，据介绍：他家 1978 年在建房（在放生产资料的化肥库的沟南，五交化仓库外的西北角）挖地基时，发现了许多青砖，最底下一层是三块青砖顺长垒筑。并告诉我铁路部门在修筑北宁线（原单线，现在的京沈铁路）时并没有占用兴城外城墙（此资料可到锦州铁路档案部门去查），只是后来修建复线时（1941 年）才占了。佟老指着房后的大沟告诉我，这条沟就是原来护城河，只是修建货场时往南占了。此处我原来下现场时曾见到过土墙还有 1 米多高，但现已看不到了。（5）在与规划处原处长张国华、规划处刘鹏国、宋东升、原县医院老院长王凌阁、文化局门卫陈继文、市信访办李紫成等交谈时，据他们回忆介绍：兴城六七十年代以前还能看到不少外城墙遗址，小时看到北面外城土墙还有 4 至 5 米高；外城的东南角台就在民政局老王家那；水产局东面的水沟、林业局建楼底下就是外城护城河；水利局东面和火车站前的暗渠就是护城河。

（左）9　1953 年兴城测绘总图
兴城市规划局提供

（右）10　1959 年兴城测绘总图
兴城市规划局提供

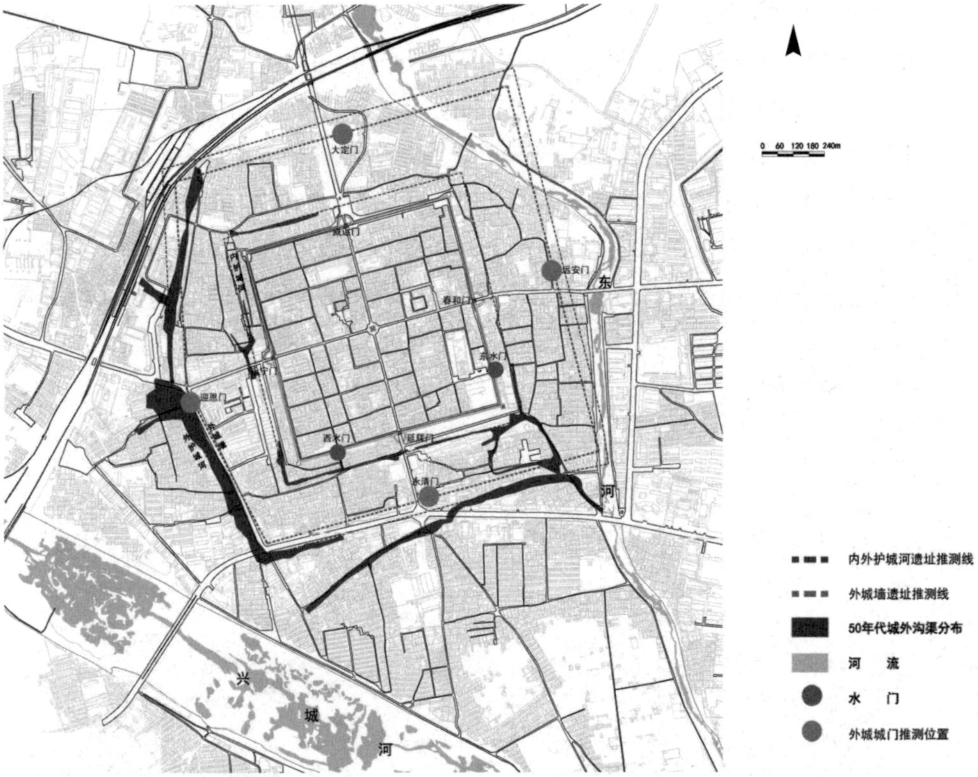

11　外城墙及护城河走向推测
作者拍摄并绘制

史料	原文描述	换算
辽东志	周围六里零八步，高二丈五尺，池周围七里零八步，深一丈五尺。	内城墙周长 3471 米，高 8 米，城壕周长 4047.36 米，深 4.8 米。
全辽志	周围六里八步，高二丈五尺，池深一丈，阔二丈，周围七里八步。	内城墙周长 3471 米，高 8 米，城壕周长 4047.36 米，深 3.2 米，宽 6.4 米。
康熙宁远州志	周围五里一百九十六步，高三丈，池周围七里八步，深一丈五尺……外城周围九里一百二十四步，高如内城。	内城墙周长 3256.32 米，高 9.6 米，城壕周长 4047.36 米，深 4.8 米。外城墙周长 5422.08 米，高 9.6 米。
重修宁远州城垣碑记	周围五里一百九十六步，高三丈，池周围七里八步，深一丈五尺……外城周围九里一百六十四步，高如内城。	内城墙周长 3256.32 米，高 9.6 米，城壕周长 4047.36 米，深 4.8 米。外城墙周长 5498.88 米，高 9.6 米。
民国兴城县志	筑城周围五里一百九十六步，高三丈……池深一丈五尺，周围七里八步。明季增筑外城，周围九里一百二十四步，高如内城。	内城墙周长 3256.32 米，高 9.6 米，城壕周长 4047.36 米，深 4.8 米。外城墙周长 5422.08 米，高 9.6 米。

注：依明尺换算，1 里 = 300 步，1 丈 = 10 尺，1 步 = 6 尺，1 尺 = 0.32 米。

表 3　内外城墙数据

惜无史料和考古证明，此处存疑。

古代城市遗址虽然被现代城市所叠压，但大型工程设施，如城墙、城门、河渠、干道等，以及其相关历史环境通常能在现代城市中留下地形上的遗痕，常反映为地表的高低起伏。[16] 基于此，可通过 GIS 高程分析对上述外城墙走向的推测进行检验 12。

很明显，古城内部的地平要明显高于城外，这是内城作为城市核心长年累积建设的结果，证明城池内外的高差可以作为一个判定城墙内外的依据。将上述根据当地文物工作者的调查和 1950 年代水系分布情况推测的城墙位置与 GIS 分析图叠加，可以看出外城墙推测线附近也存在多处高差明显部位，如西、北、南三侧所示，证明这条推测线与其真实位置基本吻合。图中唯东侧和西北侧偏差较大，可能与铁路建设和东河冲刷、改道有关，具体原因有待考古确认。限于所得高程数据范围，外墙东北角处目前尚无法核对。

保护措施

就目前推测而言，外城墙遗址约长 5500 米，外护城河遗址约长 5900 米，遗址带涉及范围较广，且与城市建成区重叠，若全部发掘和展示会带来很大困难，综合考虑遗址的巨大价值和城市现实发展情况，提出的保护策略为：全面勘探、重点发掘、局部展示和沿线标识。具体而言，首先应组织全面的考古勘探，确认城池走向；其次应选择重要部位，如城门和转角处进行考古发掘；第三应结合考古发掘，选择局部进行遗址展示；第四是对未作考古发掘和遗址展示的其他段落，通过沿城池走向设置绿化标识的方式，对城墙的位置、规模等信息进行展示。由于地面遗存太少，对遗址应尽量采取回填保护或景观标示的措施，若进行复原和重建，则应采取审慎严谨的态度，必须有充分的依据。

基于价值评估，兴城古城的保护对象不仅包括现有文物保护单位，还应包括外城城池遗址及古城所处的山形水系，尤其是两水环城这一景观和空间格局。在没有考古勘探确认的情况下，很难对外城城池遗址作出有实效性的保护范围划定。因此，将之与兴城河、东河一起加以考虑，囿于城市现状的限制，以二类建设控制地带和环境协

12 GIS 高程分析
作者拍摄并绘制

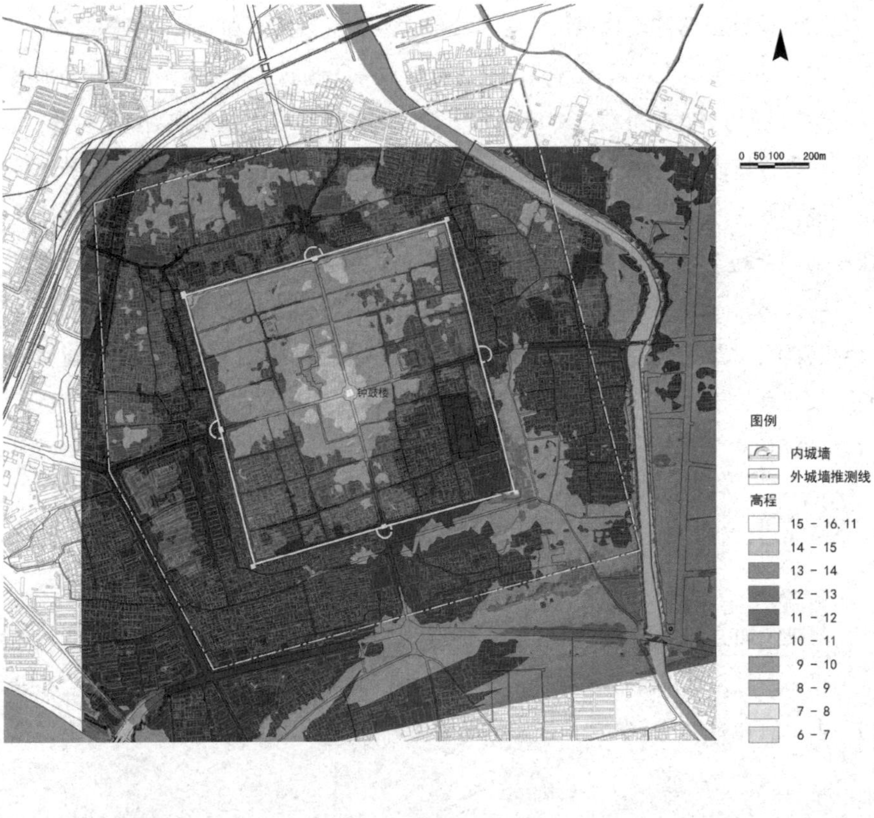

调区的划定共同加以控制。不过，明确规定了要保证整个保护规划的弹性，特别是外城池遗址的保护区划，应根据考古工作的开展适时进行调整，如增加相应的保护范围、建设控制地带的再划分等。

根据《文物保护法实施条例》的规定，文物保护单位的建设控制地带，是指在文物保护单位的保护范围外，为保护文物保护单位的安全、环境、历史风貌对建设项目加以限制的区域。本案的一类建设控制地带是为了控制包括内护城河遗址在内的整个内城的历史风貌，而二类建设控制地带的划定则特别是为控制历史上外城主要区域的风貌。再者，兴城河和东河交汇区域既是古城防御体系的重要组成部分，也是古城景观体系的重要一环，故将建设控制地带外至兴城河和东河交汇处的所有区域均划定为环境协调区加以控制[13]。

13 保护区划总图
作者拍摄并绘制

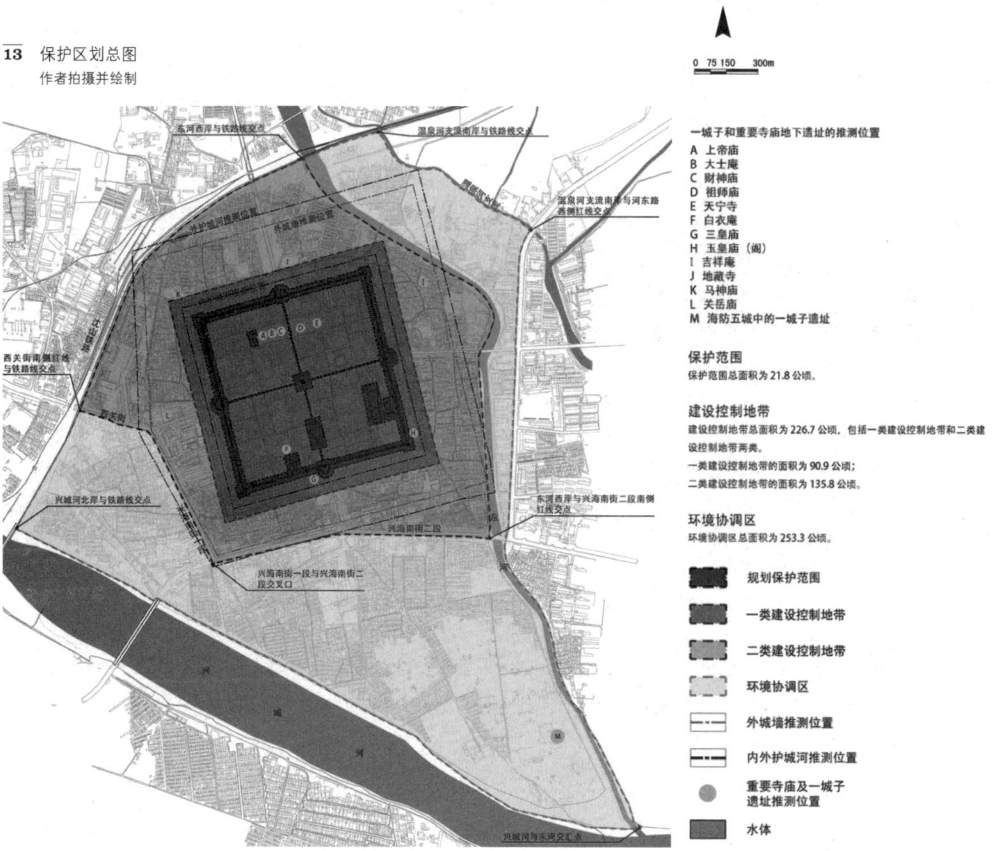

结语

本文从史料分析入手，理清了兴城外城墙产生和湮没的发展历程，结合对建国初期城外水系分布情况和现状地形变化的分析，推测出古城外城墙和城门的走向和分布位置。在此研究成果的基础上，《兴城古城文物保护规划》提出了对古城城池体系的整体保护，结合城市现状对外城墙遗址的保护提出了切实可行的措施，并得到了当地政府、辽宁省文物局和国家文物局专家的认可。

真实性和完整性是世界遗产保护的两个重要原则，兴城城墙作为《中国世界文化遗产预备名单》中“中国明清城墙”的重要组成部分，保存完整的内城墙无疑是其遗产价值的一个重要表现，但缺失和忽视的外城墙如能得到重视和保护，必将使兴城城墙的遗产价值更为出色，更能真实和完整地展现其作为保存最好的一处中国明代军事卫城所具有的独特价值，这也是本文的初衷和期望。

参考文献

[1] 陕西：《中国明清城墙申遗联展》在西安展出 [EB/OL].（2013-06-08）[2014-12-03]. http://www.sach.gov.cn/art/2013/6/8/art_723_78994.html.

[2] 江苏等五省举行明清城墙联合申遗文本汇总编制协调会 [EB/OL].（2012-03-02）[2014-12-03]. http://www.sach.gov.cn/art/2012/3/2/art_723_77320.html.

[3] 陈薇. 历史城市保护方法一探：从古代城市地图发见——以南京明城墙保护总体规划的核心问题为例 [J]. 建筑师，2013（3）：75-85.

[4] 任洛，纂修. 辽东志 [M]// 辽海丛书 · 第二集第 6-9 册. 沈阳：辽沈书社，1933.

[5] 李辅，等纂修. 全辽志 [M]// 辽海丛书 · 第二集第 10-15 册. 沈阳：辽沈书社，1933.

[6] 冯昌奕，王琨，修. 康熙宁远州志 [M]// 辽海丛书 · 第七集第 63 册. 沈阳：辽沈书社，1933.

[7] 恩麟，王恩士，修；杨荫芳，等纂. 民国兴城县志 [M]// 中国地方志集成 辽宁府县志辑 21. 南京：凤凰出版社，2005.

[8] 张士尊. 明代辽东边疆研究 [M]. 长春：吉林人民出版社，2002：1.

[9] 杨旸，陶松. 辽海卫与其石刻 [J]. 辽海文物学刊，1989（1）：270.

[10] 杨旸. 明代辽东都司 [M]. 郑州：中州古籍出版社，1988.

[11] 张廷玉，等撰. 明史 [M]. 北京：中华书局，1974.

[12] 中央研究院历史语言研究所校印. 明穆宗实录 [M]. 明和美术印刷厂. 1966.

[13] 王在晋. 三朝辽事实录 [M]. 扬州：江苏广陵古籍刻印社，1988.

[14] 阎崇年. 明亡清兴六十年（上）[M]. 北京：中华书局，2007.

[15] 国际古迹遗址理事会中国国家委员会. 中国文物古迹保护准则 [S]. 2004.

[16] 张剑葳，陈薇，胡明星. GIS 技术在大遗址保护规划中的应用探索——以扬州城遗址保护规划为例 [J]. 建筑学报，2010（6）：23-27.

大运河上的塔「院」：遗产理景中的价值解读与景观提升*

*基金资助：国家社会科学基金项目（18BGL278），主持：沈旸；中央高校基本科研业务费专项资金、江苏省普通高校研究生科研创新计划项目（KYLX15_0052），主持：戎卿文。原文刊载：戎卿文、沈旸《大运河上的塔「院」：遗产理景中的价值解读与景观提升》，《中国园林》2020 年第 8 期（总第 296 期）。录入本书有增删。

“文化景观”遗产类型和“城市历史景观”方法的出现，标志着 20 世纪后期学界对景观概念的理解和吸纳开始为遗产保护和城市研究领域带来变革。尤其后者，其出现和发展促进了保护视域从“世界遗产”向“城市遗产”的拓展，[1] 不仅革新了理解遗产的思维方式，也提供了崭新的保护方法论和工具。

“城市历史景观”以更为宽广的视角分析聚落和城市，而非局限于独立的遗址、建筑 [2]，同时，提出于时间维度认知城市景观进化历程的“层积”（layering）概念。这一推进代表了一种综合、整体地解析遗产的方法的突破，不仅将有形和无形两个维度融会 [3]，也关怀了遗产的时间完整性和空间完整性 [4]。

如此，由本体转向在城市景观视野内理解建成遗产，不仅有益于对古人传统的设计智慧和营建逻辑的发见，也契合入遗之后的遗产保护需求，特别是遗产所在城市的发展要求。

以大运河观之，其沿线上的塔及其塔院是大运河遗产构成中较为特殊且不可或缺的一类文化景观要素 1，从表象来看，往往河上之城因河而兴，河上之塔因河而名 2，作为制高点和常与寺、园等并合之名胜处所，塔控制景域，提供视觉焦点和登临眺望点。然而，由建塔者的本旨来看，大运河上的塔在建造之初则多非基于单纯的风景审美动

1 需要申明，除特别言明“文化景观”遗产类型以外，本文所讨论的“文化景观”概念均非特指经联合国教科文组织（UNESCO）世界遗产委员会 1992 年纳入世界遗产名录（WHL）中的特定类型“文化景观”（Cultural Landscape）遗产，而是借用“文化景观”遗产类型的三大分类和特征描述，意指作为“遗产运河”（Heritage Canal）被列入名录的大运河沿线、具此类特征的景观对象。

2 如临清舍利塔、通州燃灯塔、扬州文峰塔和杭州六和塔等。

因，而自有其理性所在。

随着时间的演变，这些塔及塔院才逐渐成为城市和水系文化图景中的重要一环，也与城市中、运河上的其他关键节点产生关联，共同支撑着城市格局及其结构呈现。本文即以“城市历史景观”的视野和方法搭建塔、城、河之历史景观认识框架，结合大运河淮安段已经重建的慈云禅寺国师塔的周边环境提升设计，[1]尝试论证对大运河历史元素价值的解读宜置于更大范围的城市地理与环境中，相关的遗产保护和景观设计更应回归城乡背景而非从中剥离，并回应入遗后的一系列潜在利益与发展或复兴的机会。

大运河城市的塔

历史上大运河沿线的城市中，塔（塔院）、城市、运河布局模式可大略分三种：

一为塔位于大运河畔、城外，其中又可细分为居水岸或去水岸不远者以及坐落于河畔山上者，前者如北京通州燃灯塔、临清舍利塔、聊城铁塔、扬州文峰塔、扬州高旻寺天中塔及普同塔院、嘉兴三塔、杭州香积寺塔等，后者如无锡龙光塔等。

二为塔位于城外与大运河直接相连之主要水系畔，但距大运河较远者，如东阿荐诚禅院铁塔（今已不存）、苏州虎丘塔、海宁镇海塔、杭州雷峰塔和六和塔等，同样可细分为直接居水岸者和坐落于山上者。

三为塔距离大运河较远、位于城外者，如北京良乡昊天塔等。

在古人的认知中，大运河上的塔于城市和水系格局（包括大运河及与之连通的江、湖、河等）中扮演了重要角色。以整体呈现城市与山水形态的大运河形势图为例，不仅与大运河有直接关联的桥、闸、坝、渡会获得表达，塔作为参与布局和形成结构的一种主要要素，也有颇多呈现[1]。

而今人再观大运河上的塔，大多从审美出发，将之理解为单纯的景观场所、鸟瞰

---

1 项目名称：慈云寺国师塔周边环境提升工程；设计团队：沈旸，俞海洋，贾亭立，徐春宁；建设地点：淮安市清河区轮埠路；设计时间：2015 年 2 月 -9 月；竣工时间：2016 年 2 月；项目规模：建筑 139 平方米，景观 325 平方米；获奖情况：第十二届江苏省土木建筑学会建筑创作奖三等奖（2018 年）。

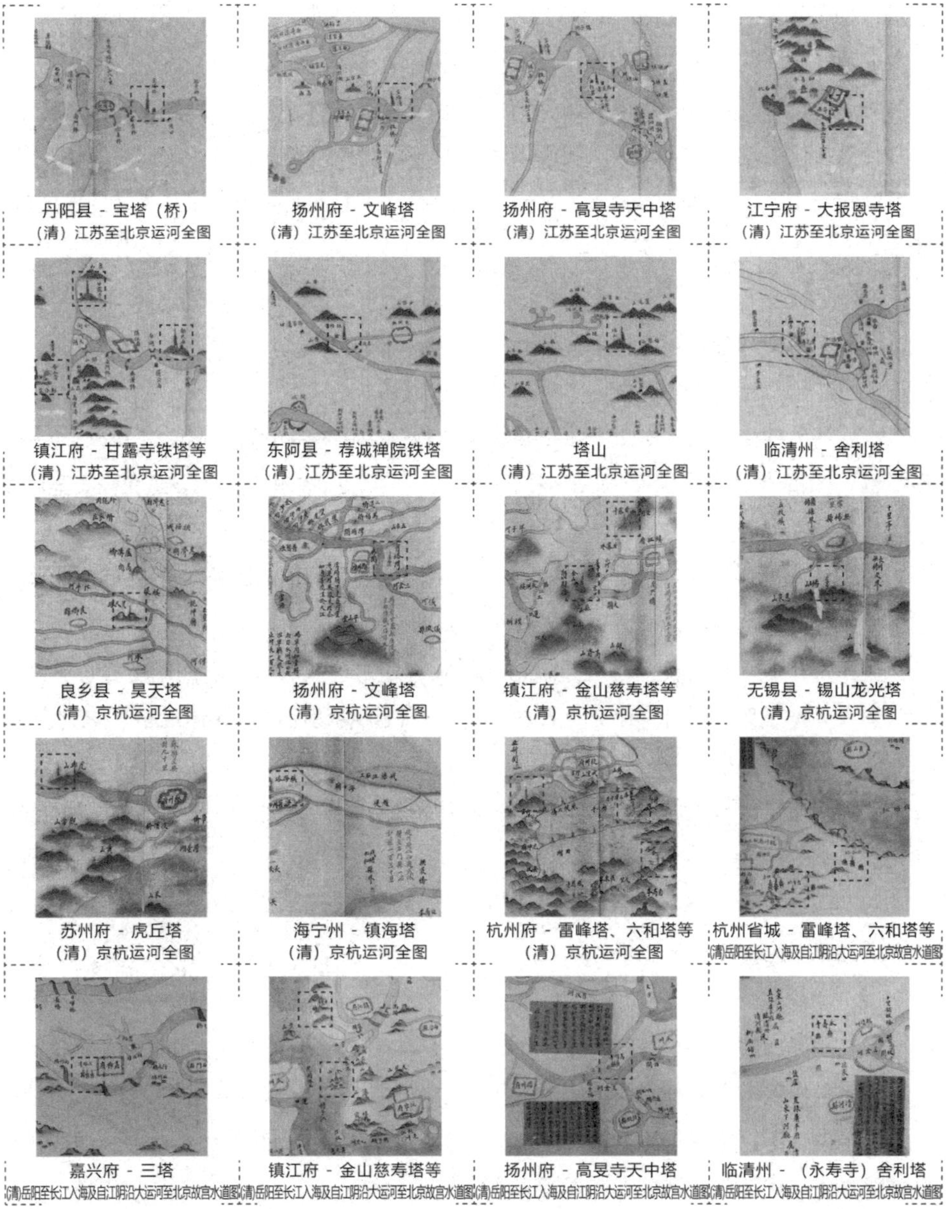

1 清代《江苏至北京运河全图》《京杭运河全图》《岳阳至长江入海及自江阴沿大运河至北京故宫水道图》中的塔、城市与水系结构关系
截取参考文献 [5]、[6]、[7] 绘制

节点，加之塔岸钟声、铃音，同被列入城市标志景观（如八景、十二景），却容易忽视古人建塔的真实缘由，也即由城市宏观整体出发的若干考量。

大运河上塔的建造一部分可归于佛教因由，为瘗舍利、贮经卷而建。但宗教需求常非全部或主要动因，随着传入我国以后造型与功能的嬗变，尤其明清以后，塔往往被解读和引申，以借喻的方式寄托了希冀和需求，成为古人应对自然与人文问题的独特方式。

塔与城：格局与特定方位

大运河上的塔多有实例：济宁崇觉寺铁塔被视为“高插云霄，居学宫巽方，实文笔峰也”[8]，扬州文峰塔留有“借来天笔焕文葩”[1]等句，常州太平寺塔亦别称文笔塔，凡此不可枚举。

因塔耸秀之形象对应于矗起之文笔，故多与招引瑞气、振地方文运的期望关联，被认为可修改风水格局，有时也与楼、阁、庙等并祈文运。

从城市格局上看，此类祈祉建筑往往与教育建筑形成有所讲求的固定方位关系，以庇佑和泽被后者，同时，作为重要的文化节点和景观场所，祈祉建筑亦常择址于水系附近，如清代的扬州[2]、淮安等均为典例。

此外，建于山上之塔亦有“龙角”之意象联想，同样与文风、文运相关，如无锡龙光塔等。

塔与水：因何水边多见塔

塔之意象二为铁针。

除佛教经典的影响外，我国本土流传并深入人心的“镇水铁针”是建造铁塔的另一理论根源，不仅体现于意象上的启发，也影响了铁塔具体的建筑形象，大运河上的聊城隆兴寺铁塔、济宁崇觉寺铁塔皆为实例[10][3]。

不止铁塔，其他类型的塔同样常被赋以补足地势、有益水务（促进水利、纾解水患等）的意义，“浮屠镇水”的记载众多。

对大运河上塔建造原因的理解多无法脱离水系因素，如高邮镇国寺塔、临清舍利

---

1 出自清代郝璧《文峰塔》一诗。

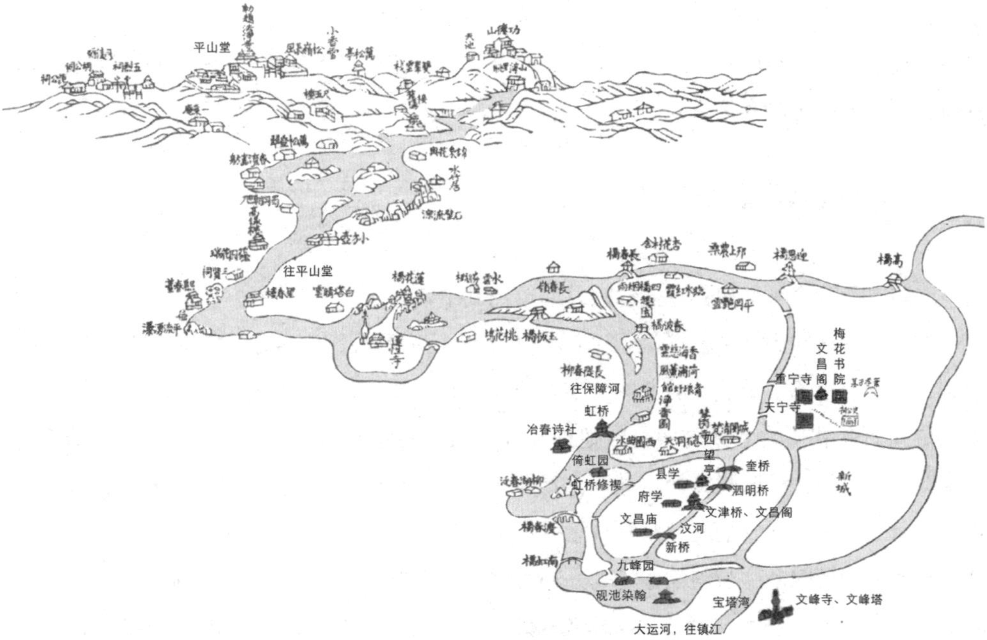

（上）2　清代扬州文化教育建筑图景（右下为文峰塔）

引自：参考文献 [9]“淮扬城市文化教育图景”一章，沈旸绘制；底图据（清）赵之璧《平山堂图志》《名胜全图 · 蜀冈保障河全景》，同治《扬州府治城图》

（下）3　聊城隆兴寺铁塔、济宁崇觉寺铁塔形象

引自：参考文献 [10]，张剑葳拍摄，2009 年 6 月

塔、扬州高旻寺天中塔、无锡妙光塔等，莫不与之相关。

同样，在城市空间布局上，塔、水务构筑和同样与镇水指征相关的楼等建筑各安其位，形成较稳定的布局模式。

合：塔被赋予的多重属性

塔虽具两种意象，但其建造动因并非单纯其中任一。

在古人的认知中，水务、文运、社会、生活之间有种种默化潜移的关系，换言之，水利、文化、祈福、景观等的考虑是整体的，也共同基于堪舆学的依据，是在城乡背景下应对景观和更大范围内的自然地理和社会人文问题的独特思考方式。如，魏禧《善德纪闻录》有载扬州文峰塔的建造缘由："盖邗水迅驶直下，东南风气偏枯，故造塔以镇之。……文笔矗起，厥利科名，自是捷南宫者倍昔，盖其应云。"[11]

建成后的塔因高度与周围环境基底的对比，常为视觉中心，有时亦为船行入城市时的第一胜景，如扬州文峰塔；又因视野常成旷达之意、激发诗兴，常为登临览胜、聚会场所；塔顶层有设明灯者，以引航夜行船只，如杭州六和塔；塔铃等塔之构成要素亦有寓意，如"塔铃译佛语"[1]"塔铃便是广长舌"[2][9]等喻。

古人为塔赋予的多重属性决定了作为建筑遗产和大运河历史阐释的一部分[3][12]，塔及其所构成景观的价值之认知和鉴别也是复杂的。

城市景观的视野

大运河上现存的塔大多经历过毁建，在不同时代传达的意义亦有所不同。

于城市景观视野内解读，将有助于全面地理解大运河上塔的历史和价值，并可促

---

1 （明）周永年《泖塔上作》一诗。

2 《南巡盛典》对高旻寺行宫的记录。

3 联合国教科文组织《实施〈世界遗产公约〉操作指南》（2017）："一条运河的真实性和历史阐释包含真实的遗产（本《公约》主题）、可能的可移动遗产（船只、临时航运设施）以及相关构造（桥等）和景观之间的关系。"

发进一步的思考：在大运河入遗后的今天，塔这类景观要素在大运河遗产、城市结构内的作用应有怎样的积极呈现——尤其是如何看待大运河入遗后今人重建的塔。

国师塔：大运河淮安段重建的塔

淮安“三城（旧城、新城、夹城）”之兴，均与大运河有关，在黄河夺淮入海的漫长历史时期内其为黄、淮、运三河交汇之城。对淮安水系及城市、景观发展轨迹的观察应跳脱单一的府城或清江浦的边界，沿大运河将因漕运而兴的淮安府城、板闸镇、清江浦等统而观之[9]。清代板闸镇距府城约十里，为淮安钞关所在，其西北约十里为清江浦，于 1415 年开埠，为漕运转输重镇 4。

慈云禅寺位于清江浦，前身为始建于明万历年间的慈云庵，寺中国师塔为清康熙年间为纪念玉琳国师而建，后毁于战火。单从建筑本体来看，因清代佛塔已毁，现国师塔为近年重建工程，从“真实性”的阐释框架来看甚至可能颇有争议，但若将观察的视野从本体转向更为广阔的城市背景和景观环境，则可更为清晰地把握大运河在城市发展和景观形成中的统领作用，从而也更深入地解析国师塔及其场所的意义。

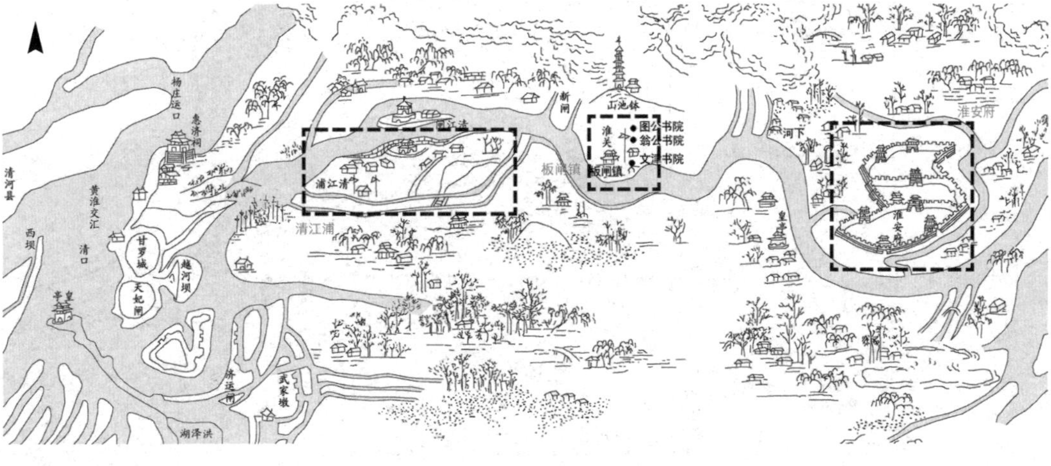

4 清代淮安府、板闸镇、清江浦

引自：参考文献 [13]，底图引自：（清）傅泽洪《行水金鉴》，刘捷摹绘

运河为脉：府城—板闸镇—清江浦

淮安城西北隅，里运河畔、勺湖之西南有文通塔，本是佛寺浮屠，属龙兴寺，始建于隋文帝仁寿三年（603），原为木塔，后经历代重建、改建、重修。建于明崇祯二年（1636）的淮安府城南门护城岗上的龙光阁，依顺郡城之形，与文通塔南北首尾相应。

两处“文峰”，一居东南，一居西北，为壮淮安一地文风[5]。

由明至清，统管漕运事务的最高官员漕运总督均驻节于淮安。

自明代开始，随着清江浦开埠、四道闸修建、转运仓落成、造船厂投产，清江浦一带遂逐渐繁华，成为漕运、盐运和水利等的要津，而作为漕运中枢和水务要地、沟通南北文化的淮安[6]枢纽地位在很大程度为其所取代。

淮安府城文渠的文泽亦至，达清江文笔峰止，汇入玉带河。[9]

板闸镇和清江浦的出现和发展脉络直接根源于与大运河相关的各类活动，而宗教、文化、教育类建筑也因循大运河走向分布[7]。在这一系列建筑中，乾隆南巡数次经临慈云寺瞻礼，亦证明其曾为南巡水路上的重要节点。

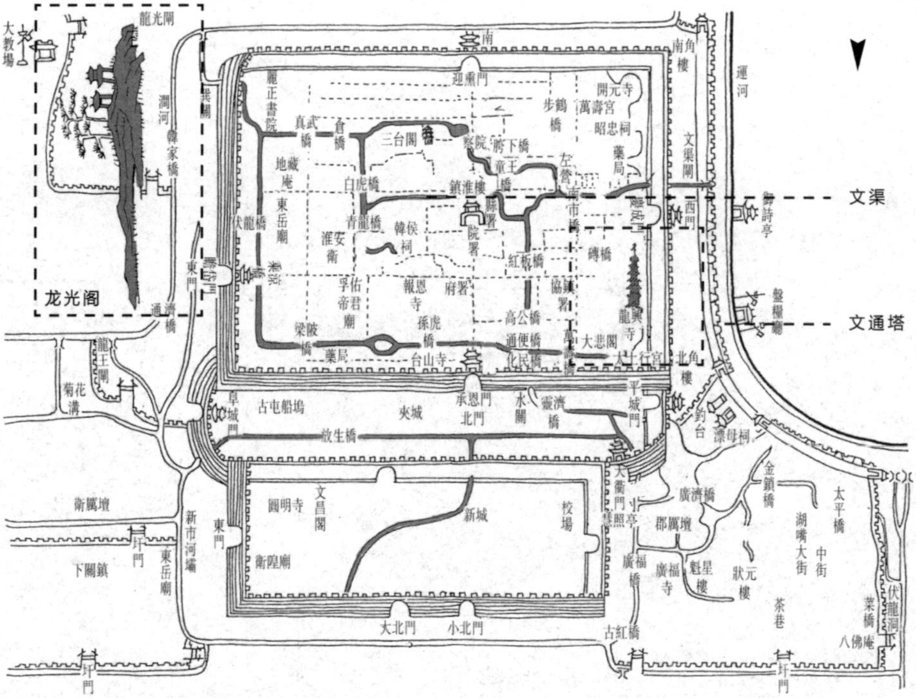

5 清代淮安文运风水形势（文通塔、文渠与龙光阁）

引自：参考文献 [13]，底图出自：阮仪三《神州鸟瞰系列一 · 古城留迹》第 54 页《同治十二年（1873）淮安城图》

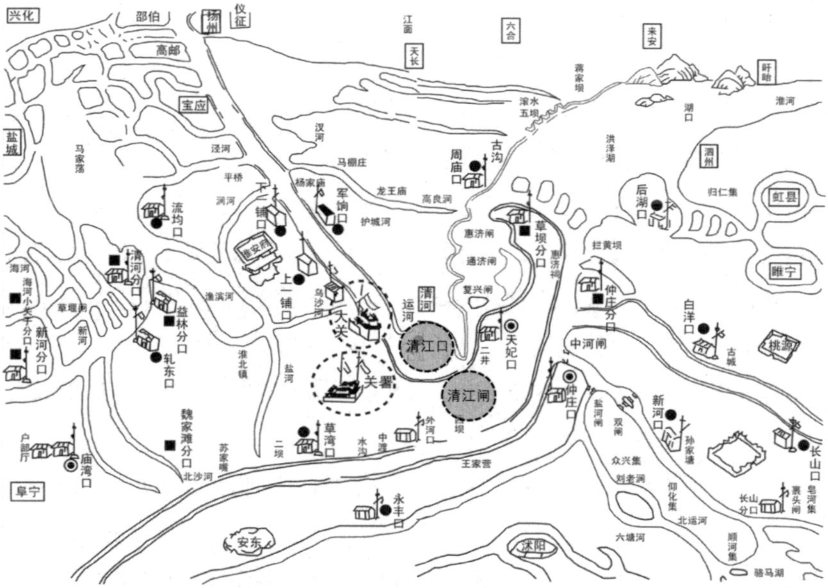

(上) 6　清代淮关各关口及分口

引自：参考文献 [9] “海运港口城市太仓和漕河管理城市淮安” 一章，底图出自：(明) 马麟修，(清) 杜琳等重修，李如枚等续修，《续纂淮关统志》，《淮关分图》，刘捷摹绘

(下) 7　清代淮安清江浦文化教育建筑分布

引自：参考文献 [9] “淮扬城市文化教育图景” 一章，底图出自：(咸丰)《江苏清河县志》《清江浦图》，刘捷摹绘

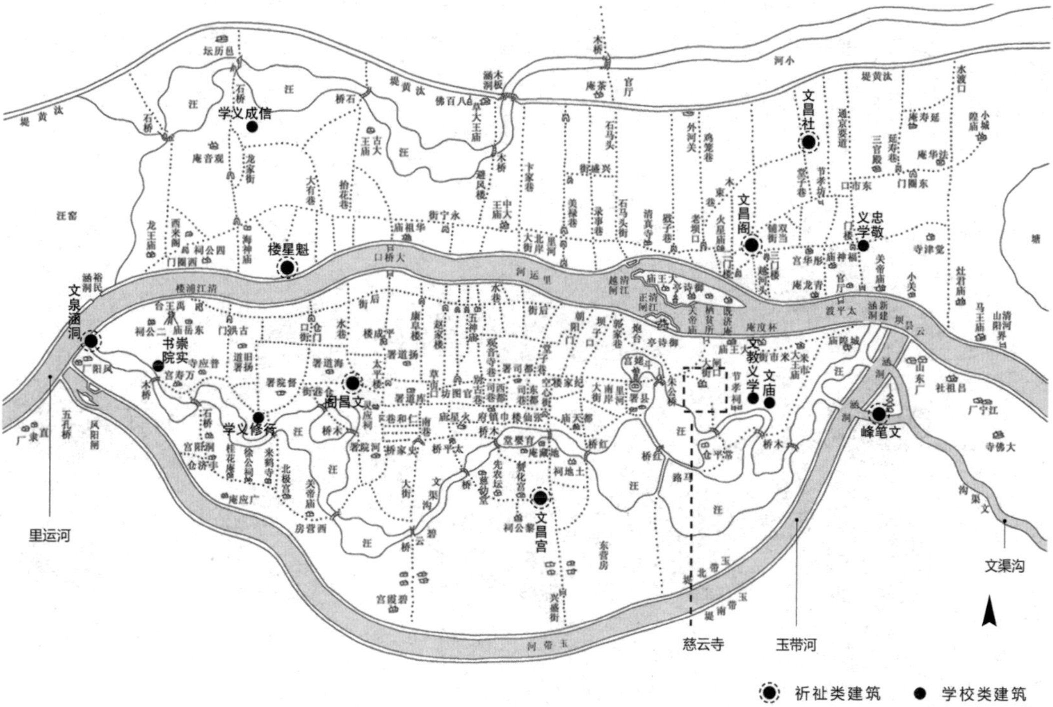

南船北马舍舟登岸处的五教合一

正是因之大运河极重之关隘所在，明清两代清江闸周遭舟货云集、寺观林立，迄至清末竟形成“五教合一”环伺里运河的巍巍大观[9]：

县学文庙祀孔子；慈云禅寺乃佛教圣地；大王庙奉金龙四大王，乃清江都天会之所；关帝庙内除关帝外，有专祀陶公、马公等治河名臣的祠庙，皆属于道教庞杂的民间信仰之列；运河北岸有清真寺，前有码头直抵运河，此建筑设置在运河沿线城市殊为常见。此外，亦坐落有天主教建筑。

由清江浦的视野观察，方可知慈云禅寺及国师塔在构成清末“五教合一”的城市文化景观格局中的地位和意义[8]。

漕运年代，大运河为清江浦带来的是漕运、盐运、通商等交通之便利，又因沟通往来之密切，进一步促进了传教、祭祀、水神崇拜等文化活动的发生和交融。又因水利技术和功能需求等多种缘由，大运河上的城市和建筑景观多样且包容性较强。

“五教合一”的组合式城市文化景观格局是这种包容性的体现，亦是清江浦之特质所在。国师塔在历史上参与构成了由运河勾通起的“五教合一”景观格局，也曾和其东的文笔塔于里运河沿岸拉开景域，形成观看中心。

大运河的漕运地位下降以后，清江浦仍因沟通了淮河、盐河等水道而于一段时期内发挥集散作用，其后逐渐衰落。今清江闸畔仅余重建之慈云禅寺国师塔，文笔塔已不存。

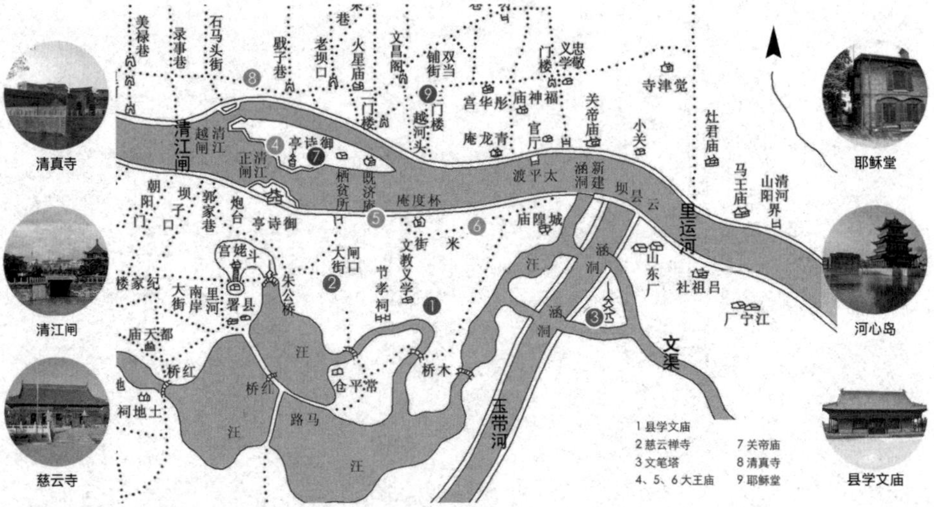

8 清末清江闸“五教合一”环伺里运河之城市文化景观格局

引自：参考文献 [13]。其中，①底图出自：(咸丰)《江苏清河县志》《清江浦图》，刘捷摹绘；②照片为沈旸拍摄，2007 年 2 月

开放的水岸塔院

倘若使观察脱离国师塔的建筑本体及其所在的慈云禅寺建筑群，就意味着跳出了塔单纯作为寺院组成部分的世俗教化、传播佛学以及历史人物和历史事件的纪念功能，将价值阐释和设计表达投向了城市景观的视野。

申遗成功后的大运河面对的是包含一系列潜在利益与发展或复兴机会的入遗影响，在满足保护要求的前提下，这些机会既涵盖遗产地自身形象的传达与演绎，亦有当地社区民众的生活、经济、文化、产业需求——重建的国师塔于新情境中应如何扮演新角色，是超越了遗产单体保护的综合问题。

回应入遗后城市需求的设计命题和社会使命，就必须经由城市景观视野的解读回归到城市景观的设计，以此为支点，发挥对遗产地发展与复兴的推动力。这是发生入遗影响的起点，也是入遗的真正目标。

换言之，国师塔周边环境的提升，应当立足于塔、城、河一体的价值认知，诠释和呈现这一价值，塔“院”的理景，“理”的也是三者作为整体的内在联络关系。

从寺塔至河塔

国师塔以东与水务和文运因缘密切的文笔塔已不存，而构成“五教合一”环伺格局的文庙、清真寺、耶稣堂等建筑保存完好，与里运河水岸关系明晰[9]。

塔“院”的理景，顺理成章地应整合运河两岸景观格局，走向对城市景观更具独特性、在地性的设计呈现；既应当被归位于城与河之间历史上的景观秩序，呈现其多重价值，又应当面对新的需求，因循变化的可能，成为可以激发城市活力的空间。

是否仍然因循旧例再现完整的塔院格局，是回应前述思考的关键破题思路：如何从城市景观整体的视野，以当代的方式表达历史上的景观格局、呼应现实的城市生活，同时保证操作可逆，不影响未来考古研究与展示设计的再次介入。

从城市景观视角来看：首先，清江闸的地位举足轻重，南船北马在此调换，是转运的冲要；其次，和水运相关，大运河城市如扬州、淮安等，沿河均有些特殊的空间布局方式，如清真寺等多面河而置。而构成组合式景观格局的慈云禅寺和文庙与大运河的关系在历史上均以各自管理和交通需要为先，将其临运河的后院墙封闭，彼时虽由河上舟行可轻易感知塔的视觉中心地位，但人、水岸和塔之间却并无除视线联系以

9 慈云禅寺国师塔、文庙、清真寺、耶稣堂与里运河水岸关系
许昊皓拍摄，2015 年 7 月

外的直接景观互动。

今日大运河作为世界遗产，其功能已发生若干变迁，新的城市生活对它的需求也转向航运、观览、市民活动、文化创意、改善城市环境等诉求的复合。塔“院”的设计，面向的不是作为承载历史信息的物质实体的湮灭或重建，而是构成历史景观格局的院落场所空间承载意义的传达[10]。

由“围”到“开”：将塔从封闭的塔院中释放，不只是不建围墙，而且是对塔的身份认识的转变，不再仅仅视之为慈云禅寺轴线的末梢端点[11]，同时亦将其阐释为大运河和慈云禅寺之间的转换节点[12]。

由传统塔院到运河塔“院”：结合场地中原有的古树，对塔周边不规则的城市地块进行划分，使寺的轴线在塔处发生转折，面向运河和码头形成开放的城市空间[13]，从而使塔实现了身份的转换[13]，将传统的塔院转换成运河上的塔院，面向城市开放，塔、岸之间形成有秩序的连续观看界面。[14]

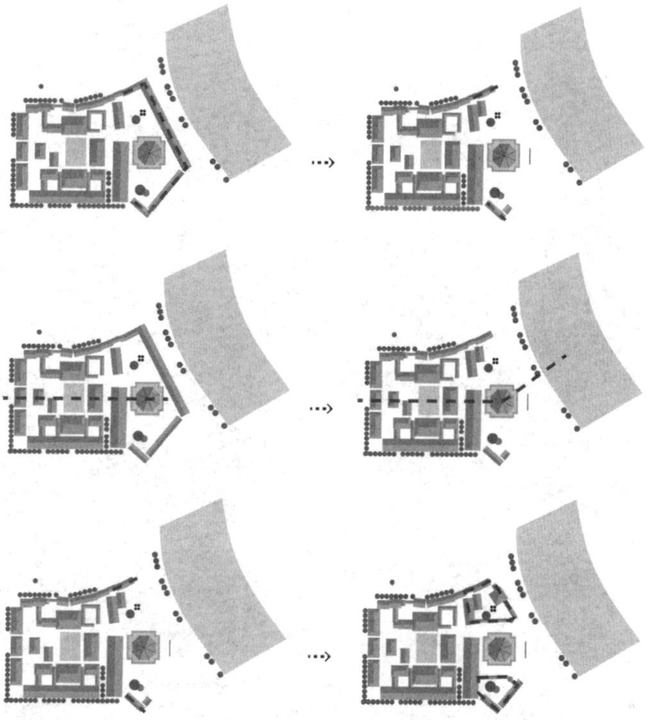

10 塔院理景思路与设计方法
自绘

亦寺亦塔亦园

历史上的塔或塔院空间按塔于建筑群中位置、景观特点和空间氛围的不同可大体分为三种类型：宗教环境空间（塔多位于寺院中心）、寺院园林环境空间（布局与宗教环境藕断丝连，同时吸收园林和庭院布局特色）、自然环境空间（塔虽为寺院园林构景服务，却也点缀自然风景）。

由建造年代、史籍记载和历史上塔的位置推知，慈云禅寺国师塔应属寺院园林环境空间类型，即塔于寺庙中轴北侧，以塔为中心构成塔院园林空间，通常会环以亭廊山门，点缀牌坊、石灯笼、香炉等小品，配以园林绿化，形成静谧、精巧、别致的气氛和格调。[13]

为了传达历史上塔院的这种空间特质，在塔院西侧设计了一处园林空间 15。保留场所中原有的梧桐树，置若干石块；沿寺庙后墙造一座二层小楼，以遮挡视线，而临河面建一小阁，与高耸的塔连成起伏。在园中或楼阁之上，或抬眼，或俯视，塔可入景，河亦川流。16

（上）11 国师塔于慈云禅寺建筑群位置关系
许昊皓拍摄，2015 年 7 月

（下）12 国师塔、慈云禅寺建筑群和里运河关系
许昊皓拍摄，2015 年 7 月

（上）13 “塔院—大运河—城市”关系剖面示意
自绘

（下）14 建成后的国师塔塔院沿河界面
许昊皓拍摄，2015 年 7 月

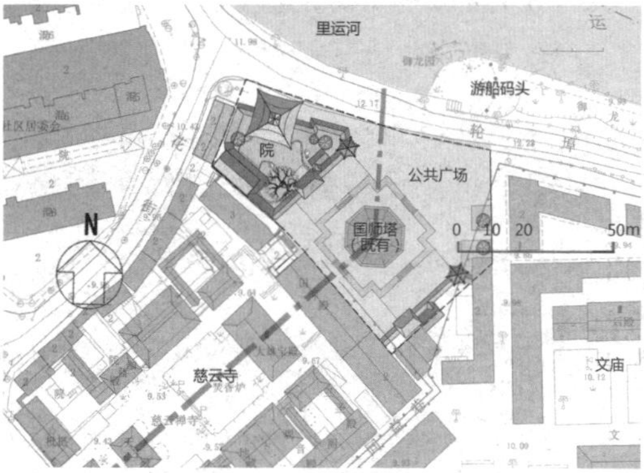

（左）15 塔院总平面（西北侧为园林空间）
引自：参考文献 [13]

（右）16 建成后的塔院园林空间
许昊皓拍摄，2015 年 7 月

结语

入遗后的遗产地和城市发展问题常在国际文化遗产论坛上被提及，是一项在遗产保护和景观设计过程中不可忽视的重要课题。其所指代的潜在的利益与机会包括：赋予遗产地全新的标识及形象；带给市民自豪感并提高生活品质；协调策略性的投资；获得媒体界的认同与宣传；对价值的保存和阐释；更好的社区服务；激发文化与创意；实现城市再生；引进活动；促进教育和交流；高质量的基础设施，等等。

在此语境下，本文以运河线上的塔和塔院为契机探讨了入遗后的景观设计命题：如何全面认知遗产及场所的价值？如何考量它们对于当地社区民众的意义？

这些塔和塔院不只是寺庙的组成部分，它们曾经显著地影响着历史上城市的景观格局。其建造之初的整体思考透射着古人的智慧和思维逻辑，也给当下的我们以启示：在城市景观格局内解读这些塔和塔院，有助于对它们价值的理解和发现，亦可提供一个可靠的视角，以观察物质实体已然湮灭的建筑和场所所承载的意义。

基于这样的理解，塔院的理景关怀的是入遗后大运河上的塔和塔院应当对今天的城市做出怎样的贡献。从城市景观的整体性视野阅读和呈现，是一个理解价值和开展设计的有效策略。如今的慈云寺国师塔院和广场已成为影视作品取景、市民踏青、骑行、赛事、节庆活动频繁发生的场地，既是与运河呼应之处所，也关照着城市和人本的需求。

参考文献

[1] 郑颖，杨昌鸣. 城市历史景观的启示——从“历史城区保护”到“城市发展框架下的城市遗产保护”[J]. 城市建筑，2012（8）：41-44.

[2] 罗·范·奥尔斯. 城市历史景观的概念及其与文化景观的联系[J]. 韩锋，王溪，译. 中国园林，2012,28（5）：16-18.

[3]Recommendation on the Historic Urban Landscape, including a glossary of definitions [EB/OL].（2011-10-10）[2018-8-14]. http://portal.unesco.org/enev.php-URL_ID=48857&URL_DO=DO_TOPIC&URL_SECTION=201.html.

[4] 刘祎绯. 城市历史景观 [J]. 风景园林，2017（6）：4-5.

[5] 自江苏至北京运河全图 [M]. 清抄本. 中国台北国立中央图书馆藏.

[6] 李培. 清代京杭运河全图 [M]. 北京：中国地图出版社，2004.

[7] 岳阳至长江入海及自江阴沿大运河至北京故宫水道彩色图 [M]. 清中期彩绘本. 中国国家图书馆藏.

[8] 徐宗幹，纂修；汪承镛，续修. 道光济宁直隶州志（一）[M]// 中国地方志集成 山东府县志辑 76. 南京：江苏古籍出版社，1990.

[9] 陈薇，等. 走在运河线上 [M]. 北京：中国建筑工业出版社，2013.

[10] 张剑葳. 中国古代金属建筑研究 [M]. 南京：东南大学出版社，2015.

[11] 焦循，辑；许卫平，点校. 扬州足征录 [M]. 扬州：广陵书社，2004.

[12]The Operational Guidelines for the Implementation of the World Heritage Convention [EB/OL].（2019-07-10）[2019-10-20]. https://whc.unesco.org/en/guidelines/.

[13] 中国东南大学建筑学院. 慈云寺国师塔周边环境提升工程 [R]. 2015.

城市考古遗址保护展示中的文化景观叙事呈现：以隋炀帝陵考古遗址公园为例*

*基金资助：国家自然科学基金青年基金（51308099）；主持：朱渊。原文刊载：朱渊、沈旸、李永辉、姚昕悦《文化景观的叙事呈现：以隋炀帝陵考古遗址保护展示为例》，《中国园林》2016年第4期（总第244期）。录入本书有增删。

2013年3月，江苏扬州西湖镇司徒村曹庄的一处工地[1]，发现了两座砖室墓，经考古发掘确认为隋炀帝杨广与夫人萧后的墓葬。于是，墓葬遗址保护成为亟待研究的话题。隋炀帝遗址公园的规划设计，旨在权衡墓葬的有效保护与大扬州景观格局的架构关联，以遗址公园景观为载体，彰显其考古遗产之文化特质。于是，文化景观的彰显，自然成为隋炀帝陵遗址公园规划设计中的重要诉求。其中，叙事作为一种串联结构的重要引线，在隋炀帝大遗产保护设计过程中[2][3]，[1]激发各要素之间的多维联系，并希望在对其遗址价值、本体保护与文化展示的综合梳理中，找寻具有大遗址文化景观自然呈现的有效途径。其中，大运河的功绩、隋炀帝的浪漫才情，以及考古遗迹的体验性展示等，在历史与现代的叠合之中，成为大遗址文化景观在不同层面呈现的重要情节。

1　项目主持：陈薇、王建国；项目参加：沈旸、朱渊、李永辉、姚昕悦、钱轶懿、原满、莘博文。

(上) 1　规划用地位置与范围

1—6、8—12：项目组成员绘制

(下) 2　规划总平面

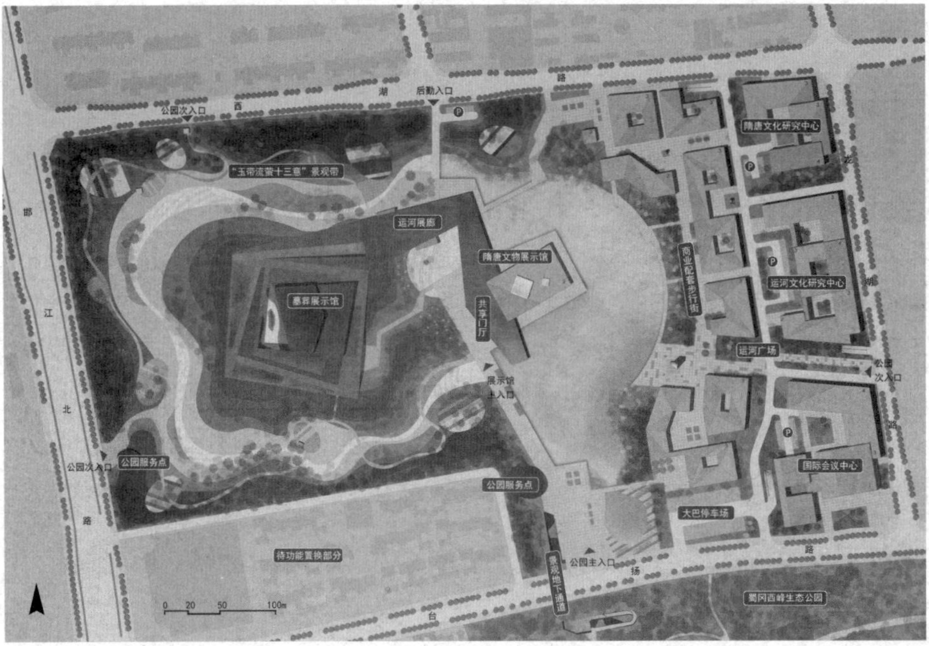

3 规划设计整体鸟瞰图——翠冈碧水舟不系

大扬州城市文化景观的结构重组

2014年大运河的申遗成功，在世界层面填补了大运河遗产的亚洲空白的同时 4，为扬州的城市发展和优化带来了进一步的推动力，也更加巩固了扬州在大运河沿线城市中的重要地位。因此，隋炀帝墓葬的发现，让这个大运河的开启者，再次成为人们关注的焦点。如何对其进行保护？如何在保护中彰显其历史价值？如何让人们体验隋唐文化带来的历史印迹？……均成为规划伊始需要着重考虑的问题。

不难看出，作为历史关联的情节要素，隋炀帝陵墓的发现与大运河申遗成功，带来了具有时代意义的活力之源，并引发了大扬州景观格局重新整合的可能。原本唐子城、宋夹城湿地公园以及明清老城构成的南北景观轴，向西面蜀冈生态区延伸，以联系隋炀帝考古遗址公园 5。这不仅是隋唐文化展示区范围的一次补充，也在“点、线、面、体”全方位格局的展现中[1]，以另一种“面”的方式，强化了对景观系统的立体化重组。而大遗址历史保护格局的变化，也相应带来了景观格局与旅游结构的西向延伸。其中，陆路、水路的西行线路将围绕隋炀帝遗址继续展开，并逐步连接从外埠进入扬州的西面交通门户。

可见，隋炀帝墓葬遗址的发现，在历史文化价值的现代解读的基础上，唤起了扬州全新的文化记忆。这种记忆，在还原城市历史的同时，进一步激发了城市的内在活力，并以一种跨时代的叙事方式逐渐展开。这种活力的叙述，不是对活动事件符号化的再

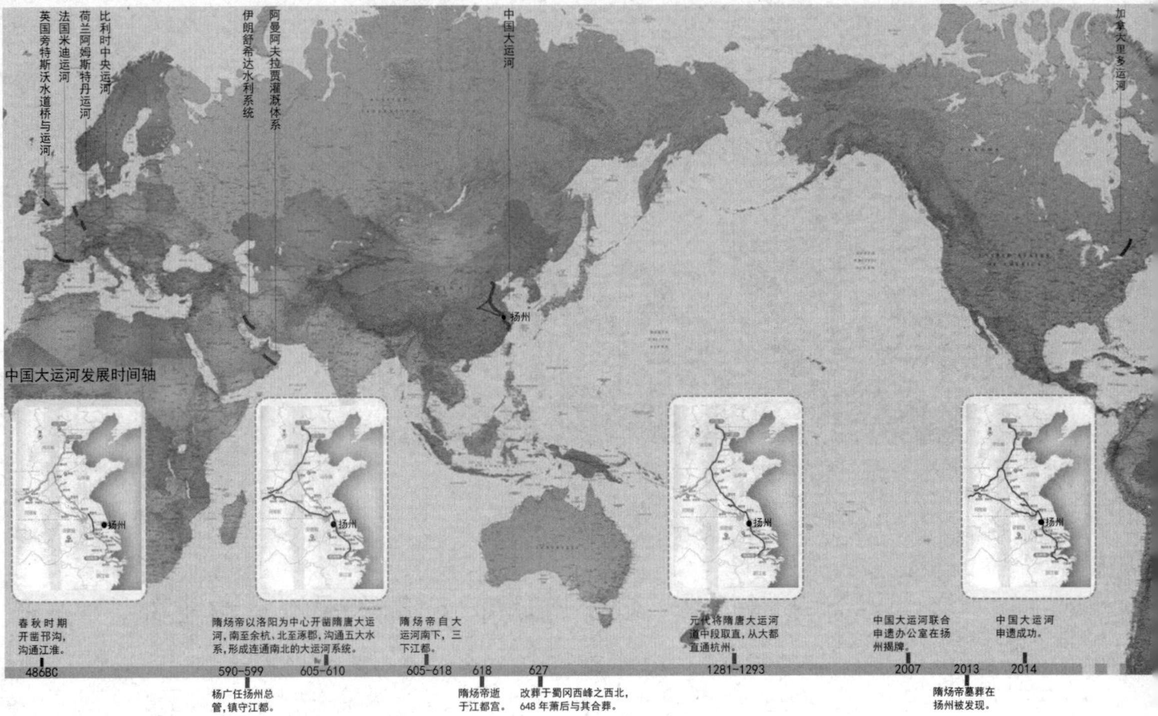

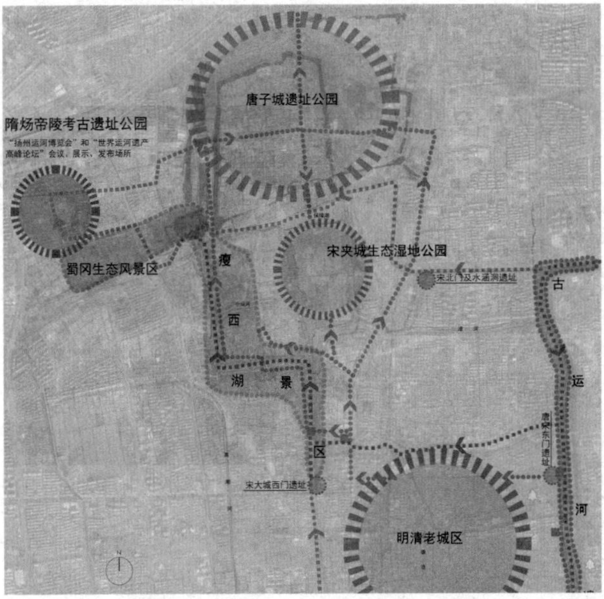

（上）4 世界大运河遗产分布图，2014年大运河的申遗成功，从世界层面填补了大运河遗产的亚洲空白

（下）5 大扬州景观结构向西面蜀冈生态区延伸，以联系隋炀帝考古遗址公园

现，而是在一种历史与文化信息网络叠加的基础上，挖掘不同时空要素之间的潜在关联，以激发未来体验的可行性与呈现模式。新、旧信息之间，以一种互惠层叠而螺旋交织的状态，蒙太奇式地涌现于同一时段叙事平台的呈现之中。各种时空与信息的切片在图谱（Mapping）式的叠加之后，最终还原于现代日常体验下的重新诠释。于是，这种介入在历史层叠的不断开启中，作为另一个历史的切片，让隋、唐、宋、明、清的城市演变，汇集于当代的城市结构之中，并以一种综合而立体的大遗址系统，在动态的演变中陆续呈现。

于是，遗址公园的规划，以价值提升、结构整合与产业引入的策略进一步探索其具体的实践意义：首先，在世遗价值的提升与城市气质彰显相结合的基础上，以墓葬保护为目标，明确规划的整体定位，即“大运河开创与传承的世遗价值的提升，大扬州王气与灵气的城市气质的彰显，大遗址墓葬与城址保护策略的整合”，并期待以“河（运河价值）、城（扬州气质）、情（才情叙事）”[6]的主题出发，从历史文化、地理空间、景观结构等层次逐级展开；其次，遗址用地的向南延伸，打通与蜀冈西峰绿地视线与行为的通廊，将遗址公园融入景观步行系统之中，形成向东连接主要历史景观区域架构的整体夙求，建立遗址、老城、自然相辅相成的城市景观结构，以完成连接蜀冈西峰的结构调整；随后，在《全国重点文物保护单位扬州城遗址（隋至宋）保护规划（2010—2030）》的基础上对《隋炀帝考古遗址公园规划设计》的保护区划进行调整建议，以提升该地区的保护等级，完善整体的遗址景观架构；另外，建议围绕隋炀帝陵墓遗址主题，引入产业经济与事件，建设相关的“扬州运河博览会”“世界运河遗产高峰论坛”及“隋唐文化步行街”等，以产业介入引发多元事件，从而带动地区的平衡发展。

简言之，大扬州城市整体文化景观结构的价值重组，成为其文化意义与景观诉求进一步叙述呈现的重要开端。

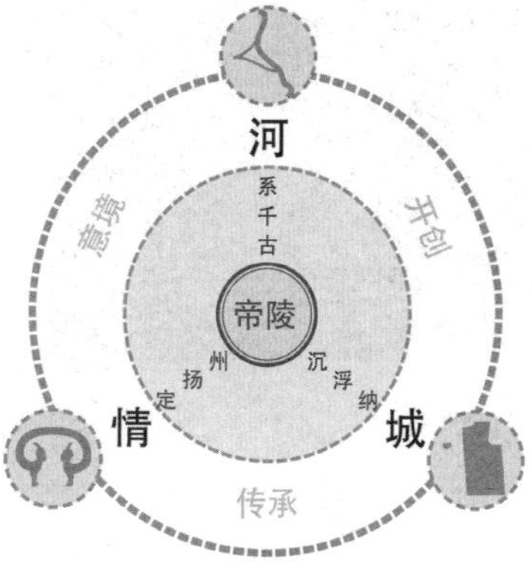

6 河（运河价值）、城（扬州气质）、情（才情叙事）的核心主题

考古发掘之景观意境的序列呈现

隋炀帝与萧后墓葬的发掘，共清理出墓志、玉器、铜器、漆器等珍贵文物400多件，其中“随故炀帝墓”“十三环金玉蹀躞带”“人首蛇身俑”“人首鱼身俑”“人首鸟身俑”“伏听俑”等，体现了南方长江中游地区较为普遍的陪葬特点。其中，“十三环金玉蹀躞带”是我国目前出土最完整的玉带，也是古代带具系统最高等级的实物。而“双人首鸟身俑”（隋炀帝墓）和“双人首蛇身俑”（萧后墓）[7]则是隋唐时期典型的陪葬文物。于是，在设计中体现墓葬的文物价值成为认知隋炀帝及其隋唐风韵的主要途径之一。此外，更具魅力的是，隋炀帝亦可谓才华横溢的诗人，存世的40多首诗歌中，写景抒情的意境优美，感情真挚，且融合南北诗风，一扫南朝绮丽，开创清丽质朴的诗句气象。如“平郊送晚日，高峰落远阴”“寒鸦飞树点，流水绕孤村”“月影凝流水，春风含夜梅”[2]90-91等，不仅给人带来自然的意境体验，也充分体现了隋炀帝与萧后在颠沛流离与聚散离合之间流露的侠骨柔肠。这些诗句与出土文物“双人首鸟身俑”和“双人首蛇身俑”的寓意暗合，不免成为设计中文化景观塑造的重要依据。

如果经典的叙事架构，包含了时态、语义、语态等明确话语的本体组织，那么后经典叙事学，则从对本体的展示转向体验逻辑的建构，即强调借用新的分析工具进行介入式研究，并在共时与历时性的叙事结构中，找寻历史语境对叙事结构的发展，进而从形式化的结构向意识形态与日常体验转变[3]。于是，规划设计中隋炀帝与萧后墓葬的文物价值、留存诗句的意境，以及隋炀帝、萧后之间的情感，以叙事体验的方式融于城市的地景营造与空间序列，并以“翠冈碧水舟不系，河如玉带意难离，我梦江都逶迤柳，别有相思永同心”的叙事情境得以展现[8]，具体而言：

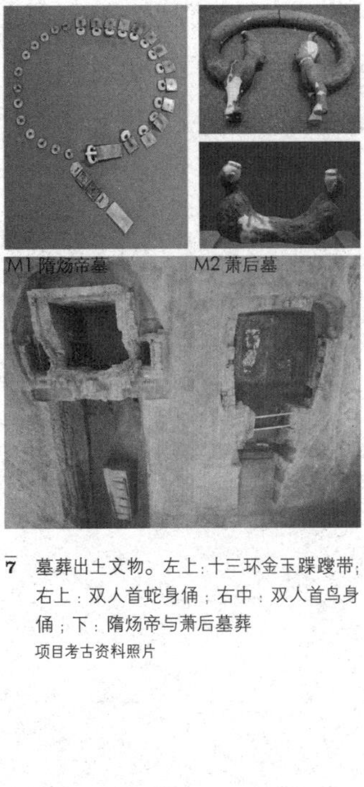

7 墓葬出土文物。左上：十三环金玉蹀躞带；右上：双人首蛇身俑；右中：双人首鸟身俑；下：隋炀帝与萧后墓葬
项目考古资料照片

翠冈碧水舟不系：墓葬展示馆覆土植草，既为保护之可行，也是封土之追远，更喻蜀冈之葱茏。冈下静淌一湾碧水，岸边隋唐文化展示馆晶莹剔透，轻盈玲珑，喧嚣时似炀帝下扬州之盛装龙舟，静谧处又感野草闲花舟自横。

河如玉带意难离：隋唐运河自洛阳起，一往东

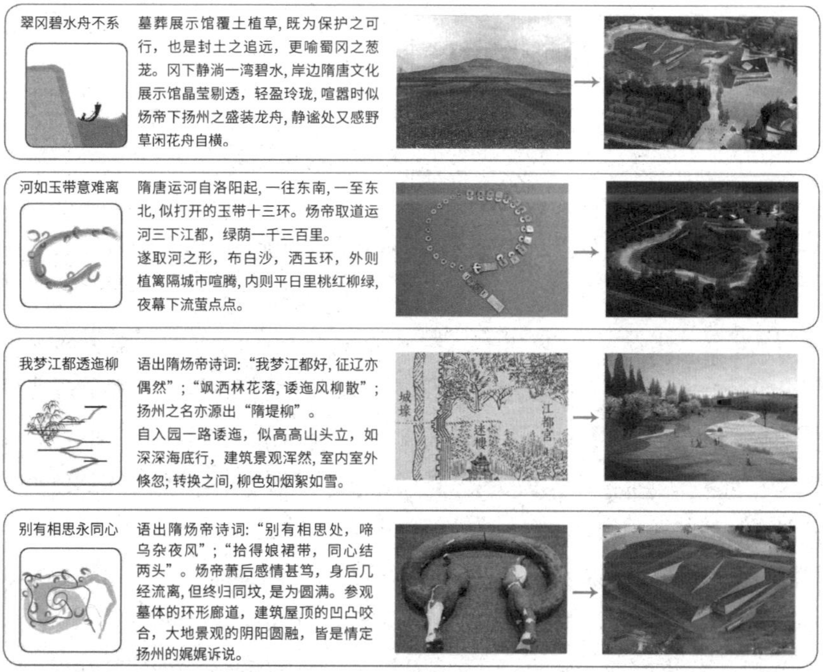

8 “翠冈碧水舟不系，河如玉带意难离，我梦江都透迤柳，别有相思永同心”的叙事意境

南，一至东北，似打开的玉带十三环。炀帝取道运河三下江都，绿荫一千三百里。遂取河之形，布白沙，洒玉环，外则植篱隔城市喧腾，内则平日里桃红柳绿，夜幕下流萤点点。

我梦江都逶迤柳：语出隋炀帝诗词“我梦江都好，征辽亦偶然”“飒洒林花落，逶迤风柳散”；扬州之名亦源出“隋堤柳”。自入园一路逶迤，似高高山头立，如深深海底行，建筑景观浑然，室内室外倏忽。转换之间，柳色如烟絮如雪。

别有相思永同心：语出隋炀帝诗词“别有相思处，啼乌杂夜风”“拾得娘裙带，同心结两头”。炀帝萧后感情甚笃，身后几经流离，但终归同坟，是为圆满。参观墓体的环形廊道，建筑屋顶的凹凸咬合，大地景观的阴阳圆融，皆是情定扬州的娓娓诉说。[1]

不难看出，考古文化的诗意叙述，踏寻着隋炀帝的诗情画意，在情景景观与空间穿越中，以情感体验与意境渲染，叙述着公园文化景观的整体意境。

1　项目中四句概括的诗词描述了不同的叙事情境，其意图一为与隋炀帝诗句相呼应，二也希望以此讲述设计的主要概念，由此将设计概念贯彻始终。

本体保护与墓葬形制的行为体验

自墓葬开挖以来，墓室常年暴露在空气中，逐渐出现结构失稳、砖材的开裂粉化以及因受潮导致的苔藓等生物破坏，亟待进一步的保护处理。因此，技术介入势在必行。当然，技术带来的不仅是保护，更多还在于对传统墓葬形制和当代空间展示结合下的综合呈现与现代转译。

从挖掘结果来看，隋炀帝墓葬沿用西汉葬仪制度中的“同坟而异穴”，其封土与炀帝墓室同中心，萧后墓室相对浅，墓道短，处于炀帝墓室的东偏南。就隋唐墓葬特征而言，隋炀帝墓葬具备当时鲜明的南方地域特征——“浅埋起坟”(或称“平地起坟”)，这与南方长江中下游地区降水量多，土地潮湿，地下水位高的气候特征相关。扬州的气温变化和高温高湿的环境使墓葬容易发生冻融循环，并容易促使菌类繁殖。由此，我们通过预测墓室温湿度以优化空间状态与覆土厚度，并形成墓葬中可除菌除湿的最佳状态[9]，使“平地起坟”封闭式的覆土形式，在还原了隋唐墓葬形制的同时，也满足了墓葬长效保护的保护需求。由此，设计在墓葬保护的基础上，力图同时营造人们进入墓葬过程中的特殊空间体验，由此引发墓葬空间形态的生成，具体为[10]：

温度：扬州的室外温度在-5°C到38°C年变化下，墓葬本体温度处于14°C到17°C的稳定区间

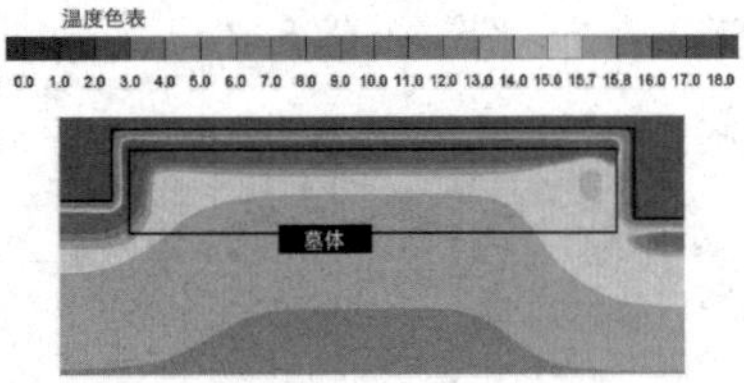

冬季展馆与墓葬本体温度分布预测图

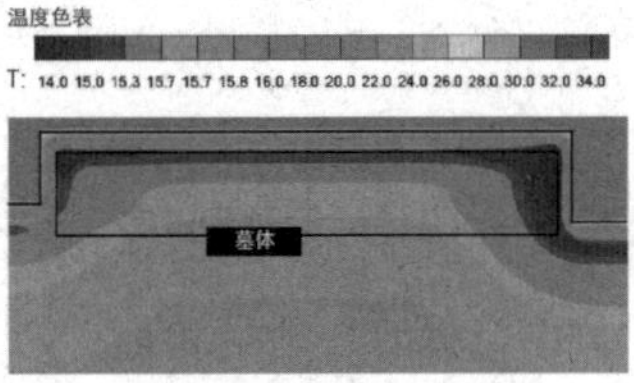

夏季展馆与墓葬本体温度分布预测图

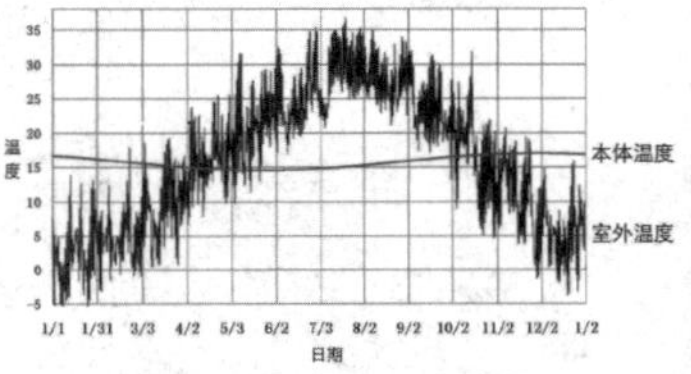

室外温度与墓葬本体温度年对比图

温度：墓葬本体处于稳定高湿区间

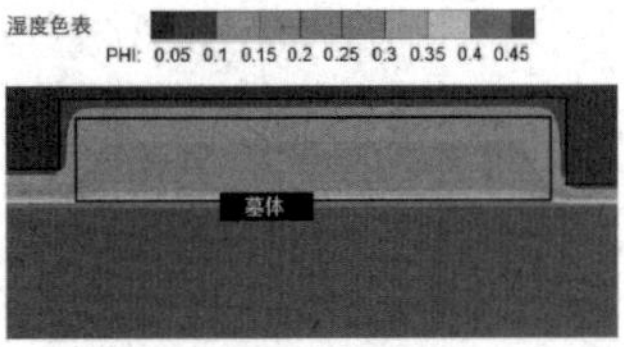

冬季展馆与墓葬本体湿度分布预测图

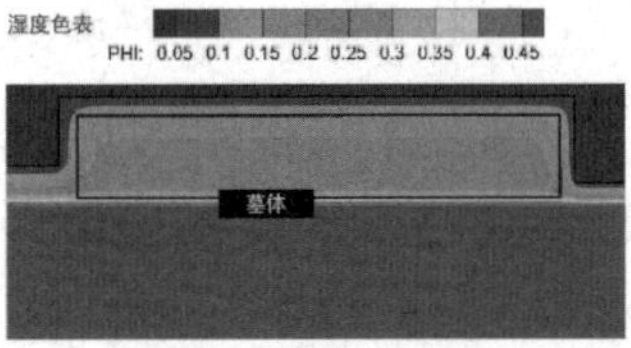

夏季展馆与墓葬本体湿度分布预测图

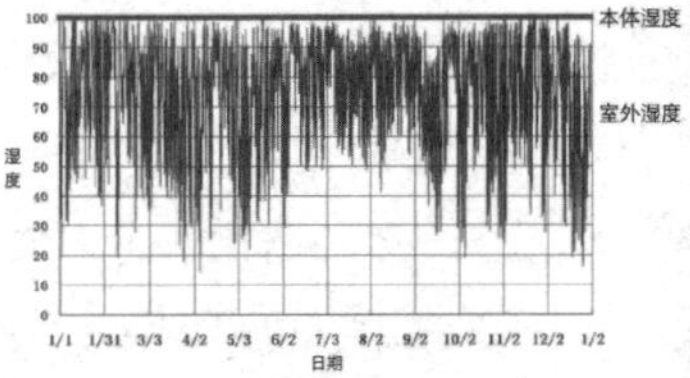

室外温度与墓葬本体湿度分布预测图

9 对墓室提出的理想状态的温湿度

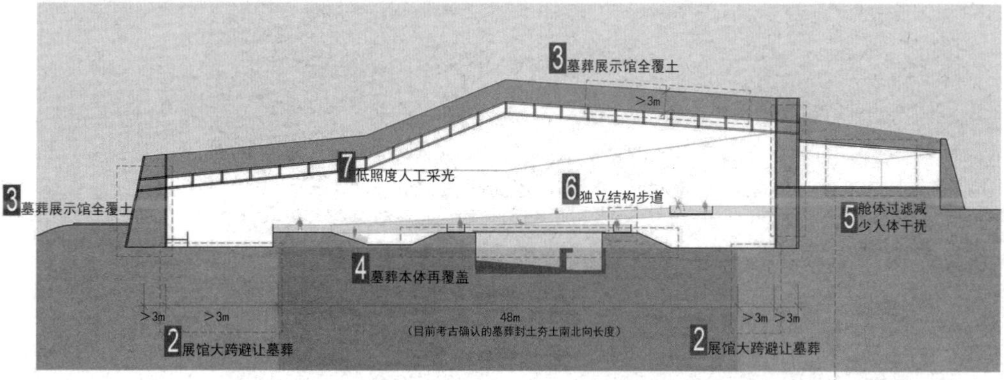

保护措施示意图

展馆大跨避让墓葬

5 通过三个环境“过滤舱”来达到遗址空间洁净度的自动控制，并协同作用温湿度的调节。
第一个“过滤舱”一定程度平衡室外温度对后续空间的影响，继而通过第二、三个“过滤舱”中设置的空调通风和过滤换气设备，逐级滤净外来群体携带的微生物孢子、灰尘及污染物，使遗址本体以低能耗的运行方式，处于温湿度稳定、环境洁净的保护环境。

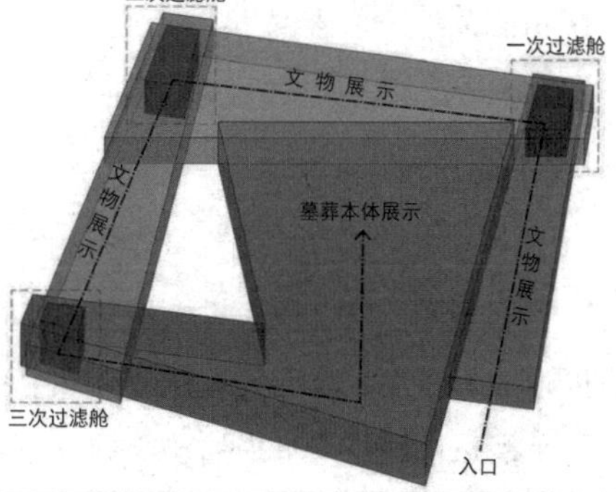

1 建筑选址合理避让

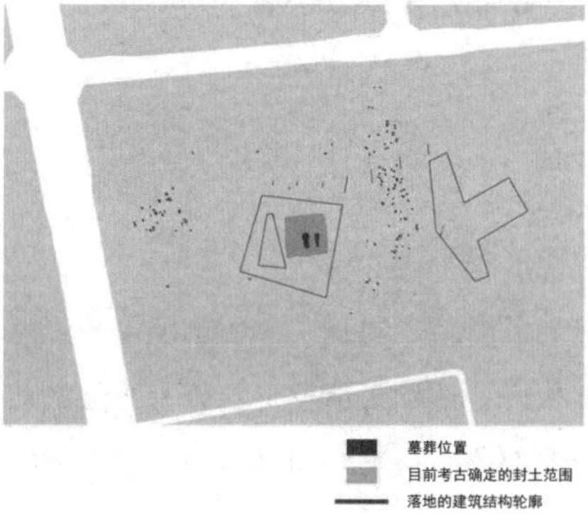

建筑景观一体化形态

舱体体验空间

遗址保护要求下的墓葬观赏空间

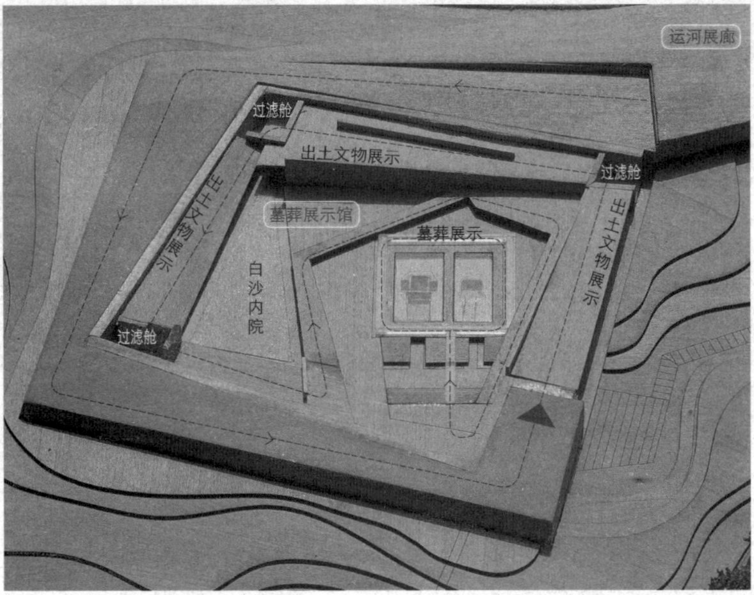

11 环形舱体引入的渐近墓葬体验路径

一、控制墓葬本体温湿度——建筑景观一体化形态生成

墓葬展示馆在还原封土型制的同时，以全覆土形成地景建筑。屋面与墙体覆土厚度达 3 米以上，使墓葬本体处于一个稳定的热湿状态，达到人造覆土与夯土土层的热湿平衡。这种封土带来的建筑景观一体形态，让人们体验从室外向室内、从景观向室内空间自然步入的感知过程。

二、减少外部干扰——技术引导下的环形舱体空间生成

结合参观者进入墓葬的流线，形成三个递进的空气过滤舱体，以减少外界环境对遗址本体的扰动，并同时形成具有过渡递进式体验的参观流线。让人们在逐个步入每个具有特定主题的舱体的观展中，体验不断的空间转折，并缓缓进入主体墓葬空间 [11]。

三、建筑退让遗址——墓葬遗址展示与观赏空间的确立

墓葬展示馆与隋唐文物展示馆选址考虑建筑结构对隋炀帝、萧后墓葬及周边小型墓葬的合理避让，地基结构与墓葬夯土外边界保持退让 3 米以上，为日后挖掘其他小型墓葬预留空间。此外，建筑使用的大跨整体结构不干扰墓葬遗址，由此创造整体的遗址展示空间,并合理组织从周边环绕而下后并从中部直入其间接近墓葬的序列空间。

可见，建筑退让，覆土起坟、舱体连接等设计策略与技术措施带来的，是在保护

措施基础上，空间与景观要素的生成策略。人们在循序渐进的空间体验中，以一种时间顺叙的引导，从“玉带流萤十三意”的现代景观，引入“别有相思永同心”的隋炀时代。历时式的叙事，在此时此地，以一种对墓葬形制的传承延续，一种对墓葬保护的技术引导，一种对墓葬体验的意境创造，让人们在时空穿越中感知多重文化景观的并置呈现。

建筑与人文景观结合的场景设置

就整体策略而言，设计中规划、景观与空间目标，不仅在于激发一种形象和意境的创造，更是人的行为与体验的引导，即一种在建筑和景观的融合与模糊中来回游走的路径延展。这种体验结构的建立，有助于多个场景事件在内与外、上与下的转换中逐渐序列性展开，以此梳理人们从城市进入公园的氛围，调节不同人群参与景观体验的路径，并组织人们在阅读隋炀帝的同时渐近墓葬本体。此过程如 20 世纪末以来叙事的空间转向，[4] 空间与历史、人文、行为等之间的联系，形成叙事研究拓展的主要方向。其中物质叙事（自然）、心理叙事（空间话语）、社会空间的叙事（生活式的体验）等，在多元视角的介入下，呈现了开放式的多维图景。隋炀帝陵墓考古遗址公园的设计，亦旨在以一种对复合式空间叙事结构整合下的开放姿态，将人的参观、体验、环绕、穿越、漫步等的行为以并置、碎片、蒙太奇、多情节等方式，融入对人们心理的暗示与引导，[5] 从而挖掘更具人文气息的景观与空间意象，以完善空间体验在建筑与景观复合中的引导力量。

如果说叙事作品需要在故事、序列、主题词等要素中逐渐形成，那么，每一种对应主题的行为序列性的组织，即串联起一个完整情节。其叙事视角的差异决定了叙事结构的多维组织。例如，保护视角下的体验理解，着重于建筑景观对墓葬本体的回应，是将各种对应功能进行保护策略下的空间分化的过程。而意境视角下的诠释，是在遵从大扬州遗址保护和自然山水联系的基础上，回归对隋炀帝浪漫才情的梳理与引导。这种情怀寄托于历史、文化、考古背景下大景观的再现，让人们在公园内的不断行进中，从诗情浪漫中体会内与外、上与下、开放与封闭等不同空间景观的人文意义。

于是，墓葬建筑与人文景观一体化的视角，模糊了保护技术与浪漫意境之间的界限。为了让人们可自由经历从当代进入隋唐的叙事序列，规划设计以融入建筑与景观的复合体验为线索，着重打造了以下几个场景联系下的路径序列[12]：

望·蜀冈：隋唐文物展示馆中，人们静坐于面向湖面与蜀冈的台阶上，接受隋唐纹案过滤下日出阳光的洗礼，感受此时此景下蜀冈西峰绿脉和公园水景之间，蒿草丛丛中泛出的一丝光晕带来的步入隋唐的门阶意境。

瞰·运河：公园中沙石铺设的银色“河”带，象征隋炀帝陵墓在大运河环绕下历史情节的并置。高低起伏中玉带流萤十三意的空间意味，无不流露隋炀帝浪漫诗句与景观营造之间的映射点滴。

探·墓葬：过滤舱体的空间连续，不仅源于对墓葬的保护策略，更是空间不断转化引发的一步步接近历史的过程。这仿佛在讲述一个心情不断净化的过程，一个思绪不断清晰的过程，一个在叙述的过程中感知体验不断转折而变迁的过程。

观·双穴：隋炀帝与萧后墓葬的展现，让人们在不同高度，不同位置多方位体验墓葬的历史厚度。两片上下折叠的屋顶交叉空间透过的点点光线，仿佛漫天繁星守护者炀帝萧后的安身之所。人们可沿着轻质栈道环顾一周，感受在封闭的墓葬本体中，历史遗留下的点滴印记。

总言之，设计希望在墓葬、展览馆等建筑化的消减与景观系统的完善下，以人的体验行径为主要引导，带来线状路径上各停留节点起承转合下的叙事情节。

12 1望·蜀冈；2瞰·运河；3探·墓葬；4观·双穴的叙事体验序列

结语

隋炀帝遗址公园规划设计中关注的文化景观，不仅是在大遗址保护基础上以叙事序列的组织带来的对保护本体的关注，更是对载体所处的历史环境、文化内涵，以及当代转译方式的进一步思考，一种线索组织与传递方式的进一步指向性尝试。这不仅是在设计初期的目标，更是在设计和最终表达的过程中，对叙事场景、情节、序列进一步提炼并物质化呈现的尝试 13。在此，文化景观的呈现，体现于大格局下文化景观地位的提升，体现于抽象宏观的保护理念与具体保护技术之间的衔接，更体现于人的各种行为夙求对空间生成和序列的影响。这不仅在于对大遗址保护本体的关注，更需要在与之相关的文化、自然、空间等要素中，发挥叙事在其中起到的穿针引线的关联作用。此时，叙事的对象在建筑景观界限的模糊中，逐渐指向一种大景观的综合呈现，一种在人的日常体验与行为实践下自然而诗意的期待。

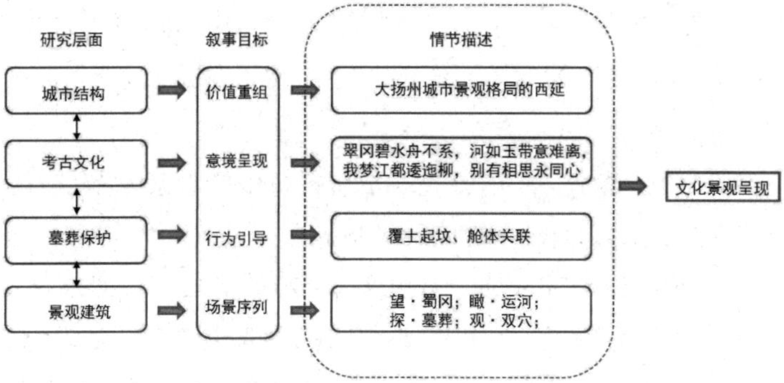

13 整体叙事结构引发的文化景观呈现框架
作者自绘

参考文献

[1] 陈薇（主持）．全国重点文物保护单位扬州城遗址（隋至宋）保护规划（2010-2030）[Z]．东南大学建筑设计研究有限公司，2012．

[2] 韩振书．曲阳问匠 [M]．北京：北京燕山出版社，2010．

[3] 申丹，王丽亚．西方叙事学：经典与后经典 [M]．北京：北京大学出版社，2010．

[4]Nigel Coates. Narrative Architecture [M]. Hoboken: John Wiley & Sons, 2012.

[5] 王安．论空间叙事学的发展 [J]．社会科学家，2008（01）：144-147.

民间智慧的惠泽与反哺：英谈历史名村的农村面貌改造提升*

*基金资助：国家自然科学基金青年基金项目（51308100），主持：沈旸。原文刊载：沈旸、梅耀林、徐宁《民间智慧的惠泽与反哺——英谈历史名村的农村面貌改造提升》，《建筑学报》2013 年第 12 期（总第 544 期）。

2013 年 5 月，河北省委、省政府出台《关于实施农村面貌改造提升行动的意见》，决定对全省近 5 万个行政村面貌进行配套改造、整体提升。在第一批启动的村庄中，英谈村是比较特殊的类型。该村位于太行山东麓的深山腹地，有“江北第一古石寨”之称，是目前河北省发现保存最为完整的石头建筑堡寨，已于 2007 年被列入第三批“中国历史文化名村”，其民居建筑群又于 2008 年被河北省人民政府公布为“河北省重点文物保护单位”。

仿佛是一个悖论，英谈村既已荣登“中国历史文化名村”的榜单，其传统历史风貌自然是保存完整、特色突出，那么其农村面貌怎么改造提升？

其实，关于英谈村的调研和保护工作此前已开展多时：2006 年 12 月—2008 年 3 月，由河北省建设厅组织的“河北省历史文化村镇保护研究”课题组先后五次调查冀北、冀南及太行山区的 30 多个村镇，掌握了客观的第一手资料和数据，英谈村即在其中；2007 年 7 月，北京清华城市规划设计研究院编制了《河北省邢台县英谈历史文化名村保护规划》，为做好保护工作提供了指导和依据；再查阅文献，已有大量关于英谈村建筑和规划层面的研究，[1] [1-6] 提供了可资清晰完整认知其遗产价值的坚实基础。

1　如赵勇、霍晓卫、顾晓明《英谈历史文化名村保护规划研究》，霍晓卫、何仲宇、徐碧颖《英谈村落空间价值特色研究》，吴淞楠《古村英谈的村落布局艺术探析》，李阿琳《英谈村历史风貌破坏的社会经济原因调查报告》，步睿飞、吴瑶《民族建筑历史文化遗产价值的两重考虑——以国家级历史文化名村英谈为例》，林祖锐、李恒艳《英谈村空间形态与建筑特色分析》。中国矿业大学建筑学系考察英谈村，期间共发放问卷 80 份，测绘古民居宅院 18 个，测绘外部特色空间（街巷与广场）5 处，完成《历史文化名村英谈调研报告》1 份，《英谈村古民居测绘图册》1 册，《基于风貌协调的历史文化名村英谈村新村规划设计方案》2 套。

但英谈村接下来的保护和发展之路怎么走？这也是目前我国遗产保护工作中普遍存在的问题和矛盾，即在进行了充分的历史文化研究、科学的遗产价值评估，同时制定了几乎人所共知的保护原则之后，缺失了切实有效的实际操作办法，而这正是本次规划需要面对并且解决的关键问题。

通过实地踏勘体验和既有研究阅读，我们强烈感受到英谈村从先祖迁入时的科学选址，到家道殷实后的高筑寨墙，再到宅院营建时的流线贯通和材料运用，无不透露出睿智的民间智慧，其惠泽成就了今天的英谈村，也启发了规划的心智思路，即在尊重这种民间智慧的前提下，去读懂它、完善它、展示它，继而反哺它。

英谈村下辖后英谈、前英谈、东庄 3 个自然村[1]，后英谈最早形成，随着人口增加，逐渐迁到离后英谈 200~500 米的地方，形成前英谈和东庄。历史建筑主要集中在后英谈，空间格局保存完好，是本次农村面貌提升的重点，本文亦主要以之为对象展开，涉及的现状描述和操作策略看似琐碎，实则是既有针对性又具体而微的工作方式的体现。特别需要说明的是，对于大量亟待保护的传统聚落来说，由规划到具体施工图设计的程序不太可行，一来因于保护工作的时间紧迫性，二来资金压力也不容忽视。因此，本次规划成果提交了数量巨大的、和现状一一对应的效果图，以便直接施工，这基于民间工匠惊人的读图和创造能力，也算是对民间智慧的一种灵活运用。

1 英谈村现状与规划范围

入村方式：补形

英谈村所在是太行山深山区山崖下的坡地中段地势较为平缓的区域，东、西、北三面环山，由一条小道自邢左公路蜿蜒接入，南面毗邻山崖，崖下为英谈川，之间高差约 20 米。聚落形态随山势起伏，前有案山相对，河流逶迤其间，以山为屏，以水为阻，易守难攻。

扩大知名度、吸引来访人员、带动旅游发展，是村民意识中增加收入、改善生活的最有效途径，相应的配套设施和道路建设就显得较为迫切。规划将主入口一直拉到目前的进村道路和邢左公路的交叉口[2,3]，避免距村落过近可能带来的人工构筑建设和大量人流到来的压迫性破坏[4]，最大限度地保护传统聚落的山水格局。来者于此即需改变交通方式，或步行，或乘马（驴）车、电瓶车，踏上入村寻幽之旅。现有道路为水泥路和土路间杂，宽度为 4 米，为保持风貌，拟改为石板路，两侧不置路牙石。村里提出，由于入村路线较长，石板路施工经费及将来维护恐问题较大，遂变通为沥青路面与石板路结合的方式，但临近村庄时仍坚持以石板路改之[5]，亦带来道路景观的递进变化和不同体验。

入村线路沿途除自然景观外，缺乏具有辨识度与特色的标志物，但在当地人称“门墩虎”之处具备了这种可能。这里是山体断崖的最窄处，也是入村的关隘，路形曲折呈 S 形，免于正对村庄，在风水观念中具有所谓“挡煞”的作用。规划选择以后英谈的东寨门形式，结合山体断崖设置入口标志，一来“补形”，二来有心理暗示之功效，过此门即意味着开启太行山第一红石寨的发现之旅[6]。

2 入村路线

3 “迎宾”规划前后对比

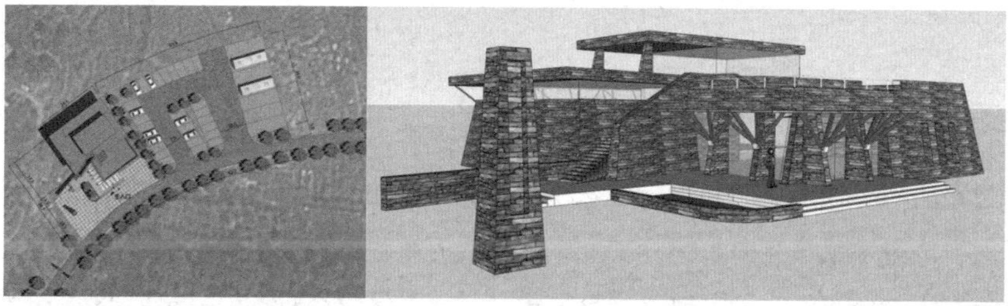

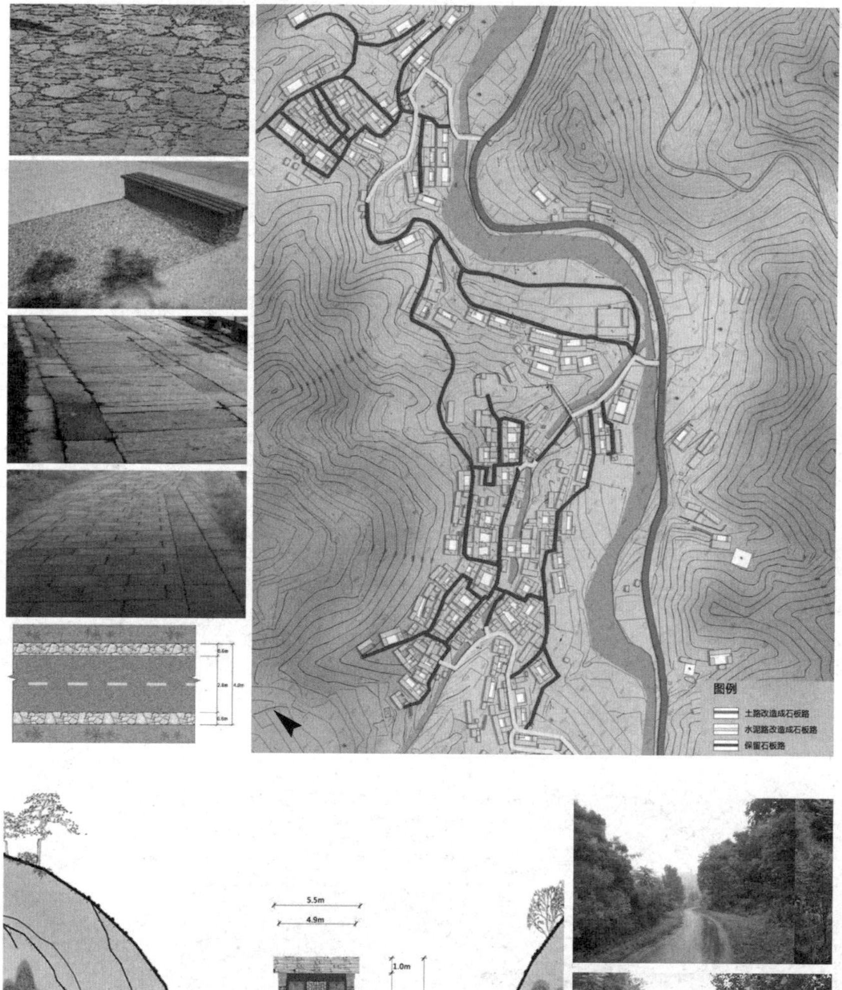

（上）4　游客接待中心设计
（中）5　道路改造示意
（下）6　“门墩虎”规划前后对比

内外水系：再生

英谈村布局中对“水”的利用与组织匠心独具。村前的河流当地人称“血流浴”，由村落西北，绕过墩菜垴流向东南，三个聚落点沿河布置，隔水相望。现状河道宽窄不一，常年有水，但水量不大，河道有阶梯状高差，村民以红石筑岸，层层叠叠，既方便种植作物，又可作漫步小径。泡桐花开时节，粉红一片，加之核桃树枝叶丰茂，红绿相映。规划保留了周边梯田状的农作物景观，在不破坏原地形的基础上，在河床底部放置大小不等的石块，间植水生花草，形成独特的“花溪”景观[7]。

贯穿整个后英谈村有座后沟，与村内唯一的主街平行。据说十年前沟内尚有水，近年来干涸，深达 1 ~ 2 米的沟槽完全裸露，河床上蔓延着大量速生植物。沟槽两岸景观截然不同，北侧是红青石板铺装的主街，南侧地势骤降，沿沟民居密密匝匝。沟上有桥 18 座，间距 10 ~ 100 米不等，桥身多为红石砌筑，有的民居院落甚至就建在山溪之上，当地人称“桥院”。

恢复“小桥流水人家”的遥远图景是规划中着重考虑的，但考察河床构造后发现，其下主要是沙土，渗漏水严重，若紧靠雨水充盈来再现溪水潺潺恐力有不逮，需对河床改造，增加了混凝土砂浆防水层进行蓄水，其上铺以石块[8]。现有桥体皆破损严重，除维修加固外，对桥面较宽、人流量较大的石桥，如村入口的聚英桥[9]，增加了风貌一致的石板栏杆，确保行人安全。再如双桥上现有石屋一座，乃村民自建，用于储物，村委会本拟拆除，规划则在解读“桥院”特色的基础上，建议将其改造成为开敞的“桥亭”，其内可作小商品售卖和停留休息之用，又可凭栏观景[10]。

7 “血流浴”规划前后对比

（上）8　座后沟规划前后对比
（中）9　聚英桥规划前后对比
（下）10　双桥“桥亭”改造示意

空间节点：介置

外部开敞空间是村民闲时休息、拉家常的重要场所，观之后英谈，其特点是小而丰富，点状、线状空间元素交互点缀，不同开放级别的空间满足不同类型的村落生活和不同群体的交流需要。由于村落密度带来的空间局限性和复杂性，规划采用“介置”的方法逐个应对，即致力于解决外向型空间与其环境协调的问题，对场地内外的诸多矛盾提供组织和协调，在众多的现存要素之间求得平衡，进而导演出新的空间结构。[7]

由于后英谈乃是山地村落，用地狭促，较为开阔平坦的开敞空间尤显珍贵，规划中也对其精心对待，妥善利用。一处在贵和堂前，位于主街中段，面积约 80 平方米，呈南北略长的矩形，地面由石板铺就，设有公告牌，是极其难得的一块空地。在此，村委会公示村务信息、组织集体活动，村民集会、交流。规划对于现状问题的分析细致而微，如：界面围合的民居墙面以白色涂料粉刷，局部场地未铺装导致雨天泥泞，局部杂物摆放无序，民居门窗朽损严重，缺乏水渠防护栏杆，等等。再基于以上问题，逐一提出符合风貌保护和村民使用的整治办法 11。其他两处皆如法炮制，一是村子的入口——东寨门内外，一是西出口，结合停车的需要进行整治。

主街全部采用红色砂岩石板铺装，宽窄不一，基本在 2 ~ 3 米左右，随山势起起伏伏，小巷以之为主干向两边延伸，最窄处只有 0.8 米，两侧是民居院落的外墙，多有石质台阶，前后高差较大。相邻两段巷道间由一块平缓空地相连，且大多被充分利用，如放置大型石磨，建有私家门楼等，这样的小尺度过渡空间亦是规划中不可忽视的对象。如桥院东节点，场地地形复杂，但景观单调、缺乏层次，规划通过诸如砂石硬化、碎石围合、微地形绿化、可移动式景观小品等手段，将之整理成一处安静舒适的休憩场所 12。

11 “介置”详细标注及规划前后对比举例：贵和堂节点

双桥节点

桥院东节点

12 街巷节点规划前后对比举例

民居建筑：造血

如何给予遗产自身“造血”功能，是促使遗产保护工作良性循环的重要保障，也是当前遗产保护的一个重要课题和趋势；反观英谈村的建筑遗产保护，目前仅是停留在最原始的“不动不拆”上，完全没有建筑特色和历史故事的利用展示，再就是传统聚落中普遍存在的新建建筑的外墙贴面、屋顶形式等与整体风貌不协调的问题。

其中最具代表性的传统院落是“三支四堂”——德和堂、中和堂、贵和堂、汝霖堂，涉及院落24处，房屋509间，始建于明末清初，是路氏家族鼎盛时期的三兄弟所建。“堂”是传统宗族社会的单位，由属于宗族的一个主要分支家庭组成，英谈村的“四堂”不仅仅是建筑院落的组合，更是村落发展脉络和宗族文化的体现，是一大历史文化特色。此外，“四堂”还承载着太行山区的红色革命历史信息：七七事变后，国民党河北省政府主席鹿钟麟曾躲到英谈村，中和堂的“桥院”成为其省府衙门；抗战时期的1942—1943年，刘伯承元帅曾在汝霖堂居住，其间与鹿钟麟就国共合作事宜进行谈判；英谈村还曾一度作为八路军冀南银行总部和兵工厂。随着时间的推移，这些故事渐渐被人们淡忘，其载体也大多闲置，建筑保存状况堪忧。规划根据这些历史信息的解读，有针对性地将其改造成展示场所，或部分展示部分居住，成为整个英谈村的重要参观景点 13 14。

英谈村所处在14亿年前是一个浅海环境，红色石英砂沉积后在高温、高压作用下形成岩层，成为当地红砂岩建筑的天然材料。砂岩是一种亚光石材，不会产生光污染，又是天然的防滑材料和零放射性的石材，在持久度和耐用性上亦表现不俗，英谈

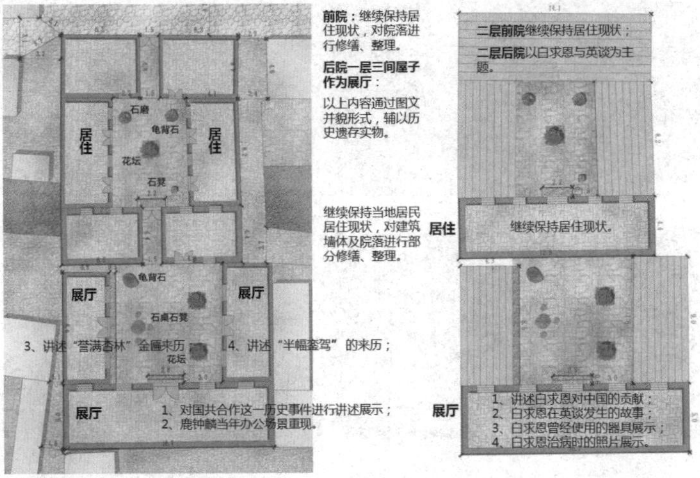

13　展陈设计举例：中和堂

14　堂院规划前后对比举例

15　建筑整治前后对比

的砂岩建筑至今风采熠熠即为明证。村内与整体风貌不协调的所谓现代建筑的出现，不是村民不知道砂岩材料的好处，而是其收入与消费状况决定了舍旧房建新房的居住模式——一方面维修旧房太贵，又被限制采石，如村内小卖部在2002年维修屋顶，光石板购买即花费2000 ~ 3000元，而当时村民人均年收入才1000元；另一方面建新房被认为是财富的标志，这也是农村较为普遍的心理。规划建议，采石的限制应对英谈村适当放宽，以保证材料来源。而对于已有不协调建筑，不是拆除，而是换个石材面子，干挂或湿贴皆可，还可改善房子的保温性能[15]。

基础设施：适用

当前我国传统聚落的保护实践，尚未建立起适合其特点的基础设施工程技术体系，既缺乏正确的技术观念和工作方法，也没有充足的技术手段储备，加大了此类工程的经济代价和决策难度，使得大量传统聚落居民的生活状况迟迟得不到改善，也可能导致因改善基础设施而破坏历史街区真实性和完整性的情况，甚至因受限于“客观”要求而放弃保护。传统聚落的空间特点和保护要求与现行规划和常规手段的矛盾固然存在，但在科技高度发展的今天，解决这些问题的技术和产品研发并不复杂，且已存在许多适用于解决这些矛盾的市政材料、设备和技术。[8] 因此，规划前期即针对英谈村需要提升的现实情况和聚落营造的诸般特点，有针对性地进行了信息搜集，在具体的专项规划中有的放矢地采取适用性技术，乃至“土洋结合”，在确保遗产保护的同时有效改善村民的生活质量。

有关基础设施的专项规划主要涉及道路硬化、垃圾处理、饮水安全 16、厕所改造 17、污水处理、秸秆还田、杆线照明等方面表1。

16 现状取水

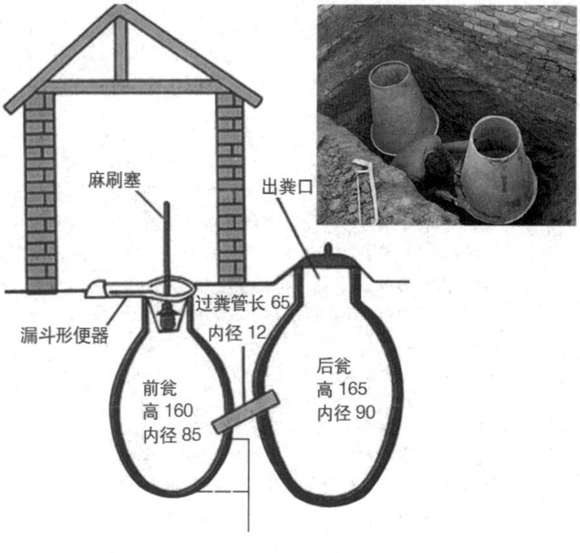

17 双瓮漏斗式公厕改造示意

专项	现状	问题	措施
道路硬化	进村道路未硬化；村内道路基本是石板路。	道路宽度小于 4m，宽度不足；雨天道路泥泞，影响行车与行人。	道路纵坡宜控制在 0.3%~3.5%； 采用防滑路面，道路横坡采用单面坡并设置排水沟渠。
垃圾处理	现有露天垃圾池 6 处；每 3~5 天由村民清运；无果皮箱。	没有配备专业的垃圾清运车辆；无果皮箱，无法应对日益增长的游客量。	垃圾集中填埋于英谈村东北侧； 采取"组保洁、村收集、村处理"三级垃圾处理办法； 垃圾量预测：具体垃圾总量为 616×0.8×1.2=590kg/ 天。
饮水安全	取水口多分布在周围山谷中，共打井 11 眼，高低水池 4 个，水源较为分散，高位水池水井供水户数规模不一；供暖期由于水管上冻，基本采用潜水井供水，村内共有潜水井 4 处，井深 2m，四季均有水。	由于水井整体供水量较小，在春夏用水高峰期不能满足村民用水需求；管网漏损率较高，水资源浪费严重；部分给水管埋深采用塑料软管架空敷设，影响村庄景观。	采用集中供水，全天 24h 供水； 供水水源仍采用地下水作为主要水源，自流水出水送村庄周边的清水池收集后，集中进行消毒处理，消毒后的地下水再送村庄给水管网； 给水管网重新敷设，管材选用 PE 等新型塑料管，干管沿村庄的次要道路和宅前屋后的空地敷设，管道与两侧建筑的净间距不得小于 1m。给水管管径为 DN32-DN100mm，管顶覆土为 0.7m。
厕所改造	均为露天旱厕，房外院内单独设置；建造方式为碎石堆砌和水泥砌造。	粪便得不到有效的处理。	将所有户厕改造为水冲厕，污水管道两侧的户厕直接接入污水管道； 部分户厕由于污水管道无法接入，考虑采用双瓮式厕所； 与村庄的整体风貌比较协调的碎石堆砌的户厕，维持原貌； 公厕采用三格式化粪池处理，出水纳入污水管网。
污水处理	地势高差大，无系统排水设施，生活污水由明沟或暗沟直接从院内排至屋外道路或泄洪沟。	雨水排放随意，影响出行；道路狭窄，管道敷设困难。	采用不完全雨污分流制，雨水利用路面自然排放，生活污水通过管道收集，排入小型污水处理站处理； 污水管道按非满流计算，污水量按最高日最高时污水量计； 在前英谈和后英谈下游分别设置一座小型污水处理设施，采用厌氧池—梯式生态滤池组合工艺； 污水集中处理与分散处理相结合，沿主街及主干道布置污水管道，管径 DN150-300mm，污水管与建筑的最小间距不小于 1m，与给水管间距不小于 0.5m，局部不能满足要求的采取必要防护措施。排水管道采用高密度聚乙烯双壁波纹排水管，橡胶圈柔性接口，管道起埋深为 1m。
秸秆改造	一种为无固定式开敞厨房，临时搭建的空间或房屋配建；另一种形式为建筑内部设置，大部分安装了简易排风扇消除油烟的影响；基本上使用秸秆、柴火来做饭取暖。	秸秆、柴堆摆放杂乱，影响景观，且秸秆中含有大量的有机质、氮磷钾和微量元素，燃烧对环境影响较大。	管道布置：协调给水、排水、电力线、排烟通风管线，互不影响，管线尽量埋地或入墙； 能源利用：用电力设备或灌装液化石油气取代秸秆、柴火燃烧。经济条件较好的村民取暖可用电壁挂炉，实现节能治污同时抓，考虑到历史风貌保护，建议取消较少人家使用的太阳能热水器，而采用电热水器。
杆线照明	强弱电分杆架设，线路盘杂；现状路灯 16 盏，均结合墙头设置，采用的是 18w 节能灯。	未开通有线电视或数字电视，有村民自备与法规约束冲突的卫星接收器；线路杂乱，线条过硬，影响历史风貌；部分电力、通信设施外露，腐蚀生锈严重，存在安全隐患。	电力设施：10kv 架空敷设，380/220v 主干线埋地敷设； 原则布置在道路的东侧和南侧，保证管位与其他管线不冲突。入户段支线采用沿墙敷设方式。保留村中 10kv 变电所 1 座，规划在前英谈、后英谈各新建 1 座杆上变； 通信设施：主干通道埋地敷设，原则布置在道路的西侧和北侧，光缆交接点做隐蔽处理； 入户线路沿墙敷设，选择 9 孔栅格管进行埋地敷设，村内新建 1 座通信机房，建筑风格与村庄风貌保持一致，并及时拆除卫星接收器； 主干道路采用杆式路灯单侧布置，间距 40m，使用 85w 节能灯；次支路路灯均结合墙头设置，采用暖色调节能灯。

表 1　基础设施专项规划

结语

一个村庄的面貌提升所需开展的相关工作，当然不可能仅是本文提及的几个方面，然而对于量大面广的传统聚落而言，这几方面恰恰构筑了一个认知民间营造智慧以及对其进行保护应对的基础框架：入村方式和内外水系代表了空间骨架，空间节点和民居建筑是依附于前者之上、最具表现力的聚落魅力所在，基础设施的合理选择和有效落实则是保证遗产延续性和满足生活现代性的根本保障。而采取的相应对策——补形、再生、介置、造血、适用，则是在此框架下针对具体问题条分缕析之后的慎重选择。如此，基于民间智慧惠泽的解读，规划才可落在实处，并实现当代构建独具地域特色人居环境思想的反哺。

参考文献

[1] 赵勇，霍晓卫，顾晓明. 英谈历史文化名村保护规划研究 [J]. 住区，2009 (03)：24-31.

[2] 霍晓卫，何仲宇，徐碧颖. 英谈村落空间价值特色研究 [J]. 住区，2009 (03)：6-11.

[3] 吴淞楠. 古村英谈的村落布局艺术探析 [J]. 住区，2009 (03)：12-15.

[4] 李阿琳. 英谈村历史风貌破坏的社会经济原因调查报告 [J]. 住区，2009 (03)：20-23.

[5] 步睿飞，吴瑶. 民族建筑历史文化遗产价值的两重考虑——以国家级历史文化名村英谈为例 [C]// 首届中国民族聚居区建筑文化遗产国际研讨会论文集，2010：70-83.

[6] 林祖锐，李恒艳. 英谈村空间形态与建筑特色分析 [J]. 建筑学报，2011 (S2)：18-21.

[7] 朱育帆. 文化传承与"三置论"——尊重传统面向未来的风景园林设计方法论 [J]. 中国园林，2007 (11)：33-40.

[8] 李新建. 历史街区保护中的市政工程技术研究 [D]. 南京：东南大学，2008.

图书在版编目（CIP）数据

丛衣集：历史空间与空间历史中的中国古代城市 / 沈旸等著. -- 上海：同济大学出版社，2021.1
ISBN 978-7-5608-9547-5

Ⅰ. ①丛… Ⅱ. ①沈… Ⅲ. ①城市史 - 中国 - 古代 - 文集 Ⅳ. ① K928.5-53

中国版本图书馆 CIP 数据核字 (2020) 第 195822 号

丛衣集

历史空间与空间历史中的中国古代城市

沈旸 等著

出 版 人：华春荣
策 划：秦蕾 / 群岛工作室
责任编辑：李争
责任校对：徐春莲
装帧设计：付超
版 次：2021 年 1 月第 1 版
印 次：2021 年 1 月第 1 次印刷
印 刷：上海安枫印务有限公司
开 本：710mm×1000mm 1/16
印 张：17
字 数：340 000
书 号：ISBN 978-7-5608-9547-5
定 价：88.00 元
出版发行：同济大学出版社
地 址：上海市杨浦区四平路 1239 号
邮政编码：200092
网 址：http://www.tongjipress.com.cn
经 销：全国各地新华书店

国家自然科学基金重点项目（52038007）
国家社会科学基金研究专项项目（20vmz008）
国家社会科学基金项目（18BGL278）